# 江蘇省常州市圖書館

# 古籍普查登記目録

全國古籍普查登記目録

國家圖書館出版社
National Library of China Publishing House

圖書在版編目(CIP)數據

江蘇省常州市圖書館古籍普查登記目録/本書編委會編. --北京:國家圖書館出版社,
2015.2

(全國古籍普查登記目録)
ISBN 978 – 7 – 5013 – 5511 – 2

Ⅰ.①江…　Ⅱ.①本…　Ⅲ.①公共圖書館—古籍—圖書館目録—常州市　Ⅳ.①Z838

中國版本圖書館 CIP 數據核字(2014)第 282311 號

| | | |
|---|---|---|
| 書　　名 | 江蘇省常州市圖書館古籍普查登記目録 | |
| 編　　者 | 本書編委會　編 | |
| 索引編製 | | |
| 責任編輯 | 趙　嫄 | |

出　　版　　國家圖書館出版社(100034 北京市西城區文津街 7 號)
　　　　　　(原書目文獻出版社　北京圖書館出版社)
發　　行　　發行 010 – 66114536　66126153　66151313　66175620
　　　　　　66121706(傳真),66126156(門市部)
E-mail　　　btsfxb@ nlc. gov. cn(郵購)
Website　　www. nlcpress. com ──▶投稿中心
經　　銷　　新華書店
印　　裝　　河北三河弘翰印務有限公司
版　　次　　2015 年 2 月第 1 版第 1 次印刷

開　　本　　787 × 1092 毫米　1/16
印　　張　　22.5
字　　數　　417 千字

書　　號　　ISBN 978 – 7 – 5013 – 5511 – 2
定　　價　　200.00 圓

# 《全國古籍普查登記目録》

# 工作委員會

主　任：周和平

副主任：張永新　詹福瑞　劉小琴　李致忠　張志清

委　員（按姓氏筆畫排序）：

|  |  |  |  |  |
|---|---|---|---|---|
| 于立仁 | 王水喬 | 王　沛 | 王紅蕾 | 王筱雯 |
| 方自今 | 尹壽松 | 包菊香 | 任　競 | 全　勤 |
| 李西寧 | 李　彤 | 李忠昊 | 李春來 | 李　培 |
| 李曉秋 | 吳建中 | 宋志英 | 努　木 | 林世田 |
| 易向軍 | 周建文 | 洪　琰 | 倪曉建 | 徐欣禄 |
| 徐　蜀 | 高文華 | 郭向東 | 陳荔京 | 陳紅彦 |
| 張　勇 | 韓　彬 | 湯旭巖 | 楊　揚 | 賈貴榮 |
| 趙　嬿 | 鄭智明 | 劉洪輝 | 歷　力 | 鮑盛華 |
| 魏存慶 | 謝冬榮 | 謝　林 | 應長興 | 鍾海珍 |

# 《全國古籍普查登記目録》

## 序　言

　　全國古籍普查登記工作是"中華古籍保護計劃"的首要任務,是全面開展古籍搶救、保護和利用工作的基礎,也是有史以來第一次由政府組織、參加收藏單位最多的全國性古籍普查登記工作。

　　2007年國務院辦公廳發佈《關於進一步加强古籍保護工作的意見》(國辦發[2007]6號),明確了古籍保護工作的首要任務是對全國公共圖書館、博物館和教育、宗教、民族、文物等系統的古籍收藏和保護狀況進行全面普查,建立中華古籍聯合目録和古籍數字資源庫。2011年12月,文化部下發《文化部辦公廳關於加快推進全國古籍普查登記工作的通知》(文辦發[2011]518號),進一步落實了全國古籍普查登記工作。根據文化部2011年518號文件精神,國家古籍保護中心擬訂了《全國古籍普查登記工作方案》,進一步規範了古籍普查登記工作的範圍、内容、原則、步驟、辦法、成果和經費。目前進行的全國古籍普查登記工作的中心任務是通過每部古籍的身份證——"古籍普查登記編號"和相關信息,建立古籍總臺賬,全面瞭解全國古籍存藏情况,開展全國古籍保護的基礎性工作,加强各級政府對古籍的管理、保護和利用。

　　《全國古籍普查登記工作方案》規定了全國古籍普查登記工作的三個主要步驟:一、開展古籍普查登記工作;二、在古籍普查登記基礎上,編纂出版館藏古籍普查登記目録,形成《全國古籍普查登記目録》;三、在古籍普查登記工作基本完成的前提下,由省級古籍保護中心負責編纂出版本省古籍分類聯合目録《中華古籍總目》分省卷,由國家古籍保護中心負責編纂出版《中華古籍總目》統編卷。

　　在党和政府領導下,在各地區、各有關部門和全社會共同努力下,古籍普查登記工作得以扎實推進。古籍普查已在除臺灣、港澳之外的全國各省級行政區域開展,普查内容除漢文古籍外,還包括各少數民族文字古籍,特別是於2010年分別啓動了新疆古籍保護和西藏古籍保護專項,因地制宜,開展古籍普查登記工作;國家古籍保護中心研製的"全國古籍普查登記平臺"已覆蓋到全國各省級古籍保護中心,並進一步研發了"中華古籍索引庫",爲及時展現古籍普查成果提供有力支持;截至目前,已有11375部古籍進入《國家珍貴古籍名録》,浙江、江蘇、山東、河北等省公佈了省級《珍貴古籍名録》,古籍分級保護機制初步形成。

《全國古籍普查登記目録》是古籍普查工作的階段性成果,旨在摸清家底,揭示館藏,反映古籍的基本信息。原則上每申報單位獨立成冊,館藏量少不能獨立成冊者,則在本省範圍内幾個館目合併成冊。無論獨立成冊還是合併成冊,均編製獨立的書名筆畫索引附於書後。著録的必填基本項目有:古籍普查登記編號、索書號、題名卷數、著者(含著作方式)、版本、冊數及存缺卷數。其他擴展項目有:分類號、批校題跋、版式、裝幀形式、叢書子目、書影、破損狀況等。有條件的收藏單位多著録的一些擴展項目,也反映在《全國古籍普查登記目録》上。目録編排按古籍普查登記編號排序,内在順序給予各古籍收藏單位較大自由度,可按分類排列古籍普查登記編號,也可按排架號、按同書名等排列古籍普查登記編號,以反映各館特色。

此次全國古籍普查登記工作,克服了古籍數量多、普查人員少、普查難度大等各種困難,也得到了全國古籍保護工作者的極大支持。在古籍普查登記過程中,國家古籍保護中心、各省古籍保護中心爲此舉辦了多期古籍普查、古籍鑑定、古籍普查目録審校等培訓班,全國共 1600 餘家單位參加了培訓,爲古籍普查登記工作培養了大量人才。同時在古籍普查登記工作中,也鍛煉了普查員的實踐能力,爲將來古籍保護事業發展奠定了良好的基礎。

《全國古籍普查登記目録》的出版,將摸清我國古籍家底,爲古籍保護和利用工作提供依據,也將是古籍保護長期工作的一個里程碑。

國家古籍保護中心
2013 年 10 月

# 《全國古籍普查登記目録》

## 編纂凡例

一、收録範圍爲我國境内各收藏機構或個人所藏,產生於 1912 年以前,具有文物價值、學術價值和藝術價值的文獻典籍,包括漢文古籍和少數民族文字古籍以及甲骨、簡帛、敦煌遺書、碑帖拓本、古地圖等文獻。其中,部分文獻的收録年限適當延伸。

二、以各收藏機構爲分冊依據,篇幅較小者,適當合併出版。

三、一部古籍一條款目,複本亦單獨著録。

四、著録基本要求爲客觀登記、規範描述。

五、著録款目包括古籍普查登記編號、索書號、題名卷數、著者、版本、冊數、存缺卷等。古籍普查登記編號的組成方式是:省級行政區劃代碼—單位代碼—古籍普查登記順序號。

六、以古籍普查登記編號順序排序。

七、編製各館藏目録書名筆畫索引附於書後,以便檢索。

1

# 《江苏省常州市圖書館古籍普查登記目録》

# 前　言

　　常州是一座歷史悠久的江南文化名城,自古重文興教,學風昌盛。數千年的文化積澱,讓有着"千載讀書地"之稱的常州,産生和流傳着卷帙浩繁的文獻典籍。及至清末,公共圖書館在常州出現,常州市圖書館遂以其豐富的善本珍藏,成爲全市的古籍文獻收藏中心。

　　清光緒三十年(1904),常州圖書館創辦人于定一、莊俞等人捐出個人藏書作爲開館的基本藏書。在他們的影響下,邑中人士紛紛仿效,以捐贈、寄存等方式,將私人藏書通過圖書館爲大衆利用。捐贈者有邑中收藏大家,如錢琳叔、莊中希、趙少芬等人,捐贈和寄存的圖書都在萬冊以上。也有許多知名人士將自己的著作或藏書捐贈圖書館,如清史專家孟森捐贈的《諮議局章程》,蒙古史專家屠寄捐贈的《元朝秘史》,盛宣懷捐贈的《常州先哲遺書》等。一些出版機構和單位團體也向圖書館捐書,如商務印書館、中華職業教育社、東方雜誌社等。據報刊記載,至1919年時館藏圖書已有十萬卷,規模十分可觀。

　　在常州圖書館的藏書過程中,歷屆同仁對常州地方文獻的收藏尤爲關注,由於他們的努力,很多珍貴的文獻纔得以保存下來。20世紀30年代初任館長的董緝庵就對常州地方文獻情有獨鍾,在任期間購買、借抄了很多重要的常州地方文獻。館藏明萬曆刻本《毗陵人品記》一書,爲海内外孤本,原收藏於私人藏書樓,精通版本目録學的董緝庵深知此書的價值,與書主商議轉讓。由於是珍貴版本,當時的圖書館無力承擔這一費用,董緝庵又找到《毗陵人品記》一書作者毛憲的後裔毛仲省,由其出資160塊銀圓將書購買後捐贈給圖書館收藏。此事成爲常州圖書館收藏史上的一段佳話。

　　解放後,常州圖書館曾組織發動過捐書活動,其中向圖書館捐贈古籍的地方名人有羊牧之、馬家駒等。最大的一次捐贈是1952年本市莒杏圖書館將全部古籍一萬餘冊贈予常州圖書館。上世紀80年代末至90年代初,圖書市場十分活躍,圖書館抓住機遇,購進了許多珍貴的常州地方文獻。如常州現存最早的地方志宋[咸淳]《重修毗陵志》、清乾隆刻本《陽湖縣志》,還有歷代常州名人唐荆川、惲南田、孫星衍、洪亮吉等人的詩文著作等。在這一時期的收藏中,家譜的入藏尤爲豐富,常州圖書館的家譜閱覽室現收藏有常州地區家譜2000多冊,主要是八九十年代入藏的。

目前,常州圖書館收藏的古籍文獻近4萬冊,其中善本古籍有300多冊,有4部古籍入選《國家珍貴古籍名録》,古籍中以豐富的常州地方文獻爲特色。

常州圖書館是全國古籍重點保護單位,對古籍的保護和收藏十分重視,長期以來在做好原生態古籍保護的同時,也積極開展古籍數字化和整理出版等再生性保護工作。特別是自2004年開始,啓動了"記憶常州"工程,以校勘、整理、彙編等方式編輯出版館藏有價值的文獻,先後出版了[咸淳]《毗陵志》、[大德]《毗陵志輯佚》、《晚清常州名賢日記四種》、《毗陵人品記》、《常州古地圖集》等歷史文獻資料。

古籍普查工作是近年來常州圖書館的重點工作。根據2012年3月"江蘇省古籍保護工作會議"討論通過的《江蘇省古籍普查登記工作方案》要求,常州館在2013年5月完成了全部館藏古籍的核庫、著録工作,並上傳書目資料至"全国古籍普查平臺"。此次出版的《江蘇省常州市圖書館古籍普查登記目録》,是常州市圖書館在館藏古籍目録和館藏古籍書目資料庫的基礎上,經過認真地整理、著録、核對後形成的,共包括全部館藏古籍書目資料5575條,是目前常州市圖書館最完備的古籍藏書目録。古籍目録是開展古籍保護、研究和利用的基礎,我們希望通過這部目録的出版,向社會展示常州市圖書館的古籍保護成果,爲讀者提供一種便利的工具,以利於更好地保存、傳播古代優秀的傳統文化。

常州市圖書館
2014年7月

# 目　録

320000－1607－0000001　D3

春秋釋地韻編五卷首一卷　（清）徐壽基編
清光緒十二年(1886)刻本　二冊

320000－1607－0000002　D4

經義懸解五卷　（清）徐壽基撰　清光緒十三
年(1887)刻本　一冊

320000－1607－0000003　D5

詩經貫解四卷　（清）徐壽基集注　清刻本
五冊　存三卷(一至三)

320000－1607－0000004　D7

學易五種十四卷　（清）王鼎撰　清道光二年
(1822)鑪雪山房刻本　一冊　存五卷(十至
十四)

320000－1607－0000005　D17

劉禮部集十二卷　（清）劉逢祿撰　清光緒十
八年(1892)延暉承慶堂刻本　六冊

320000－1607－0000006　D18

說文古籀疏證六卷　（清）莊述祖撰　清光緒
二十年(1894)刻本　四冊

320000－1607－0000007　D19

劉禮部集十二卷　（清）劉逢祿撰　清光緒十
八年(1892)延暉承慶堂刻本　六冊　存十卷
(一至八、十一至十二)

320000－1607－0000008　D21

虞氏易禮二卷　（清）張惠言撰　清光緒九年
(1883)刻本　一冊

320000－1607－0000009　D22

周易象傳消息升降大義述一卷　（清）吳翊寅
撰　清光緒二十一年(1895)廣雅書局刻本
一冊

320000－1607－0000010　D23

易漢學考二卷易漢學師承表一卷漢置五經博
士考一卷　（清）吳翊寅撰　清光緒十九年
(1893)刻本　一冊

320000－1607－0000011　D26

桑梓潛德錄五卷　（清）張其榮等輯　續集四
卷　（清）施鳴岐等輯　三集六卷　（清）湯成

烈等輯　清光緒六年(1880)活字印本　六冊

320000－1607－0000012　D27

駢體文鈔三十一卷　（清）李兆洛輯　清同治
六年(1867)刻本　八冊

320000－1607－0000013　D28

駢體文鈔三十一卷　（清）李兆洛輯　清同治
六年(1867)刻本　八冊

320000－1607－0000014　D33

紅豆詩人集十八卷詞一卷附錄一卷　（清）董
潮撰　清道光十九年(1839)刻本　四冊

320000－1607－0000015　D34

讀孟居文集六卷　（清）蔣汾功撰　清嘉慶二
十五年(1820)十二研齋刻本　四冊

320000－1607－0000016　D35

六書轉注錄十卷　（清）洪亮吉撰　清光緒四
年(1878)刻本　四冊

320000－1607－0000017　D36

比雅二卷　（清）洪亮吉撰　清光緒五年
(1879)刻本　二冊

320000－1607－0000018　D37

春秋左傳詁二十卷　（清）洪亮吉撰　清光緒
四年(1878)刻本　九冊　存十卷(一至二、十
三至二十)

320000－1607－0000019　D38

倉頡篇三卷續一卷補二卷　（清）孫星衍輯
清光緒十六年(1890)刻本　二冊

320000－1607－0000020　D39

說文古籀疏證六卷　（清）莊述祖撰　清光緒
二十年(1894)刻本　四冊

320000－1607－0000021　D42

廣雅書局叢書　（清）廣雅書局編　清光緒廣
雅書局刻本　一冊　存二種二卷(毛詩天文
考一卷、禮記天算釋一卷)

320000－1607－0000022　D43

儀禮圖六卷　（清）張惠言撰　清同治九年
(1870)湖北崇文書局刻本　三冊

320000 - 1607 - 0000023　D44

儀禮圖六卷　（清）張惠言撰　清同治九年
（1870）湖北崇文書局刻本　三冊

320000 - 1607 - 0000024　D53

柳非韓難二卷　（清）趙保靜撰　清光緒二十
九年（1903）刻本　二冊

320000 - 1607 - 0000025　D54

尚書繹聞一卷　（清）史志準撰　清光緒七年
（1881）刻本　一冊

320000 - 1607 - 0000026　D55

通俗文一卷敘錄一卷　（漢）服虔撰　（清）臧
庸輯　稿本　二冊

320000 - 1607 - 0000027　D56

歷代地理志韻編今釋二十卷皇朝輿地韻編二
卷　（清）李兆洛撰　清同治九年（1870）刻本
六冊　存十四卷（歷代一至十二、皇朝二
卷）

320000 - 1607 - 0000028　D57

讀說文雜識一卷　（清）許槤撰　清光緒七年
（1881）刻本　一冊

320000 - 1607 - 0000029　D58

墨子經說解二卷　（清）張惠言撰　清宣統元
年（1909）影印本　一冊

320000 - 1607 - 0000030　D59

夏小正分箋四卷　（清）黃模撰　清光緒十五
年（1889）刻本　一冊

320000 - 1607 - 0000031　D62

傳經表二卷通經表二卷　（清）洪亮吉撰　清
光緒五年（1879）刻本　二冊

320000 - 1607 - 0000032　D64

李氏歷代輿地沿革圖校勘記二卷　（清）惲毓
嘉等撰　清光緒十四年（1888）刻本　二冊

320000 - 1607 - 0000033　D65

李氏歷代輿地沿革圖校勘記二卷　（清）惲毓
嘉等撰　清光緒十四年（1888）刻本　二冊

320000 - 1607 - 0000034　D72

倉頡篇三卷續一卷補二卷　（清）孫星衍輯

清光緒十六年（1890）刻本　二冊

320000 - 1607 - 0000035　D73

元和姓纂十卷　（唐）林寶撰　清光緒六年
（1880）金陵書局刻本　四冊

320000 - 1607 - 0000036　D74

舜山是仲明［鏡］先生年譜一卷　（清）張敬立
撰　（清）金吳瀾補　清光緒十三年（1887）活
字印本　一冊

320000 - 1607 - 0000037　D75

舜山是仲明［鏡］先生年譜一卷　（清）張敬立
撰　（清）金吳瀾補　清光緒十三年（1887）活
字印本　二冊

320000 - 1607 - 0000038　D76

洪北江先生年譜一卷　（清）呂培等撰　清光
緒三年（1877）刻本　一冊

320000 - 1607 - 0000039　D78

洪北江先生年譜一卷　（清）呂培等撰　清光
緒三年（1877）刻本　一冊

320000 - 1607 - 0000040　D79

洪北江先生年譜一卷　（清）呂培等撰　清光
緒三年（1877）刻本　一冊

320000 - 1607 - 0000041　D80

漢魏音四卷　（清）洪亮吉撰　清光緒三年
（1877）授經堂刻本　一冊

320000 - 1607 - 0000042　D81

漢魏音四卷　（清）洪亮吉撰　清光緒三年
（1877）授經堂刻本　一冊

320000 - 1607 - 0000043　D82

漢魏音四卷　（清）洪亮吉撰　清光緒三年
（1877）授經堂刻本　一冊

320000 - 1607 - 0000044　D86

詠梅軒劄記不分卷　（清）謝蘭生輯　清光緒
刻本　一冊

320000 - 1607 - 0000045　D87

曉讀書齋雜錄八卷　（清）洪亮吉撰　清道光
二十二年（1842）刻本　二冊

320000 – 1607 – 0000046  D91

曉讀書齋雜錄八卷　（清）洪亮吉撰　清光緒
三年(1877)刻本　二冊

320000 – 1607 – 0000047  D92

曉讀書齋雜錄八卷　（清）洪亮吉撰　清光緒
三年(1877)刻本　二冊

320000 – 1607 – 0000048  D93

曉讀書齋雜錄八卷　（清）洪亮吉撰　清光緒
三年(1877)刻本　二冊

320000 – 1607 – 0000049  D94

曉讀書齋雜錄八卷　（清）洪亮吉撰　清光緒
三年(1877)刻本　一冊　存四卷(一至四)

320000 – 1607 – 0000050  D95

弟子職箋釋一卷附史目表一卷　（清）洪亮吉
撰　清光緒三年(1877)刻本　一冊

320000 – 1607 – 0000051  D96

弟子職箋釋一卷附史目表一卷　（清）洪亮吉
撰　清光緒三年(1877)刻本　一冊

320000 – 1607 – 0000052  D97

人範須知六卷　（清）盛隆輯　清同治二年
(1863)刻本　六冊

320000 – 1607 – 0000053  D98

人範須知六卷　（清）盛隆輯　清同治二年
(1863)刻本　六冊

320000 – 1607 – 0000054  D99

人範須知六卷　（清）盛隆輯　清同治二年
(1863)刻本　六冊

320000 – 1607 – 0000055  D100

松煙肥硯齋惲帖二卷　（清）惲格書　清咸豐
四年(1854)刻本　二冊

320000 – 1607 – 0000056  D102

皇朝輿地略不分卷　（清）六承如撰　清道光
二十一年(1841)刻本　三冊

320000 – 1607 – 0000057  D103

萬壽亭重建紀事本末一卷　（清）徐壽基等撰
　清刻本　一冊

320000 – 1607 – 0000058  D104

辨惑編四卷附錄一卷　（元）謝應芳撰　清光
緒四年(1878)刻本　一冊

320000 – 1607 – 0000059  D105

辨惑編四卷附錄一卷　（元）謝應芳撰　清光
緒四年(1878)刻本　一冊

320000 – 1607 – 0000060  D106

踵息廬稿四卷　（清）謝珍撰　清光緒九年
(1883)刻本　一冊

320000 – 1607 – 0000061  D110

毘陵課藝不分卷　（清）□□輯　清光緒三年
(1877)刻本　四冊

320000 – 1607 – 0000062  D111

毘陵課藝不分卷　（清）□□輯　清光緒三年
(1877)刻本　四冊

320000 – 1607 – 0000063  D112

韞山堂時文初集一卷二集二卷三集一卷
(清)管世銘撰　清光緒十五年(1889)刻本
四冊

320000 – 1607 – 0000064  D113

韞山堂時文初集一卷二集二卷三集一卷
(清)管世銘撰　清光緒十五年(1889)刻本
四冊

320000 – 1607 – 0000065  D115

治經齋稿一卷　（清）費庚吉撰　清同治二年
(1863)刻本　一冊

320000 – 1607 – 0000066  D116

石鼓文纂釋一卷　（清）趙烈文撰　清光緒十
一年(1885)刻本　一冊

320000 – 1607 – 0000067  D119

國朝史論約鈔四卷　（清）繆楷等輯　清光緒
二十七年(1901)刻本　一冊　存一卷(一)

320000 – 1607 – 0000068  D120

國朝史論約鈔四卷　（清）繆楷等輯　清光緒
二十七年(1901)刻本　四冊

320000 – 1607 – 0000069  D121

字課圖說四卷　（清）劉樹屏撰　清光緒二十

八年（1902）石印本　六冊

320000 - 1607 - 0000070　D122
字課圖說四卷　（清）劉樹屏撰　清光緒二十
八年（1902）石印本　八冊

320000 - 1607 - 0000071　D124
史論彙選乙編八卷　（清）呂景端輯　清光緒
二十六年（1900）刻本　四冊

320000 - 1607 - 0000072　D125
史論彙選乙編八卷　（清）呂景端輯　清光緒
二十六年（1900）刻本　四冊

320000 - 1607 - 0000073　D126
史論彙選丙編八卷　（清）呂景端輯　清光緒
二十七年（1901）刻本　四冊

320000 - 1607 - 0000074　D127
讀史論斷二十卷　（清）洪亮吉撰　清光緒二
十七年（1901）石印本　七冊

320000 - 1607 - 0000075　D131
滇事總錄二卷　（清）莊士敏撰　清光緒十四
年（1888）刻本　一冊

320000 - 1607 - 0000076　D132
滇事總錄二卷　（清）莊士敏撰　清光緒十四
年（1888）刻本　一冊

320000 - 1607 - 0000077　D133
滇事總錄二卷　（清）莊士敏撰　清光緒十四
年（1888）刻本　一冊

320000 - 1607 - 0000078　D134
西史綱目三十五卷　（清）周維翰撰　清光緒
二十八年（1902）石印本　十八冊

320000 - 1607 - 0000079　D136
識字書一卷　（清）左鎮撰　清光緒三十二年
（1906）刻本　一冊

320000 - 1607 - 0000080　D137
識字書一卷　（清）左鎮撰　清光緒元年
（1875）刻本　一冊

320000 - 1607 - 0000081　D138
識字書一卷　（清）左鎮撰　清光緒元年

（1875）刻本　一冊

320000 - 1607 - 0000082　D139
識字書一卷　（清）左鎮撰　清光緒元年
（1875）刻本　一冊

320000 - 1607 - 0000083　D140
識字書一卷　（清）左鎮撰　清光緒元年
（1875）刻本　一冊

320000 - 1607 - 0000084　D141
識字書一卷　（清）左鎮撰　清光緒元年
（1875）刻本　一冊

320000 - 1607 - 0000085　D142
識字書一卷　（清）左鎮撰　清光緒元年
（1875）刻本　一冊

320000 - 1607 - 0000086　D143
識字書一卷　（清）左鎮撰　清光緒元年
（1875）刻本　一冊

320000 - 1607 - 0000087　D144
識字書一卷　（清）左鎮撰　清光緒元年
（1875）刻本　一冊

320000 - 1607 - 0000088　D145
三統曆衍式二卷附一錄　（清）方楷撰　清光
緒十四年（1888）刻本　一冊

320000 - 1607 - 0000089　D148
西史綱目二十卷　（清）周維翰撰　清光緒二
十八年（1902）石印本　九冊　存十八卷（一
至十、十三至二十）

320000 - 1607 - 0000090　D157
素行錄二卷續編一卷　（清）卓秉恬撰　清刻
本　一冊

320000 - 1607 - 0000091　D158
歷代略一卷　（清）李兆洛撰　清刻本　一冊

320000 - 1607 - 0000092　D159
廿二史劄記三十六卷補遺一卷　（清）趙翼撰
　清嘉慶五年（1800）湛貽堂刻甌北全集本
十冊

320000 - 1607 - 0000093　D161

廿二史劄記三十六卷　（清）趙翼撰　清嘉慶
元年(1796)刻本　十二冊

320000－1607－0000094　D167
庚申忠義錄不分卷　（清）湯成烈輯　清活字
印本　八冊

320000－1607－0000095　D168
庚申忠義錄不分卷　（清）湯成烈輯　清活字
印本　八冊

320000－1607－0000096　D169
庚申忠義錄不分卷　（清）湯成烈輯　清活字
印本　八冊

320000－1607－0000097　D170
年華錄一卷　（清）謝蘭生撰　清光緒二十四
年(1898)刻本　一冊

320000－1607－0000098　D172
海烈婦祠錄一卷　（清）陸鼎翰編　清光緒十
四年(1888)活字印本　一冊

320000－1607－0000099　D173
海烈婦祠錄一卷　（清）陸鼎翰編　清光緒十
四年(1888)活字印本　一冊

320000－1607－0000100　D174
志傳稿不分卷　（清）莊毓鋐編　清抄本
一冊

320000－1607－0000101　D175
舜山是仲明[鏡]先生年譜一卷　（清）張敬立
撰　（清）金吳瀾補　清光緒十三年(1887)活
字印本　二冊

320000－1607－0000102　D176
舜山是仲明[鏡]先生年譜一卷　（清）張敬立
撰　（清）金吳瀾補　清光緒十三年(1887)活
字印本　二冊

320000－1607－0000103　D177
思忠錄不分卷　金武祥撰　清光緒三十二年
(1906)刻粟香室叢書本　一冊

320000－1607－0000104　D178
晉陵先賢小傳不分卷　（明）歐陽東鳳撰　清
同治七年(1868)活字印本　二冊

320000－1607－0000105　D179
晉陵先賢小傳不分卷　（明）歐陽東鳳撰　清
同治七年(1868)活字印本　二冊

320000－1607－0000106　D181
龜巢先生崇祀錄四卷　（清）謝蘭生輯　清光
緒刻本　一冊

320000－1607－0000107　D183
靈徵錄一卷　（清）劉毓奇輯　清光緒二十年
(1894)毘陵何氏刻本　一冊

320000－1607－0000108　D184
靈徵錄一卷　（清）劉毓奇輯　清光緒二十年
(1894)毘陵何氏刻本　一冊

320000－1607－0000109　D189
謝氏源流一卷　（清）謝蘭生編　清光緒刻本
　一冊

320000－1607－0000110　D190
謝氏源流一卷　（清）謝蘭生編　清光緒刻本
　一冊

320000－1607－0000111　D191
孫淵如[星衍]先生年譜二卷　（清）張紹南撰
　清光緒二十四年(1898)刻本　一冊

320000－1607－0000112　D192
懷古錄三卷　（清）謝應芳編　清光緒六年
(1880)刻本　一冊

320000－1607－0000113　D193
懷古錄三卷　（清）謝應芳編　清光緒六年
(1880)刻本　一冊

320000－1607－0000114　D194
學宮譜二卷　（清）孫錫疇輯　清同治十一年
(1872)刻本　二冊

320000－1607－0000115　D197
孫淵如[星衍]先生年譜二卷　（清）張紹南撰
　清光緒二十四年(1898)刻本　一冊

320000－1607－0000116　D199
人範須知六卷　（清）盛隆輯　清同治二年
(1863)刻本　六冊

320000 - 1607 - 0000117　D205

張文貞[玉書]公年譜一卷　（清）丁傳靖撰
清光緒三十一年(1905)刻本　一冊

320000 - 1607 - 0000118　D209

史目表一卷　（清）洪飴孫撰　清光緒三年
(1877)刻本　一冊

320000 - 1607 - 0000119　D212

卞氏傳序摘錄一卷　（清）卞氏宗祠輯　清光
緒三十年(1904)刻本　一冊

320000 - 1607 - 0000120　D213

謝氏家傳法帖一卷　錢振鍠書　清光緒石印
本　一冊

320000 - 1607 - 0000121　D214

謝氏家傳法帖一卷　錢振鍠書　清光緒石印
本　一冊

320000 - 1607 - 0000122　D215

謝氏家傳法帖一卷　錢振鍠書　清光緒石印
本　一冊

320000 - 1607 - 0000123　D216

謝氏家傳法帖一卷　錢振鍠書　清光緒石印
本　一冊

320000 - 1607 - 0000124　D217

謝氏家傳法帖一卷　錢振鍠書　清光緒石印
本　一冊

320000 - 1607 - 0000125　D226

[光緒]武進陽湖縣志三十卷　（清）王其淦等
修　（清）湯成烈纂　清光緒五年(1879)刻本
　二十冊

320000 - 1607 - 0000126　D227

雷波瑣記一卷　（清）劉文蔚撰　清道光十二
年(1832)刻本　一冊

320000 - 1607 - 0000127　D228

日遊瑣識一卷　（清）李寶淦撰　清光緒三十
二年(1906)鉛印本　一冊

320000 - 1607 - 0000128　D229

簷曝雜記六卷　（清）趙翼撰　清刻本
一冊

320000 - 1607 - 0000129　D232

輿圖總論註釋一卷　（清）謝蘭生撰　清刻本
　一冊

320000 - 1607 - 0000130　D233

常州賦不分卷　（清）褚邦慶編注　清光緒四
年(1878)刻本　一冊

320000 - 1607 - 0000131　D235

常州賦不分卷　（清）褚邦慶編注　清光緒四
年(1878)刻本　二冊

320000 - 1607 - 0000132　D236

[光緒]武進陽湖縣志三十卷　（清）王其淦等
修　（清）湯成烈纂　清光緒五年(1879)刻本
　二十冊

320000 - 1607 - 0000133　D238

新校晉書地理志一卷　（清）方愷撰　清光緒
二十一年(1895)廣雅書局刻本　一冊

320000 - 1607 - 0000134　D241

皇朝輿地略不分卷　（清）六承如撰　清同治
二年(1863)刻本　二冊

320000 - 1607 - 0000135　D244

補梁疆域志四卷　（清）洪齮孫撰　清道光十
五年(1835)刻本　二冊

320000 - 1607 - 0000136　D250

十六國疆域志十六卷　（清）洪亮吉撰　清光
緒四年(1878)刻本　四冊

320000 - 1607 - 0000137　D252

乾隆府廳州縣圖志五十卷　（清）洪亮吉撰
清光緒二十三年(1897)刻本　十五冊　存三
十七卷(十四至五十)

320000 - 1607 - 0000138　D253

乾隆府廳州縣圖志五十卷　（清）洪亮吉撰
清光緒二十三年(1897)刻本　十六冊

320000 - 1607 - 0000139　D254

歷代地理志韻編今釋二十卷皇朝輿地韻編二
卷　（清）李兆洛撰　清光緒二十九年(1903)
石印本　四冊

320000 - 1607 - 0000140　D255

李氏五種二十八卷　（清）李兆洛撰　清光緒
二十四年（1898）石印本　八册

320000－1607－0000141　D256
李氏五種二十八卷　（清）李兆洛撰　清光緒
二十四年（1898）石印本　八册

320000－1607－0000142　D259
乾隆府廳州縣圖志五十卷　（清）洪亮吉撰
清乾隆五十年（1785）刻卷施閣集本　十册

320000－1607－0000143　D260
李氏五種二十八卷　（清）李兆洛撰　清光緒
十四年（1888）石印本　十六册

320000－1607－0000144　D261
乾隆府廳州縣圖志五十卷　（清）洪亮吉撰
清光緒五年（1879）刻本　二十册

320000－1607－0000145　D263
補三國疆域志二卷　（清）洪亮吉撰　清光緒
四年（1878）刻本　一册

320000－1607－0000146　D264
補三國疆域志二卷　（清）洪亮吉撰　清光緒
四年（1878）刻本　一册

320000－1607－0000147　D265
補三國疆域志二卷　（清）洪亮吉撰　清光緒
四年（1878）刻本　一册

320000－1607－0000148　D266
三國疆域志補注十九卷　（清）洪亮吉撰
（清）謝鍾英補注　清光緒二十四年（1898）刻
本　六册

320000－1607－0000149　D267
歷代地理志韻編今釋二十卷皇朝輿地韻編二
卷　（清）李兆洛撰　清同治九年（1870）刻本
八册

320000－1607－0000150　D268
常郡八邑藝文志十二卷　（清）盧文弨纂　清
光緒十六年（1890）刻本　十六册

320000－1607－0000151　D269
常郡八邑藝文志十二卷　（清）盧文弨纂　清
光緒十六年（1890）刻本　十六册

320000－1607－0000152　D270
常郡八邑藝文志十二卷　（清）盧文弨纂　清
光緒十六年（1890）刻本　十六册

320000－1607－0000153　D271
武陽團練紀實二卷　（清）莊毓鋐輯　清光緒
十四年（1888）活字印本　一册

320000－1607－0000154　D272
武陽團練紀實二卷　（清）莊毓鋐輯　清光緒
十四年（1888）活字印本　一册

320000－1607－0000155　D278
武陽官書錄二卷　（清）武陽志書局輯　清光
緒六年（1880）刻本　一册

320000－1607－0000156　D279
武陽城鄉區域始末紀一卷　（清）惲莘耘撰
清宣統元年（1909）刻本　一册

320000－1607－0000157　D280
修建湖塘橋暨各橋橋工支各歀清賬不分卷
（清）何學易輯　清光緒二年（1876）刻本
一册

320000－1607－0000158　D283
重修馬蹟山志八卷　（清）許械撰　清光緒六
年（1880）刻本　四册

320000－1607－0000159　D289
南蘭陵居士印禪印存一卷　（清）陶星如輯
清鈐印本　一册

320000－1607－0000160　D306
金石續編二十一卷　（清）陸耀遹撰　清同治
十三年（1874）刻本　十六册

320000－1607－0000161　D321
原富賸義一卷　（清）周仁撰　清光緒三十二
年（1906）刻本　一册

320000－1607－0000162　D322
日遊瑣識一卷　（清）李寶洤撰　清光緒三十
二年（1906）鉛印本　一册

320000－1607－0000163　D323
日遊瑣識一卷　（清）李寶洤撰　清光緒三十
二年（1906）鉛印本　一册

320000 – 1607 – 0000164　D324

四十日萬八千里之游記一卷　（清）管鳳龢撰
清宣統二年（1910）鉛印本　一冊

320000 – 1607 – 0000165　D325

日東軍政要略三卷　（日本）細田謙藏編譯
清光緒二十四年（1898）鉛印本　二冊

320000 – 1607 – 0000166　D326

日本刑法一卷　章宗祥　董康譯　清光緒三
十一年（1905）鉛印本　一冊

320000 – 1607 – 0000167　D331

金石續編二十一卷　（清）陸耀遹撰　清同治
十三年（1874）刻本　十六冊

320000 – 1607 – 0000168　D333

代數通藝錄十六卷　（清）方愷撰　清光緒二
十二年（1896）石印本　四冊

320000 – 1607 – 0000169　D337

真修寶卷一卷　（清）劉暎華撰　清光緒二年
（1876）刻本　一冊

320000 – 1607 – 0000170　D338

診餘舉隅錄二卷　（清）陳廷儒撰　清光緒二
十四年（1898）刻本　二冊

320000 – 1607 – 0000171　D340

本草便讀二卷　（清）張秉成撰　清光緒二十
二年（1896）刻本　四冊

320000 – 1607 – 0000172　D341

本草便讀二卷　（清）張秉成撰　清光緒二十
二年（1896）刻本　四冊

320000 – 1607 – 0000173　D343

毗陵科第攷八卷　（清）趙充之編　（清）錢人
麟　（清）莊柱續編　清同治七年（1868）刻本
二冊

320000 – 1607 – 0000174　D344

毗陵科第攷八卷　（清）趙充之編　（清）錢人
麟　（清）莊柱續編　清同治七年（1868）刻本
二冊

320000 – 1607 – 0000175　D345

毗陵二十四孝圖說一卷　（清）壽安堂輯　清

同治十二年（1873）刻本　二冊

320000 – 1607 – 0000176　D346

學聚堂初稿六卷　（清）姚祖泰撰　清光緒二
十四年（1898）活字印本　二冊

320000 – 1607 – 0000177　D347

毗陵科第攷八卷　（清）趙充之編　（清）錢人
麟　（清）莊柱續編　清同治七年（1868）刻本
十二冊

320000 – 1607 – 0000178　D348

本經疏證十二卷疏要八卷續疏六卷　（清）鄒
澍撰　清道光二十九年（1849）刻本　一冊

320000 – 1607 – 0000179　D349

詠梅軒仰觀錄二卷　（清）謝蘭生撰　清光緒
刻本　一冊

320000 – 1607 – 0000180　D350

沿沂亭算稿四種四卷　（清）徐異撰　清光緒
二十七年（1901）刻本　二冊

320000 – 1607 – 0000181　D351

記事珠十卷　（明）張以謙輯　清光緒八年
（1882）刻本　十冊

320000 – 1607 – 0000182　D353

外科症治全生前集三卷後集三卷　（清）王維
德撰　清光緒十年（1884）刻本　二冊

320000 – 1607 – 0000183　D354

實扶垤里亞血清療法一卷　（清）李祥麟譯
清宣統元年（1909）鉛印本　一冊

320000 – 1607 – 0000184　D357

史記天官書補目一卷　（清）孫星衍撰　清光
緒十三年（1887）刻本　一冊

320000 – 1607 – 0000185　D358

史記天官書補目一卷　（清）孫星衍撰　清光
緒十三年（1887）刻本　一冊

320000 – 1607 – 0000186　D359

董方立算書五種七卷　（清）董祐誠撰　清道
光十年（1830）刻本　一冊

320000 – 1607 – 0000187　D360

駢體文鈔三十一卷　（清）李兆洛輯　清道光
刻本　十二冊

320000－1607－0000188　D361
駢體文鈔三十一卷　（清）李兆洛輯　清道光
刻本　十二冊

320000－1607－0000189　D362
痘科金鏡賦集解四卷　（清）俞茂鯤集解　清
光緒二年（1876）刻本　五冊

320000－1607－0000190　D365
孫淵如先生全集二十二卷　（清）孫星衍撰
清光緒十一年（1885）長沙王氏刻本　十冊

320000－1607－0000191　D366
孫淵如先生全集二十二卷　（清）孫星衍撰
清光緒十一年（1885）長沙王氏刻本　十冊

320000－1607－0000192　D367
舊言集不分卷　（清）李兆洛輯　清道光刻本
八冊

320000－1607－0000193　D375
道鄉先生文集四十卷補遺一卷附錄一卷
（宋）鄒浩撰　清光緒二十五年（1899）刻本
六冊

320000－1607－0000194　D376
道鄉先生文集四十卷補遺一卷附錄一卷
（宋）鄒浩撰　清光緒二十五年（1899）刻本
十二冊

320000－1607－0000195　D378
卷施閣文甲集十卷續一卷補遺一卷乙集八卷
續編一卷詩二十卷　（清）洪亮吉撰　清光緒
三年（1877）洪用懃授經堂刻本　十四冊

320000－1607－0000196　D379
卷施閣文甲集十卷　（清）洪亮吉撰　清光緒
三年（1877）洪用懃授經堂刻本　一冊　存三
卷（一至三）

320000－1607－0000197　D380
卷施閣文甲集十卷乙集八卷　（清）洪亮吉撰
清光緒三年（1877）洪用懃授經堂刻本　三
冊　存十一卷（甲集一至三、乙集八卷）

320000－1607－0000198　D381
重刻校正唐荊川先生文集十二卷補遺五卷外
集三卷　（明）唐順之撰　附錄一卷　（清）
□□輯　清光緒三十年（1904）江南書局刻本
十冊

320000－1607－0000199　D382
更生齋文續集二卷詩續集十卷　（清）洪亮吉
撰　清光緒三年（1877）刻本　六冊

320000－1607－0000200　D383
更生齋文甲集四卷乙集四卷詩集八卷　（清）
洪亮吉撰　清光緒三年（1877）刻本　四冊

320000－1607－0000201　D384
更生齋文甲集四卷詩集八卷　（清）洪亮吉撰
清光緒三年（1877）刻本　三冊

320000－1607－0000202　D385
重刻校正唐荊川先生文集十二卷補遺五卷外
集三卷　（明）唐順之撰　附錄一卷　（清）
□□輯　清光緒三十年（1904）江南書局刻本
十冊

320000－1607－0000203　D386
重刻校正唐荊川先生文集十二卷補遺五卷外
集三卷　（明）唐順之撰　附錄一卷　（清）
□□輯　清光緒三十年（1904）江南書局刻本
十冊

320000－1607－0000204　D387
養一齋文集二十卷詩集四卷　（清）李兆洛撰
清光緒四年（1878）刻本　十冊

320000－1607－0000205　D390
楊文靖公全集四十二卷首一卷末一卷　（宋）
楊時撰　清光緒五年（1879）刻本　十冊

320000－1607－0000206　D391
亦有生齋集文集二十卷詩集三十二卷詞五卷
樂府二卷　（清）趙懷玉撰　清嘉慶刻本　十
二冊

320000－1607－0000207　D403
楊文靖公全集四十二卷首一卷末一卷　（宋）
楊時撰　清光緒五年（1879）刻本　十冊

320000－1607－0000208　D404

**楊文靖公全集四十二卷首一卷末一卷**　（宋）楊時撰　清光緒五年(1879)刻本　十冊

320000－1607－0000209　D405

**雙白燕堂文集二卷外集八卷**　（清）陸耀遹撰　清光緒四年(1878)刻本　四冊

320000－1607－0000210　D406

**雙白燕堂文集二卷外集八卷**　（清）陸耀遹撰　清光緒四年(1878)刻本　四冊

320000－1607－0000211　D407

**雙白燕堂文集二卷外集八卷**　（清）陸耀遹撰　清光緒四年(1878)刻本　四冊

320000－1607－0000212　D408

**雙白燕堂文集二卷外集八卷**　（清）陸耀遹撰　清光緒四年(1878)刻本　四冊

320000－1607－0000213　D409

**雙白燕堂文集二卷外集八卷**　（清）陸耀遹撰　清光緒四年(1878)刻本　四冊

320000－1607－0000214　D410

**崇百藥齋文集二十卷續集四卷三集十二卷五真閣吟稿一卷**　（清）陸繼輅撰　清光緒四年(1878)刻本　十二冊

320000－1607－0000215　D411

**崇百藥齋文集二十卷續集四卷三集十二卷五真閣吟稿一卷**　（清）陸繼輅撰　清光緒四年(1878)刻本　十二冊

320000－1607－0000216　D412

**崇百藥齋文集二十卷續集四卷三集十二卷五真閣吟稿一卷**　（清）陸繼輅撰　清光緒四年(1878)刻本　十二冊

320000－1607－0000217　D414

**一漚集詩鈔六卷文鈔三卷**　（清）董威撰　清光緒十八年(1892)刻本　二冊

320000－1607－0000218　D417

**會稽山齋全集二十七卷**　（清）謝應芝撰　清光緒十四年(1888)刻本　六冊

320000－1607－0000219　D418

**賜誠堂文集十六卷**　（明）管紹寧撰　清光緒三年(1877)刻本　二冊

320000－1607－0000220　D423

**賜誠堂文集十六卷**　（明）管紹寧撰　清光緒三年(1877)刻本　二冊

320000－1607－0000221　D424

**萬善花室文稿六卷附錄一卷**　（清）方履籛撰　清光緒十二年(1886)刻本　三冊

320000－1607－0000222　D427

**大雲山房十二章圖說二卷大雲山房雜記二卷**　（清）惲敬撰　清光緒九年(1883)歸安姚氏刻咫進齋叢書本　一冊

320000－1607－0000223　D428

**大雲山房言事二卷**　（清）惲敬撰　清同治二年(1863)刻本　二冊

320000－1607－0000224　D429

**大雲山房言事二卷**　（清）惲敬撰　清同治二年(1863)刻本　二冊

320000－1607－0000225　D430

**大雲山房文稿初集四卷二集四卷**　（清）惲敬撰　清嘉慶二十年(1815)刻本　八冊

320000－1607－0000226　D431

**大雲山房文稿初集四卷二集四卷**　（清）惲敬撰　清嘉慶二十年(1815)刻本　二冊

320000－1607－0000227　D432

**齊雲山人文集一卷**　（清）洪符孫撰　清光緒九年(1883)刻本　一冊

320000－1607－0000228　D433

**枏華館駢體文四卷**　（清）董基誠撰　清光緒十六年(1890)活字印本　二冊

320000－1607－0000229　D434

**枏華館駢體文四卷**　（清）董基誠撰　清光緒十六年(1890)活字印本　二冊

320000－1607－0000230　D435

**枏華館駢體文四卷**　（清）董基誠撰　清光緒十六年(1890)活字印本　一冊　存二卷(一至二)

320000－1607－0000231 D440

才叔遺文二卷 （清）管樂撰 清光緒刻本
一冊 存一卷（下）

320000－1607－0000232 D441

才叔遺文二卷 （清）管樂撰 清光緒刻本
一冊 存一卷（下）

320000－1607－0000233 D442

思補齋文集四集 （清）劉星煒撰 清光緒二
十年（1894）刻本 四冊

320000－1607－0000234 D444

懷白軒初稿十四卷 （清）陸初望撰 清同治
五年（1866）刻本 四冊

320000－1607－0000235 D445

懷白軒初稿十四卷 （清）陸初望撰 清同治
五年（1866）刻本 四冊

320000－1607－0000236 D446

思補齋文集四集 （清）劉星煒撰 清光緒二
十年（1894）刻本 四冊

320000－1607－0000237 D447

思補齋文集四集 （清）劉星煒撰 清光緒二
十年（1894）刻本 四冊

320000－1607－0000238 D453

曼陀羅花室文三卷詩三卷詞一卷遜庵集二卷
（清）吳翊寅撰 清光緒十九年（1893）刻本
四冊

320000－1607－0000239 D454

曼陀羅花室文三卷詩三卷詞一卷遜庵集二卷
（清）吳翊寅撰 清光緒十九年（1893）刻本
四冊

320000－1607－0000240 D465

楓南山館遺集八卷 （清）莊受祺撰 清同治
十三年（1874）刻本 二冊

320000－1607－0000241 D466

楓南山館遺集八卷 （清）莊受祺撰 清同治
十三年（1874）刻本 二冊

320000－1607－0000242 D467

聽雲僊館詩文集十卷 （清）湯成彥撰 清同

治八年（1869）刻本 五冊

320000－1607－0000243 D468

聽雲僊館詩文集十卷 （清）湯成彥撰 清同
治八年（1869）刻本 三冊

320000－1607－0000244 D471

澤古齋文鈔三卷補遺一卷 （清）吳士模撰
清光緒十九年（1893）刻本 一冊

320000－1607－0000245 D472

惇素堂詩古文四卷 （清）白蘭昌撰 清光緒
十年（1884）刻本 一冊

320000－1607－0000246 D479

正誼堂詩文集不分卷 （清）董以寧撰 清光
緒刻本 六冊

320000－1607－0000247 D480

古藤書屋集二十六卷 （清）湯成烈撰 清抄
本 八冊

320000－1607－0000248 D489

酌雅堂駢體文集二卷 （清）徐壽基撰 清光
緒十一年（1885）刻本 二冊

320000－1607－0000249 D490

酌雅堂駢體文集二卷 （清）徐壽基撰 清光
緒十一年（1885）刻本 二冊

320000－1607－0000250 D491

酌雅堂駢體文集二卷 （清）徐壽基撰 清光
緒十一年（1885）刻本 二冊

320000－1607－0000251 D492

酌雅堂駢體文集二卷 （清）徐壽基撰 清光
緒十一年（1885）刻本 一冊 存二卷（一至
二）

320000－1607－0000252 D493

酌雅堂駢體文集二卷 （清）徐壽基撰 清光
緒十一年（1885）刻本 一冊

320000－1607－0000253 D494

潛莊文鈔六卷 （清）卜起元撰 清光緒五年
（1879）刻本 二冊

320000－1607－0000254 D495

潛莊文鈔六卷　（清）卜起元撰　清光緒五年
（1879）刻本　二冊

320000－1607－0000255　D496
潛莊文鈔六卷　（清）卜起元撰　清光緒五年
（1879）刻本　二冊

320000－1607－0000256　D497
知非齋古文錄二卷駢文錄一卷　（清）沈湛鈞
撰　清光緒三十二年（1906）刻本　二冊

320000－1607－0000257　D498
知非齋古文錄二卷駢文錄一卷　（清）沈湛鈞
撰　清光緒三十二年（1906）刻本　二冊

320000－1607－0000258　D499
知非齋古文錄二卷駢文錄一卷　（清）沈湛鈞
撰　清光緒三十二年（1906）刻本　二冊

320000－1607－0000259　D500
知非齋古文錄二卷駢文錄一卷　（清）沈湛鈞
撰　清光緒三十二年（1906）刻本　二冊

320000－1607－0000260　D501
知非齋古文錄二卷駢文錄一卷　（清）沈湛鈞
撰　清光緒三十二年（1906）刻本　二冊

320000－1607－0000261　D503
洪北江文鈔四卷　（清）洪亮吉撰　清宣統二
年（1910）鉛印本　二冊

320000－1607－0000262　D504
薖園文鈔不分卷　（清）楊金監撰　清光緒十
六年（1890）毗陵楊氏世承堂木活字印本
一冊

320000－1607－0000263　D505
薖園文鈔不分卷　（清）楊金監撰　清光緒十
六年（1890）毗陵楊氏世承堂木活字印本
一冊

320000－1607－0000264　D506
薖園文鈔不分卷　（清）楊金監撰　清光緒十
六年（1890）毗陵楊氏世承堂木活字印本
一冊

320000－1607－0000265　D507
茗柯文初編一卷二編二卷三編一卷四編一卷

（清）張惠言撰　清光緒七年（1881）刻本
二冊

320000－1607－0000266　D508
茗柯文初編一卷二編二卷三編一卷四編一卷
　（清）張惠言撰　清光緒七年（1881）刻本
二冊

320000－1607－0000267　D509
白雲草堂文鈔七卷詩鈔三卷　（清）呂星垣撰
　清嘉慶八年（1803）刻本　四冊

320000－1607－0000268　D510
白雲草堂文鈔七卷詩鈔三卷　（清）呂星垣撰
　清嘉慶八年（1803）刻本　四冊

320000－1607－0000269　D517
惲遜庵先生遺集一卷　（清）惲日初撰　清道
光八年（1828）刻本　一冊

320000－1607－0000270　D518
八家四六文注八卷　（清）許貞幹輯　清光緒
十七年（1891）刻本　八冊

320000－1607－0000271　D525
餐芍華館遺文三卷隨筆二卷　（清）周騰虎撰
　清光緒三十一年（1905）刻本　二冊

320000－1607－0000272　D526
餐芍華館遺文三卷隨筆二卷　（清）周騰虎撰
　清光緒三十一年（1905）刻本　二冊

320000－1607－0000273　D529
餐芍華館遺文三卷隨筆二卷　（清）周騰虎撰
　清光緒三十一年（1905）刻本　二冊

320000－1607－0000274　D530
鴟枝書屋鳴鴉二卷　（清）金爾音撰　清光緒
二十三年（1897）刻本　二冊

320000－1607－0000275　D531
先賢金忠潔闇齋兩先生集二卷　（清）金仁溥
輯　清光緒二十三年（1897）刻本　二冊

320000－1607－0000276　D537
餐芍華館遺文三卷　（清）周騰虎撰　清光緒
三十一年（1905）刻本　一冊

320000 - 1607 - 0000277　D540
遜庵先生稿一卷　（清）惲日初撰　清咸豐二
年(1852)刻本　一冊

320000 - 1607 - 0000278　D542
國朝常州駢體文錄三十一卷附結一宧駢體文
一卷　屠寄輯　清光緒十六年(1890)刻本
八冊

320000 - 1607 - 0000279　D543
大雲山房文稿初集四卷二集四卷　（清）惲敬
撰　清光緒十四年(1888)刻本　八冊

320000 - 1607 - 0000280　D544
大雲山房文稿初集四卷二集四卷　（清）惲敬
撰　清光緒十四年(1888)刻本　八冊

320000 - 1607 - 0000281　D545
石溪詩存二卷　（清）馮鉌撰　清光緒二十九
年(1903)刻本　一冊

320000 - 1607 - 0000282　D547
長離閣集一卷　（清）王采薇撰　清光緒十年
(1884)刻本　一冊

320000 - 1607 - 0000283　D548
釣琴軒詩鈔四卷　（清）王鐔撰　清光緒十七
年(1891)刻本　一冊

320000 - 1607 - 0000284　D549
夢萱室詩存一卷　（清）汪志韶撰　（清）汪子
偉輯　清宣統元年(1909)鉛印本　一冊

320000 - 1607 - 0000285　D550
夢萱室詩存一卷　（清）汪志韶撰　（清）汪子
偉輯　清宣統元年(1909)鉛印本　一冊

320000 - 1607 - 0000286　D551
夢萱室詩存一卷　（清）汪志韶撰　（清）汪子
偉輯　清宣統元年(1909)鉛印本　一冊

320000 - 1607 - 0000287　D552
夢衲盦詩偶存一卷　（清）江昉撰　清光緒十
年(1884)刻本　一冊

320000 - 1607 - 0000288　D553
夢蘭草堂詩集一卷　（清）俞世球撰　清光緒
六年(1880)刻本　一冊

320000 - 1607 - 0000289　D554
宛鄰詩二卷　（清）張琦撰　清光緒十六年
(1890)刻本　一冊

320000 - 1607 - 0000290　D555
夢衲盦詩偶存一卷　（清）江昉撰　清光緒十
年(1884)刻本　一冊

320000 - 1607 - 0000291　D556
宛鄰書屋古詩錄十二卷　（清）張琦輯　清同
治八年(1869)刻本　四冊

320000 - 1607 - 0000292　D557
宛鄰書屋古詩錄十二卷　（清）張琦輯　清同
治八年(1869)刻本　四冊

320000 - 1607 - 0000293　D558
附鮚軒詩八卷　（清）洪亮吉撰　清光緒三年
(1877)刻本　二冊

320000 - 1607 - 0000294　D559
附鮚軒詩八卷　（清）洪亮吉撰　清光緒三年
(1877)刻本　二冊

320000 - 1607 - 0000295　D560
綠槐書屋詩稿三卷　（清）張綸英撰　清同治
七年(1868)刻本　一冊

320000 - 1607 - 0000296　D561
綠槐書屋詩稿三卷　（清）張綸英撰　清同治
七年(1868)刻本　一冊

320000 - 1607 - 0000297　D562
綠槐書屋詩稿三卷　（清）張綸英撰　清同治
七年(1868)刻本　一冊

320000 - 1607 - 0000298　D563
結一宧駢體文二卷詩略三卷　屠寄撰　清光
緒十六年(1890)刻本　一冊

320000 - 1607 - 0000299　D564
結一宧駢體文二卷詩略三卷　屠寄撰　清光
緒十六年(1890)刻本　一冊

320000 - 1607 - 0000300　D565
結一宧駢體文二卷詩略三卷　屠寄撰　清光
緒十六年(1890)刻本　一冊

320000－1607－0000301　D567

國朝常州駢體文錄三十一卷附結一宦駢體文
一卷　屠寄輯　清光緒十六年(1890)刻本
六冊　存二十二卷(一至二十二)

320000－1607－0000302　D568

國朝常州駢體文錄三十一卷附結一宦駢體文
一卷　屠寄輯　清光緒十六年(1890)刻本
八冊

320000－1607－0000303　D569

國朝常州駢體文錄三十一卷附結一宦駢體文
一卷　屠寄輯　清光緒十六年(1890)刻本
八冊

320000－1607－0000304　D571

珍埶宦詩鈔二卷　（清)莊述祖撰　清光緒十
八年(1892)石印本　一冊

320000－1607－0000305　D572

珍埶宦詩鈔二卷　（清)莊述祖撰　清光緒十
八年(1892)石印本　一冊

320000－1607－0000306　D574

南華九老會唱和詩譜不分卷　（清)莊宇逵輯
清光緒二十年(1894)刻本　一冊

320000－1607－0000307　D575

南華九老會唱和詩譜不分卷　（清)莊宇逵輯
清光緒二十年(1894)刻本　一冊

320000－1607－0000308　D576

偶存集一卷　（清)董貽清撰　清同治十一年
(1872)刻本　一冊

320000－1607－0000309　D586

味蓼軒詩鈔十卷　（清)高宅暘撰　清光緒五
年(1879)刻本　一冊

320000－1607－0000310　D592

謝氏清芬詩錄十六卷　（清)謝蘭生輯　清光
緒十三年(1887)刻本　二冊

320000－1607－0000311　D593

詠梅軒稿六卷　（清)謝蘭生撰　清同治八年
(1869)刻本　二冊

320000－1607－0000312　D594

詠梅軒稿六卷　（清)謝蘭生撰　清同治八年
(1869)刻本　二冊

320000－1607－0000313　D595

龜巢稿十卷　（元)謝應芳撰　清道光二十六
年(1846)刻本　一冊

320000－1607－0000314　D596

謝子蘭公詩文遺稿三卷　（元)謝應芳撰　清
光緒十五年(1889)刻本　一冊

320000－1607－0000315　D597

謝子蘭公詩文遺稿三卷　（元)謝應芳撰　清
光緒十五年(1889)刻本　一冊

320000－1607－0000316　D598

謝子蘭公詩文遺稿三卷　（元)謝應芳撰　清
光緒十五年(1889)刻本　一冊

320000－1607－0000317　D599

謝子蘭公詩文遺稿三卷　（元)謝應芳撰　清
光緒十五年(1889)刻本　一冊

320000－1607－0000318　D600

謝子蘭公詩文遺稿三卷　（元)謝應芳撰　清
光緒十五年(1889)刻本　一冊

320000－1607－0000319　D601

謝子蘭公詩文遺稿三卷　（元)謝應芳撰　清
光緒十五年(1889)刻本　一冊

320000－1607－0000320　D602

養一齋文集二十卷詩集四卷　（清)李兆洛撰
清光緒四年(1878)刻本　十冊

320000－1607－0000321　D603

卷施閣詩二十卷　（清)洪亮吉撰　清光緒三
年(1877)洪用勤授經堂刻卷施閣集本　七冊

320000－1607－0000322　D604

卷施閣詩二十卷　（清)洪亮吉撰　清光緒三
年(1877)洪用勤授經堂刻卷施閣集本　七冊

320000－1607－0000323　D605

卷施閣詩二十卷　（清)洪亮吉撰　清光緒三
年(1877)洪用勤授經堂刻卷施閣集本　七冊

320000－1607－0000324　D606

甌北詩話十二卷　（清）趙翼撰　清光緒三十四年(1908)石印本　四冊

320000－1607－0000325　D607

唫香草堂遺詩一卷　（清）徐志源撰　清光緒三十年(1904)刻本　一冊

320000－1607－0000326　D608

芳茂山人詩錄十卷　（清）孫星衍撰　清光緒十一年(1885)刻本　二冊

320000－1607－0000327　D609

清暉贈言十卷附錄一卷　（清）徐永宣撰　清道光十六年(1836)刻本　四冊

320000－1607－0000328　D613

琴隱園詩集三十六卷詞集四卷　（清）湯貽汾撰　清同治十三年(1874)刻本　八冊

320000－1607－0000329　D614

小有齋自娛集一卷　（清）徐鈞撰　清光緒六年(1880)刻本　一冊

320000－1607－0000330　D615

小有齋自娛集一卷　（清）徐鈞撰　清光緒六年(1880)刻本　一冊

320000－1607－0000331　D616

小有齋自娛集一卷　（清）徐鈞撰　清光緒六年(1880)刻本　一冊

320000－1607－0000332　D618

澤古齋詩鈔一卷　（清）吳士模撰　清光緒十九年(1893)刻本　一冊

320000－1607－0000333　D619

澤古齋詩鈔一卷　（清）吳士模撰　清光緒十九年(1893)刻本　一冊

320000－1607－0000334　D620

荃石居類鈔九卷　（清）吳頡鴻撰　清光緒十六年(1890)刻本　一冊

320000－1607－0000335　D621

筠綠山房詩草四卷詞草一卷　（清）湯建中撰　清光緒十九年(1893)湯沅宜刻本　二冊

320000－1607－0000336　D623

北江詩話四卷　（清）洪亮吉撰　清光緒三年(1877)刻本　二冊

320000－1607－0000337　D625

青埵山人詩十卷　（清）洪飴孫撰　清光緒十年(1884)刻本　二冊

320000－1607－0000338　D632

甌北詩話十卷續二卷　（清）趙翼撰　清嘉慶七年(1802)刻本　二冊　存四卷(一至四)

320000－1607－0000339　D637

鶯簫集一卷　（清）沈同芳輯　清光緒二十二年(1896)　一冊

320000－1607－0000340　D638

北江詩話四卷　（清）洪亮吉撰　清光緒三年(1877)刻本　二冊

320000－1607－0000341　D639

北江詩話四卷　（清）洪亮吉撰　清光緒三年(1877)刻本　二冊

320000－1607－0000342　D640

史論彙選甲編八卷　（清）呂景端輯　清光緒二十四年(1898)刻本　一冊　存二卷(三至四)

320000－1607－0000343　D641

史論彙選甲編八卷　（清）呂景端輯　清光緒二十四年(1898)刻本　一冊

320000－1607－0000344　D642

史論彙選甲編八卷　（清）呂景端輯　清光緒二十四年(1898)刻本　四冊

320000－1607－0000345　D643

讀通鑑綱目條記二十卷　（清）李述來撰　清嘉慶七年(1802)刻本　六冊

320000－1607－0000346　D644

皇朝武功紀盛四卷　（清）趙翼撰　清乾隆五十七年(1792)刻本　二冊

320000－1607－0000347　D645

皇朝武功紀盛四卷　（清）趙翼撰　清乾隆五十七年(1792)刻本　二冊

320000 - 1607 - 0000348　D646

燕石詩鈔四卷續刻一卷　（清）虞書撰　清光緒十九年（1893）刻本　二冊

320000 - 1607 - 0000349　D647

九柏山房詩十六卷　（清）楊倫撰　清嘉慶十七年（1812）刻本　三冊

320000 - 1607 - 0000350　D648

皇朝武功紀盛四卷　（清）趙翼撰　清乾隆五十七年（1792）刻本　二冊

320000 - 1607 - 0000351　D649

芙蓉湖櫂歌一卷附惠山竹枝詞一卷　（清）楊掄撰　清光緒十年（1884）刻本　一冊

320000 - 1607 - 0000352　D651

兩當軒集二十二卷　（清）黃景仁撰　附錄四卷考異二卷　（清）黃志述輯　清同治十二年（1873）集珍齋活字印本　八冊

320000 - 1607 - 0000353　D652

耕綠草堂詩草一卷　（清）薛熙撰　清光緒二十三年（1897）刻本　一冊

320000 - 1607 - 0000354　D653

李養一先生詩集四卷　（清）李兆洛撰　清光緒八年（1882）刻本　二冊

320000 - 1607 - 0000355　D654

冷吟仙館詩稿八卷　（清）左錫嘉撰　清光緒刻本　一冊

320000 - 1607 - 0000356　D660

西行雜詠草一卷　（清）姚華國撰　清光緒十九年（1893）活字印本　一冊

320000 - 1607 - 0000357　D661

兩當軒集二十二卷　（清）黃景仁撰　附錄四卷考異二卷　（清）黃志述輯　清光緒二年（1876）家塾刻本　六冊

320000 - 1607 - 0000358　D662

曼陀羅花室詩三卷詞一卷　（清）吳翊寅撰　清光緒十九年（1893）刻本　一冊

320000 - 1607 - 0000359　D665

崇百藥齋文集二十卷續集四卷三集十二卷

（清）陸繼輅撰　五真閣吟稿一卷　（清）錢惠尊撰　清光緒四年（1878）刻本　十六冊

320000 - 1607 - 0000360　D666

崇百藥齋文集二十卷　（清）陸繼輅撰　清光緒四年（1878）刻本　一冊　存三卷（一至三）

320000 - 1607 - 0000361　D672

古椿軒詩鈔二卷　（清）莊善孫撰　清光緒二十六年（1900）活字印本　一冊

320000 - 1607 - 0000362　D675

九柏山房同懷詩集二卷　（清）楊廷贊撰　清光緒十三年（1887）刻本　一冊

320000 - 1607 - 0000363　D676

兩當軒詩鈔十四卷悔存詞鈔二卷　（清）黃景仁撰　清嘉慶四年（1799）趙希璜書帶草堂刻二十二年（1817）補刻本　六冊

320000 - 1607 - 0000364　D677

兩當軒詩鈔十四卷悔存詞鈔二卷　（清）黃景仁撰　清嘉慶四年（1799）趙希璜書帶草堂刻二十二年（1817）補刻本　二冊

320000 - 1607 - 0000365　D683

佳樂堂遺稿一卷　（清）錢鈞撰　清光緒三十一年（1905）活字印本　一冊

320000 - 1607 - 0000366　D684

九峰閣詩草四卷　（清）錢福蓀撰　清光緒十五年（1889）刻本　一冊

320000 - 1607 - 0000367　D688

餐芍華館詩集八卷附詞一卷　（清）周騰虎撰　清光緒十九年（1893）活字印本　二冊

320000 - 1607 - 0000368　D689

餐芍華館詩集八卷附詞一卷　（清）周騰虎撰　清光緒十九年（1893）活字印本　二冊

320000 - 1607 - 0000369　D690

餐芍華館詩集八卷附詞一卷　（清）周騰虎撰　清光緒十九年（1893）活字印本　二冊

320000 - 1607 - 0000370　D699

玉通詩選二卷　（清）劉心琯撰　清光緒二十七年（1901）刻本　一冊

320000 – 1607 – 0000371　D700

寄春吟一卷　（清）劉汝蓉撰　清光緒三年
(1877)刻本　一冊

320000 – 1607 – 0000372　D701

寄春吟一卷　（清）劉汝蓉撰　清光緒三年
(1877)刻本　一冊

320000 – 1607 – 0000373　D702

尚絅堂詩集五十二卷詞二卷駢體文二卷
（清）劉嗣綰撰　清同治八年(1869)刻本
十冊

320000 – 1607 – 0000374　D708

念宛齋詩集十卷　（清）左輔撰　清光緒石印
本　二冊

320000 – 1607 – 0000375　D709

念宛齋詩集十卷　（清）左輔撰　清光緒石印
本　一冊　存五卷（六至十）

320000 – 1607 – 0000376　D712

雪蕉軒殘稿不分卷　（清）杭楚沅撰　清同治
九年(1870)刻本　一冊

320000 – 1607 – 0000377　D713

繪殘集詩鈔不分卷　（清）袁秉亮撰　清同治
三年(1864)刻本　一冊

320000 – 1607 – 0000378　D714

筠綠山房詩草四卷詞草一卷　（清）湯建中撰
清光緒十九年(1893)湯沅宜刻本　二冊

320000 – 1607 – 0000379　D715

天發閣詩鈔四卷　（清）李寶翰撰　清光緒十
四年(1888)刻本　二冊

320000 – 1607 – 0000380　D719

才叔遺詩二卷　（清）管樂撰　清光緒刻本
一冊

320000 – 1607 – 0000381　D720

才叔遺詩二卷　（清）管樂撰　清光緒刻本
一冊

320000 – 1607 – 0000382　D723

甌香館集十二卷末一卷　（清）惲格撰　（清）
蔣光煦輯　清光緒七年(1881)刻本　四冊

320000 – 1607 – 0000383　D724

甌香館集十二卷末一卷　（清）惲格撰　（清）
蔣光煦輯　清光緒七年(1881)刻本　四冊

320000 – 1607 – 0000384　D725

劉葆真太史遺稿二卷　（清）劉可毅撰　清宣
統二年(1910)刻本　一冊

320000 – 1607 – 0000385　D726

劉葆真太史遺稿二卷　（清）劉可毅撰　清宣
統二年(1910)刻本　一冊

320000 – 1607 – 0000386　D727

劉葆真太史遺稿二卷　（清）劉可毅撰　清宣
統二年(1910)刻本　一冊

320000 – 1607 – 0000387　D728

國朝閨秀正始集二十卷續集十卷補遺一卷
（清）完顏惲珠等輯　清道光十一年(1831)刻
本　十冊

320000 – 1607 – 0000388　D730

衹可軒刪餘稿二卷　（清）管學洛撰　清同治
十一年(1872)刻本　一冊

320000 – 1607 – 0000389　D731

衹可軒刪餘稿二卷　（清）管學洛撰　清同治
十一年(1872)刻本　一冊

320000 – 1607 – 0000390　D732

裁物象齋詩鈔一卷　（清）管貽葁撰　清光緒
二十一年(1895)刻本　一冊

320000 – 1607 – 0000391　D733

萬綠草堂詩集二十卷　（清）管繩萊撰　清光
緒十二年(1886)刻本　四冊

320000 – 1607 – 0000392　D734

萬綠草堂詩集二十卷　（清）管繩萊撰　清光
緒十二年(1886)刻本　四冊

320000 – 1607 – 0000393　D737

甌北全集　（清）趙翼撰　清乾隆至嘉慶刻本
四十六冊

320000 – 1607 – 0000394　D739

甌北詩鈔二十卷　（清）趙翼撰　清乾隆五十
六年(1791)刻本　八冊

320000 – 1607 – 0000395　D740

甌北詩鈔二十卷　（清）趙翼撰　清乾隆五十
六年（1791）刻本　八冊

320000 – 1607 – 0000396　D741

晉陵先賢小傳不分卷　（明）歐陽東鳳撰　清
同治七年（1868）活字印本　二冊

320000 – 1607 – 0000397　D743

祕書集十卷　（清）沈同芳撰　清宣統三年
（1911）鉛印本　二冊

320000 – 1607 – 0000398　D744

萬物炊累室駢文一卷　（清）沈同芳撰　清光
緒活字印本　一冊

320000 – 1607 – 0000399　D745

寒松晚翠堂詩文集不分卷　（清）張兆麟撰
清光緒十七年（1891）刻本　三冊

320000 – 1607 – 0000400　D746

寒松晚翠堂詩文集不分卷　（清）張兆麟撰
清光緒十七年（1891）刻本　二冊

320000 – 1607 – 0000401　D750

思賢閣詩集八卷詞草二卷　（清）丁履恆撰
清咸豐四年（1854）丁紹基活字印本　四冊

320000 – 1607 – 0000402　D751

韞山堂詩集十六卷　（清）管世銘撰　清嘉慶
六年（1801）刻本　一冊　存五卷（六至十）

320000 – 1607 – 0000403　D752

鶯簫集一卷　（清）沈同芳輯　清光緒刻本
一冊

320000 – 1607 – 0000404　D753

國朝常州詞錄三十一卷　繆荃孫輯　清光緒
二十二年（1896）刻本　十冊

320000 – 1607 – 0000405　D754

國朝常州詞錄三十一卷　繆荃孫輯　清光緒
二十二年（1896）刻本　十冊

320000 – 1607 – 0000406　D755

國朝常州詞錄三十一卷　繆荃孫輯　清光緒
二十二年（1896）刻本　十冊

320000 – 1607 – 0000407　D756

國朝常州詞錄三十一卷　繆荃孫輯　清光緒
二十二年（1896）刻本　十二冊

320000 – 1607 – 0000408　D757

東晉疆域志四卷　（清）洪亮吉撰　清光緒四
年（1878）刻本　二冊

320000 – 1607 – 0000409　D758

十六國疆域志十六卷　（清）洪亮吉撰　清光
緒四年（1878）刻本　六冊

320000 – 1607 – 0000410　D759

東晉疆域志四卷　（清）洪亮吉撰　清嘉慶元
年（1796）刻本　二冊

320000 – 1607 – 0000411　D760

詞選二卷附錄一卷　（清）張惠言撰　清道光
十年（1830）刻本　一冊

320000 – 1607 – 0000412　D761

詞選二卷附錄一卷　（清）張惠言撰　清道光
十年（1830）刻本　一冊

320000 – 1607 – 0000413　D763

詞選二卷附錄一卷　（清）張惠言撰　清道光
十年（1830）刻本　一冊

320000 – 1607 – 0000414　D764

感知集二卷　（清）劉炳照撰　清光緒三十一
年（1905）刻本　一冊

320000 – 1607 – 0000415　D765

雙白燕堂詩集八卷　（清）陸耀遹撰　清同治
六年（1867）刻本　四冊

320000 – 1607 – 0000416　D766

雙白燕堂詩集八卷　（清）陸耀遹撰　清同治
六年（1867）刻本　三冊

320000 – 1607 – 0000417　D767

聽香館詩賸一卷　（清）段玉振撰　清光緒二
十五年（1899）活字印本　一冊

320000 – 1607 – 0000418　D768

聽香館詩賸一卷　（清）段玉振撰　清光緒二
十五年（1899）活字印本　一冊

320000－1607－0000419　D769

聽香館詩賸一卷　（清）段玉振撰　清光緒二十五年(1899)活字印本　一冊

320000－1607－0000420　D770

澧蘭初稿一卷　（清）劉嗣富撰　清光緒三年(1877)刻本　一冊

320000－1607－0000421　D771

玉葳蕤室賸草一卷　（清）劉灝撰　清同治十一年(1872)刻本　一冊

320000－1607－0000422　D772

蓉湖草堂存稿一卷　（清）陳滋撰　清光緒三年(1877)刻本　一冊

320000－1607－0000423　D773

蓉湖草堂存稿一卷　（清）陳滋撰　清光緒三年(1877)刻本　一冊

320000－1607－0000424　D774

蘭墅詩存二卷　（清）陳允頤撰　清光緒三十二年(1906)刻本　一冊

320000－1607－0000425　D775

吳天殘唱一卷　（清）吳蔚元撰　清光緒刻本　一冊

320000－1607－0000426　D776

東晉疆域志四卷　（清）洪亮吉撰　清光緒四年(1878)刻本　二冊

320000－1607－0000427　D777

歷代地理志韻編今釋二十卷皇朝輿地韻編二卷　（清）李兆洛撰　清光緒二十四年(1898)石印本　八冊

320000－1607－0000428　D778

秋水軒詞一卷　（清）莊盤珠撰　清光緒二十一年(1895)刻本　一冊

320000－1607－0000429　D780

崇百藥齋續集四卷　（清）陸繼輅撰　清光緒四年(1878)刻本　八冊

320000－1607－0000430　D781

約園詞稿十卷　（清）趙起撰　清光緒二十六年(1900)刻本　二冊

320000－1607－0000431　D782

清淮詞二卷　（清）湯成烈撰　清同治元年(1862)刻本　一冊

320000－1607－0000432　D783

清淮詞二卷　（清）湯成烈撰　清同治元年(1862)刻本　一冊

320000－1607－0000433　D785

素行錄二卷續編一卷　（清）卓秉恬撰　清刻本　一冊

320000－1607－0000434　D787

十六國疆域志十六卷　（清）洪亮吉撰　清光緒四年(1878)刻本　四冊

320000－1607－0000435　D788

迦厂詞四卷　左運奎撰　清宣統二年(1910)鉛印本　一冊

320000－1607－0000436　D789

亦有生齋詞五卷　（清）趙懷玉撰　清嘉慶二十年(1815)刻本　一冊

320000－1607－0000437　D791

更生齋詩餘二卷　（清）洪亮吉撰　清光緒三年(1877)刻本　一冊

320000－1607－0000438　D792

更生齋詩餘二卷　（清）洪亮吉撰　清光緒三年(1877)刻本　一冊

320000－1607－0000439　D798

韞山堂文集八卷詩集十六卷　（清）管世銘撰　清光緒二十年(1894)刻本　五冊

320000－1607－0000440　D799

韞山堂文集八卷詩集十六卷　（清）管世銘撰　清光緒二十年(1894)刻本　五冊

320000－1607－0000441　D800

亦有生齋樂府二卷　（清）趙懷玉撰　清光緒十三年(1887)活字印本　一冊

320000－1607－0000442　D801

亦有生齋樂府二卷　（清）趙懷玉撰　清光緒十三年(1887)活字印本　一冊

320000－1607－0000443　D802
**亦有生齋樂府二卷**　（清）趙懷玉撰　清嘉慶
二十四年(1819)刻本　一冊

320000－1607－0000444　D803
**擬兩晉南北史樂府二卷**　（清）洪亮吉撰　清
光緒三年(1877)刻本　一冊

320000－1607－0000445　D804
**擬兩晉南北史樂府二卷**　（清）洪亮吉撰　清
光緒三年(1877)刻本　一冊

320000－1607－0000446　D805
**擬兩晉南北史樂府二卷**　（清）洪亮吉撰　清
光緒三年(1877)刻本　一冊

320000－1607－0000447　D807
**萬物炊累室類稿甲編四卷乙編三卷外編十卷**
　　（清）沈同芳撰　清宣統三年(1911)中國圖
書公司鉛印本　五冊

320000－1607－0000448　D808
**萬物炊累室類稿甲編四卷乙編三卷外編十卷**
　　（清）沈同芳撰　清宣統三年(1911)中國圖
書公司鉛印本　五冊

320000－1607－0000449　D809
**萬物炊累室類稿甲編四卷乙編三卷外編十卷**
　　（清）沈同芳撰　清宣統三年(1911)中國圖
書公司鉛印本　五冊

320000－1607－0000450　D811
**錯姻緣傳奇一卷**　（清）陳烺撰　清光緒十七
年(1891)刻玉獅堂後五種傳奇本　一冊

320000－1607－0000451　D812
**海虬記傳奇二卷**　（清）陳烺撰　清光緒石印
玉獅堂傳奇本　一冊

320000－1607－0000452　D813
**楹語偶存一卷**　（清）許槤撰　清光緒刻本
一冊

320000－1607－0000453　D814
**玉獅堂傳奇五種十卷**　（清）陳烺撰　清光緒
十一年(1885)刻本　五冊

320000－1607－0000454　D815

北江詩話六卷　（清）洪亮吉撰　清光緒三年
(1877)刻本　二冊

320000－1607－0000455　D817
**歸雲草廬雜存一卷**　（明）陳士元撰　清光緒
二十七年(1901)木活字印本　一冊

320000－1607－0000456　D818
**歸雲草廬雜存一卷**　（明）陳士元撰　清光緒
二十七年(1901)木活字印本　一冊

320000－1607－0000457　D819
**詩話二卷**　錢振鍠撰　清光緒三十三年
(1907)活字印本　二冊

320000－1607－0000458　D820
**詩話二卷**　錢振鍠撰　清光緒三十三年
(1907)活字印本　二冊

320000－1607－0000459　D825
**宛鄰書屋古詩錄十二卷**　（清）張琦輯　清同
治八年(1869)刻本　一冊　存三卷(一至三)

320000－1607－0000460　D826
**董方立遺書九種十六卷**　（清）董祐誠撰　清
同治八年(1869)刻本　八冊

320000－1607－0000461　D827
**董方立遺書九種十六卷**　（清）董祐誠撰　清
同治八年(1869)刻本　二冊

320000－1607－0000462　D828
**董方立遺書九種十六卷**　（清）董祐誠撰　清
同治八年(1869)刻本　四冊

320000－1607－0000463　D829
**蔓園叢書七種三十四卷**　（清）張慎儀撰　清
光緒刻本　十四冊

320000－1607－0000464　D830
**洪北江全集十三種一百二十一卷**　（清）洪亮
吉撰　清光緒刻本　三十二冊

320000－1607－0000465　D832
**鯨華社鐘選二卷**　（清）高粹曾撰　清光緒三
十一年(1905)石印本　一冊

320000－1607－0000466　D833

鯨華社鐘選二卷　（清）高粹曾撰　清光緒三十一年(1905)石印本　一冊

320000－1607－0000467　D838

剪紅詞草一卷　（清）惲毓巽撰　清宣統二年(1910)刻本　一冊

320000－1607－0000468　D839

懷白軒集十六卷　（清）陸初望撰　清同治五年(1866)刻本　一冊　存一卷(一)

320000－1607－0000469　D840

約園詞稿十卷　（清）趙起撰　清光緒二十六年(1900)刻本　二冊

320000－1607－0000470　D841

疊雲軒詞二卷　（清）汪士進撰　清同治十年(1871)刻本　一冊

320000－1607－0000471　D842

疊雲軒詞二卷　（清）汪士進撰　清同治十年(1871)刻本　一冊

320000－1607－0000472　D844

鶴緣詞一卷　（清）呂耀斗撰　清光緒二十六年(1900)刻本　一冊

320000－1607－0000473　D845

鶴緣詞一卷　（清）呂耀斗撰　清光緒二十六年(1900)刻本　一冊

320000－1607－0000474　D846

留雲借月盦詞二卷　（清）劉炳照撰　清光緒十九年(1893)刻本　二冊

320000－1607－0000475　D847

留雲借月盦詞二卷　（清）劉炳照撰　清光緒十九年(1893)刻本　一冊

320000－1607－0000476　D848

留雲借月盦詞二卷　（清）劉炳照撰　清光緒十九年(1893)刻本　一冊　存一卷(二)

320000－1607－0000477　D849

一規八棱硯齋詞鈔一卷　（清）徐廷華撰　清光緒九年(1883)刻本　一冊

320000－1607－0000478　D852

靜妙山房遺集三卷補遺一卷　（清）錢鈞伯撰　清光緒十六年(1890)刻本　一冊

320000－1607－0000479　D854

味經齋遺書十二種四十一卷　（清）莊存與撰　清光緒八年(1882)刻本　十冊

320000－1607－0000480　D855

味經齋遺書十二種四十一卷　（清）莊存與撰　清光緒八年(1882)刻本　十冊

320000－1607－0000481　D857

蔣侑石遺書十種二十七卷　（清）蔣曰豫撰　清光緒三年(1877)刻本　五冊

320000－1607－0000482　D858

珍埶宧遺書十五種四十三卷　（清）莊述祖撰　清嘉慶至道光刻本　十七冊

320000－1607－0000483　D860

常州先哲遺書七十九種七百四十九卷　盛宣懷編　清光緒武進盛氏刻本　二百二十三冊

320000－1607－0000484　D861

平津館叢書二百四十一卷　（清）孫星衍輯　清嘉慶蘭陵孫氏刻本　四十四冊

320000－1607－0000485　D901

滄餘詩略三卷　（清）汪㑆撰　清咸豐八年(1858)刻本　一冊

320000－1607－0000486　D902

合肥學舍劄記十二卷　（清）陸繼輅撰　清光緒六年(1880)刻本　四冊

320000－1607－0000487　D904

武陽兩邑南運河工程微信錄一卷　（清）五河總局編　清光緒二十九年(1903)刻本　一冊

320000－1607－0000488　D905

潛莊文鈔六卷　（清）卜起元撰　清光緒五年(1879)刻本　二冊

320000－1607－0000489　D910

補梁疆域志四卷　（清）洪齮孫撰　清光緒十七年(1891)刻本　二冊

320000－1607－0000490　D911

皇朝輿地韻編二卷 （清）李兆洛輯 清光緒
刻本 一冊

320000－1607－0000491 D912
思賢錄八卷 （元）謝應芳撰 （清）謝蘭生等
續撰 清光緒十年(1884)活字印本 二冊

320000－1607－0000492 D913
餐芍華館隨筆二卷 （清）周騰虎撰 清光緒
二十六年(1900)刻本 一冊

320000－1607－0000493 D915
詞選二卷附錄一卷續詞選二卷 （清）張惠言
輯 清同治六年(1867)刻本 一冊

320000－1607－0000494 D916
養一先生詩集四卷 （清）李兆洛撰 清光緒
八年(1882)刻本 二冊

320000－1607－0000495 D918
補恨樓詞二卷 （清）徐佑成撰 清光緒二十
一年(1895)刻本 一冊

320000－1607－0000496 D920
續廣博物志十六卷 （清）徐壽基撰 清光緒
十二年(1886)刻本 四冊

320000－1607－0000497 D921
塵不到齋詩稿一卷 （清）須彌保撰 清刻本
一冊

320000－1607－0000498 D924
廿一史提綱歌二卷 （清）李兆洛撰 清道光
五年(1825)刻本 一冊

320000－1607－0000499 D925
清暉贈言十卷 （清）徐永宣撰 清宣統三年
(1911)順德鄧氏風雨樓鉛印風雨樓叢書本
三冊

320000－1607－0000500 D926
懷青盦詞一卷 （清）李祖廉撰 清光緒二十
二年(1896)刻本 一冊

320000－1607－0000501 D928
養一先生詩集四卷 （清）李兆洛撰 清光緒
八年(1882)刻本 二冊

320000－1607－0000502 D929
東遊偶吟草一卷 （清）徐壽基撰 清刻本
一冊

320000－1607－0000503 D930
紀元編三卷末一卷 （清）李兆洛撰 清同治
十年(1871)合肥李氏刻本 一冊

320000－1607－0000504 D931
冷吟仙館詩稿八卷附錄二卷 （清）左錫嘉撰
清光緒十七年(1891)刻本 六冊

320000－1607－0000505 D934
知非齋駢文錄一卷 （清）沈湛鈞撰 清光緒
三十二年(1906)刻本 一冊

320000－1607－0000506 D935
挹翠樓詩鈔四卷 （清）潘清撰撰 清同治二
年(1863)刻本 一冊

320000－1607－0000507 D936
東夫山堂詩選八卷附詞一卷 （清）許械撰
清光緒十三年(1887)活字印本 二冊

320000－1607－0000508 D937
尚書繹聞一卷 （清）史志準撰 清光緒三年
(1877)刻本 一冊

320000－1607－0000509 D938
武陽團練紀實二卷 （清）莊毓鋐輯 清光緒
十二年(1886)木活字印本 一冊

320000－1607－0000510 D940
仰觀錄續編二卷 （清）謝蘭生輯 清刻本
一冊

320000－1607－0000511 D941
說文古籀疏證六卷 （清）莊述祖撰 清光緒
刻本 六冊

320000－1607－0000512 D942
讀說文雜識一卷 （清）許械撰 清光緒七年
(1881)刻本 一冊

320000－1607－0000513 D943
聽雲僊館儷體文集四卷補編一卷續集四卷
（清）湯成彥撰 清光緒二十七年(1901)刻本
三冊 缺一卷(續四)

320000－1607－0000514　D948

虛一齋集五卷　（清）莊培因撰　清光緒九年(1883)刻本　二冊

320000－1607－0000515　D949

寰宇訪碑錄十二卷　（清）孫星衍撰　（清）邢澍撰　清光緒九年(1883)刻本　四冊

320000－1607－0000516　D950

七十家賦鈔六卷　（清）張惠言輯　清道光元年(1821)刻本　二冊

320000－1607－0000517　D952

冷吟仙館詩餘一卷　（清）左錫嘉撰　清光緒十六年(1890)刻本　一冊

320000－1607－0000518　D953

澤古齋語錄一卷　（清）吳士模撰　清光緒十九年(1893)刻本　一冊

320000－1607－0000519　D954

四書聯璧一卷　（清）徐壽基撰　清光緒十六年(1890)刻本　一冊

320000－1607－0000520　D957

毗陵丁女靜蘭[丁畹芬]貞孝錄一卷　（清）蔣日豫等撰　清同治刻本　一冊

320000－1607－0000521　D960

宛鄰文二卷　（清）張琦撰　清鉛印本　一冊

320000－1607－0000522　D962

鷗汀詞草一卷　（清）陸循應撰　清同治十年(1871)刻本　一冊

320000－1607－0000523　D964

本草述鈎元三十二卷　（清）楊時泰輯　清道光二十二年(1842)刻本　一冊

320000－1607－0000524　D965

蒙泉子一卷　（清）謝應芝撰　清光緒十四年(1888)刻本　一冊

320000－1607－0000525　D966

聖學源流續編三卷補遺一卷　（清）謝蘭生撰　清光緒十六年(1890)活字印本　一冊

320000－1607－0000526　D967

紀恩錄一卷　（清）馬培之撰　清光緒十八年(1892)刻本　一冊

320000－1607－0000527　D968

五經小學述二卷　（清）莊述祖撰　清光緒九年(1883)刻本　一冊

320000－1607－0000528　D969

脈診便讀一卷　（清）張秉成撰　清光緒二十九年(1903)刻本　一冊

320000－1607－0000529　D970

品芳錄六卷　（清）徐壽基撰　清光緒十二年(1886)刻本　一冊

320000－1607－0000530　D971

產孕集二卷　（清）張曜孫撰　清光緒二十四年(1898)刻本　一冊

320000－1607－0000531　D975

漢魏音四卷　（清）洪亮吉撰　清光緒三年(1877)授經堂刻本　一冊

320000－1607－0000532　D976

漢魏音四卷　（清）洪亮吉撰　清光緒三年(1877)授經堂刻本　一冊

320000－1607－0000533　D977

三國職官表三卷　（清）洪飴孫撰　清光緒十七年(1891)廣雅書局刻本　二冊

320000－1607－0000534　D979

釋書名一卷　（清）莊綬甲撰　清光緒十五年(1889)活字印本　一冊

320000－1607－0000535　D980

識字書一卷　（清）左鎮撰　清光緒元年(1875)刻本　一冊

320000－1607－0000536　D982

皇朝武功紀盛四卷　（清）趙翼撰　清光緒三年(1877)刻本　二冊

320000－1607－0000537　D983

皇朝武功紀盛四卷　（清）趙翼撰　清光緒三年(1877)刻本　三冊

320000－1607－0000538　D984

韻歧五卷　（清）江昱撰　清光緒七年(1881)刻本　二冊

320000－1607－0000539　D985

周易輯說存正十二卷　（清）楊方達撰　清刻本　六冊

320000－1607－0000540　D986

易漢學考二卷　（清）吳翊寅撰　清光緒十九年(1893)刻本　一冊

320000－1607－0000541　D987

儀禮圖六卷　（清）張惠言撰　清同治九年(1870)刻本　三冊

320000－1607－0000542　D988

彖傳大義述二卷附爻例一卷　（清）吳翊寅撰　清光緒二十年(1894)刻本　一冊

320000－1607－0000543　D989

易漢學考二卷　（清）吳翊寅撰　清光緒十九年(1893)刻本　一冊

320000－1607－0000544　D990

大學正業不分卷　（清）惲鶴生撰　清光緒刻本　一冊

320000－1607－0000545　D991

比雅十卷　（清）洪亮吉撰　清光緒五年(1879)刻本　一冊

320000－1607－0000546　D992

輿圖總論註釋一卷　（清）謝蘭生撰　清光緒刻本　一冊

320000－1607－0000547　D993

晉陵先賢小傳不分卷　（明）歐陽東鳳撰　清同治七年(1868)活字印本　二冊

320000－1607－0000548　D996

栘華館駢體文四卷　（清）董基誠撰　清光緒十四年(1888)刻本　二冊

320000－1607－0000549　D997

識字書一卷　（清）左鎮撰　清光緒元年(1875)刻本　一冊

320000－1607－0000550　D998

識字書一卷　（清）左鎮撰　清光緒元年(1875)刻本　一冊

320000－1607－0000551　D999

識字書一卷　（清）左鎮撰　清光緒元年(1875)刻本　一冊

320000－1607－0000552　D1001

識字書一卷　（清）左鎮撰　清光緒元年(1875)刻本　一冊

320000－1607－0000553　D1002

說文古籀疏證六卷　（清）莊述祖撰　清光緒二十年(1894)刻本　四冊

320000－1607－0000554　D1003

禹貢精義新參二卷　（清）張鉞撰　清道光十九年(1839)刻本　一冊

320000－1607－0000555　D1004

漢魏音四卷　（清）洪亮吉撰　清光緒三年(1877)授經堂刻本　一冊

320000－1607－0000556　D1005

陰騭文圖說不分卷　（清）黃正元輯　清同治八年(1869)刻本　六冊

320000－1607－0000557　D1006

十家語錄摘要二卷咏梅軒劄記一卷劄記增訂一卷賸稿一卷存要一卷　（清）謝蘭生撰　清光緒二年(1876)刻酌古準今本　二冊

320000－1607－0000558　D1007

十家語錄摘要二卷咏梅軒劄記一卷劄記增訂一卷賸稿一卷存要一卷　（清）謝蘭生撰　清光緒二年(1876)刻酌古準今本　二冊

320000－1607－0000559　D1008

蹢息廬稿四卷附一卷　（清）謝珍撰　清光緒九年(1883)刻本　一冊

320000－1607－0000560　D1009

金石續編二十一卷　（清）陸耀遹撰　清光緒十九年(1893)石印本　六冊

320000－1607－0000561　D1011

澄衷蒙學堂字課圖說四卷　（清）澄衷蒙學堂編　清光緒三十二年(1906)石印本　八冊

320000 – 1607 – 0000562　D1013

燕子樓傳奇二卷　（清）陳烺撰　清光緒十七
年(1891)石印玉獅堂十種曲本　二冊

320000 – 1607 – 0000563　D1014

蜀錦袍傳奇二卷　（清）陳烺撰　清光緒十七
年(1891)石印玉獅堂傳奇十種本　二冊

320000 – 1607 – 0000564　D1016

保赤全編二卷　（清）莊一夔撰　清同治八年
(1869)刻本　一冊

320000 – 1607 – 0000565　D1017

洪北江駢體文十二卷續編一卷　（清）洪亮吉
撰　清光緒三年(1877)石印本　四冊

320000 – 1607 – 0000566　D1020

皇朝輿地略不分卷　（清）六承如撰　清刻本
　一冊

320000 – 1607 – 0000567　D1021

毘陵課藝不分卷　（清）□□輯　清光緒三年
(1877)刻本　四冊

320000 – 1607 – 0000568　D1022

翼駉稗編八卷　（清）湯用中撰　清同治八年
(1869)刻本　八冊

320000 – 1607 – 0000569　D1023

武進李申耆[兆洛]先生年譜三卷　（清）蔣彤
撰　清刻本　一冊

320000 – 1607 – 0000570　D1026

鳳雙飛全傳五十二回　（清）程蕙英撰　清光
緒二十五年(1899)石印本　二十六冊

320000 – 1607 – 0000571　D1027

括地志八卷　（唐）李泰等撰　（清）孫星衍撰
　清光緒七年(1881)刻本　二冊

320000 – 1607 – 0000572　D1033

鳳雙飛全傳五十二回　（清）程蕙英撰　清光
緒二十五年(1899)石印本　十六冊

320000 – 1607 – 0000573　D1034

舜山是仲明[鏡]先生年譜一卷　（清）張敬立
撰　（清）金吳瀾補　清光緒十三年(1887)活
字印本　一冊

320000 – 1607 – 0000574　D1036

毘陵課藝不分卷　（清）□□輯　清光緒三年
(1877)刻本　四冊

320000 – 1607 – 0000575　D1037

亦有生齋樂府二卷　（清）趙懷玉撰　清嘉慶
二十四年(1819)刻本　一冊

320000 – 1607 – 0000576　D1047

亦有生齋樂府二卷　（清）趙懷玉撰　清道光
元年(1821)刻本　一冊

320000 – 1607 – 0000577　D1048

儀禮圖六卷　（清）張惠言撰　清同治九年
(1870)刻本　三冊

320000 – 1607 – 0000578　D1049

附鮚軒詩八卷　（清）洪亮吉撰　清光緒三年
(1877)刻本　二冊

320000 – 1607 – 0000579　D1054

結一宧駢體文二卷詩略三卷　屠寄撰　清光
緒十六年(1890)刻本　一冊

320000 – 1607 – 0000580　D1062

蒀園文鈔一卷　（清）楊金監撰　清光緒十
六年(1890)毗陵楊氏世承堂木活字印本
一冊

320000 – 1607 – 0000581　D1063

餐苐華館遺文三卷　（清）周騰虎撰　清光緒
三十一年(1905)刻本　一冊

320000 – 1607 – 0000582　D1064

茗柯文初編一卷二編二卷三編一卷四編一卷
　（清）張惠言撰　清光緒七年(1881)刻本
二冊

320000 – 1607 – 0000583　D1066

大雲山房文稿二集四卷　（清）惲敬撰　清嘉
慶二十一年(1816)刻本　四冊

320000 – 1607 – 0000584　D1067

甌香館集十二卷末一卷　（清）惲格撰　（清）
蔣光煦輯　清光緒七年(1881)刻本　四冊

320000 – 1607 – 0000585　D1068

宛鄰詩二卷　（清）張琦撰　蓬室偶吟一卷

（清）湯瑤卿撰　清光緒十七年（1891）刻本
一冊

320000－1607－0000586　D1069
邵子湘全集三十卷　（清）邵長蘅撰　清光緒
二十三年（1897）刻本　十二冊

320000－1607－0000587　D1070
思補齋文集四卷　（清）劉星煒撰　清光緒二
十年（1894）刻本　四冊

320000－1607－0000588　D1071
寄春吟一卷　（清）劉汝藍撰　清光緒三年
（1877）刻本　一冊

320000－1607－0000589　D1072
結一宧駢體文二卷詩略三卷　屠寄撰　清光
緒十六年（1890）刻本　一冊

320000－1607－0000590　D1073
約園詞稿十卷　（清）趙起撰　清光緒二十六
年（1900）刻本　二冊

320000－1607－0000591　D1074
約園詞稿十卷　（清）趙起撰　清光緒二十六
年（1900）刻本　二冊

320000－1607－0000592　D1077
寄春吟一卷　（清）劉汝藍撰　清光緒三年
（1877）刻本　一冊

320000－1607－0000593　D1080
崇百藥齋文集二十卷續集四卷三集十二卷
（清）陸繼輅撰　五真閣吟稿一卷　（清）錢惠
尊撰　清光緒四年（1878）刻本　十二冊

320000－1607－0000594　D1082
藹園文鈔一卷　（清）楊金監撰　清光緒十六
年（1890）毗陵楊氏世承堂木活字印本　一冊

320000－1607－0000595　D1083
藹園文鈔一卷　（清）楊金監撰　清光緒十六
年（1890）毗陵楊氏世承堂木活字印本　一冊

320000－1607－0000596　D1084
酌雅堂駢體文集二卷　（清）徐壽基撰　清光
緒十一年（1885）刻本　二冊

320000－1607－0000597　D1085
毗陵科第攷八卷　（清）趙允之編　（清）錢人
麟　（清）莊柱續編　清同治七年（1868）刻本
二冊

320000－1607－0000598　D1086
萬物炊累室駢文一卷　（清）沈同芳撰　清光
緒活字印本　一冊

320000－1607－0000599　D1087
鶴緣詞一卷　（清）呂耀斗撰　清光緒二十六
年（1900）刻本　一冊

320000－1607－0000600　D1091
附鮚軒詩八卷　（清）洪亮吉撰　清光緒三年
（1877）刻本　二冊

320000－1607－0000601　D1092
祇可軒刪餘稿二卷　（清）管學洛撰　清同治
十一年（1872）刻本　一冊

320000－1607－0000602　D1094
常州賦不分卷　（清）褚邦慶編注　清光緒四
年（1878）刻本　二冊

320000－1607－0000603　D1095
常州賦不分卷　（清）褚邦慶編注　清光緒四
年（1878）刻本　二冊

320000－1607－0000604　D1096
常州賦不分卷　（清）褚邦慶編注　清光緒四
年（1878）刻本　二冊

320000－1607－0000605　D1097
常州賦不分卷　（清）褚邦慶編注　清光緒四
年（1878）刻本　二冊

320000－1607－0000606　D1098
常州賦不分卷　（清）褚邦慶編注　清光緒四
年（1878）刻本　二冊

320000－1607－0000607　D1099
常州賦不分卷　（清）褚邦慶編注　清光緒四
年（1878）刻本　二冊

320000－1607－0000608　D1102
藹春堂文剩不分卷　（清）周舫撰　清光緒三
年（1877）刻本　二冊

320000 – 1607 – 0000609　D1104

雙白燕堂詩集八卷　（清）陸耀遹撰　清同治
六年（1867）刻本　三冊

320000 – 1607 – 0000610　D1106

感知集二卷　（清）劉炳照撰　清光緒三十一
年（1905）刻本　一冊

320000 – 1607 – 0000611　D1107

東遊偶吟草一卷　（清）徐壽基撰　清刻本
一冊

320000 – 1607 – 0000612　D1108

東遊偶吟草一卷　（清）徐壽基撰　清刻本
一冊

320000 – 1607 – 0000613　D1111

大雲山房文稿初集四卷二集四卷　（清）惲敬
撰　清光緒十四年（1888）刻本　八冊

320000 – 1607 – 0000614　D1112

知非齋古文錄二卷駢文錄一卷　（清）沈湛鈞
撰　清光緒三十二年（1906）刻本　三冊

320000 – 1607 – 0000615　D1113

知非齋古文錄二卷駢文錄一卷　（清）沈湛鈞
撰　清光緒三十二年（1906）刻本　三冊

320000 – 1607 – 0000616　D1114

知非齋古文錄二卷駢文錄一卷　（清）沈湛鈞
撰　清光緒三十二年（1906）刻本　一冊

320000 – 1607 – 0000617　D1115

寒松晚翠堂詩初集一卷　（清）張兆麟撰　清光
緒十七年（1891）刻本　一冊

320000 – 1607 – 0000618　D1117

西行雜詠草一卷　（清）姚華國撰　清光緒十
九年（1893）活字印本　一冊

320000 – 1607 – 0000619　D1119

史芩賓先生傳不分卷　錢振鍠撰　清宣統三
年（1911）活字印本　一冊

320000 – 1607 – 0000620　D1126

品芳錄六卷　（清）徐壽基撰　清光緒十二年
（1886）刻本　一冊

320000 – 1607 – 0000621　D1129

春秋釋地韻編五卷首一卷　（清）徐壽基編
清光緒十二年（1886）刻本　二冊

320000 – 1607 – 0000622　D1136

魏鄭公諫續錄二卷　（元）翟思忠撰　清光緒
九年（1883）刻本　一冊

320000 – 1607 – 0000623　D1137

養一齋文集二十卷詩集四卷　（清）李兆洛撰
　清光緒四年（1878）刻本　十冊

320000 – 1607 – 0000624　D1138

茗柯文初編一卷二編二卷三編一卷四編一卷
　（清）張惠言撰　清光緒七年（1881）刻本
二冊

320000 – 1607 – 0000625　D1144

詞選二卷附錄一卷續詞選二卷　（清）張惠言
輯　清同治六年（1867）刻本　一冊

320000 – 1607 – 0000626　D1146

萬壽亭重建紀事本末一卷　（清）徐壽基等撰
　清宣統二年（1910）活字印本　一冊

320000 – 1607 – 0000627　D1147

萬壽亭重建紀事本末一卷　（清）徐壽基等撰
　清宣統二年（1910）活字印本　一冊

320000 – 1607 – 0000628　D1148

萬壽亭重建紀事本末一卷　（清）徐壽基等撰
　清宣統二年（1910）活字印本　一冊

320000 – 1607 – 0000629　D1149

詞選二卷附錄一卷續詞選二卷　（清）張惠言
輯　清同治六年（1867）刻本　一冊

320000 – 1607 – 0000630　D1151

裁物象齋詩鈔一卷湘雨齋詞草一卷　（清）管
貽葄撰　清光緒二十一年（1895）刻本　一冊

320000 – 1607 – 0000631　D1152

詠梅軒稿六卷　（清）謝蘭生撰　清活字印本
　二冊

320000 – 1607 – 0000632　D1153

知非齋古文錄二卷駢文錄一卷　（清）沈湛鈞
撰　清光緒三十二年（1906）刻本　三冊

320000 – 1607 – 0000633　D1154

知非齋古文錄二卷駢文錄一卷　（清）沈湛鈞
撰　清光緒三十二年(1906)刻本　三冊

320000 – 1607 – 0000634　D1155

冷吟仙館詩稿八卷附錄二卷　（清）左錫嘉撰
清光緒十七年(1891)刻本　六冊

320000 – 1607 – 0000635　D1156

雲在軒詩草一卷　（清）錢希撰　清光緒二十
一年(1895)刻本　二冊

320000 – 1607 – 0000636　D1166

會稽山齋經義一卷　（清）謝應芝撰　清光緒
十四年(1888)刻本　一冊

320000 – 1607 – 0000637　D1167

國朝文才調集八卷　（清）許振褘輯　清光緒
十九年(1893)刻本　八冊

320000 – 1607 – 0000638　D1168

續詞選二卷附錄一卷　（清）董毅輯　清光緒
四年(1878)刻本　一冊

320000 – 1607 – 0000639　D1169

十家語錄摘要二卷咏梅軒劄記一卷劄記增訂
一卷賸稿一卷存要一卷　（清）謝蘭生撰　清
光緒二年(1876)刻酌古準今本　二冊

320000 – 1607 – 0000640　D1171

咏梅軒稿六卷　（清）謝蘭生撰　清活字印本
二冊

320000 – 1607 – 0000641　D1175

執中蘊義四卷　（清）湯壽銘等撰　清同治十
三年(1874)刻本　二冊

320000 – 1607 – 0000642　D1176

石鼓然疑一卷　（清）莊述祖撰　清光緒八年
(1882)刻本　一冊

320000 – 1607 – 0000643　D1178

易漢學師承表一卷漢置五經博士考一卷　（清）
吳翊寅撰　清光緒十九年(1893)刻本　一冊

320000 – 1607 – 0000644　D1179

弟子職集解一卷　（清）莊述祖撰　清光緒十
四年(1888)刻本　一冊

320000 – 1607 – 0000645　D1180

曼陀羅花室詩三卷詞一卷　（清）吳翊寅撰
清光緒二十年(1894)刻本　一冊

320000 – 1607 – 0000646　D1181

約園詞稿十卷　（清）趙起撰　清光緒二十六
年(1900)刻本　二冊

320000 – 1607 – 0000647　D1183

陰騭文圖說不分卷　（清）黃正元輯　清同治
八年(1869)刻本　六冊

320000 – 1607 – 0000648　D1187

約園詞稿十卷　（清）趙起撰　清光緒二十六
年(1900)刻本　一冊　存五卷(六至十)

320000 – 1607 – 0000649　D1188

夏小正經傳考釋十卷　（清）莊述祖撰　清光
緒九年(1883)刻本　四冊

320000 – 1607 – 0000650　D1189

賜誠堂文集十六卷　（明）管紹寧撰　清光緒
三年(1877)刻本　二冊

320000 – 1607 – 0000651　D1190

賜誠堂文集十六卷　（明）管紹寧撰　清光緒
三年(1877)刻本　二冊

320000 – 1607 – 0000652　D1193

晏子春秋七卷　（清）孫星衍校　音義二卷
（清）孫星衍撰　校勘二卷　（清）黃以周撰　清
光緒元年(1875)浙江書局刻二十二子本　四冊

320000 – 1607 – 0000653　D1194

琴隱園詞集四卷　（清）湯貽汾撰　清咸豐九
年(1859)刻本　一冊

320000 – 1607 – 0000654　D1195

明文才調集不分卷　（清）許振褘撰　清光緒
十九年(1893)刻本　六冊

320000 – 1607 – 0000655　D1196

亦有生齋樂府二卷　（清）趙懷玉撰　清光緒
十三年(1887)刻本　一冊

320000 – 1607 – 0000656　D1201

清淮詞二卷　（清）湯成烈撰　清光緒刻本
一冊

320000－1607－0000657　D1205

庚申忠義錄不分卷　（清）湯成烈輯　清活字
印本　八冊

320000－1607－0000658　D1207

曠論一卷　（清）徐壽基撰　清光緒十二年
(1886)刻本　一冊

320000－1607－0000659　D1208

酌雅堂駢體文集二卷　（清）徐壽基撰　清光
緒十一年(1885)刻本　二冊

320000－1607－0000660　D1209

史目表二卷　（清）洪飴孫撰　清光緒四年
(1878)刻本　一冊

320000－1607－0000661　D1213

急就章考異一卷　（清）莊世驥撰　清光緒十
七年(1891)廣雅書局刻本　一冊

320000－1607－0000662　D1214

急就章考異一卷　（清）莊世驥撰　清光緒十
七年(1891)廣雅書局刻本　一冊

320000－1607－0000663　D1215

漢官儀二卷附漢儀一卷　（漢）應劭撰　（清）
孫星衍輯　清光緒刻本　一冊

320000－1607－0000664　D1220

尚絅堂詩集五十二卷詞二卷駢體文二卷
(清)劉嗣綰撰　清同治八年(1869)刻本
十冊

320000－1607－0000665　D1221

京畿金石考二卷　（清）孫星衍撰　清道光七
年(1827)刻本　二冊

320000－1607－0000666　D1225

海虬記傳奇二卷　（清）陳烺撰　清光緒十七
年(1891)刻玉獅堂傳奇本　二冊

320000－1607－0000667　D1226

耕綠草堂詩草一卷　（清）薛熙撰　清光緒二
十三年(1897)刻本　一冊

320000－1607－0000668　D1227

諮議局章程講義一卷　（清）孟森編　清光緒
三十四年(1908)鉛印本　一冊

320000－1607－0000669　D1228

祕書集十卷　（清）沈同芳撰　清宣統三年
(1911)鉛印本　二冊

320000－1607－0000670　D1229

讀雪山房雜著一卷　（清）管世銘撰　清光緒
十二年(1886)刻本　一冊

320000－1607－0000671　D1230

孫子十家註十三卷　（宋）吉天保輯　**遺說一
卷**　（宋）鄭友賢撰　**孫子叙錄一卷**　（清）畢
以珣撰　清光緒十九年(1893)鉛印本　一冊

320000－1607－0000672　D1233

公言集三卷續一卷　（清）沈同芳撰　清光緒
三十四年(1908)鉛印本　一冊

320000－1607－0000673　D1234

負薪記一卷　（清）陳烺撰　清光緒十七年
(1891)石印本　一冊

320000－1607－0000674　D1239

茗柯文初編一卷二編二卷三編一卷四編一卷
　（清）張惠言撰　清道光二年(1822)刻本
四冊

320000－1607－0000675　D1240

茗柯文初編一卷二編二卷三編一卷四編一卷
　（清）張惠言撰　清宣統三年(1911)石印本
二冊

320000－1607－0000676　D1241

歷代地理志韻編今釋二十卷皇朝輿地韻編二
卷　（清）李兆洛撰　清光緒二十四年(1898)
石印本　四冊

320000－1607－0000677　D1245

洗蕉吟館詩鈔一卷　（清）惲戴青撰　清宣統
二年(1910)石印本　一冊

320000－1607－0000678　D1247

宛鄰詩二卷　（清）張琦撰　蓬室偶吟一卷
(清)湯瑤卿撰　清光緒十七年(1891)刻本
一冊

320000－1607－0000679　D1248

寒松晚翠堂詩集三卷外集一卷　（清）張兆麟

撰　清光緒十七年(1891)刻本　一冊

320000－1607－0000680　D1250

尚絅堂詞二卷　(清)劉嗣綰撰　清光緒九年
(1883)刻本　一冊

320000－1607－0000681　D1251

尚絅堂文集二卷　(清)劉嗣綰撰　清光緒九
年(1883)刻本　一冊

320000－1607－0000682　D1252

尚絅堂駢體文二卷　(清)劉嗣綰撰　清光緒
九年(1883)刻本　一冊

320000－1607－0000683　D1254

湘雨齋詞草一卷　(清)管貽葄撰　清光緒二
十年(1894)刻本　一冊

320000－1607－0000684　D1255

詞選二卷附錄一卷續詞選二卷　(清)張惠言
輯　清同治六年(1867)刻本　一冊

320000－1607－0000685　D1256

魏鄭公諫續錄二卷　(元)翟思忠撰　清刻本
　一冊

320000－1607－0000686　D1257

玉獅堂傳奇十種十五卷　(清)陳烺撰　清光
緒十一年(1885)刻本　十冊

320000－1607－0000687　D1259

玉通詩選二卷　(清)劉心珤撰　清光緒二十
七年(1901)刻本　一冊

320000－1607－0000688　D1261

重刻校正唐荊川先生文集十二卷外集三卷補
遺五卷　(明)唐順之撰　附錄一卷　(清)
□□輯　清光緒三十年(1904)江南書局刻本
　十冊

320000－1607－0000689　D1265

續古文苑二十卷　(清)孫星衍輯　清嘉慶十
七年(1812)刻本　六冊

320000－1607－0000690　D1269

董方立算書五種七卷　(清)董祐誠撰　清光
緒三年(1877)刻本　一冊

320000－1607－0000691　D1270

毗陵楊氏詩存五種附編三種　(清)楊葆彝輯
　清光緒刻本　一冊

320000－1607－0000692　D1272

甌北詩話十二卷　(清)趙翼撰　清宣統元年
(1909)石印本　四冊

320000－1607－0000693　D1274

雲在軒詩草一卷筆記一卷　(清)錢希撰　清
光緒二十五年(1899)刻本　一冊

320000－1607－0000694　D1275

綠槐書屋詩稿三卷　(清)張綸英撰　清同治
七年(1868)刻本　一冊

320000－1607－0000695　D1276

毘陵鄉貢考五卷　(清)林梅輯　(清)莊咏篪
續輯　清光緒十年(1884)刻本　一冊

320000－1607－0000696　D1277

甌北詩話十卷續二卷　(清)趙翼撰　清同治
十三年(1874)刻本　四冊

320000－1607－0000697　D1283

兩當軒集二十二卷　(清)黃景仁撰　附錄四
卷考異二卷　(清)黃志述輯　清宣統二年
(1910)石印本　六冊

320000－1607－0000698　D1284

兩當軒集二十二卷　(清)黃景仁撰　附錄四
卷考異二卷　(清)黃志述輯　清光緒二年
(1876)家塾刻本　六冊

320000－1607－0000699　D1286

兩當軒集二十二卷　(清)黃景仁撰　附錄四
卷考異二卷　(清)黃志述輯　清光緒二年
(1876)家塾刻本　六冊

320000－1607－0000700　D1287

兩當軒詩鈔十四卷竹眠詩鈔二卷　(清)黃景
仁撰　清道光十四年(1834)刻本　四冊

320000－1607－0000701　D1289

燕子樓傳奇二卷　(清)陳烺撰　清光緒十七
年(1891)石印玉獅堂十種曲本　二冊

320000－1607－0000702　D1293

甌香館集十二卷末一卷　（清）惲格撰　（清）
蔣光煦輯　清光緒元年(1875)湖北崇文書局
刻本　四冊

320000－1607－0000703　D1294
秋水軒集一卷　（清）莊盤珠撰　清光緒二十
一年(1895)刻本　一冊

320000－1607－0000704　D1301
常州賦不分卷　（清）褚邦慶編注　清光緒四
年(1878)刻本　二冊

320000－1607－0000705　D1300
養一齋文集二十卷詩集四卷　（清）李兆洛撰
　清光緒四年(1878)刻本　十冊

320000－1607－0000706　D1302
駢體文鈔三十一卷　（清）李兆洛輯　清同治
六年(1867)刻本　八冊

320000－1607－0000707　D1307
會稽山齋詩五卷詞一卷　（清）謝應芝撰　清
光緒十四年(1888)刻本　一冊

320000－1607－0000708　D1310
養一齋文集二十卷詩集四卷　（清）李兆洛撰
　清光緒四年(1878)刻本　十冊

320000－1607－0000709　D1314
李氏歷代輿地沿革圖校勘記二卷　（清）惲毓
嘉等撰　清光緒十四年(1888)刻本　二冊

320000－1607－0000710　D1315
謝子蘭公詩文遺稿三卷　（元）謝應芳撰　清
光緒十五年(1889)刻本　一冊

320000－1607－0000711　D1322
塞外紀聞一卷附二卷　（清）洪亮吉撰　清咸
豐四年(1854)刻本　一冊

320000－1607－0000712　D1325
李氏歷代輿地沿革圖校勘記二卷　（清）惲毓
嘉等撰　清光緒十四年(1888)刻本　二冊

320000－1607－0000713　D1327
續古文苑二十卷　（清）孫星衍輯　清嘉慶十
七年(1812)刻本　六冊

320000－1607－0000714　D1328
孫淵如先生全集二十二卷　（清）孫星衍撰
清光緒十一年(1885)長沙王氏刻本　十二冊

320000－1607－0000715　D1329
九柏山房詩十六卷　（清）楊倫撰　清嘉慶十
七年(1812)刻本　二冊

320000－1607－0000716　D1333
酌雅堂駢體文集二卷　（清）徐壽基撰　清光
緒五年(1879)刻本　二冊

320000－1607－0000717　D1334
甌北詩鈔十七卷　（清）趙翼撰　清刻本
六冊

320000－1607－0000718　D1335
甌北詩鈔十七卷　（清）趙翼撰　清刻本
六冊

320000－1607－0000719　D1336
詞選二卷附錄一卷續詞選二卷　（清）張惠言
輯　清同治六年(1867)刻本　一冊

320000－1607－0000720　D1337
詞選二卷附錄一卷續詞選二卷　（清）張惠言
輯　清同治六年(1867)刻本　一冊

320000－1607－0000721　D1338
詞選二卷附錄一卷　（清）張惠言撰　清道光
十年(1830)刻本　一冊

320000－1607－0000722　D1339
詞選二卷附錄一卷續詞選二卷　（清）張惠言
輯　清同治六年(1867)刻本　一冊

320000－1607－0000723　D1340
更生齋文甲集四卷乙集四卷詩集八卷附詩餘
二卷　（清）洪亮吉撰　清嘉慶七年(1802)刻
本　四冊

320000－1607－0000724　D1344
詞選二卷附錄一卷續詞選二卷　（清）張惠言
輯　清同治六年(1867)刻本　一冊

320000－1607－0000725　D1346
更生齋文乙集四卷　（清）洪亮吉撰　清刻本
　一冊

320000－1607－0000726　D1347
大亨山館叢書六種十二卷　（清）楊葆彝編
清光緒刻本　一冊

320000－1607－0000727　D1348
杜詩鏡銓二十卷　（清）楊倫撰　清同治十一
年(1872)刻本　九冊

320000－1607－0000728　D1349
玉塵集二卷　（清）洪亮吉撰　清光緒十六年
(1890)刻本　一冊

320000－1607－0000729　D1351
玉塵集二卷　（清）洪亮吉撰　清光緒十六年
(1890)刻本　一冊

320000－1607－0000730　D1352
公言集三卷　（清）沈同芳撰　清光緒三十四
年(1908)鉛印本　一冊

320000－1607－0000731　D1353
常郡宦浙同官錄一卷　（清）□□輯　清光緒
四年(1878)刻本　一冊

320000－1607－0000732　D1354
詞選二卷附錄一卷續詞選二卷　（清）張惠言
輯　清同治六年(1867)刻本　一冊

320000－1607－0000733　D1357
甲子紀年表一卷　（清）徐壽基撰　清光緒十
二年(1886)刻本　一冊

320000－1607－0000734　D1358
甲子紀年表一卷　（清）徐壽基撰　清光緒十
二年(1886)刻本　一冊

320000－1607－0000735　D1359
詞選二卷附錄一卷續詞選二卷　（清）張惠言
輯　清同治六年(1867)刻本　一冊

320000－1607－0000736　D1361
澤古齋文鈔三卷補遺一卷　（清）吳士模撰
清光緒十九年(1893)刻本　一冊

320000－1607－0000737　D1362
常州賦不分卷　（清）褚邦慶編注　清光緒四
年(1878)刻本　二冊

320000－1607－0000738　D1363
國朝常州駢體文錄三十一卷附結一宧駢體文
一卷　屠寄輯　清光緒十六年(1890)刻本
五冊

320000－1607－0000739　D1365
仙緣記傳奇二卷　（清）陳烺撰　清光緒十七
年(1891)刻玉獅堂十種曲本　二冊

320000－1607－0000740　D1366
甌北集五十三卷詩話十卷續二卷　（清）趙翼
撰　清嘉慶刻本　七冊　存三十三卷(詩集
一至二十七、詩話一至六)

320000－1607－0000741　D1368
古椿軒詩鈔二卷　（清）莊善孫撰　清光緒二
十六年(1900)活字印本　一冊

320000－1607－0000742　D1372
常郡八邑藝文志十二卷　（清）盧文弨輯　清
光緒十六年(1890)刻本　十六冊

320000－1607－0000743　D1373
重刻校正唐荊川先生文集十二卷補遺五卷外
集三卷　（明）唐順之撰　附錄一卷　（清）
□□輯　清光緒三十年(1904)江南書局刻本
十冊

320000－1607－0000744　D1374
常州賦不分卷　（清）褚邦慶編注　清光緒四
年(1878)刻本　二冊

320000－1607－0000745　D1375
大雲山房文稿初集四卷二集四卷　（清）惲敬
撰　清嘉慶二十年(1815)刻本　二冊

320000－1607－0000746　D1377
茗柯文初編一卷二編二卷三編一卷四編一卷
(清)張惠言撰　清光緒七年(1881)刻本　二冊

320000－1607－0000747　D1378
大雲山房文稿初集四卷二集四卷　（清）惲敬
撰　清光緒十四年(1888)刻本　八冊

320000－1607－0000748　D1382
兩當軒集二十二卷　（清）黃景仁撰　附錄四
卷考異二卷　（清）黃志述輯　清宣統二年

(1910)石印本　六冊

320000－1607－0000749　D1384
**大雲山房文稿初集四卷二集四卷**　（清）惲敬
撰　清光緒十四年（1888）刻本　八冊

320000－1607－0000750　D1389
**六書轉注錄十卷**　（清）洪亮吉撰　清光緒四
年（1878）刻本　四冊

320000－1607－0000751　D1449
**武陽城鄉全境圖一卷**　（清）□□輯　清刻本
　一冊

320000－1607－0000752　D1450
**常州府城坊廂字號全圖一卷**　（清）□□編繪
　清宣統元年（1909）石印本　一冊

320000－1607－0000753　D1403
**壬辰春試記不分卷**　（清）惲毓德撰　清光緒
十八年（1892）抄本　一冊

320000－1607－0000754　D1500
**甌北全集**　（清）趙翼撰　清光緒三年（1877）
刻本　四十六冊

320000－1607－0000755　D1502
**荃石居詩鈔七卷**　（清）吳頡鴻撰　清光緒十
六年（1890）刻本　二冊

320000－1607－0000756　D1503
**尚絅堂集五十六卷**　（清）劉嗣綰撰　清同治
七年（1868）刻本　四冊　存四卷（一至四）

320000－1607－0000757　D1504
**尚絅堂制藝不分卷**　（清）劉嗣綰撰　清同治
八年（1869）刻本　六冊

320000－1607－0000758　D1515
**夢衲盦詩偶存一卷**　（清）汪昉撰　清光緒十
年（1884）鄂城刻本　一冊

320000－1607－0000759　D1517
**儀禮圖六卷**　（清）張惠言撰　清同治九年
（1870）湖北崇文書局刻本　二冊

320000－1607－0000760　D1519
**保節總局收支清冊一卷**　（清）保節總局編

清宣統元年（1909）石印本　一冊

320000－1607－0000761　D1522
**萬壽亭重建紀事本末一卷**　（清）徐壽基等撰
　清宣統二年（1910）活字印本　一冊

320000－1607－0000762　D1523
**清溪惆悵集二卷**　（清）吳翊寅撰　清光緒十
年（1884）鄂城刻本　一冊

320000－1607－0000763　D1525
**念宛齋官書八卷**　（清）左輔撰　清道光元年
（1821）刻本　四冊

320000－1607－0000764　D1527
**洞庭緣傳奇一卷**　（清）陸繼輅撰　清光緒六
年（1880）刻本　一冊

320000－1607－0000765　D1528
**亦有生齋文集二十卷**　（清）趙懷玉撰　清嘉
慶二十二年（1817）刻本　七冊

320000－1607－0000766　D1529
**潛莊文鈔六卷**　（清）卜起元撰　清光緒五年
（1879）刻本　一冊

320000－1607－0000767　D1530
**鯨華社詩鐘選存不分卷**　（清）孟昭常撰　清
光緒三十一年（1905）刻本　一冊

320000－1607－0000768　D1533
**毘陵科第攷八卷**　（清）趙充之編　（清）錢人
麟　（清）莊柱續編　清同治七年（1868）刻本
　二冊

320000－1607－0000769　D1535
**筠綠山房詩草四卷詞草一卷**　（清）湯建中撰
　清光緒十九年（1893）湯沅宜刻本　一冊

320000－1607－0000770　D1538
**四聖心源十卷**　（清）黃元御撰　清咸豐十年
（1860）刻本　二冊

320000－1607－0000771　D1540
**汀鷺文鈔三卷詩鈔二卷詩餘二卷**　（清）楊傳
第撰　清同治十一年（1872）刻本　一冊

320000－1607－0000772　D1541

桑梓潜德録三集六卷　（清）湯成烈等輯　清
光緒六年（1880）活字印本　二冊

320000－1607－0000773　D1542
寒松晚翠堂詩集三卷外集一卷　（清）張兆麟
撰　清光緒十七年（1891）刻本　一冊

320000－1607－0000774　D1564
白雲草堂詩鈔三卷首一卷　（清）呂星垣撰
清嘉慶六年（1801）刻本　一冊

320000－1607－0000775　D1565
宛鄰詩二卷　（清）張琦撰　蓬室偶吟一卷
（清）湯瑤卿撰　清光緒十七年（1891）刻本
一冊

320000－1607－0000776　D1566
茗柯詞一卷　（清）張惠言撰　清刻本　一冊

320000－1607－0000777　D1568
卷施閣文乙集八卷續編一卷　（清）洪亮吉撰
　清光緒刻本　四冊

320000－1607－0000778　D1572
宋儒龜山楊先生［時］年譜一卷　（清）毛念恃
撰　清乾隆十年（1745）刻延平四先生年譜本
　一冊

320000－1607－0000779　D1574
杜詩鏡銓二十卷　（清）楊倫撰　清同治十一
年（1872）刻本　九冊

320000－1607－0000780　D1575
洪北江全集十九種二百〇六卷　（清）洪亮吉
撰　清光緒授經堂刻本　七十七冊

320000－1607－0000781　D1579
亦有生齋集文集二十卷詩集三十二卷詞五卷
樂府二卷　（清）趙懷玉撰　清嘉慶刻本　三
十冊

320000－1607－0000782　D1580
孫淵如先生全集二十二卷　（清）孫星衍撰
清光緒十一年（1885）長沙王氏刻本　十冊

320000－1607－0000783　D1581
萬壽亭重建紀事本末一卷　（清）徐壽基等撰
　清宣統二年（1910）活字印本　一冊

320000－1607－0000784　D1583
甌香館集十二卷末一卷　（清）惲格撰　（清）
蔣光煦輯　清光緒七年（1881）刻本　四冊

320000－1607－0000785　D1584
重刻校正唐荊川先生文集十二卷外集三卷補
遺五卷　（明）唐順之撰　附錄一卷　（清）
□□輯　清光緒三十年（1904）江南書局刻本
　十冊

320000－1607－0000786　D1585
洪北江先生年譜一卷　（清）呂培等撰　清光
緒三年（1877）刻本　一冊

320000－1607－0000787　D1586
甌北集五十三卷　（清）趙翼撰　清嘉慶十七
年（1812）刻本　十六冊

320000－1607－0000788　D1587
昭代名人尺牘續編二十四卷　陶湘輯　清
宣統三年（1911）陽湖陶氏影印本　二十三
冊　存二十三卷（一至二十一、二十三至二
十四）

320000－1607－0000789　D1589
詩文鈔一卷附耕餘集一卷　（清）趙翼撰　清
抄本　一冊

320000－1607－0000790　D1590
讀秋水齋文六卷　（清）陸黻恩撰　清光緒十
六年（1890）活字印本　一冊

320000－1607－0000791　D1591
餐芍華館詩集八卷附一卷　（清）周騰虎撰
清光緒十九年（1893）活字印本　二冊

320000－1607－0000792　D1593
毘陵集十六卷　（宋）張守撰　清光緒十九年
（1893）刻本　三冊　存十卷（三至十二）

320000－1607－0000793　D1594
浣雲閣詩鈔四卷　（清）呂家箋撰　稿本
一冊

320000－1607－0000794　D1596
文翼三卷　（清）吳鋌撰　清抄本　一冊

320000－1607－0000795　D1598

望杏樓志痛編二卷 （清）錢福蓀輯 清光緒
二十一年(1895)刻本 一冊

320000－1607－0000796 D1603
伊犁日記一卷天山客話一卷外家紀聞一卷
（清）洪亮吉撰 清光緒三年(1877)刻本
三冊

320000－1607－0000797 D1604
伊犁日記一卷天山客話一卷外家紀聞一卷
（清）洪亮吉撰 清光緒三年(1877)刻本
三冊

320000－1607－0000798 D1605
常州賦不分卷 （清）褚邦慶編注 清乾隆四
十年(1775)刻本 一冊

320000－1607－0000799 D1606
讀雪山房唐詩鈔三十四卷 （清）管世銘選
清嘉慶十二年(1807)刻本 六冊 存十五卷
（一至十五）

320000－1607－0000800 D1607
雙白燕堂文集二卷 （清）陸耀遹撰 清光緒
四年(1878)刻本 一冊

320000－1607－0000801 D1608
茗柯文四編一卷 （清）張惠言撰 清刻本
一冊

320000－1607－0000802 D1609
補三國疆域志二卷 （清）洪亮吉撰 清光緒
十七年(1891)刻本 一冊

320000－1607－0000803 D1610
琴隱園詩集三十六卷詞集四卷 （清）湯貽汾
撰 清光緒元年(1875)刻本 八冊

320000－1607－0000804 D1611
毘陵科第攷八卷 （清）趙充之編 （清）錢人麟
（清）莊柱續編 清同治七年(1868)刻本 二冊

320000－1607－0000805 D1612
養一先生文集二十卷詩集四卷 （清）李兆洛
撰 清光緒四年至八年(1878－1882)刻本
十二冊

320000－1607－0000806 D1613

亦有生齋集五十四卷 （清）趙懷玉撰 清刻
本 八冊 存十四卷(文集一至三、二十,詩
集十七至二十六)

320000－1607－0000807 D1614
儀禮圖六卷 （清）張惠言撰 清同治九年
(1870)湖北崇文書局刻本 三冊

320000－1607－0000808 D1615
古今韻略五卷 （清）邵長蘅撰 清刻本
五冊

320000－1607－0000809 D1616
養一齋文集二十卷 （清）李兆洛撰 清光緒
四年(1878)刻本 八冊

320000－1607－0000810 D1617
醫醇賸義四卷 （清）費伯雄撰 清光緒十四
年(1888)掃葉山房刻本 四冊

320000－1607－0000811 D1618
兩當軒詩鈔十四卷悔存詞鈔二卷 （清）黃景
仁撰 清道光二十六年(1846)刻本 四冊

320000－1607－0000812 D1619
澹餘詩略三卷 （清）汪暕撰 清咸豐刻本
一冊

320000－1607－0000813 D1620
孫淵如先生全集二十二卷 （清）孫星衍撰
清光緒十一年(1885)長沙王氏刻本 十冊

320000－1607－0000814 D1621
杜詩鏡銓二十卷附錄二卷 （清）楊倫撰 清
刻本 七冊 存十四卷(九至二十、附錄二
卷)

320000－1607－0000815 D1622
萬善花室文稿六卷 （清）方履籛撰 清刻本
一冊 存四卷(三至六)

320000－1607－0000816 D1623
官場現形記十二卷 （清）李伯元撰 清光緒
世界繁華報館石印本 四冊

320000－1607－0000817 D1624
毘陵鄉貢考五卷 （清）林梅輯 （清）莊咏篪
續輯 清光緒十年(1884)刻本 一冊

320000－1607－0000818　D1626

孟鄰堂文摘鈔不分卷　（清）楊椿撰　清道光十年(1830)抄本　一冊

320000－1607－0000819　D1627

詞選二卷附錄一卷續詞選二卷　（清）張惠言輯　清道光十年(1830)刻本　二冊

320000－1607－0000820　D1628

兩當軒集二十二卷　（清）黃景仁撰　附錄四卷考異二卷　（清）黃志述輯　清光緒二年(1876)家塾刻本　六冊

320000－1607－0000821　D1629

兩當軒集二十二卷　（清）黃景仁撰　附錄四卷考異二卷　（清）黃志述輯　清咸豐八年(1858)黃氏家塾刻本　五冊

320000－1607－0000822　D1630

李申耆年譜二卷　（清）蔣彤撰　清刻本　一冊

320000－1607－0000823　D1631

航海瑣記二卷附一卷　（清）余思詒撰　清光緒三十二年(1906)山東官書局刻本　三冊

320000－1607－0000824　D1632

萬物炊累室類稿甲編四卷乙編三卷外編十卷　（清）沈同芳撰　清宣統三年(1911)中國圖書公司鉛印本　五冊

320000－1607－0000825　D1633

暨陽答問四卷　（清）蔣彤撰　清光緒三年(1877)洗心玩易之室刻本　一冊

320000－1607－0000826　D1635

治經齋稿一卷　（清）費庚吉撰　清同治二年(1863)刻本　一冊

320000－1607－0000827　D1636

夢痕詞一卷　（清）劉炳略撰　清咸豐四年(1854)刻本　一冊

320000－1607－0000828　D1637

夢痕詞一卷　（清）劉炳略撰　清咸豐四年(1854)刻本　一冊

320000－1607－0000829　D1638

餐芍華館詩集八卷　（清）周騰虎撰　清光緒十九年(1893)活字印本　一冊

320000－1607－0000830　D1639

兩當軒詩集十六卷　（清）黃景仁撰　清道光十七年(1837)蔣光煦別下齋刻本　二冊

320000－1607－0000831　D1640

兩當軒詩鈔十卷　（清）黃景仁撰　清兩儀堂刻本　三冊

320000－1607－0000832　D1641

唐荊川先生傳稿不分卷　（明）唐順之撰　（清）呂留良評點　清刻本　一冊

320000－1607－0000833　D1642

松厓詩鈔三十二卷　（清）管幹珍撰　清刻本　二冊　存十六卷(一至十六)

320000－1607－0000834　DC0001

芙航詩襭二十九卷　（清）楊士凝撰　清康熙六十一年(1722)刻乾隆四十一年(1776)增刻本　二冊　存十卷(三至十二)

320000－1607－0000835　DC0002

全唐試律類箋十卷附聲調譜一卷　（清）惲鶴生　（清）錢人龍編　清乾隆二十六年(1761)刻本　四冊　存一卷(十)

320000－1607－0000836　DC0003

甌北集五十三卷　（清）趙翼撰　清嘉慶十七年(1812)刻本　一冊　存二卷(十六至十七)

320000－1607－0000837　DC0004

釋書名一卷　（清）莊綬甲撰　清刻本　一冊

320000－1607－0000838　DC0005

雙白燕堂外集八卷　（清）陸耀遹撰　清道光二十二年(1842)刻本　一冊　存二卷(七至八)

320000－1607－0000839　DC0006

國朝常州駢體文錄三十一卷附結一宧駢體文一卷　屠寄輯　清光緒十六年(1890)刻本　一冊　存五卷(二十三至二十七)

320000－1607－0000840　DC0007

讀雪山房唐詩三十四卷　（清）管世銘選　清

刻本　四冊　存十二卷(八至十、十六至十七、二十至二十六)

320000－1607－0000841　DC0008
**石鼓然疑一卷**　(清)莊述祖撰　清光緒八年(1882)刻本　一冊

320000－1607－0000842　DC0009
**石鼓然疑一卷**　(清)莊述祖撰　清道光二十年(1840)刻本　一冊

320000－1607－0000843　DC0010
**荊川文集十八卷**　(明)唐順之撰　清康熙五十一年(1712)唐執玉刻本　一冊　存三卷(八至十)

320000－1607－0000844　DC0011
**荊川文集十八卷**　(明)唐順之撰　清康熙五十一年(1712)唐執玉刻本　一冊　存六卷(五至十)

320000－1607－0000845　DC0013
**茅山志十四卷**　(清)笪蟾光撰　清光緒元年(1875)刻本　三冊　存五卷(一至二、五、十至十一)

320000－1607－0000846　DC0014
**邵子湘全集三十卷**　(清)邵長蘅撰　清刻本　十二冊

320000－1607－0000847　DC0015
**邵子湘全集三十卷**　(清)邵長蘅撰　清刻本　五冊　存十一卷(篋稿三至六、十三至十四,旅稿五至六,賸稿四至六)

320000－1607－0000848　DC0016
**卷施閣文甲集十卷續一卷補遺一卷乙集八卷續編一卷**　(清)洪亮吉撰　清光緒三年(1877)洪用懃授經堂刻本　十三冊

320000－1607－0000849　DC0017
**更生齋文甲集四卷乙集四卷續集二卷詩八卷詩續集十卷**　(清)洪亮吉撰　清光緒三年(1877)刻本　十三冊

320000－1607－0000850　DC0018
**附鮚軒詩八卷**　(清)洪亮吉撰　清光緒三年(1877)刻本　二冊

320000－1607－0000851　DC0019
**曉讀書齋初錄二卷二錄二卷三錄二卷四錄二卷**　(清)洪亮吉撰　清光緒三年(1877)刻本　一冊

320000－1607－0000852　DC0020
**傳經表二卷通經表二卷**　(清)洪亮吉撰　清光緒五年(1879)刻本　一冊

320000－1607－0000853　DC0021
**春秋左傳詁二十卷**　(清)洪亮吉撰　清光緒四年(1878)刻本　一冊

320000－1607－0000854　DC0022
**漢魏音四卷**　(清)洪亮吉撰　清光緒三年(1877)授經堂刻本　一冊

320000－1607－0000855　DC0023
**比雅十卷**　(清)洪亮吉撰　清光緒五年(1879)刻本　二冊

320000－1607－0000856　DC0024
**乾隆府廳州縣圖志五十卷**　(清)洪亮吉撰　清光緒五年(1879)刻本　二十冊

320000－1607－0000857　DC0025
**補三國疆域志二卷**　(清)洪亮吉撰　清光緒四年(1878)刻本　一冊

320000－1607－0000858　DC0026
**東晉疆域志四卷**　(清)洪亮吉撰　清光緒四年(1878)刻本　二冊

320000－1607－0000859　DC0027
**十六國疆域志十六卷**　(清)洪亮吉撰　清光緒四年(1878)刻本　五冊

320000－1607－0000860　D880012
**秋水軒集不分卷**　(清)莊盤珠撰　清光緒二年(1876)木活字印本　一冊

320000－1607－0000861　D880013
**紀元編三卷末一卷**　(清)李兆洛撰　清道光十一年(1831)葦學齋刻本　一冊

320000－1607－0000862　D880015

江邨銷夏錄三卷　（清）高士奇輯　清刻本
一冊

320000－1607－0000863　D880016
公言集三卷　（清）沈同芳撰　清光緒三十四
年（1908）中國圖書公司鉛印本　一冊

320000－1607－0000864　D880019
訒齋手劄四卷　（宋）程大昌輯　清刻本
一冊

320000－1607－0000865　D880020
金忠潔公文集二卷　（明）金鉉撰　清光緒二
十二年（1896）刻本　一冊

320000－1607－0000866　D880023
善卷堂四六十卷　（清）陸繁弨撰　（清）吳自
高注　清刻本　二冊

320000－1607－0000867　D880025
趙裘萼公剩藁四卷　（清）趙熊詔撰　清光緒
五年（1879）刻本　二冊

320000－1607－0000868　D880026
趙裘萼公剩藁四卷　（清）趙熊詔撰　清光緒
五年（1879）刻本　二冊

320000－1607－0000869　D880029
紀元編三卷末一卷　（清）李兆洛撰　清道光
十一年（1831）薈學齋刻本　三冊

320000－1607－0000870　D880031
三閭楚辭九卷　（宋）朱熹集注　清刻本
四冊

320000－1607－0000871　D880032
兩當軒詩鈔十四卷悔存詞鈔二卷　（清）黃景
仁撰　清道光二十六年（1846）刻本　四冊

320000－1607－0000872　D880033
平等閣筆記四卷　狄葆賢撰　清末民國初影
印本　四冊

320000－1607－0000873　D880034
藝風堂刻書七卷　繆荃孫撰　清刻本　四冊

320000－1607－0000874　D880035
玉餘尺牘附編八卷　（清）莊士敏撰　清光緒

六年（1880）刻本　四冊

320000－1607－0000875　D880037
吳學士詩集五卷文集四卷　（清）吳熾撰
（清）梁肇煌　（清）薛時雨編訂　清光緒八年
（1882）江寧藩署刻本　六冊

320000－1607－0000876　D880038
兩當軒集二十二卷　（清）黃景仁撰　附錄四
卷考異二卷　（清）黃志述輯　清光緒二年
（1876）家塾刻本　六冊

320000－1607－0000877　D880039
養一齋文集二十卷　（清）李兆洛撰　清光緒
四年（1878）刻本　八冊

320000－1607－0000878　D880040
養一齋文集二十卷　（清）李兆洛撰　清光緒
四年（1878）刻本　八冊

320000－1607－0000879　D880041
養一齋文集二十卷　（清）李兆洛撰　清光緒
四年（1878）刻本　八冊

320000－1607－0000880　D880042
甌北集五十三卷　（清）趙翼撰　清嘉慶十七
年（1812）刻本　八冊　存三十二卷（一至三
十二）

320000－1607－0000881　D880043
國朝常州駢體文錄三十一卷附結一宦駢體文
一卷　屠寄輯　清光緒十六年（1890）刻本
八冊

320000－1607－0000882　D880044
大雲山房文稿初集四卷二集四卷　（清）惲敬
撰　清光緒十四年（1888）刻本　八冊

320000－1607－0000883　D880045
大雲山房文稿初集四卷二集四卷　（清）惲敬
撰　清嘉慶二十年至二十一年（1815－1816）
刻本　八冊

320000－1607－0000884　D880047
湖海文傳七十五卷　（清）王昶輯　清道光十
七年（1837）刻本　二十冊

320000－1607－0000885　D880048

有正味齋全集七十九卷　（清）吳錫麒撰　清刻本　十六冊

320000－1607－0000886　D880049

趙裘萼公剩藁四卷　（清）趙熊詔撰　清光緒五年（1879）刻本　二冊

320000－1607－0000887　D880055

諸葛忠武志十卷　（清）張鵬翮輯　清刻本　六冊

320000－1607－0000888　D880058

附鮚軒詩八卷　（清）洪亮吉撰　清光緒三年（1877）刻本　二冊

320000－1607－0000889　D880060

杜詩鏡銓二十卷　（清）楊倫撰　清同治十一年（1872）刻本　十二冊

320000－1607－0000890　D880061

廿二史劄記三十六卷補遺一卷　（清）趙翼撰　清嘉慶五年（1800）湛貽堂刻甌北全集本　十冊

320000－1607－0000891　D880066

代數通藝錄十六卷　（清）方愷撰　清光緒十六年（1890）刻本　六冊

320000－1607－0000892　D880067

日遊瑣識一卷　（清）李寶泮撰　清光緒三十二年（1906）鉛印本　一冊

320000－1607－0000893　D880069

一漚集詩鈔六卷文鈔三卷　（清）董威撰　清光緒十八年（1892）刻本　二冊

320000－1607－0000894　D880070

毘陵科第攷八卷　（清）趙充之編　（清）錢人麟　（清）莊柱續編　清同治七年（1868）刻本　二冊

320000－1607－0000895　D880072

國朝駢體正宗評本十二卷　（清）曾燠輯　（清）姚燮評　清光緒二十一年（1895）上海點石齋石印本　二冊

320000－1607－0000896　D880073

江上孤忠錄一卷　（清）黃明曦撰　清光緒十

七年（1891）刻本　一冊

320000－1607－0000897　D880074

甌香館法書不分卷　（清）惲格書　清末民國石印本　五冊

320000－1607－0000898　JP42

[常州]常州卜氏宗譜十卷首一卷　（清）卜起元等纂修　清光緒六年（1880）常州惇本堂活字印本　一冊　存二卷（一、首一卷）

320000－1607－0000899　JP46

[常州]毘陵呂氏族譜二十四卷首一卷末一卷　（清）呂金誠等纂修　清光緒三十一年（1905）陽湖文煥齋活字印本　一冊　存二卷（三至四）

320000－1607－0000900　JP71

[常州]毘陵薛墅吳氏族譜二十二卷　（清）吳光鼎等纂修　清光緒九年（1883）常州履成堂活字印本　一冊　存二卷（五至六）

320000－1607－0000901　JP77

[常州]白雲灣支陸氏彙修宗譜一卷　（清）陸爾雋纂修　清光緒十五年（1889）常州懷忠堂活字印本　一冊

320000－1607－0000902　JP83

[常州]天井里張氏族譜十六卷　（清）張永裕等纂修　清光緒四年（1878）常州敬惜堂活字印本　四冊　存四卷（十、十三至十五）

320000－1607－0000903　JP104

[常州]蘭陵鄭氏宗譜三十卷　（清）鄭榮佳等纂修　清光緒三年（1877）常州敦睦堂活字印本　二冊　存二卷（一、九）

320000－1607－0000904　JP106

[常州]毘陵孟氏續修宗譜十六卷首一卷附一卷　（清）孟道鳴等纂修　清光緒十年（1884）常州願學堂活字印本　三冊　存七卷（一至四、十二,首一卷,附一卷）

320000－1607－0000905　JP142

[常州]毘陵薛墅吳氏族譜二十二卷　（清）吳光鼎等纂修　清光緒九年（1883）常州履成堂

活字印本 七册 存六卷(三、五至七、九、十四)

320000－1607－0000906 JP149
[常州]新塘高氏宗譜十二卷 (清)高壽興等纂修 清宣統二年(1910)常州渤海堂活字印本 一册 存一卷(六)

320000－1607－0000907 JP151
[常州]毘陵高氏宗譜十四卷 (清)高德昌纂修 清光緒二十三年(1897)常州敦睦堂活字印本 八册 存八卷(四至五、八、十至十四)

320000－1607－0000908 JP152
[武進]晉陵高氏支譜二卷首一卷末一卷 (清)高緝纂修 清光緒二十一年(1895)常州活字印本 二册

320000－1607－0000909 JP153
[常州]毘陵戴墅高氏宗譜三十四卷 (清)高明善主修 (清)高步瀛纂輯 清光緒六年(1880)常州報本堂活字印本 三册 存三卷(十四、十七、三十四)

320000－1607－0000910 JP163
[常州]徐氏宗譜四十一卷首三卷 (清)徐茂元修 清光緒三十二年(1906)常州賜書堂活字印本 四册 存二卷(二、二十六)

320000－1607－0000911 JP165
[常州]段莊錢氏宗譜十二卷 (清)錢澔斯等纂修 清咸豐五年(1855)常州錦樹堂活字印本 七册

320000－1607－0000912 JP174
[常州]輞川里姚氏宗譜十四卷 (清)姚澍恆 姚家駿等纂修 清光緒二十九年(1903)常州敦睦堂活字印本 五册 存十三卷(一至七、九至十四)

320000－1607－0000913 JP178
[武進]晉陵殷氏家乘三十一卷附錄不分卷 (清)殷紹衣纂修 清光緒元年(1875)常州重恩堂活字印本 八册 存七卷(二至三、五、七、十、十六、十九)

320000－1607－0000914 JP201
[常州]毘陵巢氏宗譜十二卷 (清)巢盈昇等纂修 清光緒二十四年(1898)常州餘德堂活字印本 十一册 存十卷(一、三至六、八至十二)

320000－1607－0000915 JP203
[常州]陶氏宗譜□□卷 (清)陶士謠纂修 清光緒八年(1882)常州五柳堂活字印本 二册 存二卷(二、末)

320000－1607－0000916 JP208
[常州]屠氏蘭陵葛橋合修支譜六卷 (清)屠亮纂修 清光緒三十年(1904)常州保綸堂世德堂活字印本 六册

320000－1607－0000917 JP213
[常州]毘陵謝氏宗譜三十六卷 (清)謝順德等纂修 清光緒三年(1877)常州寶樹堂活字印本 二册 存四卷(一至三、十一)

320000－1607－0000918 JP1224
[常州]毘陵余氏族譜八卷 (清)余鼎勳纂修 清光緒三十四年(1908)常州端本堂活字印本 八册

320000－1607－0000919 JP1237
[無錫]安陽楊氏族譜二十四卷 (清)楊道徐等纂修 清同治十二年(1873)敦睦堂刻本 二册 存二卷(一至二)

320000－1607－0000920 200001
學仕錄十六卷 (清)戴肇辰輯 清同治六年(1867)刻本 八册

320000－1607－0000921 200009
朱子年譜四卷考異四卷 (清)王懋竑撰 清白田草堂刻本 三册

320000－1607－0000922 200018
選注六朝唐賦二卷 (清)馬傳庚輯注 清光緒十八年(1892)希樸齋刻本 二册

320000－1607－0000923 200030
竹書紀年二卷 (南朝梁)沈約注 清嘉慶刻本 一册

320000－1607－0000924　200031

三國郡縣表八卷　（清）吳增僅撰　清光緒二
十一年(1895)刻本　四冊

320000－1607－0000925　200048

外科正宗十二卷　（明）陳實功撰　清咸豐十
一年(1861)刻本　六冊

320000－1607－0000926　200058

袁海叟詩集四卷補一卷附錄二卷　（明）袁凱
撰　清光緒十九年(1893)觀自得齋刻本
二冊

320000－1607－0000927　200060

外科症治全生前集三卷後集三卷　（清）王維
德撰　清光緒十年(1884)刻本　二冊

320000－1607－0000928　200062

浦陽人物記二卷　（明）宋濂撰　清同治至光
緒永康胡氏退補齋刻金華叢書本　一冊

320000－1607－0000929　200063

中論二卷　（漢）徐幹撰　清嘉慶刻本　一冊

320000－1607－0000930　200064

法言十卷附錄五卷　（漢）揚雄撰　清嘉慶刻
本　一冊

320000－1607－0000931　200065

一經軒詩存一卷　（清）徐鳳鳴撰　清光緒二
十四年(1898)刻本　一冊

320000－1607－0000932　200086

韻歧五卷　（清）江昱撰　清光緒七年(1881)
刻本　二冊

320000－1607－0000933　200096

樂府指迷一卷　（宋）沈義父撰　詞源二卷
(宋)張炎撰　詞旨一卷　（元）陸輔之撰　清
光緒刻本　一冊

320000－1607－0000934　200097

松夢寮詩稿六卷　（清）丁丙撰　清光緒二十
五年(1899)刻本　二冊

320000－1607－0000935　200099

樊山續集三十卷　樊增祥撰　清光緒二十八
年(1902)西安臬署刻本　二冊　存十七卷

（一至十七）

320000－1607－0000936　200108

唐五代詞選三卷　（清）成肇麐輯　清光緒十
三年(1887)刻本　一冊

320000－1607－0000937　200121

宋元名家詞十六卷　（清）江標編　清光緒二
十一年(1895 年)湖南思賢書局刻本　一冊
存六卷(一至六)

320000－1607－0000938　200132

劉禮部集十二卷　（清）劉逢祿撰　清光緒十
八年(1892)延暉承慶堂刻本　六冊

320000－1607－0000939　200142

醫故二卷　（清）鄭文焯撰　清光緒刻本
一冊

320000－1607－0000940　200146

唐詩三百首注疏七卷　（清）孫洙輯　（清）章
燮注　清道光十五年(1835)刻本　六冊

320000－1607－0000941　200171

梡鞠錄二卷　朱祖謀撰　清宣統元年(1909)
徐乃昌刻本　一冊

320000－1607－0000942　200183

本草便讀二卷　（清）張秉成撰　清光緒二十
一年(1895)毘陵張氏刻本　四冊

320000－1607－0000943　200187

日湖漁唱一卷附錄二卷　（宋）陳允平撰　清
刻本　一冊

320000－1607－0000944　200188

春在堂詩編十三卷詞錄三卷　（清）俞樾撰
清光緒二十五年(1899)刻本　四冊

320000－1607－0000945　200192

莊子內編註四卷　（明）釋德清撰　清光緒十
四年(1888)金陵刻經處刻本　二冊

320000－1607－0000946　200194

遜學齋詩鈔十卷　（清）孫衣言撰　清同治三
年(1864)刻本　二冊

320000－1607－0000947　200197

滄江稿十四卷 （朝鮮）金澤榮撰 清宣統三年(1911)通州翰墨林印書局鉛印本 二冊

320000－1607－0000948 200199
翠筠館詩存二卷 （清）魁玉撰 清同治七年(1868)刻本 二冊

320000－1607－0000949 200202
當歸草堂醫學叢書初編十種四十一卷附十七卷 （清）丁丙編 清光緒四年(1878)丁丙當歸草堂刻本 十二冊

320000－1607－0000950 200214
錫慶堂詩集八卷 （清）嵇璜撰 清咸豐九年(1859)刻本 二冊

320000－1607－0000951 200218
眉綠樓詞一卷 （清）顧文彬撰 清光緒五年(1879)刻本 一冊

320000－1607－0000952 200220
百老吟一卷後編一卷三編一卷 （清）錢溯耆輯 清宣統二年(1910)太倉錢氏聽邠館刻本 一冊

320000－1607－0000953 200225
漢西域圖考七卷首一卷 （清）李光廷撰 清光緒八年(1882)趙登詣壽諼草堂木活字印本 四冊

320000－1607－0000954 200245
御製詩二卷 （清）鄂爾泰等編 清光緒十三年(1887)天津石印書屋石印本 二冊

320000－1607－0000955 200260
史通削繁四卷 （清）紀昀撰 清道光十三年(1833)兩廣節署刻本 四冊

320000－1607－0000956 200264
明大司馬盧公集十二卷 （清）盧象昇撰 清光緒刻本 八冊

320000－1607－0000957 200271
義門讀書記五十八卷 （清）何焯撰 （清）蔣維鈞輯 清刻本 六冊

320000－1607－0000958 200287
清容外集(紅雪樓九種曲) （清）蔣士銓輯

清同治十年(1871)刻本 三冊 存六種

320000－1607－0000959 200306
冬青樹二卷 （清）蔣士銓填詞 清光緒刻本 一冊

320000－1607－0000960 200307
詩考一卷 （宋）王應麟撰 清光緒刻本 一冊

320000－1607－0000961 200309
恆齋日記二卷 （清）于彌清撰 清光緒九年(1883)津河廣仁堂刻津河廣仁堂所刻書本 一冊

320000－1607－0000962 200310
歷代閨媛小樂府一卷 （清）許敦彝撰 清同治十年(1871)刻本 一冊

320000－1607－0000963 200311
明史論四卷 （清）谷應泰撰 清刻本 一冊

320000－1607－0000964 200315
婦人集注一卷 （清）陳維崧撰 （清）冒褒注 清光緒如皋冒氏刻本 一冊

320000－1607－0000965 200317
蒙川遺稿四卷補遺一卷 （宋）劉黻撰 清同治、光緒瑞安孫氏刻永嘉叢書本 一冊

320000－1607－0000966 200318
小學集注二卷首一卷 （漢）鄭玄注 清嘉慶十三年(1808)刻本 二冊

320000－1607－0000967 200323
盧武陽集一卷 （隋）盧思道撰 清光緒十八年(1892)善化章經濟堂刻漢魏六朝百三名家集本 一冊

320000－1607－0000968 200324
李懷州集一卷 （隋）李德林撰 清光緒十八年(1892)善化章經濟堂刻漢魏六朝百三名家集本 一冊

320000－1607－0000969 200325
牛奇章集一卷 （隋）牛弘撰 薛司隸集一卷 （隋）薛道衡撰 清光緒十八年(1892)善化章經濟堂刻漢魏六朝百三名家集本 一冊

320000－1607－0000970　200328

**儒林宗派十六卷** （清）萬斯同撰　清宣統三年(1911)浙江圖書館刻本　二冊

320000－1607－0000971　200330

**隋煬帝集一卷** （隋）煬帝楊廣撰　清光緒十八年(1892)善化章經濟堂刻漢魏六朝百三名家集本　二冊

320000－1607－0000972　200351

**金陀粹編二十八卷續編三十卷** （宋）岳珂撰　清光緒九年(1883)浙江書局刻本　十二冊

320000－1607－0000973　200373

**山谷先生年譜十四卷** （宋）黃䓪編　清光緒刻本　一冊

320000－1607－0000974　200395

**近思錄集注十四卷** （清）江永撰　清同治八年(1869)江蘇書局刻本　四冊

320000－1607－0000975　200401

**琴學入門二卷** （清）張鶴輯　清同治六年(1867)刻本　三冊

320000－1607－0000976　200404

**黃詩全集五十八卷** （宋）黃庭堅撰　（清）任淵注　清光緒二年(1876)刻本　二十二冊

320000－1607－0000977　200422

**詞名集解續編二卷** （清）汲撰　清乾隆至嘉慶二銘草堂刻本　一冊

320000－1607－0000978　200423

**刺疔捷法一卷** （清）張鏡撰　清光緒五年(1879)刻本　一冊

320000－1607－0000979　200424

**樂府標源二卷** （清）汪汲撰　清乾隆至嘉慶刻古愚老人消夏錄本　一冊

320000－1607－0000980　200425

**名原二卷** （清）孫詒讓撰　清光緒三十一年(1905)上海千頃堂書局刻本　一冊

320000－1607－0000981　200426

**春秋世族譜一卷** （清）陳厚耀撰　清光緒十二年(1886)徐氏刻本　一冊

320000－1607－0000982　200439

**柳塘詩草一卷** （清）江枕山撰　清同治七年(1868)刻本　一冊

320000－1607－0000983　200440

**三魚堂日記十卷** （清）陸隴其撰　清光緒十六年(1890)刻本　四冊

320000－1607－0000984　200444

**金源記事詩八卷** （清）湯運泰撰　清同治十二年(1873)淮南書局刻本　四冊

320000－1607－0000985　200451

**乾坤大略十卷補遺一卷** （清）王餘佑撰　清光緒五年(1879)定州王氏謙德堂刻畿輔叢書本　二冊

320000－1607－0000986　200460

**五代紀年表一卷** （清）周嘉猷撰　清光緒十七年(1891)廣雅書局刻本　一冊

320000－1607－0000987　200465

**古文淵鑒六十四卷** （清）徐乾學等輯　清同治十二年(1873)浙江書局刻本　一冊

320000－1607－0000988　200467

**古文嘖鳳新編八卷** （清）汪基輯　清道光六年(1826)刻本　二冊

320000－1607－0000989　200479

**明季稗史彙編十六種二十七卷** 題（清）留雲居士輯　清北京琉璃廠活字印本　二冊

320000－1607－0000990　200519

**夏小正通釋一卷** （清）梁章鉅撰　清光緒十三年(1887)浙江書局刻本　一冊

320000－1607－0000991　200523

**味雋齋史義二卷** （清）周濟撰　清光緒十八年(1892)刻本　一冊

320000－1607－0000992　200526

**行素齋雜記二卷** （清）李佳繼昌撰　清光緒二十七年(1901)湖南臬署刻本　二冊

320000－1607－0000993　200528

**周易本義十二卷首一卷末一卷** （宋）朱熹撰　**音訓一卷** （宋）呂祖謙撰　清同治四年

(1865)金陵書局刻本　二冊

320000 – 1607 – 0000994　200536

三國職官表三卷　（清）洪飴孫撰　清光緒十
七年（1891）廣雅書局刻本　四冊

320000 – 1607 – 0000995　200545

說文古籒補十四卷補遺一卷附錄一卷　（清）
吳大澂撰　清光緒七年（1881）刻本　二冊

320000 – 1607 – 0000996　200564

孫子十家註十三卷　（宋）吉天保輯　遺說一
卷　（宋）鄭友賢撰　孫子敘錄一卷　（清）畢
以珣撰　清光緒三年（1877）浙江書局刻本
六冊

320000 – 1607 – 0000997　200570

東南紀事十二卷　（清）邵廷采撰　清光緒邵
武徐氏刻本　二冊

320000 – 1607 – 0000998　200572

西南紀事十二卷　（清）邵廷采撰　清光緒刻
邵武徐氏叢書本　二冊

320000 – 1607 – 0000999　200574

明大司馬盧公奏議十卷文集一卷詩集一卷首
一卷　（明）盧象昇撰　清光緒元年（1875）刻
本　八冊

320000 – 1607 – 0001000　200581

青山集三十卷　（宋）郭祥正撰　清道光九年
（1829）宋鉽等刻本　八冊

320000 – 1607 – 0001001　200588

劉左史文集四卷　（宋）劉安節撰　清同治十
二年（1873）孫衣言刻永嘉叢書本　一冊

320000 – 1607 – 0001002　200591

莊子因六卷　（清）林雲銘撰　清光緒六年
（1880）常州培本堂善書局刻本　四冊

320000 – 1607 – 0001003　200595

書契原恉十四卷　（清）陳致燠撰　清咸豐五
年（1855）刻本　四冊

320000 – 1607 – 0001004　200611

陽明集要經濟編七卷　（明）王守仁撰　（明）
施邦曜輯　清刻陽明先生集要本　一冊

044

320000 – 1607 – 0001005　200616

内科新說二卷　（英國）合信　（清）管茂材撰
清咸豐八年（1858）上海仁濟醫館刻本
二冊

320000 – 1607 – 0001006　200620

醫林改錯二卷　（清）王清任撰　清道光十年
（1830）京都善成堂刻本　一冊

320000 – 1607 – 0001007　200621

黃梨洲先生年譜三卷　（清）黃炳垕撰　清光
緒十八年（1892）刻本　一冊

320000 – 1607 – 0001008　200622

唐寫本說文解字木部箋異一卷　（清）莫友芝
撰　清同治三年（1864）刻本　一冊

320000 – 1607 – 0001009　200628

畫禪室隨筆四卷　（明）董其昌撰　清刻本
二冊

320000 – 1607 – 0001010　200630

亭林文集六卷　（清）顧炎武撰　清光緒三十
二年（1906）刻本　二冊

320000 – 1607 – 0001011　200632

三通序五卷　（清）周恭壽輯　清道光十三年
（1833）刻本　四冊

320000 – 1607 – 0001012　200635

龍經校注一卷　（五代）楊益撰　（清）汪宗沂
校注　清光緒十四年（1888）刻本　一冊

320000 – 1607 – 0001013　200636

聽月樓遺稿二卷　（清）嚴恆撰　清光緒二十
八年（1902）上海書局石印本　一冊

320000 – 1607 – 0001014　200637

臨川夢二卷　（清）蔣士銓撰　清光緒二十年
（1894）刻本　一冊

320000 – 1607 – 0001015　200638

白石山館詩不分卷　（清）張秋舫撰　清石印
本　一冊

320000 – 1607 – 0001016　200640

唐昭陵石蹟考略五卷附錄一卷　（清）林侗撰
清光緒二十一年（1895）刻本　一冊

320000 – 1607 – 0001017　200642

何北山遺集四卷　（宋）何基撰　清光緒八年
(1882)退補齋刻本　一冊

320000 – 1607 – 0001018　200644

約園詞稿十卷　（清）趙起撰　清咸豐六年
(1856)刻本　二冊

320000 – 1607 – 0001019　200647

華藏室詩鈔一卷　（清）許延敬撰　清道光二
十五年(1845)毘陵胡氏刻本　一冊

320000 – 1607 – 0001020　200648

四書人物備考十二卷　（明）陳仁錫增定　清
刻本　六冊

320000 – 1607 – 0001021　200705

香雪詩存六卷　（清）劉侃撰　清光緒四年
(1878)蘇州刻本　一冊

320000 – 1607 – 0001022　200725

篆學瑣著三十種　（清）顧湘編　清道光二十
年(1840)海虞顧氏刻本　一冊　存三種

320000 – 1607 – 0001023　200726

儀禮識誤三卷　（宋）張淳撰　清活字印本
一冊

320000 – 1607 – 0001024　200727

拙軒集六卷　（金）王寂撰　清活字印本
一冊

320000 – 1607 – 0001025　200728

浩然齋雅談三卷　（宋）周密撰　清活字印本
一冊

320000 – 1607 – 0001026　200731

漁隱叢話前集六十卷　（宋）胡仔輯　清刻本
六冊

320000 – 1607 – 0001027　200752

周禮十二卷　（漢）鄭玄注　（唐）陸德明音義
清同治七年(1868)湖北崇文書局刻本
六冊

320000 – 1607 – 0001028　200758

國語二十一卷　（三國吳）韋昭解　校刊明道
本韋氏解國語札記一卷　（清）黃丕烈撰　國

語明道本攷異四卷　（清）汪遠孫撰　清光緒
三年(1877)永康退補齋刻本　四冊

320000 – 1607 – 0001029　200762

山海經箋疏十八卷　（晉）郭璞注　（清）郝懿
行箋疏　圖贊一卷　（晉）郭璞撰　訂訛一卷
敘錄一卷　（清）郝懿行撰　清光緒十二年
(1886)刻本　四冊

320000 – 1607 – 0001030　200766

九鐘精舍金石跋尾甲編一卷　（清）吳士鑑撰
清宣統二年(1910)刻本　一冊

320000 – 1607 – 0001031　200767

高士傳二卷　（晉）皇甫謐撰　清光緒三年
(1877)湖北崇文書局刻本　一冊

320000 – 1607 – 0001032　200768

楚辭辯證二卷　（宋）朱熹撰　清光緒三年
(1877)湖北崇文書局刻本　一冊

320000 – 1607 – 0001033　200769

葬經內篇一卷　（晉）郭璞撰　黃帝宅經二卷
清光緒三年(1877)湖北崇文書局刻本
一冊

320000 – 1607 – 0001034　200770

離騷集傳一卷　（宋）錢杲之撰　清光緒三年
(1877)湖北崇文書局刻本　一冊

320000 – 1607 – 0001035　200771

離騷箋二卷　（清）龔景瀚撰　清光緒三年
(1877)湖北崇文書局刻本　一冊

320000 – 1607 – 0001036　200772

離騷草木疏四卷　（宋）吳仁傑撰　清光緒三
年(1877)湖北崇文書局刻本　一冊

320000 – 1607 – 0001037　200773

水經注圖一卷附錄一卷　（清）汪士鐸撰　清
咸豐十一年(1861)刻本　一冊

320000 – 1607 – 0001038　200774

墨緣小錄一卷　（清）潘曾瑩撰　清咸豐七年
(1857)文學山房刻本　一冊

320000 – 1607 – 0001039　200775

唐才子傳十卷　（元）辛文房撰　清咸豐七年

（1857）文學山房刻本　四冊

320000－1607－0001040　200786
續漢志三十卷　（晉）司馬彪撰　（南朝梁）劉昭補注　清同治八年（1869）金陵書局刻本　三冊

320000－1607－0001041　200789
樊南文集詳注八卷　（唐）李商隱撰　（清）馮浩注　清同治七年（1868）德聚堂刻本　四冊

320000－1607－0001042　200793
說文解字十五卷　（漢）許慎撰　清初毛氏汲古閣刻本　十二冊

320000－1607－0001043　200805
韻補五卷附補二卷　（宋）吳棫撰　清道光二十八年（1848）靈石楊氏刻連筠簃叢書本　二冊

320000－1607－0001044　200807
古文苑九卷　（宋）韓元吉輯　清光緒五年（1879）刻本　一冊

320000－1607－0001045　200829
資治通鑑二百九十四卷　（宋）司馬光撰　釋文辯誤十二卷　（元）胡三省撰　清嘉慶二十一年（1816）鄱陽胡氏刻同治八年（1869）重修本　一百冊

320000－1607－0001046　200929
續資治通鑑二百二十卷　（清）畢沅撰　清乾隆、嘉慶刻同治八年（1869）江蘇書局遞修本　六十冊

320000－1607－0001047　200989
駢雅訓纂十六卷首一卷序目一卷駢雅七卷　（明）朱謀瑋撰　（清）魏茂林訓纂　清光緒七年（1881）瀹雅齋刻本　四冊

320000－1607－0001048　201009
納蘭詞五卷補遺一卷　（清）納蘭性德撰　清光緒六年（1880）刻本　二冊

320000－1607－0001049　201027
晉畧六十六卷　（清）周濟撰　清道光十八年（1838）刻本　十冊

320000－1607－0001050　201037
續漢志三十卷　（晉）司馬彪撰　（南朝梁）劉昭補注　清同治八年（1869）金陵書局刻本　三冊

320000－1607－0001051　201040
後漢書九十卷　（南朝宋）范曄撰　（唐）李賢等注　續漢志三十卷　（晉）司馬彪撰　（南朝梁）劉昭補注　清同治八年（1869）金陵書局刻本　十三冊　缺三十卷（續漢志一至三十）

320000－1607－0001052　201054
道德真經註四卷　（元）吳澄撰　清光緒元年（1875）湖北崇文書局刻本　一冊

320000－1607－0001053　201055
楚辭集注八卷辯證二卷離騷七卷　（宋）朱熹撰　清光緒三年（1877）湖北崇文書局刻本　一冊

320000－1607－0001054　201056
廿一史四譜五十四卷　（清）沈炳震撰　清光緒二十二年（1896）刻本　六冊

320000－1607－0001055　201072
說文提要一卷　（清）陳建侯撰　清同治十二年（1873）湖北崇文書局刻本　一冊

320000－1607－0001056　201073
史表功比說一卷　（清）張錫瑜撰　清光緒十四年（1888）廣雅書局刻本　一冊

320000－1607－0001057　201074
漁洋山人精華錄十卷　（清）王士禛撰　清刻本　四冊

320000－1607－0001058　201092
鄭志三卷　（清）鄭小同撰　清光緒刻本　一冊

320000－1607－0001059　201095
謝子蘭公詩文遺稿三卷　（元）謝應芳撰　（清）謝鈞輯　清光緒十五年（1889）刻本　一冊

320000－1607－0001060　201098

中興小紀四十卷　（宋）熊克撰　清光緒十七年(1891)廣雅書局刻本　三冊

320000－1607－0001061　201101

洗冤錄詳義四卷首一卷附三卷　（清）許槤撰　清光緒十六年(1890)湖北崇文書局刻本　六冊

320000－1607－0001062　201117

四禮翼八卷　（明）呂坤撰　清同治二年(1863)刻本　一冊

320000－1607－0001063　201118

溫飛卿詩集箋注九卷　（唐）溫庭筠撰　（明）曾益注　（清）顧予咸補注　清光緒十三年(1887)刻本　二冊

320000－1607－0001064　201136

張家口至烏里雅蘇台竹枝詞一卷論話詩二卷　（清）志銳撰　清宣統二年(1910)石印本　一冊

320000－1607－0001065　201137

樊川詩集外集一卷別集一卷補集一卷　（唐）杜牧撰　（清）馮集梧注　清嘉慶三年(1798)刻本　四冊

320000－1607－0001066　201141

漁洋山人古詩選三十二卷　（清）王士禛輯　今體詩鈔十八卷　（清）姚鼐輯　清同治五年(1866)金陵書局刻本　十冊

320000－1607－0001067　201151

楚辭十七卷　（漢）王逸章句　（宋）洪興祖補注　清同治十一年(1872)金陵書局刻本　四冊

320000－1607－0001068　201155

漢魏音四卷　（清）洪亮吉撰　清光緒三年(1877)授經堂刻本　一冊

320000－1607－0001069　201161

史記菁華錄六卷　（清）姚苧田輯　清光緒九年(1883)廣州翰墨園刻本　六冊

320000－1607－0001070　201183

史記集解索隱正義一百三十卷　（漢）司馬遷撰　（南朝宋）裴駰集解　（唐）司馬貞索隱　（唐）張守節正義　清同治五年至九年(1866－1870)金陵書局刻本　二十冊

320000－1607－0001071　201204

孔子編年四卷　（清）狄子奇輯　清光緒十三年(1887)浙江書局刻本　一冊

320000－1607－0001072　201209

古籀拾遺三卷　（清）孫詒讓撰　清光緒十六年(1890)刻本　三冊

320000－1607－0001073　201280

趙文敏公松雪齋全集十卷外集一卷續集一卷　（元）趙孟頫撰　清康熙五十二年(1713)曹培廉城書室刻光緒八年(1882)洞庭楊氏重修本　六冊

320000－1607－0001074　201286

歷代循吏傳八卷　（清）朱軾　（清）蔡世遠輯　清光緒江蘇書局刻本　四冊

320000－1607－0001075　201290

歷代名儒傳八卷　（清）朱軾　（清）蔡世遠輯　清光緒江蘇書局刻本　四冊

320000－1607－0001076　201294

篷窗隨錄十四卷續錄二卷附錄二卷　（清）沈兆澐輯　清光緒十八年(1892)沈恩嘉刻本　十四冊

320000－1607－0001077　201316

韋蘇州集十卷　（唐）韋應物撰　清宣統三年(1911)影印康熙項氏玉淵堂刻本　六冊

320000－1607－0001078　201322

錫山景物略十卷　（明）王永積撰　清光緒二十四年(1898)刻本　四冊

320000－1607－0001079　201359

元史紀事本末二十七卷　（明）陳邦瞻撰　清光緒十四年(1888)廣雅書局刻本　二冊

320000－1607－0001080　201427

寶綸堂文鈔八卷詩鈔六卷　（清）齊召南撰　清光緒十三年(1887)刻本　四冊

320000－1607－0001081　201431

海峰詩集十卷　（清）劉大櫆撰　清光緒二十五年(1899)刻本　二冊

320000－1607－0001082　201439

資治通鑑地理今釋十六卷　（清）吳熙載撰　清光緒八年(1882)江蘇書局刻本　二冊

320000－1607－0001083　201442

儀禮鄭注句讀十七卷監本正誤一卷石本正誤一卷　（清）張爾岐撰　清同治十一年(1872)山東書局刻十三經讀本　六冊

320000－1607－0001084　201448

漢書辨疑二十二卷　（清）錢大昭撰　清光緒十三年(1887)廣雅書局刻本　五冊

320000－1607－0001085　201462

瀛環志略十卷　（清）徐繼畬撰　清道光三十年(1850)刻本　六冊

320000－1607－0001086　201468

黃文節公全集八十七卷首一卷　（宋）黃庭堅撰　清光緒二十年(1894)刻本　二十八冊

320000－1607－0001087　201496

宋文鑑一百五十卷　（宋）呂祖謙輯　清光緒十二年(1886)江蘇書局刻本　二十三冊

320000－1607－0001088　201597

元朝名臣事略十五卷　（元）蘇天爵撰　清刻本　四冊

320000－1607－0001089　201601

復古編二卷附一卷　（宋）張有撰　清光緒八年(1882)淮南書局刻本　三冊

320000－1607－0001090　201604

國朝柔遠記二十卷　（清）王之春撰　清光緒十七年(1891)廣雅書局刻本　六冊

320000－1607－0001091　201610

讀書紀數略五十四卷　（清）宮夢仁撰　清光緒六年(1880)刻本　二十六冊

320000－1607－0001092　201648

陽春白雪八卷外集一卷　（宋）趙聞禮輯　清道光九年(1829)刻本　四冊

320000－1607－0001093　201676

兩漢刊誤補遺十卷　（宋）吳仁傑撰　清同治七年(1868)金陵書局活字印本　二冊

320000－1607－0001094　201678

讀孟居文集六卷　（清）蔣汾功撰　清嘉慶二十五年(1820)十二研齋刻本　六冊

320000－1607－0001095　201690

三禮圖集注二十卷　（宋）聶崇義撰　清刻本　二冊

320000－1607－0001096　201692

漢書地理志水道圖說七卷　（清）陳澧撰　清同治十一年(1872)刻番禺陳氏東塾叢書本　二冊

320000－1607－0001097　201694

秋士先生遺集六卷　（清）彭績撰　清光緒七年(1881)刻本　二冊

320000－1607－0001098　201696

樊南文集詳注八卷　（唐）李商隱撰　（清）馮浩注　清同治七年(1868)刻本　八冊

320000－1607－0001099　201704

漢禮器制度一卷　（漢）叔孫通撰　（清）孫星衍輯　清嘉慶蘭陵孫氏刻平津館叢書本　一冊

320000－1607－0001100　201709

宣明論方十五卷　（金）劉完素撰　清光緒刻本　二冊

320000－1607－0001101　201711

金石索十二卷　（清）馮雲鵬　（清）馮雲鵷輯　清末石印本　六冊　存六卷(石索全)

320000－1607－0001102　201725

王子安集注二十卷首一卷末一卷　（唐）王勃撰　（清）蔣清翊注　清光緒九年(1883)吳縣蔣氏雙堂碑館刻本　六冊

320000－1607－0001103　201731

諸葛忠武侯兵法六卷首一卷　（三國蜀）諸葛亮撰　（清）張澍輯　清刻本　四冊

320000－1607－0001104　201749

平浙紀略十六卷　（清）秦緗業等撰　清同治十二年（1873）浙江書局刻本　四冊

320000－1607－0001105　201776

曾胡治兵語錄十二卷　蔡鍔輯　清宣統三年（1911）刻本　一冊

320000－1607－0001106　201784

庾子山集箋注十卷　（北周）庾信撰　（清）吳兆宜箋注　清刻本　八冊

320000－1607－0001107　201806

唐月令注一卷補遺一卷攷一卷　（唐）李林甫等撰　（清）茆泮林輯　（清）成蓉鏡增訂　清道光十四年（1834）刻本　一冊

320000－1607－0001108　201807

疑年賡錄二卷　（清）張鳴珂撰　清光緒二十四年（1898）朱蔭成刻本　一冊

320000－1607－0001109　201808

格言聯璧不分卷　（清）金纓輯　清同治九年（1870）刻本　一冊

320000－1607－0001110　201811

御製圓明園圖詠二卷　（清）高宗弘曆撰（清）鄂爾泰等注　清光緒十三年（1887）石印本　二冊

320000－1607－0001111　201817

巢氏諸病源候總論五十卷　（隋）巢元方撰　清光緒十二年（1886）湖北官書處刻本　八冊

320000－1607－0001112　201826

諸葛武侯集四卷首一卷　（三國蜀）諸葛亮撰　清光緒二十三年（1897）湘南書局刻本　三冊

320000－1607－0001113　201829

元朝秘史注十五卷　（清）李文田注　清光緒二十三年（1897）湘南書局刻本　四冊

320000－1607－0001114　201835

傷寒論註四卷　（清）柯琴撰　清宣統元年（1909）刻本　二冊

320000－1607－0001115　201852

餐芍華館隨筆二卷　（清）周騰虎撰　清光緒

二十六年（1900）刻本　一冊

320000－1607－0001116　201856

列女傳七卷續一卷　（漢）劉向撰　（清）梁端注　清道光十七年（1837）錢塘汪氏振綺堂刻本　二冊

320000－1607－0001117　201875

藥言四卷　（清）李惺撰　清光緒三十三年（1907）江蘇提學署刻本　一冊

320000－1607－0001118　201876

印人傳三卷　（清）周亮工撰　清道光二十年（1840）刻本　一冊

320000－1607－0001119　201880

楊忠愍公全集四卷　（明）楊繼盛撰　清光緒二十一年（1895）柏經正堂刻本　一冊

320000－1607－0001120　201883

古泉匯六十卷首四卷續泉滙十四卷　（清）李佐賢輯　清同治三年至光緒元年（1864－1875）利津李氏石泉書屋刻本　十六冊

320000－1607－0001121　201907

南齊書五十九卷　（南朝梁）蕭子顯撰　清同治十三年（1874）金陵書局刻本　六冊

320000－1607－0001122　201913

梁書五十六卷　（唐）姚思廉撰　清同治十三年（1874）金陵書局刻本　六冊

320000－1607－0001123　201919

陳書三十六卷　（唐）姚思廉撰　清同治十三年（1874）金陵書局刻本　四冊

320000－1607－0001124　201923

西涯樂府二卷　（明）李東陽撰　清光緒十一年（1885）山陰宋氏懺花盦刻本　二冊

320000－1607－0001125　201934

唐陸宣公奏議讀本四卷首一卷　（唐）陸贄撰　（清）汪銘謙輯　（清）馬傳庚評傳　清光緒二十六年（1900）會稽馬氏石印本　二冊

320000－1607－0001126　201936

求益齋讀書記六卷　（清）強汝詢撰　清光緒二十四年（1898）江蘇書局刻本　二冊

320000 – 1607 – 0001127  201952

韓詩外傳十卷  （漢）韓嬰撰  清光緒元年
（1875）湖北崇文書局刻本  二冊

320000 – 1607 – 0001128  201967

碧桐花館吟稿一卷  題（清）春江過客輯  綠
么韻語一卷  題（清）碧桐花館女郎輯  清光
緒十七年（1891）刻本  一冊

320000 – 1607 – 0001129  201980

錫金識小錄十二卷  （清）黃卬撰  清光緒二
十二年（1896）活字印本  六冊

320000 – 1607 – 0001130  201986

水道提綱二十八卷  （清）齊召南撰  清光緒
二十四年（1898）新化三味書室刻本  八冊

320000 – 1607 – 0001131  202043

酉陽雜俎二十卷續十卷  （唐）段成式撰  清
光緒三年（1877）湖北崇文書局刻本  六冊

320000 – 1607 – 0001132  202061

繹史一百六十卷  （清）馬驌撰  清光緒十五
年（1889）刻本  三十二冊

320000 – 1607 – 0001133  202104

擬古詩錄三卷  （清）莊鍾澂輯  清光緒二十
一年（1895）陽湖莊氏刻本  一冊

320000 – 1607 – 0001134  202105

韻辨二卷  （清）張仰山等編  清同治十三年
（1874）刻本  二冊

320000 – 1607 – 0001135  202111

漢西域圖考七卷首一卷  （清）李光廷撰  清
光緒八年（1882）趙登詒壽諼草堂木活字印本
一冊

320000 – 1607 – 0001136  202116

辛卯侍行記六卷  （清）陶保廉撰  清光緒二
十三年（1897）養樹山房刻本  六冊

320000 – 1607 – 0001137  202131

紅樓夢散套十六卷  （清）吳鎬撰  清嘉慶蟾
波閣刻本  一冊

320000 – 1607 – 0001138  202132

說文管見三卷  （清）胡秉虔撰  清同治十二

年（1873）刻本  一冊

320000 – 1607 – 0001139  202136

浙遊草詩一卷一室吟稿二卷超然堂稿一卷
（清）顧鴻等撰  清咸豐刻本  一冊

320000 – 1607 – 0001140  202140

奇字名十二卷  （清）李調元撰  清光緒刻本
二冊

320000 – 1607 – 0001141  202172

江令君集二卷  （南朝陳）江總撰  清光緒十
八年（1892）善化章經濟堂刻漢魏六朝百三名
家集本  一冊

320000 – 1607 – 0001142  202173

天根詩錄一卷目錄一卷  （清）何家琪撰  清
光緒三十二年（1906）奉化舒氏雪甌草堂刻本
一冊

320000 – 1607 – 0001143  202174

中州金石目四卷補遺一卷  （清）姚晏撰  清
光緒九年（1883）歸安姚氏刻本  一冊

320000 – 1607 – 0001144  202179

御製圓明園圖詠二卷  （清）高宗弘曆撰
（清）鄂爾泰等注  清光緒十三年（1887）天津
石印書屋石印本  二冊

320000 – 1607 – 0001145  202185

槐軒約言一卷  （清）劉沅撰  清同治七年
（1868）刻本  一冊

320000 – 1607 – 0001146  202187

草堂詩餘新集五卷  （明）沈際飛等編  （明）
沈際飛評點  清刻本  一冊

320000 – 1607 – 0001147  202193

保身必覽二卷  （清）錢鶴岑撰  清光緒二十
七年（1901）刻本  二冊

320000 – 1607 – 0001148  202195

楊椒山全集四卷  （明）楊繼盛撰  清宣統二
年（1910）石印本  四冊

320000 – 1607 – 0001149  202199

呂語集粹四卷  （明）呂坤撰  （清）陳弘謀評輯
清光緒五年（1879）顧景濂龍城刻本  四冊

320000－1607－0001150　202203

劍南詩鈔一卷　（宋）陸游撰　清刻本　八冊

320000－1607－0001151　202212

列子八卷　（晉）張湛注　（唐）殷敬順釋文
清光緒二年(1876)浙江書局刻本　一冊

320000－1607－0001152　202236

芥子園畫傳四集六卷　（清）王槩等繪輯　清
光緒二十三年(1897)上海碧湖山莊影印本
六冊

320000－1607－0001153　202242

莊子十卷　（晉）郭象撰　清光緒二年(1876)
浙江書局刻二十二子本　四冊

320000－1607－0001154　202250

孔子年譜輯注一卷　（清）江永撰　（清）黃定
宜輯注　清道光二十七年(1847)文晟刻本
一冊

320000－1607－0001155　202251

小兒語不分卷　（清）呂得勝撰　清光緒十七
年(1891)刻本　一冊

320000－1607－0001156　202253

篆刻十三略一卷　（清）袁三俊撰　清光緒刻
後知不足齋叢書本　一冊

320000－1607－0001157　202255

人譜類記增訂六卷　（明）劉宗周撰　清光緒
三年(1877)湖北崇文書局刻本　一冊　存四
卷(一至四)

320000－1607－0001158　202256

人譜正篇一卷續篇一卷三篇一卷　（明）劉
宗周撰　清光緒三年(1877)湖北崇文書局
刻本　一冊

320000－1607－0001159　202257

鑑誡錄十卷　（五代）何光遠撰　清光緒三年
(1877)湖北崇文書局刻本　一冊

320000－1607－0001160　202258

皇朝諡法考五卷　（清）鮑康輯　清同治三年
(1864)　二冊

320000－1607－0001161　202260

史餘二十卷補一卷附一卷　（清）陳堯松撰
（清）陳慶鸘注　清同治三年(1864)刻本
六冊

320000－1607－0001162　202267

艮齋先生薛常州浪語集三十五卷　（宋）薛季
宣撰　清同治至光緒瑞安孫氏貽善祠塾刻本
八冊

320000－1607－0001163　202277

愚忠記一卷　（清）趙壽仁輯　清刻本　一冊

320000－1607－0001164　202278

琴操二卷首一卷補一卷　（漢）蔡邕撰　清光
緒邵武徐氏刻邵武徐氏叢書本　一冊

320000－1607－0001165　202281

歷代輿地沿革險要圖說不分卷　楊守敬　饒
敦秩撰　清光緒二十七年(1901)石印本
一冊

320000－1607－0001166　202290

研六室文鈔十卷　（清）胡陪翬撰　清光緒二
十四年(1898)世澤樓刻本　四冊

320000－1607－0001167　202295

歲華紀麗譜一卷　（元）費著撰　清刻本
二冊

320000－1607－0001168　202297

蜀水考四卷　（清）陳登龍撰　（清）朱錫穀補
注　（清）陳一津分疏　清道光五年(1825)刻
本　二冊

320000－1607－0001169　202299

水心別集十六卷　（宋）葉適撰　清同治九年
(1870)瑞安孫氏金陵刻本　四冊

320000－1607－0001170　202302

景岳全書發揮四卷　（清）葉桂撰　清光緒五
年(1879)吳氏醉六堂刻本　四冊

320000－1607－0001171　202309

樽酒銷寒詞二卷續一卷　（清）方楷輯　清光
緒十一年(1885)刻本　一冊

320000－1607－0001172　202310

緝雅堂詩話二卷　（清）潘衍桐撰　清光緒十

七年(1891)刻本　一冊

320000－1607－0001173　202311
說文引經例辨三卷　（清）雷浚撰　清光緒十年(1884)刻本　一冊

320000－1607－0001174　202313
說文新附考六卷續考一卷　（清）鈕樹玉撰清同治七年(1868)碧螺山館刻本　二冊

320000－1607－0001175　202332
宋元明詩約鈔三百首二卷　（清）朱梓　（清）冷昌言輯　（清）華贍臣注　清咸豐五年(1855)刻本　二冊

320000－1607－0001176　202335
板橋詩鈔一卷　（清）鄭燮撰　清刻本　一冊

320000－1607－0001177　202336
瓶廬詩鈔六卷　（清）翁同龢撰　清光緒二十八年(1902)石印本　二冊

320000－1607－0001178　202338
金陵歷代建置表一卷　（清）傅春官撰　清光緒二十三年(1897)傅春官晦齋刻本一冊

320000－1607－0001179　202339
師竹軒詩集四卷　（清）劉樹堂撰　清光緒十五年(1889)天津書局石印本　一冊

320000－1607－0001180　202341
鑒公精舍納涼圖題詠一卷　（清）朱文藻輯清光緒二十年(1894)刻本　一冊

320000－1607－0001181　202342
漢書音義三卷附二卷　（隋）蕭該撰　清光緒十四年(1888)德化李氏木犀軒刻木犀軒叢書本　一冊

320000－1607－0001182　202343
頤身集五卷　（清）葉志詵輯　清光緒三年(1877)刻本　一冊

320000－1607－0001183　202352
板橋集六卷　（清）鄭燮撰　清刻本　二冊

320000－1607－0001184　202357

續印人傳八卷　（清）汪啓淑撰　清刻本一冊

320000－1607－0001185　202359
顏氏家訓二卷　（北齊）顏之推撰　清光緒元年(1875)湖北崇文書局刻子書百家本一冊

320000－1607－0001186　202365
澗泉日記三卷　（宋）韓淲撰　清光緒二十五年(1899)廣雅書局刻本　一冊

320000－1607－0001187　202366
新增墨蘭竹譜一卷　（清）陳東橋繪　清光緒十年(1884)刻本　一冊

320000－1607－0001188　202368
說文發疑六卷　（清）張行孚撰　清光緒九年(1883)刻本　二冊

320000－1607－0001189　202398
周書五十卷　（唐）令狐德棻等撰　清同治十三年(1874)金陵書局刻本　四冊

320000－1607－0001190　202402
後漢書補表八卷　（清）錢大昭撰　清光緒八年(1882)後知不足齋刻本　三冊

320000－1607－0001191　202405
楚漢春秋一卷附四卷　（漢）陸賈撰　清光緒十年(1884)後知不足齋刻本　一冊

320000－1607－0001192　202406
元和姓纂十卷　（唐）林寶撰　清光緒六年(1880)金陵書局刻本　四冊

320000－1607－0001193　202410
麟臺故事五卷　（宋）程俱撰　清刻本　一冊

320000－1607－0001194　202411
所安遺集一卷附一卷　（元）陳泰撰　清光緒六年(1880)刻本　一冊

320000－1607－0001195　202412
楚漢諸侯疆域志三卷　（清）劉文淇撰　清光緒二年(1876)金陵刻本　一冊

320000－1607－0001196　202423

詒硯齋詩存不分卷　（清）楊景仁撰　清刻本
一冊

320000－1607－0001197　202432
金文雅十六卷　（清）莊仲方輯　清光緒十七
年(1891)江南書局刻本　四冊

320000－1607－0001198　202437
日知錄之餘四卷　（清）顧炎武撰　清宣統二
年(1910)刻本　二冊

320000－1607－0001199　202442
金淵集六卷　（元）仇遠撰　清光緒刻本
二冊

320000－1607－0001200　202444
獨斷一卷　（漢）蔡邕撰　清光緒元年(1875)
湖北崇文書局刻本　一冊

320000－1607－0001201　202449
昭明選詩初學讀本四卷　（清）孫人龍輯　清
刻本　二冊

320000－1607－0001202　202454
西夏紀事本末三十六卷首二卷　（清）張鑑撰
清光緒十一年(1885)金陵刻本　二冊

320000－1607－0001203　202461
西湖三祠名賢考略三卷　（清）戴啓文輯　清
光緒三十年(1904)刻本　一冊

320000－1607－0001204　202463
黃忠端公年譜二卷　（清）黃炳垕編　清光緒
十三年(1887)刻本　一冊

320000－1607－0001205　202464
茗柯文初編一卷二編二卷三編一卷四編一卷
（清）張惠言撰　清光緒七年(1881)刻本
二冊

320000－1607－0001206　202466
楚辭集注八卷辯證一卷　（宋）朱熹撰　清光
緒二十二年(1896)新化三味堂刻本　二冊

320000－1607－0001207　202519
史記集解索隱正義一百三十卷　（漢）司馬遷
撰　（南朝宋）裴駰集解　（唐）司馬貞索隱
（唐）張守節正義　清同治五年至九年(1866

－1870)金陵書局刻本　二十冊

320000－1607－0001208　202557
說文外編十六卷　（清）雷浚撰　清光緒二年
(1876)刻本　二冊

320000－1607－0001209　202565
古唐詩合解十六卷　（清）王堯衢輯並注　清
光緒十九年(1893)刻本　六冊

320000－1607－0001210　202571
怡雲堂全集十六卷　（清）沈保靖撰　清宣統
元年(1909)刻本　六冊

320000－1607－0001211　202586
虹橋老屋遺稿補遺三卷附一卷　（清）秦緗業
撰　清光緒刻本　一冊

320000－1607－0001212　202591
建炎進退志三卷　（宋）李綱撰　清光緒十年
(1884)刻邵武徐氏叢書本　一冊

320000－1607－0001213　202605
國朝宋學淵源記二卷附一卷　（清）江藩撰
清咸豐四年(1854)刻本　一冊

320000－1607－0001214　202606
讀選樓詩稿十卷　（清）王采蘋撰　清光緒二
十年(1894)刻本　二冊

320000－1607－0001215　202614
受辛詞一卷　（清）王蓁撰　清咸豐十年
(1860)刻本　一冊

320000－1607－0001216　202615
七言詩歌行鈔十五卷　（清）王士禛撰　清刻
本　三冊　存九卷(一至九)

320000－1607－0001217　202624
求志堂存稿彙編十四卷　（清）周濟撰　清光
緒三年(1877)刻本　四冊

320000－1607－0001218　202628
二曲集四十六卷　（清）李顒撰　清光緒三年
(1877)刻本　一冊

320000－1607－0001219　202646
芥子園畫傳初集六卷　（清）王槩等繪輯　清

053

光緒十三年(1887)上海鴻文書局石印本
四冊

320000－1607－0001220　202670

**顏氏家訓二卷**　(北齊)顏之推撰　清光緒元
年(1875)湖北崇文書局刻子書百家本　一冊

320000－1607－0001221　202671

**離騷草木疏四卷**　(宋)吳仁傑撰　清光緒三
年(1877)湖北崇文書局刻本　一冊

320000－1607－0001222　202672

**九經三傳沿革例一卷**　(宋)岳珂撰　清光緒
三年(1877)湖北崇文書局刻本　一冊

320000－1607－0001223　202673

**說文發疑六卷**　(清)張行孚撰　清光緒九年
(1883)刻本　二冊

320000－1607－0001224　202675

**歲寒堂詩話二卷**　(宋)張戒撰　清刻本
一冊

320000－1607－0001225　202676

**碧溪詩話十卷**　(宋)黃徹撰　清刻本　一冊

320000－1607－0001226　202677

**晚村文集八卷附一卷**　(清)呂留良撰　清光
緒刻本　四冊

320000－1607－0001227　202681

**學詩詳說三十卷**　(明)顧廣譽撰　清光緒三
年(1877)刻本　一冊

320000－1607－0001228　202691

**高子遺書十二卷**　(明)高攀龍撰　清刻本
十一冊

320000－1607－0001229　202706

**南宋書六十八卷**　(明)錢士升撰　清掃葉山
房刻本　九冊

320000－1607－0001230　202775

**大唐六典三十卷**　(唐)玄宗李隆基撰　(唐)
李林甫等注　清光緒二十一年(1895)廣雅書
局刻本　四冊

320000－1607－0001231　202779

**三國志六十五卷**　(晉)陳壽撰　(南朝宋)裴
松之注　清光緒十三年(1887)江南書局刻本
八冊

320000－1607－0001232　202799

**八旗文經五十六卷附四卷**　(清)盛昱撰　清
光緒二十七年(1901)刻本　十二冊

320000－1607－0001233　202811

**金文最六十卷**　(清)張金吾輯　清光緒二十
一年(1895)蘇州書局刻本　十六冊

320000－1607－0001234　202827

**歷代史表五十九卷**　(清)萬斯同撰　清光緒
十五年(1889)廣雅書局刻本　八冊

320000－1607－0001235　202835

**蘇文忠公詩編注集成一百〇四卷**　(宋)蘇軾
撰　(清)王文誥輯注　清光緒十四年(1888)
浙江書局刻本　二十二冊

320000－1607－0001236　202857

**禮記集說一百六十卷**　(宋)衛湜撰　清刻本
二十冊　存一百三十六卷(一至一百三十
六)

320000－1607－0001237　202877

**明史紀事本末八十卷**　(清)谷應泰撰　清光
緒十四年(1888)廣雅書局刻本　九冊　存十
七卷(一至十七)

320000－1607－0001238　202898

**洗冤錄詳義四卷首一卷**　(清)許槤撰　清光
緒三年(1877)刻本　五冊

320000－1607－0001239　202920

**文選六十卷**　(南朝梁)蕭統輯　(唐)李善注
清雙桂堂刻本　二十冊

320000－1607－0001240　202964

**杜工部集箋注二十卷**　(唐)杜甫撰　(清)錢
謙益箋注　清刻本　六冊

320000－1607－0001241　202970

**臣鑑錄二十卷**　(清)蔣伊撰　清刻本　十冊

320000－1607－0001242　202980

**定山堂古文小品四卷**　(清)龔鼎孳撰　清光

緒十年(1884)刻本　六冊

320000－1607－0001243　203002

**悔餘庵詩稿十三卷**　（清）何栻撰　清同治四年(1865)鳩江戎幄刻本　二冊

320000－1607－0001244　203011

**學海堂三集二十四卷**　（清）張維屏輯　清咸豐刻本　五冊　存十五卷(一至六、十六至二十四)

320000－1607－0001245　203016

**學海堂四集二十八卷**　（清）金錫齡輯　清光緒十二年(1886)刻本　十六冊

320000－1607－0001246　203059

**忠雅堂文集二十七卷補二卷詞二卷**　（清）蔣士銓撰　清同治十年(1871)刻本　十四冊

320000－1607－0001247　203073

**讀史大略六十卷**　（清）沙張白撰　**附小沙子史略一卷**　（清）沙晉撰　清光緒二十六年(1900)刻本　十二冊

320000－1607－0001248　203086

**國語二十一卷**　（三國吳）韋昭撰　**劄記一卷**　（清）黃丕烈撰　清光緒二十一年(1895)刻本　二十九冊

320000－1607－0001249　203099

**學海堂集十六卷**　（清）阮元輯　（清）吳蘭修續輯　清道光五年(1825)刻本　五冊

320000－1607－0001250　203115

**通雅五十二卷刊誤一卷**　（清）方以智撰　清光緒六年(1880)桐城方氏刻本　十冊

320000－1607－0001251　203129

**春秋左繡三十卷**　（清）馮李驊　（清）陸浩評輯　清刻本　十六冊

320000－1607－0001252　203145

**同館賦續鈔十八卷**　（清）徐桐輯　清光緒十六年(1890)刻本　十五冊

320000－1607－0001253　203160

**儀禮注疏校勘記十七卷**　（清）阮元撰　清同治十年(1871)湖南尊經閣刻本　四冊

320000－1607－0001254　203164

**禮記集說十卷**　（元）陳澔撰　清光緒八年(1882)刻本　十冊

320000－1607－0001255　203180

**儀禮注疏十七卷**　（漢）鄭玄注　清同治十年(1871)湖南尊經閣刻本　十二冊

320000－1607－0001256　203192

**論語注疏解經二十卷**　（三國魏）何晏集解　（宋）邢昺疏　**校勘記二十卷**　清同治十年(1871)湖南尊經閣刻本　五冊

320000－1607－0001257　203197

**經餘必讀八卷**　（清）雷琳等輯　清嘉慶八年(1803)刻本　二冊

320000－1607－0001258　203199

**古歡室詩集三卷詞集一卷**　（清）曾懿撰　清光緒三十年(1904)刻古歡室　一冊

320000－1607－0001259　203200

**戰國策劄記三卷**　（清）黃丕烈撰　清嘉慶八年(1803)刻本　一冊

320000－1607－0001260　203201

**南中日記一卷**　（清）歐陽俌撰　清光緒二十三年(1897)刻本　一冊

320000－1607－0001261　203202

**存雅堂詩存二卷雜著二卷**　（清）錢祝祺撰　清光緒刻歸求集本　一冊

320000－1607－0001262　203203

**益智圖不分卷**　（清）松道人編　清同治元年(1862)刻本　一冊

320000－1607－0001263　203205

**六朝文絜箋注十二卷**　（清）許槤評選　（清）黎經誥箋注　清光緒十五年(1889)刻本　四冊

320000－1607－0001264　203210

**監本易經四卷**　（宋）朱熹本義　清光緒二十八年(1902)刻本　二冊

320000－1607－0001265　203212

**七家詩輯注匯鈔九卷**　（清）張熙宇輯評

（清）王植桂輯注　清同治九年（1870）刻本
八冊

320000－1607－0001266　203226
宋四家詞選一卷　（清）周濟輯　清同治十二
年（1873）刻本　一冊

320000－1607－0001267　203227
劉太史集二卷　（清）劉可毅撰　清宣統二年
（1910）刻本　一冊

320000－1607－0001268　203228
經書言學指要一卷　（清）楊名時撰　清光緒
三十二年（1906）刻本　一冊

320000－1607－0001269　203230
字體辨似一卷　（清）龍啟瑞撰　清道光二十
年（1840）刻本　一冊

320000－1607－0001270　203231
篆學瑣著三十種　（清）顧湘編　清道光二十
年（1840）海虞顧氏刻本　二冊

320000－1607－0001271　203233
新序十卷　（漢）劉向撰　清嘉慶刻本　二冊

320000－1607－0001272　203239
盱江全集三十七卷　（宋）李覯撰　清光緒十
九年（1893）刻本　五冊

320000－1607－0001273　203244
古列女傳七卷續列女傳一卷　（漢）劉向撰
（明）黃魯曾贊　清光緒三年（1877）湖北崇文
書局刻本　一冊

320000－1607－0001274　203248
高士傳二卷　（晉）皇甫謐撰　清光緒三年
（1877）湖北崇文書局刻本　一冊

320000－1607－0001275　203249
通鑑綱目分註補遺四卷通鑑綱目書法存疑一
卷　（清）芮長恤撰　清光緒十六年（1890）溧
陽繆氏刻本　四冊

320000－1607－0001276　203253
校刊史記集解索隱正義札記五卷　（清）張文
虎撰　清同治十一年（1872）金陵書局刻本
一冊　存三卷（一至三）

320000－1607－0001277　203254
史記三書正譌一卷　（清）王元啟撰　清嘉慶
二十二年（1817）刻本　一冊

320000－1607－0001278　203255
爾雅三卷　（晉）郭璞注　清同治十一年
（1872）嘉興大魁堂刻本　四冊

320000－1607－0001279　203258
比雅十卷　（清）洪亮吉撰　清光緒五年
（1879）授經堂刻本　二冊

320000－1607－0001280　203260
史表功比說一卷　（清）張錫瑜撰　清光緒十
四年（1888）廣雅書局刻本　一冊

320000－1607－0001281　203266
茗柯文初編一卷二編二卷三編一卷四編一卷
　（清）張惠言撰　清光緒七年（1881）刻本
二冊

320000－1607－0001282　203272
胡仲子集十卷　（明）胡翰撰　清同治十二年
（1873）刻本　四冊

320000－1607－0001283　203276
增訂漢魏叢書載集九十六卷　（清）王謨編
清初刻本　六冊　存十種四十九卷（古今注
三卷、博物志十卷、文心雕龍十卷、詩品三卷、
書品一卷、尤射一卷、拾遺記十卷、述異記二
卷、續齊諧記一卷、搜神記八卷）

320000－1607－0001284　203284
傅子一卷附四卷　（晉）傅玄撰　清刻本
一冊

320000－1607－0001285　203292
睫巢鏡影不分卷　（清）童葉庚撰　清光緒十
六年（1890）刻本　一冊

320000－1607－0001286　203293
晚笑堂畫傳二卷　（清）上官周繪　清刻本
一冊

320000－1607－0001287　203295
紉齋畫賸一卷　（清）陳允升繪　清光緒二年
（1876）甬上陳氏得古歡室刻本　一冊

320000－1607－0001288　203297

學海堂二集二十二卷　（清）吳蘭修撰　清道光十八年(1838)刻本　十冊

320000－1607－0001289　203324

難經經釋二卷　（清）徐大椿撰　清刻本　二冊

320000－1607－0001290　203326

景岳新方詩括注解四卷首一卷　（清）林霔撰　（清）陳念祖注　清道光二十四年(1844)刻本　三冊

320000－1607－0001291　203361

遏雲閣曲譜十八種不分卷　（清）王錫純輯　清光緒十九年(1893)著易堂石印本　十二冊

320000－1607－0001292　203385

陳氏詩毛氏傳疏三十卷　（清）陳奐撰　清光緒鴻章書局石印本　十二冊

320000－1607－0001293　203495

張氏醫通十六卷　（清）張璐撰　清光緒三十三年(1907)上海書局石印本　十冊

320000－1607－0001294　203568

帶經堂詩話三十卷首一卷　（清）王士禎撰　清光緒二十六年(1900)上海掃葉山房石印本　五冊

320000－1607－0001295　203643

史姓韻編二十四卷　（清）汪輝祖撰　清光緒二十九年(1903)上海文瀾書局石印本　八冊

320000－1607－0001296　203679

孟東野詩集十卷　（唐）孟郊撰　追昔遊集三卷　（唐）李紳撰　清宣統二年(1910)上海著易堂石印本　四冊

320000－1607－0001297　203739

金石索十二卷　（清）馮雲鵬　（清）馮雲鵷輯　清道光元年(1821)滋陽縣署刻本　十二冊　存六卷(石索全)

320000－1607－0001298　203765

莊子十卷　（晉）郭象撰　（唐）陸德明音義　清光緒二年(1876)浙江書局刻二十二子本　三冊

320000－1607－0001299　203775

春秋別典十五卷　（明）薛虞畿撰　清刻本　二冊

320000－1607－0001300　203778

中國歷代疆域沿革考十六卷　（日本）河田羆撰　（日本）重野安　題(清)滁盦居士譯　清光緒二十八年(1902)上海商務印書館鉛印本　一冊

320000－1607－0001301　203779

歸震川大全集三十卷別集十卷餘集八卷補集八卷　（明）歸有光撰　清宣統二年(1910)上海國學扶輪社石印本　十二冊

320000－1607－0001302　203795

王摩詰集六卷　（唐）王維撰　清光緒十年(1884)上海文瑞樓石印本　四冊

320000－1607－0001303　203817

御選唐宋詩醇四十七卷　（清）高宗弘曆輯　清光緒七年(1881)浙江書局刻本　八冊

320000－1607－0001304　203842

漁洋詩話二卷　（清）王士禎撰　清同治九年(1870)刻本　一冊

320000－1607－0001305　203856

疑雨集四卷　（明）王彥泓撰　清宣統元年(1909)上海掃葉山房石印本　二冊

320000－1607－0001306　203858

熙朝新語十六卷　（清）余金撰　清光緒十三年(1887)上海鴻文書局石印本　二冊

320000－1607－0001307　203895

香祖筆記十二卷　（清）王士禎撰　清宣統三年(1911)掃葉山房石印本　四冊

320000－1607－0001308　203914

貫華堂選批唐才子詩集八卷　（清）金聖嘆批　清宣統三年(1911)上海國學扶輪社石印本　八冊

320000－1607－0001309　203956

新說西遊記圖像不分卷一百回　（明）吳承恩撰　（清）張書紳註　清光緒十四年(1888)味

潛齋石印本　八冊

320000－1607－0001310　203977
莊子集解八卷　王先謙撰　清宣統元年(1909)上海掃葉山房石印本　一冊

320000－1607－0001311　203979
對床夜語五卷　(宋)范晞文撰　清刻本　一冊

320000－1607－0001312　203980
胡文忠公手翰二卷　(清)胡林翼撰　清光緒十九年(1893)江陰金氏刻本　二冊

320000－1607－0001313　204055
名家詞集十卷　(清)侯文燦編　清光緒十三年(1887)江陰金氏刻本　四冊

320000－1607－0001314　204124
三國志六十五卷　(晉)陳壽撰　(南朝宋)裴松之注　清光緒十八年(1892)武林竹簡齋石印二十四史本　四冊

320000－1607－0001315　204151
李二曲全集二十八卷　(清)李顒撰　清光緒三年(1877)上海文瑞樓石印本　六冊

320000－1607－0001316　204157
前漢書一百卷　(漢)班固撰　(唐)顏師古注　清光緒十八年(1892)武林竹簡齋石印二十四史本　十二冊

320000－1607－0001317　204169
徐霞客遊記十二卷　(明)徐弘祖撰　清光緒三十四年(1908)圖書集成局鉛印本　八冊

320000－1607－0001318　204177
增廣尚友錄統編二十二卷　(清)應祖錫輯　清光緒二十八年(1902)鴻寶齋石印本　十二冊

320000－1607－0001319　204228
北郭集六卷補遺一卷續補遺一卷　(元)許恕撰　清光緒十六年(1890)江陰金氏刻本　一冊

320000－1607－0001320　204233
金壺精粹四卷　(清)郝在田撰　清光緒十四年(1888)鴻文書局石印本　一冊

320000－1607－0001321　204235
毛詩品物圖攷七卷　(日本)岡元鳳撰　清宣統二年(1910)石印本　一冊

320000－1607－0001322　204237
黃山領要錄二卷　(清)汪洪度撰　清刻本　一冊

320000－1607－0001323　204320
庸庵筆記四卷　(清)薛福成撰　(清)薛瑩中輯　清光緒二十三年(1897)蕭山陳氏刻本　二冊

320000－1607－0001324　204323
三國志考證二卷　(清)潘眉撰　清道光二十四年(1844)刻本　二冊

320000－1607－0001325　204339
拜鴛樓校刻四種五卷　沈宗畸輯　清光緒二十六年(1900)番禺沈氏刻本　五冊

320000－1607－0001326　204377
足本全圖金玉緣一百二十回　(清)曹霑　(清)高鶚撰　(清)蝶薌仙史評訂　清光緒三十二年(1906)石印本　十六冊

320000－1607－0001327　204406
萬物炊累室類稿甲編四卷乙編三卷外編十卷　(清)沈同芳撰　清宣統三年(1911)中國圖書公司鉛印本　五冊

320000－1607－0001328　204435
尺牘合璧二卷　(清)邱興久輯　清光緒十三年(1887)上海啓新書局石印本　四冊

320000－1607－0001329　204444
傅青主女科二卷附二卷　(清)傅山撰　清光緒二十五年(1899)上海圖書集成印書局鉛印本　一冊

320000－1607－0001330　204445
筆花醫鏡四卷　(清)江涵暾撰　清光緒元年(1875)刻本　一冊

320000－1607－0001331　204463
鑑撮四卷　(清)曠敏本撰　清道光刻本　四冊

320000－1607－0001332　204471
六朝文絜箋注十二卷　（清）許槤評選　（清）黎經誥箋注　清光緒十五年（1889）刻本　四冊

320000－1607－0001333　204475
疑年錄四卷　（清）錢大昕撰　清咸豐四年（1854）刻本　一冊

320000－1607－0001334　204490
書畫所見錄三卷　（清）謝堃撰　清光緒六年（1880）刻本　四冊

320000－1607－0001335　204494
御批歷代通鑑輯覽一百二十卷　（清）傅恆等編　清光緒十一年（1885）上海同文書局石印本　二十冊

320000－1607－0001336　204680
七家詩選二卷　（清）張熙宇輯評　清光緒五年（1879）刻本　一冊

320000－1607－0001337　204681
冰泉唱和集一卷　金武祥輯　清光緒十五年（1889）刻本　一冊

320000－1607－0001338　204683
粵行記事三卷附一卷　（清）瞿昌文撰　清刻本　一冊

320000－1607－0001339　204684
所南文集一卷附一卷　（宋）鄭思肖撰　清刻本　一冊

320000－1607－0001340　204685
蘆浦筆記十卷　（宋）劉昌詩撰　清嘉慶三年（1798）鮑廷博刻知不足齋叢書本　一冊

320000－1607－0001341　204686
鴻雪因緣圖記二集一卷　（清）麟慶撰　清光緒二十三年（1897）刻本　一冊

320000－1607－0001342　204687
映盦詞四卷　（清）夏敬觀撰　清光緒三十三年（1907）刻本　一冊

320000－1607－0001343　204688
孫子十家注十三卷　（宋）吉天保輯　遺說一

卷　（宋）鄭友賢撰　孫子叙錄一卷　（清）畢以珣撰　清光緒二十二年（1896）上海積山書局石印本　一冊

320000－1607－0001344　204694
右軍[王羲之]年譜一卷　（清）魯一同撰　清咸豐六年（1856）刻本　一冊

320000－1607－0001345　204705
日本維新三傑三卷　（日本）北村紫山撰（清）馬汝賢譯　清光緒二十七年（1901）勵學譯社鉛印本　一冊

320000－1607－0001346　204706
古高士傳印譜一卷　（清）趙穆篆　清光緒二十三年（1897）刻鈐印本　一冊

320000－1607－0001347　204709
陶廬雜憶一卷續詠一卷補詠一卷　金武祥撰　清光緒十三年（1887）、二十四年（1898）、三十一年（1905）刻本　一冊

320000－1607－0001348　204725
香艷小品五種八卷附三卷　沈宗畸撰　清宣統元年（1909）番禺沈氏石印本　五冊

320000－1607－0001349　204730
名家詞集十卷　（清）侯文燦編　清光緒十三年（1887）江陰金氏刻本　四冊

320000－1607－0001350　204738
陶詩彙評四卷　（晉）陶潛撰　（清）溫汝能輯並評　清宣統二年（1910）掃葉山房石印本　四冊

320000－1607－0001351　204836
嘯亭雜錄八卷續錄二卷　（清）昭槤撰　清光緒二十七年（1901）掃葉山房石印本　四冊

320000－1607－0001352　204840
歷代地理志韻編今釋二十卷皇朝輿地韻編二卷　（清）李兆洛撰　清光緒二十四年（1898）上海掃葉山房石印本　四冊

320000－1607－0001353　204868
鄭板橋全集不分卷　（清）鄭燮撰　清宣統元年（1909）掃葉山房石印本　四冊

320000－1607－0001354　204873

**外科正宗十二卷附一卷**　(明)陳實功撰　(清)徐大椿評　清光緒二十二年(1896)珍藝書局石印本　三册

320000－1607－0001355　204882

**本草萬方針線八卷**　(清)蔡烈先輯　清宣統元年(1909)鴻寶齋石印本　一册　存四卷(一至四)

320000－1607－0001356　204892

**楚辭章句十七卷**　(漢)王逸撰　清光緒二十八年(1902)上海文瑞樓石印本　一册

320000－1607－0001357　204893

**紅樓夢補四卷**　題(清)歸鋤子撰　清光緒三年(1877)石印本　四册

320000－1607－0001358　204915

**河朔訪古記三卷**　(元)納新輯　清光緒元年(1875)刻本　一册

320000－1607－0001359　204917

**後漢書補注二十四卷**　(清)惠棟撰　清咸豐元年(1851)南海伍氏刻本　六册

320000－1607－0001360　204929

**萬國史記二十卷**　(日本)岡本監輔撰　清光緒二十八年(1902)上海書局石印本　六册

320000－1607－0001361　204973

**印人傳三卷**　(清)周亮工撰　**續印人傳八卷**　(清)汪啓淑撰　**再續印人小傳三卷補遺一卷**　(清)葉銘輯　清宣統二年(1910)西泠印社鉛印本　八册

320000－1607－0001362　205017

**桐陰論畫二卷首一卷附一卷**　(清)秦祖永撰　清同治三年(1864)刻本　六册

320000－1607－0001363　205041

**兩般秋雨盦隨筆八卷**　(清)梁紹壬撰　清光緒十年(1884)錢塘許氏吉華室刻本　八册

320000－1607－0001364　205049

**增評全圖足本金玉緣不分卷一百二十回**　(清)曹霑撰　題(清)蝶薌仙史評訂　清光緒三十四年(1908)求不負齋石印本　十六册

320000－1607－0001365　205145

**文選六十卷**　(南朝梁)蕭統撰　(唐)李善注　清光緒十一年(1885)上海同文書局石印本　十册

320000－1607－0001366　205155

**古文觀止十二卷**　(清)吳乘權輯　清鉛印本　六册

320000－1607－0001367　205175

**啟禎記聞錄八卷**　(明)葉紹袁撰　清宣統三年(1911)商務印書館鉛印痛史本　四册

320000－1607－0001368　205197

**赤溪雜志二卷**　金武祥撰　清光緒十七年(1891)刻本　一册

320000－1607－0001369　205198

**赤溪雜志二卷附一卷**　金武祥撰　清光緒十七年(1891)刻本　一册

320000－1607－0001370　205202

**客牕二筆一卷**　(清)金捧閶撰　清同治十二年(1873)刻本　一册

320000－1607－0001371　205214

**四聖懸樞五卷**　(清)黃元御撰　清光緒二十年(1894)上海集成書局鉛印本　一册

320000－1607－0001372　205219

**金匱方歌括六卷**　(清)陳念祖撰　清同治四年(1865)刻本　六册

320000－1607－0001373　205227

**冶梅槑譜一卷**　(清)王寅撰　清光緒十八年(1892)石印本　一册

320000－1607－0001374　205261

**六書通十卷**　(明)閔齊伋撰　(清)畢弘述篆訂　清光緒二十一年(1895)上海鴻寶齋石印本　十二册

320000－1607－0001375　205291

**墨香居畫識十卷**　(清)馮金伯撰　清道光十一年(1831)刻本　四册

320000－1607－0001376　205299

**墨林今話十八卷補二卷**　（清）蔣寶齡撰　清宣統三年(1911)上海掃葉山房石印本　六冊

320000－1607－0001377　205311

**國朝畫識十七卷墨香居畫識十卷**　（清）馮金伯撰　清道光十一年(1831)江左書林刻本　八冊　存十七卷（國朝畫識十七卷）

320000－1607－0001378　205327

**返生香不分卷**　（明）葉小鸞撰　清光緒二十三年(1897)石印本　四冊

320000－1607－0001379　205349

**本草綱目五十二卷**　（明）李時珍撰　**拾補十卷**　（清）趙學敏撰　清宣統元年(1909)上海經香閣石印本　十一冊

320000－1607－0001380　205410

**壹是紀始二十二卷補遺一卷**　（清）魏崧撰　清光緒十四年(1888)刻本　八冊

320000－1607－0001381　205422

**再生緣二十卷**　（清）陳端生撰　清光緒二年(1876)刻本　十八冊　存十八卷（一至十四、十七至二十）

320000－1607－0001382　205440

**文史通義八卷校讎通義三卷**　（清）章學誠撰　清光緒二十五年(1899)三味堂刻本　八冊

320000－1607－0001383　205448

**東語入門二卷**　（清）陳天麒撰　清光緒二十一年(1895)石印本　一冊

320000－1607－0001384　205449

**小石山房印譜六卷**　（清）顧湘　（清）顧浩輯　清宣統三年(1911)影印本　六冊

320000－1607－0001385　205455

**增評金玉緣十二卷一百二十回**　（清）曹霑撰　（清）蝶薌仙史評訂　清光緒二十二年(1896)石印本　八冊

320000－1607－0001386　205465

**廣雁蕩山志二十八卷首一卷末一卷**　（清）曾唯撰　清刻本　八冊

320000－1607－0001387　205473

**蘭蕙同心錄一卷**　（清）許霽祺撰　清光緒十七年(1891)石印本　一冊

320000－1607－0001388　205474

**紅樓夢全傳一百二十回**　（清）曹霑撰　（清）王希廉評　清光緒三年(1877)刻本　二十四冊

320000－1607－0001389　205498

**音注小倉山房尺牘八卷附遺一卷**　（清）袁枚撰　（清）胡光斗箋釋　清咸豐九年(1859)刻本　四冊

320000－1607－0001390　205568

**毛詩稽古編三十卷附一卷**　（清）陳啓源撰　清光緒九年(1883)上海同文書局影印本　八冊

320000－1607－0001391　205609

**格致彙編第二年四卷**　（英國）傅蘭雅輯　清光緒二十四年(1898)上海格致書室鉛印本　四冊

320000－1607－0001392　205613

**格致彙編第三年四卷**　（英國）傅蘭雅輯　清光緒二十四年(1898)上海格致書室鉛印本　四冊

320000－1607－0001393　205617

**格致彙編第四年四卷**　（英國）傅蘭雅輯　清光緒二十四年(1898)上海格致書室鉛印本　四冊

320000－1607－0001394　205621

**格致彙編第五年四卷**　（英國）傅蘭雅輯　清光緒二十四年(1898)上海格致書室鉛印本　四冊

320000－1607－0001395　205625

**格致彙編第七年四卷**　（英國）傅蘭雅輯　清光緒二十四年(1898)上海格致書室鉛印本　四冊

320000－1607－0001396　205629

**靈芬館詞七卷**　（清）郭麐撰　清光緒五年(1879)刻本　一冊

320000 - 1607 - 0001397　205630

懺餘綺語二卷　（清）郭麐撰　清光緒六年
(1880)刻本　一冊

320000 - 1607 - 0001398　205631

劍南詩選二卷　（宋）陸游撰　清刻本　二冊

320000 - 1607 - 0001399　205633

華嶽志八卷　（清）李榕撰　清道光十一年
(1831)刻本　四冊

320000 - 1607 - 0001400　205639

常山貞石志二十四卷　（清）沈濤撰　清道光
二十二年(1842)刻本　八冊

320000 - 1607 - 0001401　205656

寸陰叢錄四卷　（清）姚瑩撰　清同治刻本
二冊

320000 - 1607 - 0001402　205674

越南地域圖說六卷首一卷　（清）盛慶紱輯
清光緒九年(1883)刻本　二冊

320000 - 1607 - 0001403　205676

孔叢子二卷附一卷　（漢）孔鮒撰　清光緒三
年(1877)刻本　一冊

320000 - 1607 - 0001404　205677

倫敦竹枝詞不分卷　（清）張祖翼撰　清光緒
十四年(1888)刻本　一冊

320000 - 1607 - 0001405　205681

壽世彙編五種十二卷　（清）祝韻梅編　清光
緒十一年(1885)刻本　一冊

320000 - 1607 - 0001406　205682

玉井山館筆記一卷　（清）許宗衡撰　清同治
十三年(1874)滂喜齋刻本　一冊

320000 - 1607 - 0001407　205684

復堂詩四卷詞一卷　（清）譚獻撰　清咸豐九
年(1859)刻本　一冊

320000 - 1607 - 0001408　205689

留雲借月盦詞六卷　（清）劉炳照撰　清光緒
十八年(1892)刻本　一冊

320000 - 1607 - 0001409　205690

和珠玉詞一卷　（清）王鵬運輯　清光緒二十
七年(1901)刻本　一冊

320000 - 1607 - 0001410　205691

地球韻言四卷　（清）張士瀛撰　清光緒二十
四年(1898)刻本　二冊

320000 - 1607 - 0001411　205693

爛喉痧疹輯要一卷　（清）金德鑑撰　清光緒
二十七年(1901)刻本　一冊

320000 - 1607 - 0001412　205728

桂海虞衡志一卷　（宋）范成大撰　清刻本
一冊

320000 - 1607 - 0001413　205734

南北史捃華八卷　（清）周嘉猷輯　清光緒十
年(1884)刻本　八冊

320000 - 1607 - 0001414　205752

國朝畫識十七卷墨香居畫識十卷　（清）馮金
伯撰　清道光十一年(1831)江左書林刻本
十二冊

320000 - 1607 - 0001415　205764

中西彙通醫經精義二卷　（清）唐宗海輯　清
光緒二十年(1894)申江順成書局石印本
一冊

320000 - 1607 - 0001416　205765

詩學含英十四卷　（清）劉文蔚輯　清刻本
一冊

320000 - 1607 - 0001417　205767

格言聯璧一卷　（清）金纓輯　清光緒十年
(1884)常州培本堂善書局刻本　一冊

320000 - 1607 - 0001418　205768

國朝漢學師承記八卷附一卷　（清）江藩撰
清咸豐四年(1854)刻本　二冊

320000 - 1607 - 0001419　205772

漁磯漫鈔十卷　（清）雷琳　（清）汪琇瑩
（清）莫劍光輯　清同治十年(1871)刻本
四冊

320000 - 1607 - 0001420　205776

漢書地理志稽疑六卷　（清）全祖望撰　清咸

豐三年（1853）南海伍氏刻粵雅堂叢書本　一冊　存四卷（一至四）

320000－1607－0001421　205777
東城雜記二卷　（清）厲鶚撰　清道光三十年（1850）刻本　一冊

320000－1607－0001422　205778
紉齋畫賸一卷　（清）陳允升繪　清光緒七年（1881）上海點石齋石印本　二冊

320000－1607－0001423　205780
紀事約言二卷　（清）夏勤墉撰　清光緒七年（1881）刻本　一冊

320000－1607－0001424　205781
顧亭林先生年譜四卷附一卷　（清）張穆撰　清咸豐三年（1853）南海伍氏刻粵雅堂叢書本　二冊

320000－1607－0001425　205783
聖廟祀典圖考三卷孔孟聖蹟圖一卷崇聖祠攷一卷　（清）顧沅撰　（清）孔繼堯繪圖　清上海同文書局影印本　四冊

320000－1607－0001426　205825
本草簡明圖說四卷　（清）高承炳撰　清光緒十八年（1892）上海古香閣石印本　四冊

320000－1607－0001427　205863
歷代鐘鼎彝器款識二十卷　（宋）薛尚功撰　清上海書局影印本　五冊

320000－1607－0001428　205868
增補事類統編九十三卷　（清）黃葆真輯　清光緒十四年（1888）上海積山書局石印本　十二冊

320000－1607－0001429　205882
類證治裁八卷附二卷　（清）林佩琴撰　清光緒十年（1884）刻本　八冊

320000－1607－0001430　205890
繪圖諧鐸全集十二卷　（清）沈起鳳撰　清光緒二十一年（1895）上海書局石印本　四冊

320000－1607－0001431　205898
唐詩三百首注疏七卷　（清）孫洙輯　（清）章

燮注　清光緒十三年（1897）上海鴻寶書局石印本　二冊

320000－1607－0001432　205900
三國演義十九卷一百二十回　（明）羅貫中撰　清光緒三十年（1904）刻本　二十冊

320000－1607－0001433　205960
西湖志四十八卷　（清）李衛修　（清）傅王露等纂　清光緒四年（1878）浙江書局刻本　二十冊

320000－1607－0001434　205980
狀元尚書六卷　（宋）蔡沈集傳　清光緒二十五年（1899）常州晉升山房刻本　六冊

320000－1607－0001435　205986
詩經備旨啫鳳詳解八卷　（清）陳抒孝撰　清光緒十四年（1888）刻本　六冊

320000－1607－0001436　205992
御纂周易折中二十二卷首一卷　（清）李光地等撰　清同治六年（1867）刻本　十冊

320000－1607－0001437　206002
硯考二卷　（清）曾興仁撰　清道光十七年（1837）瓣香書屋刻本　二冊

320000－1607－0001438　206008
易經四卷　（宋）朱熹注　清光緒十九年（1893）刻本　二冊

320000－1607－0001439　206030
後漢書補注續不分卷　（清）侯康撰　清光緒十七年（1891）廣雅書局刻本　一冊

320000－1607－0001440　206033
年華錄一卷　（清）謝蘭生撰　清光緒二十四年（1898）刻本　一冊

320000－1607－0001441　206037
楊園先生全集十六卷　（清）張履祥撰　（清）祝淦輯　清同治九年（1870）刻本　六冊

320000－1607－0001442　206043
金山志十卷續二卷　（清）蔣宗海等撰　清光緒刻本　六冊

320000－1607－0001443　206049

有正味齋駢體文二十四卷　（清）吳錫麒撰
（清）王廣業箋　清咸豐九年(1859)刻本
八冊

320000－1607－0001444　206057

三國志考證八卷　（清）潘眉撰　清光緒十五
年(1889)廣雅書局刻本　二冊

320000－1607－0001445　206059

三國志六十五卷　（晉）陳壽撰　（南朝宋）裴
松之注　清同治九年(1870)金陵書局刻本
八冊

320000－1607－0001446　206067

三國志六十五卷　（晉）陳壽撰　（南朝宋）裴
松之注　清光緒十三年(1887)江南書局刻本
十六冊

320000－1607－0001447　206086

南史八十卷　（唐）李延壽撰　清同治十一年
(1872)金陵書局刻本　十二冊

320000－1607－0001448　206098

五代史七十四卷　（宋）歐陽修撰　（宋）徐無
黨注　清同治十一年(1872)湖北崇文書局刻
本　八冊

320000－1607－0001449　206114

讀史舉正八卷　（清）張熷撰　清光緒十七年
(1891)廣雅書局刻本　二冊

320000－1607－0001450　206116

諸史考異十八卷附一卷　（清）洪頤煊撰　清
光緒十五年(1889)廣雅書局刻本　二冊

320000－1607－0001451　206126

全上古三代秦漢三國六朝文七百四十六卷
（清）嚴可均輯　清刻本　三冊　存十八卷
（全陳文）

320000－1607－0001452　206129

周易十卷　（三國魏）王弼注　清刻本　三冊

320000－1607－0001453　206132

綱鑑易知錄九十二卷　（清）吳乘權等輯　清
光緒八年(1882)掃葉山房刻本　四十冊

320000－1607－0001454　206181

春秋公羊傳十一卷　（漢）何休注　清光緒十
二年(1886)湖北書局刻本　四冊

320000－1607－0001455　206187

石鐘山志十六卷首一卷　（清）李成謀　（清）
丁義方撰　清光緒九年(1883)刻本　八冊

320000－1607－0001456　206195

古唐詩合解十六卷　（清）王堯衢輯並注　清
光緒二十一年(1895)味經堂刻本　五冊

320000－1607－0001457　206200

古唐詩合解十二卷　（清）王堯衢輯並注　清
刻本　六冊

320000－1607－0001458　206206

春秋規過考信三卷　（清）陳熙晉撰　清光緒
十五年(1889)廣雅書局刻本　四冊

320000－1607－0001459　206208

孟子十卷　（宋）朱熹集注　清刻本　五冊

320000－1607－0001460　206213

論語十卷　（宋）朱熹集注　清刻本　四冊

320000－1607－0001461　206217

周易本義四卷　（宋）朱熹撰　清同治七年
(1868)湖北崇文書局刻本　二冊

320000－1607－0001462　206229

南齊書五十九卷　（南朝梁）蕭子顯撰　清同
治十三年(1874)金陵書局刻本　六冊

320000－1607－0001463　206289

天文圖說四卷　（英國）柯雅各撰　（美國）摩
嘉立　（美國）薛承恩譯　清光緒九年(1883)
益智書會刻本　一冊

320000－1607－0001464　206290

國語明道本攷異四卷　（清）汪遠孫撰　清同
治八年(1869)湖北崇文書局刻本　一冊

320000－1607－0001465　206291

戰國策三十三卷　（漢）高誘注　重刻剡川姚
氏本戰國策札記三卷　（清）黃丕烈撰　清同
治八年(1869)湖北崇文書局刻本　五冊

320000 - 1607 - 0001466　206298

大嶽太和山紀略八卷　（清）王槩等撰　清刻本　七冊　存七卷（一至七）

320000 - 1607 - 0001467　206305

元經薛氏傳十卷　（唐）王通撰　（宋）阮逸注　清光緒刻本　二冊

320000 - 1607 - 0001468　206307

匏瓜錄十卷　（清）芮長恤撰　清光緒十年（1884）刻本　六冊

320000 - 1607 - 0001469　206313

醫宗必讀十卷　（明）李中梓撰　清光緒三十三年（1907）崇實書局刻本　六冊

320000 - 1607 - 0001470　206319

貳臣傳十二卷　（清）國史館編　清都城琉璃廠半松居士活字印本　二冊

320000 - 1607 - 0001471　206321

呂語集粹四卷　（明）呂坤撰　（清）陳弘謀評輯　清光緒五年（1879）顧景濂龍城刻本　四冊

320000 - 1607 - 0001472　206337

陳書三十六卷　（唐）姚思廉撰　清同治十一年（1872）金陵書局刻本　四冊

320000 - 1607 - 0001473　206342

天文問答不分卷　（清）佘賓王撰　清光緒二十九年（1903）上海慈母堂印書館鉛印本　一冊

320000 - 1607 - 0001474　206346

近思錄集解十四卷　（宋）葉采撰　清光緒十年（1884）津河廣仁堂刻津河廣仁堂所刻書本　二冊

320000 - 1607 - 0001475　206352

春秋公羊傳注疏二十八卷　（漢）何休注　（唐）徐彥疏　明末清初汲古閣刻本　十冊

320000 - 1607 - 0001476　206362

春秋穀梁傳十二卷　（晉）范寧集解　（唐）陸德明音義　清光緒十二年（1886）刻本　四冊

320000 - 1607 - 0001477　206366

隋書八十五卷　（唐）魏徵等撰　清同治十年（1871）淮南書局刻本　十二冊

320000 - 1607 - 0001478　206380

漸學廬叢書第一集十五種四十四卷　（清）胡祥鑅編　清光緒二十三年（1897）石印本　一冊　存四種四卷（塞北紀行一卷、西北域記一卷、甯古塔紀略一卷、西遊記金山以東釋一卷）

320000 - 1607 - 0001479　206382

東原文集十四卷　（清）戴震撰　清刻本　二冊

320000 - 1607 - 0001480　206393

楹聯叢話十二卷　（清）梁章鉅撰　清道光二十六年（1846）郁松年宜稼堂刻宜稼堂叢書本　三冊

320000 - 1607 - 0001481　206396

正學編八卷　（清）潘世恩輯　清同治六年（1867）刻本　四冊

320000 - 1607 - 0001482　206400

春秋左傳杜注三十卷首一卷　（晉）杜預注　（清）姚培謙撰　清同治五年（1866）金陵書局刻本　十冊

320000 - 1607 - 0001483　206410

尚書彙纂十二卷　（清）陸士楷輯　清光緒十二年（1886）雅浦陸氏善慶堂刻本　四冊

320000 - 1607 - 0001484　206414

忠武誌八卷　（清）張鵬翮輯　清刻本　五冊　存五卷（一至五）

320000 - 1607 - 0001485　206443

國朝文才調集八卷　（清）許振禕輯　清光緒十九年（1893）刻本　八冊

320000 - 1607 - 0001486　206451

幼科鐵鏡六卷　（清）夏鼎撰　清道光十年（1830）刻本　二冊

320000 - 1607 - 0001487　206453

温熱經緯五卷　（清）王士雄撰　清同治二年（1863）刻本　四冊

320000 - 1607 - 0001488　206457

**暢園遺稿八卷附二卷**　（清）張邁撰　清光緒
三十年(1904)刻本　一冊

320000 - 1607 - 0001489　206458

**蘭馨堂詩存二卷**　（清）楊希鈺撰　清同治刻
本　一冊

320000 - 1607 - 0001490　206459

**碻庵先生詩鈔八卷**　（清）陳瑚撰　（清）葉裕
仁輯　清光緒刻本　二冊

320000 - 1607 - 0001491　206461

**碻庵先生詩鈔八卷**　（清）陳瑚撰　（清）葉裕
仁輯　清光緒刻本　二冊

320000 - 1607 - 0001492　206463

**桴亭先生文鈔六卷**　（清）陸世儀撰　（清）葉
裕仁輯　清光緒刻本　二冊

320000 - 1607 - 0001493　206465

**竹書紀年統箋十二卷**　（清）徐文靖撰　**前編
一卷**　（清）徐文靖補箋　**雜述一卷**　（清）徐
文靖輯　清光緒二年(1876)刻本　四冊

320000 - 1607 - 0001494　206469

**金樓子六卷**　（南朝梁）元帝蕭繹撰　清光緒
元年(1875)湖北崇文書局刻本　二冊

320000 - 1607 - 0001495　206471

**說苑二十卷**　（漢）劉向撰　清光緒元年
(1875)湖北崇文書局刻本　四冊

320000 - 1607 - 0001496　206475

**書經六卷序一卷**　（宋）蔡沈集傳　清同治十
一年(1872)山東書局刻本　四冊

320000 - 1607 - 0001497　206479

**詩經集傳八卷**　（宋）朱熹撰　清光緒九年
(1883)刻本　五冊

320000 - 1607 - 0001498　206511

**讀書雜志八十五卷**　（清）王念孫撰　清掃葉
山房石印本　二十三冊　存八十三卷(一至
八十三)

320000 - 1607 - 0001499　206572

**西青散記四卷**　（清）史震林撰　清上海古今

書屋石印本　四冊

320000 - 1607 - 0001500　206628

**御批歷代通鑑輯覽一百二十卷**　（清）傅恆等
編　清光緒二十九年(1903)石印本　二十冊

320000 - 1607 - 0001501　206660

**胡文忠公手翰二卷附一卷**　（清）胡林翼撰
清光緒十九年(1893)江陰金氏刻本　二冊

320000 - 1607 - 0001502　206726

**國朝駢體正宗十二卷**　（清）曾燠輯　清光緒
十三年(1887)上海蜚英館石印本　四冊

320000 - 1607 - 0001503　206748

**說文古籀補十四卷補遺一卷附錄一卷**　（清）
吳大澂撰　清石印本　四冊

320000 - 1607 - 0001504　206772

**詳註聊齋志異圖詠十六卷**　（清）蒲松齡撰
（清）呂湛恩註　清光緒十二年(1886)上海同
文書局石印本　八冊

320000 - 1607 - 0001505　206794

**皇朝文獻通考輯要二十六卷**　湯壽潛輯　清
刻本　十冊

320000 - 1607 - 0001506　206804

**皇朝文獻通考輯要二十六卷**　湯壽潛輯　清
刻本　十冊

320000 - 1607 - 0001507　206941

**遼史一百十六卷**　（元）脫脫等撰　清光緒二
十九年(1903)上海五洲同文局影印二十四史
本　八冊

320000 - 1607 - 0001508　207001

**曾文正公家書十卷家訓二卷**　（清）曾國藩撰
清光緒十年(1884)申報館鉛印本　十二冊

320000 - 1607 - 0001509　207024

**七家詩選注釋七卷**　（清）張熙宇輯評　（清）
王植桂輯注　清咸豐九年(1859)刻本　二冊

320000 - 1607 - 0001510　207119

**經濟實學考八卷**　（清）江標撰　清光緒上海
博濟書局石印本　四冊

320000－1607－0001511　207123

文獻通考詳節二十四卷　（元）馬端臨撰
（清）嚴虞惇節錄　清刻本　三冊

320000－1607－0001512　207156

綱鑑擇語十卷　（清）司徒修輯　（清）李嘉樹
補注　清石印本　六冊

320000－1607－0001513　207162

春秋備旨十二卷　（清）鄒聖脉輯　清刻本
六冊

320000－1607－0001514　207168

欽定續通志六百四十卷　（清）嵇璜等撰　清
光緒二十八年(1902)貫吾齋石印九通全書本
十二冊

320000－1607－0001515　207196

御批歷代通鑑輯覽一百二十卷　（清）傅恆等
編　清光緒三十二年(1906)上海商務印書館
鉛印本　四十冊

320000－1607－0001516　207266

文字蒙求四卷　（清）王筠撰　清光緒十三年
(1887)刻本　一冊

320000－1607－0001517　207268

綱鑑易知錄九十二卷附明紀十五卷　（清）吳
乘權等輯　清光緒三十年(1904)上海校經山
房鉛印本　十五冊　存一百〇一卷(易知錄
一至五十三、六十至九十二,明紀十五卷)

320000－1607－0001518　207327

隨園詩話十六卷補遺七卷　（清）袁枚撰　清
同治八年(1869)刻本　十一冊

320000－1607－0001519　207432

古玉圖攷不分卷　（清）吳大澂撰　清光緒十
五年(1889)上海同文書局石印　四冊

320000－1607－0001520　207444

經史問答十卷　（清）全祖望撰　清刻本
三冊

320000－1607－0001521　207458

虛白室文鈔一卷賦鈔一卷　（清）厲祥官撰
清光緒二十一年(1895)刻本　一冊　存一卷

（賦鈔一卷）

320000－1607－0001522　207459

勿憚改齋吟草四卷　（清）顧師軾撰　清光緒
十三年(1887)刻本　一冊

320000－1607－0001523　207460

新序十卷　（漢）劉向撰　清嘉慶刻本　一冊

320000－1607－0001524　207472

御撰資治通鑑綱目二十卷　（清）張廷玉等撰
清光緒八年(1882)掃葉山房刻本　八冊

320000－1607－0001525　207480

圖畫四書白話注解四種二十卷　（清）王有宗
編注　清光緒三十四年(1908)彪蒙印局石印
本　十四冊

320000－1607－0001526　207494

陰騭文圖說四卷　（清）黃正元輯　清同治八
年(1869)毗陵公善堂刻本　六冊

320000－1607－0001527　207504

重訂教乘法數十卷　（清）釋超海等重訂　清
刻本　五冊

320000－1607－0001528　207509

藝海珠塵一百六十四種三百十三卷　（清）吳
省蘭輯　清嘉慶南匯吳氏聽彝堂刻本　八冊
存二十種(絲集全)

320000－1607－0001529　207521

醫方集解六卷　（清）汪昂撰　清光緒十三年
(1887)姑蘇掃葉山房刻本　六冊

320000－1607－0001530　207527

焦氏易林四卷　題(漢)焦贛撰　清光緒元年
(1875)湖北崇文書局刻子書百家本　四冊

320000－1607－0001531　207538

禮記集說十卷　（元）陳澔撰　清揚州十笏堂
刻本　十冊

320000－1607－0001532　207548

六書約言二卷　（清）吳善述撰　清光緒刻本
一冊

320000－1607－0001533　207551

逸周書十卷 （晉）孔晁注 清抱經堂刻本
二冊

320000－1607－0001534　207553

禮記旁訓六卷 （清）徐立綱撰 清光緒十二
年(1886)刻本 六冊

320000－1607－0001535　207563

周禮六卷 （漢）鄭玄注 （唐）陸德明音義
清同治十一年(1872)山東書局刻本 六冊

320000－1607－0001536　207569

春秋公羊傳十一卷 （漢）何休注 清同治七
年(1868)湖北崇文書局刻本 四冊

320000－1607－0001537　207573

陳書三十六卷 （唐）姚思廉撰 清同治十一
年(1872)金陵書局刻本 四冊

320000－1607－0001538　207577

切韻考六卷 （清）陳澧撰 清刻本 一冊

320000－1607－0001539　207594

後漢書補表八卷 （清）錢大昭撰 清光緒十
七年(1891)廣雅書局刻本 二冊

320000－1607－0001540　207600

列女傳七卷續一卷 （漢）劉向撰 （清）梁端
注 清道光十七年(1837)錢塘汪氏振綺堂刻
本 二冊

320000－1607－0001541　207602

稽古錄二十卷 （宋）司馬光撰 清同治十一
年(1872)湖北崇文書局刻本 四冊

320000－1607－0001542　207606

孟子正義三十卷 （清）焦循撰 清光緒刻本
十四冊

320000－1607－0001543　207620

小倉山房文集三十五卷 （清）袁枚撰 清光
緒石印本 八冊

320000－1607－0001544　207642

古文觀止十二卷 （清）吳乘權輯 清刻本
二冊

320000－1607－0001545　207651

笠翁一家言全集十六卷 （清）李漁撰 清石
印本 十二冊

320000－1607－0001546　207759

六書通十卷 （明）閔齊伋撰 （清）畢弘述篆
訂 清光緒十九年(1893)上海校經山房石印
本 五冊

320000－1607－0001547　207764

六書通十卷 （明）閔齊伋撰 （清）畢弘述篆
訂 清光緒十九年(1893)上海校經山房石印
本 五冊

320000－1607－0001548　207788

王鳳洲綱鑑會纂四十六卷續二十三卷綱目十
卷 （明）王世貞撰 清光緒二十九年(1903)
上海經香閣石印本 八冊

320000－1607－0001549　207796

歷代名臣言行錄二十四卷 （漢）朱桓輯 清
光緒十七年(1891)上海廣百宋齋石印本 十
二冊

320000－1607－0001550　207818

八家四六文注八卷補注一卷 （清）許貞幹輯
清光緒十八年(1892)上海圖書集成印書局
鉛印本 八冊

320000－1607－0001551　207844

太上寶筏圖說八卷 （清）黃正元輯 清光緒
三十二年(1906)石印本 八冊

320000－1607－0001552　207898

昌黎先生集四十卷外集十卷遺文一卷點勘四
卷 （唐）韓愈撰 清宣統三年(1911)石印本
十冊

320000－1607－0001553　207909

陶廬後憶一卷 金武祥撰 清宣統元年
(1909)刻本 一冊

320000－1607－0001554　207910

陶廬續憶補詠一卷 金武祥撰 清光緒三十
一年(1905)刻本 一冊

320000－1607－0001555　207911

留青新集三十卷 （清）陳枚選輯 （清）陳德

裕增輯　清品敘堂刻本　二十四冊

320000－1607－0001556　207935

**東周列國全志二十三卷一百八回**　(清)蔡元放評點　清道光二十三年(1843)刻本　二十四冊

320000－1607－0001557　207959

**資治新書十四卷**　(清)李漁輯　清刻本　八冊

320000－1607－0001558　207978

**陶蘇詩合箋四卷**　(晉)陶潛　(宋)蘇軾撰　(清)溫汝能纂訂　清光緒十八年(1892)上海五彩公司石印本　二冊

320000－1607－0001559　208086

**四書題鏡味根錄十四卷**　(清)寶文書局編訂　清光緒二十一年(1895)上海寶文書局石印本　八冊

320000－1607－0001560　208094

**文料大成四十卷**　(清)冷香子撰　清光緒八年(1882)刻本　十二冊

320000－1607－0001561　208118

**三蘇策論十二卷**　(宋)蘇洵等撰　清光緒二十七年(1901)石印本　六冊

320000－1607－0001562　208126

**類腋五十五卷補遺三卷**　(清)姚培謙輯　清刻本　二十五冊

320000－1607－0001563　208177

**南巡盛典一百二十卷**　(清)高晉等輯　清光緒八年(1882)上海點石齋石印本　八冊

320000－1607－0001564　208188

**胡文忠公手翰二卷附一卷**　(清)胡林翼撰　清光緒十九年(1893)江陰金氏刻本　二冊

320000－1607－0001565　208201

**普法戰記二十卷**　(清)張宗良口譯　(清)王韜輯　清光緒二十一年(1895)王韜弢園刻本　十冊

320000－1607－0001566　208241

**漢書一百卷**　(漢)班固撰　(唐)顏師古注

清光緒九年(1883)上海點石齋石印本　六冊

320000－1607－0001567　208270

**小題文藪不分卷**　(清)沈逋梅輯　清光緒十二年(1886)上海積山書局縮印本　五冊

320000－1607－0001568　208275

**史論彙選甲編八卷**　(清)呂景端輯　清光緒二十四年(1898)刻本　四冊

320000－1607－0001569　208280

**御批歷代通鑑輯覽一百二十卷**　(清)傅恆等編　清光緒三十四年(1908)上海商務印書館鉛印本　四十冊

320000－1607－0001570　208349

**八家四六文注十卷首一卷**　(清)許貞幹注　清光緒十八年(1892)上海圖書集成局石印本　八冊

320000－1607－0001571　208381

**史記集解索隱正義一百三十卷**　(漢)司馬遷撰　(南朝宋)裴駰集解　(唐)司馬貞索隱　(唐)張守節正義　清同治五年至九年(1866－1870)金陵書局刻本　二十冊

320000－1607－0001572　208401

**全上古三代秦漢三國六朝文七百四十六卷**　(清)嚴可均輯　清刻本　七冊　存六十卷(全後魏文)

320000－1607－0001573　208408

**四書集注直解說約二十七卷**　(明)張居正撰　清刻本　十二冊

320000－1607－0001574　208420

**爾雅三卷**　(晉)郭璞注　(唐)陸德明音義　清嘉慶二十二年(1817)刻本　三冊

320000－1607－0001575　208423

**周書五十卷**　(唐)令狐德棻等撰　清同治十三年(1874)金陵書局刻本　六冊

320000－1607－0001576　208429

**大學衍義四十三卷**　(宋)真德秀撰　清光緒二十二年(1896)新化三味堂刻本　八冊

320000－1607－0001577　208437

春秋繁露十七卷附一卷　（漢）董仲舒撰　清刻本　一冊

320000－1607－0001578　208438

壇廟祀典三卷　（清）方觀承撰　清刻本　三冊

320000－1607－0001579　208441

船山詩草二十卷　（清）張問陶撰　清嘉慶二十年(1815)刻本　八冊

320000－1607－0001580　208453

唐詩三百首注疏七卷　（清）孫洙輯　（清）章燮注　清刻本　六冊

320000－1607－0001581　208463

幼學句解四卷　（清）程允升撰　（清）錢元龍校　清光緒二十四年(1898)常州麟玉山房刻本　四冊

320000－1607－0001582　208467

述古堂文集十二卷　（清）錢兆鵬撰　清光緒七年(1881)刻本　四冊

320000－1607－0001583　208471

東萊詩集二十卷　（宋）呂本中撰　清咸豐九年(1859)刻本　四冊

320000－1607－0001584　208479

有正味齋駢體文續集八卷　（清）吳錫麒撰　清光緒刻本　二冊

320000－1607－0001585　208481

介存齋詩六卷附一卷　（清）周濟撰　清光緒刻本　二冊

320000－1607－0001586　208483

介存齋文稿二卷　（清）周濟撰　清光緒刻本　一冊

320000－1607－0001587　208486

芥子園畫傳四卷　（清）王槩等繪輯　清光緒十三年(1887)上海鴻文書局石印本　三冊

320000－1607－0001588　208489

說文辨疑一卷　（清）顧廣圻撰　清光緒三年(1877)湖北崇文書局刻本　一冊

320000－1607－0001589　208490

說文辨疑一卷　（清）顧廣圻撰　清光緒三年(1877)湖北崇文書局刻本　一冊

320000－1607－0001590　208491

芥子園畫傳三集三卷續集三卷　（清）王槩等繪輯　清光緒十四年(1888)石印本　四冊

320000－1607－0001591　208532

粟香二筆八卷　金武祥撰　清光緒九年(1883)刻本　四冊

320000－1607－0001592　208536

東萊博議四卷　（宋）呂祖謙撰　清光緒二十三年(1897)刻本　四冊

320000－1607－0001593　208542

西漚試帖輯注二卷　（清）李惺撰　清刻本　一冊

320000－1607－0001594　208543

折肱漫錄七卷　（清）黃承昊撰　清刻本　二冊

320000－1607－0001595　208550

脈經十卷　（晉）王叔和撰　清道光二十三年(1843)嘉定黃氏刻本　四冊

320000－1607－0001596　208554

唐詩三百首注疏七卷　（清）孫洙輯　（清）章燮注　清道光十五年(1835)刻本　六冊

320000－1607－0001597　208560

唐詩三百首注疏七卷　（清）孫洙輯　（清）章燮注　清道光十五年(1835)刻本　六冊

320000－1607－0001598　208570

樞垣題名一卷　（清）吳孝銘輯　清道光刻光緒十年(1884)重修本　一冊

320000－1607－0001599　208571

孟子七卷　（宋）朱熹集注　清刻本　七冊

320000－1607－0001600　208580

孟子七卷　（宋）朱熹集注　清刻本　七冊

320000－1607－0001601　208587

倉頡篇校證三卷補遺一卷　（清）梁章鉅撰

清光緒刻本　二冊

320000－1607－0001602　208589

**太玄四卷**　(漢)揚雄撰　(宋)司馬光等注　(清)孫澍增注　清道光十一年(1831)刻本　四冊

320000－1607－0001603　208596

**周文襄公[忱]年譜一卷**　(清)周仁俊等輯　(清)陸鼎翰補輯　清光緒活字印本　一冊

320000－1607－0001604　208605

**庸閒齋筆記八卷**　(清)陳其元撰　清同治十三年(1874)刻本　四冊

320000－1607－0001605　208624

**長沙方歌括六卷**　(清)陳念祖撰　清光緒刻本　三冊

320000－1607－0001606　208627

**牘外餘言一卷隨園詩話五卷**　(清)袁枚撰　清刻本　二冊

320000－1607－0001607　208629

**陶廬雜憶一卷續詠一卷**　金武祥撰　清光緒十三年(1887)、二十四年(1898)刻本　一冊

320000－1607－0001608　208630

**陶廬雜憶一卷續詠一卷補詠一卷**　金武祥撰　清光緒十三年(1887)、二十四年(1898)、三十一年(1905)刻本　一冊

320000－1607－0001609　208631

**欽定續文獻通考輯要二十六卷**　湯壽潛輯　清光緒二十五年(1899)上海圖書集成印書局鉛印三通考輯要本　十冊

320000－1607－0001610　208677

**本草從新十八卷**　(清)吳儀洛撰　清光緒二十二年(1896)上海圖書集成印書局鉛印本　四冊

320000－1607－0001611　208691

**全圖增評石頭記十六卷一百二十回**　(清)曹霑撰　清光緒三十四年(1908)上海求知齋石印本　十六冊

320000－1607－0001612　208715

**梅村詩集箋注十八卷**　(清)吳偉業撰　(清)吳翌鳳箋注　清末石印本　八冊

320000－1607－0001613　208748

**音注小倉山房尺牘八卷**　(清)袁枚撰　(清)胡光斗箋釋　清宣統三年(1911)上海掃葉山房石印本　四冊

320000－1607－0001614　208773

**宋六十一家詞選十二卷**　(清)馮煦輯　清宣統二年(1910)上海掃葉山房石印本　四冊

320000－1607－0001615　208777

**姜白石全集七卷**　(宋)姜夔撰　(清)倪鴻編　清宣統二年(1910)上海掃葉山房石印本　二冊

320000－1607－0001616　208828

**陶淵明集十卷**　(晉)陶潛撰　清宣統元年(1909)影印本　四冊

320000－1607－0001617　208838

**詩經備旨八卷**　(清)鄒聖脈撰　清光緒十二年(1886)上海廣益書局石印本　八冊

320000－1607－0001618　208846

**東萊博議四卷**　(宋)呂祖謙撰　清光緒二十四年(1898)上海書局石印本　四冊

320000－1607－0001619　208872

**陶廬五憶一卷**　金武祥撰　清宣統三年(1911)刻本　一冊

320000－1607－0001620　208873

**陶廬續憶補詠一卷附一卷**　金武祥撰　清光緒三十一年(1905)刻本　一冊

320000－1607－0001621　208878

**儒門事親十五卷**　(明)張從正撰　清宣統二年(1910)上海千頃堂石印本　五冊　存十三卷(一至十一、十四至十五)

320000－1607－0001622　208883

**本草綱目五十二卷**　(明)李時珍撰　萬方鍼線八卷**　(清)蔡烈先輯　清刻本　十二冊

320000－1607－0001623　208908

**銀海精微二卷**　(唐)孫思邈撰　清光緒石印

本　一冊

320000－1607－0001624　208917

**定盦全集十三卷**　（清）龔自珍撰　清光緒二十九年（1903）文瑞樓石印本　四冊

320000－1607－0001625　208925

**曾文正公家書附：家訓、榮哀錄、大事記十七卷**　（清）曾國藩撰　清宣統元年（1909）章福記書局石印本　六冊

320000－1607－0001626　208957

**浪跡叢談十一卷續八卷**　（清）梁章鉅撰　清刻本　六冊

320000－1607－0001627　208963

**增批分類尺牘三十卷**　（清）王韜輯注　清光緒十四年（1888）上海珍藝書局石印本　六冊

320000－1607－0001628　208983

**史記菁華錄六卷**　（清）姚苧田輯　清石印本　一冊

320000－1607－0001629　208985

**祝枝山全集（懷星堂全集）三十卷**　（明）祝允明撰　清宣統二年（1910）中國書畫會影印明萬曆刻本　八冊

320000－1607－0001630　208997

**春秋穀梁傳集解十二卷**　（晉）范寧集解　清同治七年（1868）湖北崇文書局刻本　四冊

320000－1607－0001631　209001

**管子二十四卷**　清光緒元年（1875）湖北崇文書局刻本　四冊

320000－1607－0001632　209033

**古文觀止十二卷**　（清）吳乘權輯　清道光三十年（1850）常州宏文堂刻本　六冊

320000－1607－0001633　209039

**書經集傳六卷**　（清）蔡沈撰　清光緒十九年（1893）擷秀堂刻本　六冊

320000－1607－0001634　209057

**古文觀止十二卷**　（清）吳乘權輯　清光緒三十一年（1905）刻本　六冊

320000－1607－0001635　209066

**達生編二卷**　題（清）亟齋居士撰　清光緒五年（1879）常州樂善堂刻本　一冊

320000－1607－0001636　209067

**診宗三昧一卷**　（清）張璐撰　（清）張登等輯　清刻本　一冊

320000－1607－0001637　209068

**傷寒附翼二卷**　（清）柯琴撰　清光緒十二年（1886）刻本　一冊

320000－1607－0001638　209069

**溫毒病論一卷**　（清）邵登瀛撰　清嘉慶二十年（1815）刻本　一冊

320000－1607－0001639　209072

**春秋左傳杜注三十卷**　（晉）杜預注　（清）姚培謙撰　清同治五年（1866）金陵書局刻本　十冊

320000－1607－0001640　209093

**國朝先正事略六十卷**　（清）李元度撰　清光緒二十五年（1899）上海圖書集成局鉛印本　八冊

320000－1607－0001641　209101

**讀通鑑論十五卷附宋論十五卷**　（清）王夫之撰　清光緒三十年（1904）上海商務印書館鉛印本　十冊

320000－1607－0001642　209111

**歷代帝王年表四卷**　（清）齊召南編　清光緒二十八年（1902）上海石印本　一冊

320000－1607－0001643　209112

**全唐詩話六卷**　（宋）尤袤撰　清宣統三年（1911）上海三樂堂石印本　六冊

320000－1607－0001644　209128

**御批歷代通鑑輯覽一百二十卷**　（清）傅恆等編　清光緒二十四年（1898）上海圖書集成局石印本　二十四冊

320000－1607－0001645　209152

**天雨花三十回**　（清）陶貞懷撰　清同治八年（1869）刻本　三十冊

320000－1607－0001646　209182

呂子節錄四卷　（明）呂坤撰　（清）陳弘謀評輯　清嘉慶十三年(1808)刻本　一冊

320000－1607－0001647　209183

玉堂字彙四卷　（清）梅膺祚撰　清刻本　三冊　存三卷(一至二、四)

320000－1607－0001648　209279

詩韻合璧六卷　（清）湯文潞輯　清同治十二年(1873)刻本　六冊

320000－1607－0001649　209285

筆生花十六卷　（清）邱心如撰　清光緒二十年(1894)上海書局石印本　十六冊

320000－1607－0001650　209317

聖廟祀典圖考三卷孔孟聖蹟圖一卷崇聖祠攷一卷　（清）顧沅撰　清上海同文書局影印本　四冊

320000－1607－0001651　209354

串雅內編四卷　（清）趙學敏撰　清光緒十四年(1888)刻本　一冊

320000－1607－0001652　209355

達生編二卷　題(清)亟齋居士撰　清光緒五年(1879)常州培本堂善書局刻本　一冊

320000－1607－0001653　209356

羊毛瘟疫新論一卷　（清）劉文範撰　清同治十年(1871)刻本　一冊

320000－1607－0001654　209358

痘疹定論二卷　（清）朱純嘏撰　清刻本　一冊

320000－1607－0001655　209359

竹林寺婦科秘方一卷　（清）顧海洲輯　清光緒十六年(1890)刻本　一冊

320000－1607－0001656　209364

人壽金鑑二十二卷　（清）程得齡輯　清光緒元年(1875)湖北崇文書局刻本　六冊

320000－1607－0001657　209370

瀛環志略十卷附辯證一卷　（清）徐繼畬撰　清光緒二十四年(1898)新化三味書室刻本　六冊

320000－1607－0001658　209376

唐詩三百首注疏六卷　（清）孫洙輯　（清）章燮注　清光緒十八年(1892)寶文堂刻本　六冊

320000－1607－0001659　209382

唐詩三百首注疏六卷　（清）孫洙輯　（清）章燮注　清光緒十八年(1892)寶文堂刻本　六冊

320000－1607－0001660　209388

唐詩三百首注疏六卷　（清）孫洙輯　（清）章燮注　清光緒十八年(1892)寶文堂刻本　六冊

320000－1607－0001661　209406

唐詩三百首注疏六卷　（清）孫洙輯　（清）章燮注　清光緒十八年(1892)寶文堂刻本　六冊

320000－1607－0001662　209412

七家詩選六卷　（清）張熙宇輯評　清同治四年(1865)刻本　四冊

320000－1607－0001663　209474

古事比五十二卷　（清）方中德輯　清光緒三十年(1904)上海點石齋石印本　六冊

320000－1607－0001664　209481

尚友錄二十二卷　（明）廖用賢輯　清光緒十二年(1886)暢懷書屋石印本　六冊

320000－1607－0001665　209564

文選六十卷　（南朝梁）蕭統輯　（唐）李善注　清刻本　十六冊

320000－1607－0001666　209580

文選注六十卷　（南朝梁）蕭統輯　（唐）李善注　清刻本　十二冊

320000－1607－0001667　209592

醫林改錯二卷　（清）王清任撰　清光緒五年(1879)掃葉山房刻本　二冊

320000－1607－0001668　209594

紅豆村人詩稿十四卷　（清）袁樹撰　清刻本　二冊

320000 – 1607 – 0001669　209596

陶廬五憶一卷　金武祥撰　清宣統三年
(1911)刻本　一冊

320000 – 1607 – 0001670　209604

本草經讀四卷　(清)陳念祖撰　清光緒三十
四年(1908)刻本　二冊　存十八卷(一至十
四、十七至二十)

320000 – 1607 – 0001671　209608

杜工部文集二卷　(唐)杜甫撰　清大陸書局
石印本　二冊

320000 – 1607 – 0001672　209621

隨園女弟子詩選六卷　(清)袁枚輯　清光緒
十八年(1892)勤裕堂鉛印本　二冊

320000 – 1607 – 0001673　209623

陶廬後憶一卷　金武祥撰　清宣統元年
(1909)刻本　一冊

320000 – 1607 – 0001674　209624

盛世危言十六卷三編　(清)鄭觀應撰　清光
緒二十四年(1898)圖書集成局鉛印本　二冊
　存六卷(第一編全)

320000 – 1607 – 0001675　209637

胡文忠公遺集八十六卷　(清)胡林翼撰　清
同治六年(1867)刻本　三十二冊

320000 – 1607 – 0001676　209669

悔餘庵詩稿十三卷　(清)何杶撰　清同治四
年(1865)鳩江戎幄刻本　四冊

320000 – 1607 – 0001677　209673

悔餘庵詩稿十三卷　(清)何杶撰　清同治四
年(1865)鳩江戎幄刻本　四冊

320000 – 1607 – 0001678　209677

悔餘庵集句楹聯二卷　(清)何杶撰　清同治
元年(1862)刻本　二冊

320000 – 1607 – 0001679　209679

悔餘庵樂府四卷　(清)何杶撰　清同治四年
(1865)鳩江戎幄刻本　二冊

320000 – 1607 – 0001680　209681

悔餘庵樂府四卷　(清)何杶撰　清同治四年

(1865)鳩江戎幄刻本　一冊

320000 – 1607 – 0001681　209683

悔餘庵尺牘三卷　(清)何杶撰　清同治元年
(1862)刻本　一冊

320000 – 1607 – 0001682　209684

悔餘庵尺牘三卷　(清)何杶撰　清同治元年
(1862)刻本　一冊

320000 – 1607 – 0001683　209685

悔餘庵尺牘三卷　(清)何杶撰　清同治元年
(1862)刻本　一冊

320000 – 1607 – 0001684　209686

悔餘庵文稿九卷　(清)何杶撰　清同治四年
(1865)鳩江戎幄刻本　三冊

320000 – 1607 – 0001685　209689

御纂性理精義十二卷　(清)李光地輯　清刻
本　四冊

320000 – 1607 – 0001686　209693

蘇文忠公詩編注集成一百〇四卷　(宋)蘇軾
撰　(清)王文誥輯注　清光緒十四年(1888)
浙江書局刻本　二冊

320000 – 1607 – 0001687　209716

綏寇紀略十二卷補遺三卷　(清)吳偉業撰
清嘉慶九年(1804)張氏照曠閣刻本　五冊

320000 – 1607 – 0001688　209732

讀史兵略四十六卷　(清)胡林翼撰　清咸豐
十一年(1861)武昌節署刻本　十六冊

320000 – 1607 – 0001689　209748

史記菁華錄六卷　(清)姚苧田輯　清道光四
年(1824)刻本　六冊

320000 – 1607 – 0001690　209754

切韻考外篇三卷　(清)陳澧撰　清光緒五年
(1879)刻本　一冊

320000 – 1607 – 0001691　209755

五曹算經五卷　(唐)李淳風等注釋　夏侯陽
算經三卷　(□)夏侯陽撰　清刻本　一冊

320000 – 1607 – 0001692　209756

四書章句附考四卷四書章句集注定本辨一卷
四書家塾讀本句讀一卷 （清）吳志忠輯 清
嘉慶十六年(1811)刻本 一冊

320000－1607－0001693 209757

屈原賦注七卷通釋二卷 （清）戴震撰 音義
三卷 （清）汪梧鳳撰 清光緒十七年(1891)
廣雅書局刻本 一冊

320000－1607－0001694 209758

廣事類賦四十卷 （清）華希閔輯 清光緒刻
本 四冊

320000－1607－0001695 209762

有正味齋駢體文二十四卷 （清）吳錫麒撰
(清)王廣業箋 清咸豐五年(1855)刻本
六冊

320000－1607－0001696 209768

四書遵註合講不分卷 （清）翁復輯 清刻本
六冊

320000－1607－0001697 209774

論語集注十卷 （宋）朱熹集注 清光緒五年
(1879)山東書局刻本 四冊

320000－1607－0001698 209781

聲律通考十卷 （清）陳澧撰 清咸豐八年
(1858)刻本 一冊

320000－1607－0001699 209796

荀子三卷 清光緒元年(1875)湖北崇文書局
刻子書百家本 二冊

320000－1607－0001700 209808

春秋左傳補注十卷 （明）趙汸撰 清同治十
二年(1873)刻本 三冊

320000－1607－0001701 209811

大學一卷中庸一卷論語十卷孟子七卷 （宋）
朱熹章句 清同治十一年(1872)山東書局刻
本 六冊

320000－1607－0001702 209817

周禮六卷 （漢）鄭玄注 （唐）陸德明音義
清同治十一年(1872)山東書局刻本 六冊

320000－1607－0001703 209823

南宋書六十八卷 （明）錢士升撰 清嘉慶二
年(1797)掃葉山房刻本 十二冊

320000－1607－0001704 209835

周禮四十二卷 （漢）鄭玄注 （唐）陸德明音
義 清光緒清芬閣刻本 六冊

320000－1607－0001705 209842

楚辭集注八卷辯證二卷 （宋）朱熹撰 清光
緒三年(1877)湖北崇文書局刻本 一冊

320000－1607－0001706 209843

孟子編年四卷 （清）狄子奇撰 清光緒十三
年(1887)浙江書局刻本 一冊

320000－1607－0001707 209844

傅與礪文集十一卷 （元）傅若金撰 清刻朱
印本 二冊

320000－1607－0001708 209848

眉韻樓詩三卷 （清）孫雄撰 清光緒三十年
(1904)刻本 一冊

320000－1607－0001709 209853

三國志辨誤三卷 （宋）□□撰 清嘉慶十四
年(1809)海虞張氏刻墨海金壺本 一冊

320000－1607－0001710 209854

撫本禮記鄭注考異二卷 （清）張敦仁撰 清
嘉慶十一年(1806)刻本 一冊 存祀考上下

320000－1607－0001711 209855

鄧子一卷 清光緒元年(1875)湖北崇文書局
刻本 一冊

320000－1607－0001712 209856

周禮音訓不分卷 （清）楊國楨撰 清光緒三
年(1877)湖北崇文書局刻十一經音訓本
二冊

320000－1607－0001713 209858

後漢三公年表一卷附一卷 （清）華湛恩撰
清光緒十七年(1891)廣雅書局刻本 一冊

320000－1607－0001714 209859

灌香草堂初稿一卷 （清）吳蘭畹撰 清同治
五年(1866)刻本 一冊

320000－1607－0001715　209862

易緯乾坤鑿度二卷　（漢）鄭玄注　**易象意言一卷**　（宋）蔡淵撰　清活字印本　一冊

320000－1607－0001716　209863

絜齋毛詩經筵講義四卷　（宋）袁燮撰　清刻本　一冊

320000－1607－0001717　209870

孟子七卷　（宋）朱熹集注　清光緒五年（1879）山東書局刻本　四冊

320000－1607－0001718　209874

悔餘庵樂府四卷　（清）何栻撰　清同治四年（1865）鳩江戎幄刻本　一冊

320000－1607－0001719　209875

甕牖閒評八卷　（宋）袁文撰　清刻本　二冊

320000－1607－0001720　209877

白雲草堂文鈔四卷　（清）呂星垣撰　清嘉慶八年（1803）刻本　二冊

320000－1607－0001721　209881

三字經訓詁一卷　（清）王相撰　清同治九年（1870）刻本　一冊

320000－1607－0001722　209882

金剛經石注不分卷　（清）石成金注　清道光四年（1824）琉璃廠刻本　一冊

320000－1607－0001723　209883

雲谷雜記四卷首一卷末一卷　（宋）張淏撰　清刻本　二冊

320000－1607－0001724　209885

海藏樓詩八卷　鄭孝胥撰　清光緒二十八年（1902）武昌精刻本　二冊

320000－1607－0001725　209887

漢書地理志校本二卷　（清）汪遠孫撰　清道光二十八年（1848）振綺堂刻振綺堂叢書本　二冊

320000－1607－0001726　209889

尚書大傳四卷　（漢）鄭玄注　**補遺一卷續補遺一卷**　（清）盧文弨輯　**考異一卷**　（清）盧文弨撰　清光緒三年（1877）湖北崇文書局刻本　一冊

320000－1607－0001727　209890

闕史二卷　（唐）高彥休撰　清光緒三年（1877）湖北崇文書局刻本　一冊

320000－1607－0001728　209891

司馬氏書儀十卷　（宋）司馬光撰　清同治七年（1868）江蘇書局刻本　一冊

320000－1607－0001729　209892

性理字訓不分卷　（宋）程端蒙撰　（宋）程若庸補輯　清光緒八年（1882）宏道堂刻本　一冊

320000－1607－0001730　209893

勸學篇二卷　（清）張之洞撰　清光緒二十四年（1898）宜昌墨池書院刻本　一冊

320000－1607－0001731　209897

嶺南集八卷　（清）杭世駿撰　**校記一卷**　（清）蔡伯慈撰　清光緒七年（1881）學海堂刻本　三冊

320000－1607－0001732　209900

涑水記聞十六卷補遺一卷　（宋）司馬光撰　清光緒三年（1877）湖北崇文書局刻本　四冊

320000－1607－0001733　209907

國語明道本攷異四卷　（清）汪遠孫撰　清道光二十六年（1846）刻本　一冊

320000－1607－0001734　209908

國語明道本攷異四卷　（清）汪遠孫撰　清道光二十六年（1846）刻本　一冊

320000－1607－0001735　209909

國語二十一卷　（三國吳）韋昭解　**校刊明道本韋氏解國語札記一卷**　（清）黃丕烈撰　**國語明道本攷異四卷**　（清）汪遠孫撰　清同治八年（1869）湖北崇文書局刻本　四冊

320000－1607－0001736　209913

國語二十一卷　（三國吳）韋昭解　**校刊明道本韋氏解國語札記一卷**　（清）黃丕烈撰　**國語明道本攷異四卷**　（清）汪遠孫撰　清同治八年（1869）湖北崇文書局刻本　四冊

320000－1607－0001737　209917

世說新語六卷　（南朝宋）劉義慶撰　（南朝梁）劉孝標注　清光緒三年(1877)湖北崇文書局刻本　二冊

320000－1607－0001738　209919

駢雅訓纂七卷首一卷　（清）魏茂林撰　清光緒十二年(1886)刻本　六冊

320000－1607－0001739　209925

國語二十一卷　（三國吳）韋昭解　校刊明道本韋氏解國語札記一卷　（清）黃丕烈撰　清同治八年(1869)湖北崇文書局刻本　四冊

320000－1607－0001740　209929

魏武帝集一卷　（漢）曹操撰　清光緒十八年(1892)刻本　一冊

320000－1607－0001741　209930

魏武帝集二卷　（漢）曹操撰　清光緒十八年(1892)刻本　二冊

320000－1607－0001742　209933

外科症治全生集四卷　（清）王維德撰　清同治十年(1871)刻本　一冊

320000－1607－0001743　209934

寄鷗存稿一卷沅蘭詞一卷　（清）任道鎔撰　清光緒十三年(1887)刻本　一冊

320000－1607－0001744　209936

周易本義四卷　（宋）朱熹撰　清光緒十二年(1886)湖北官書處刻本　二冊

320000－1607－0001745　209938

增訂金壺字考一卷附一卷　（清）郝在田撰　清光緒四年(1878)刻本　一冊

320000－1607－0001746　209939

大學章句一卷中庸章句一卷　（宋）朱熹撰　清光緒五年(1879)山東書局刻本　二冊

320000－1607－0001747　209941

論語筆解二卷　（唐）韓愈　（唐）李翱撰　清刻古經解彙函本　一冊

320000－1607－0001748　209942

論語集解義疏十卷　（三國魏）何晏集解　（南朝梁）皇侃義疏　清乾隆、嘉慶鮑廷博刻

知不足齋叢書本　四冊

320000－1607－0001749　209947

施注蘇詩四十二卷總目二卷　（宋）蘇軾撰　（宋）施元之　（宋）顧禧注　（清）邵長蘅等刪補　蘇詩續補遺補注二卷　（宋）蘇軾撰　（清）馮景補注　清刻本　九冊

320000－1607－0001750　209956

馬端肅公奏議十六卷　（明）馬文升撰　清刻本　四冊

320000－1607－0001751　209970

三輔黃圖六卷　（□）□□撰　清乾隆五十六年(1791)刻增訂漢魏叢書本　一冊

320000－1607－0001752　209971

帕米爾圖說一卷　（清）許景澄撰　清光緒二十三年(1897)石印本　一冊

320000－1607－0001753　209972

便蒙四書十九卷　（宋）朱熹撰　清光緒四年(1878)常州劉氏刻本　四冊

320000－1607－0001754　210014

段氏說文注訂八卷　（清）鈕樹玉撰　清同治十三年(1874)崇文書局刻本　一冊　存四卷（一至四）

320000－1607－0001755　210017

慧山記四卷　（明）釋圓顯輯　清咸豐七年(1857)刻本　二冊

320000－1607－0001756　210019

循陔錄二卷　（清）方希孟撰　清光緒六年(1880)刻本　一冊

320000－1607－0001757　210024

儗若思齋集研幾錄二卷　（清）李顒撰　清道光二十三年(1843)刻本　一冊

320000－1607－0001758　210025

莪園白話一卷　（清）彭澧撰　清光緒九年(1883)刻本　一冊

320000－1607－0001759　210026

桴亭先生詩鈔八卷　（清）陸世儀撰　清光緒二年(1876)安道書院刻本　二冊

320000 – 1607 – 0001760　210028

象言破疑二卷　（清）劉一明撰　清光緒六年(1880)刻本　一冊

320000 – 1607 – 0001761　210029

尚書表注二卷　（宋）金履祥撰　清同治八年(1869)刻本　一冊

320000 – 1607 – 0001762　210030

增注少喦賦草四卷　（清）夏思沺撰　清光緒二十三年(1897)刻本　三冊

320000 – 1607 – 0001763　210035

遲憩山房詩四卷附痛飲詞一卷　（清）楊希閔撰　清同治元年(1862)刻本　一冊

320000 – 1607 – 0001764　210036

字學舉隅不分卷　（清）龍啓瑞撰　清光緒八年(1882)刻本　一冊

320000 – 1607 – 0001765　210038

曾文正公詩集四卷　（清）曾國藩撰　清同治十三年(1874)傳忠書局刻本　一冊

320000 – 1607 – 0001766　210040

幼學須知句解四卷　（清）程允升撰　清光緒二十四年(1898)刻本　四冊

320000 – 1607 – 0001767　210044

幼學句解四卷　（清）程允升撰　清光緒三十二年(1906)常州晉升山房刻本　一冊

320000 – 1607 – 0001768　210045

慧山記續編三卷首一卷　（清）邵涵初輯　清咸豐九年(1859)刻本　四冊

320000 – 1607 – 0001769　210053

春在堂雜文二十三卷　（清）俞樾撰　清光緒二十五年(1899)刻本　八冊

320000 – 1607 – 0001770　210061

古文觀止十二卷　（清）吳乘權輯　清光緒十四年(1888)刻本　六冊

320000 – 1607 – 0001771　210079

禮記旁訓六卷　（清）徐立綱撰　清光緒二十四年(1898)刻本　六冊

320000 – 1607 – 0001772　210085

春秋左傳杜注三十卷　（晉）杜預注　（清）姚培謙補輯　清光緒二十二年(1896)新化三味堂刻本　十五冊

320000 – 1607 – 0001773　210134

斯文精萃不分卷　（清）尹繼善輯　清刻本　十二冊

320000 – 1607 – 0001774　210146

鮚埼亭集三十八卷經史問答十卷　（清）全祖望撰　清嘉慶九年(1804)刻本　十二冊

320000 – 1607 – 0001775　210158

五洲圖考一卷　（清）龔柴　（清）許彬等撰　清光緒二十四年(1898)上海徐家匯印書館鉛印本　四冊

320000 – 1607 – 0001776　210162

莊子因六卷　（清）林雲銘撰　清光緒六年(1880)常州培本堂善書局刻本　四冊

320000 – 1607 – 0001777　210166

國語校注本三種廿九卷　（清）汪遠孫輯　清道光二十六年(1846)振綺堂刻振綺堂遺書本　四冊

320000 – 1607 – 0001778　210174

養蒙針度五卷　（清）潘子聲撰　清光緒三年(1877)刻本　四冊

320000 – 1607 – 0001779　210178

悔餘庵詩稿十三卷　（清）何栻撰　清同治四年(1865)鳩江戎幄刻本　四冊

320000 – 1607 – 0001780　210182

毛詩禮徵十卷　（清）包世榮撰　清光緒十四年(1888)刻本　四冊

320000 – 1607 – 0001781　210190

傷寒大白四卷總論一卷　（清）秦之楨撰　清光緒十年(1884)遠讀樓刻本　四冊

320000 – 1607 – 0001782　210200

詩經八卷　（宋）朱熹集傳　清金陵李氏狀元閣刻本　六冊

320000 – 1607 – 0001783　210206

書經六卷　（宋）蔡沈集傳　清泰興九經堂書莊刻本　六冊

320000－1607－0001784　210212

唐詩三百首注疏六卷　（清）孫洙輯　（清）章燮注　清光緒十八年(1892)江陰寶文堂刻本　二冊

320000－1607－0001785　210226

南陽會海對類二十卷　（明）鍾惺校訂　清嘉慶十二年(1807)刻本　六冊

320000－1607－0001786　210232

古文翼八卷　（清）唐德宜輯　清刻本　八冊

320000－1607－0001787　210241

出使日記續刻十卷　（清）薛福成撰　清光緒二十四年(1898)刻本　十冊

320000－1607－0001788　210255

古唐詩合解十二卷　（清）王堯衢輯並注　清光緒十八年(1892)刻本　四冊

320000－1607－0001789　210263

讀書偶識十卷附一卷　（清）鄒漢勛撰　清道光十三年(1833)刻本　四冊

320000－1607－0001790　210268

相臺五經九十五卷　（宋）岳珂輯　清光緒二年(1876)江南書局刻本　三冊　存十卷(一至十)

320000－1607－0001791　210271

狀元尚書六卷　（宋）蔡沈集傳　清光緒五年(1879)宜興文德堂刻本　五冊

320000－1607－0001792　210279

黃州課士錄八卷　（清）周錫恩輯　清光緒十七年(1891)刻本　四冊　存七卷(一至七)

320000－1607－0001793　210283

賓萌集六卷外集四卷　（清）俞樾撰　清光緒二十五年(1899)刻本　四冊

320000－1607－0001794　210287

花鏡六卷　（清）陳淏子撰　清刻本　六冊

320000－1607－0001795　210293

典故列女傳四卷　題（清）曉星樵人校　清宣統元年(1909)仁記書局刻本　四冊

320000－1607－0001796　210297

秣陵集六卷　（清）陳文述撰　清光緒十年(1884)淮南書局刻本　三冊

320000－1607－0001797　210300

漢學商兌四卷　（清）方東樹撰　清光緒八年(1882)刻本　四冊

320000－1607－0001798　210304

藍山詩集六卷　（明）藍仁撰　清刻本　三冊

320000－1607－0001799　210307

史記選六卷　（清）儲欣評選　清光緒九年(1883)刻本　四冊

320000－1607－0001800　210317

爾雅注疏十一卷　（晉）郭璞注　（宋）邢昺疏　清嘉慶七年(1802)刻本　六冊

320000－1607－0001801　210323

爾雅注疏十一卷　（晉）郭璞注　（宋）邢昺疏　清嘉慶七年(1802)刻本　六冊

320000－1607－0001802　210329

爾雅直音二卷　（清）孫侻輯　清光緒六年(1880)刻本　二冊

320000－1607－0001803　210331

對數便讀六卷首一卷　（清）程錫類輯　清刻本　四冊

320000－1607－0001804　210335

敬承堂憶存二卷　（清）鍾峻撰　清同治十三年(1874)活字印本　二冊

320000－1607－0001805　210337

格言聯璧一卷　（清）金纓輯　清光緒十六年(1890)刻本　二冊

320000－1607－0001806　210341

于肅愍公集八卷附錄一卷拾遺一卷　（清）于謙撰　清刻本　二冊

320000－1607－0001807　210345

參同契經文直指三卷附五卷　（漢）魏伯陽撰

（清）劉一明解　清光緒六年(1880)上海羽化堂刻本　二冊

320000－1607－0001808　210347
澄懷主人自訂年譜六卷　（清）張廷玉撰　清光緒六年(1880)刻本　二冊

320000－1607－0001809　210349
環遊地球新錄四卷　（清）李圭撰　清光緒四年(1878)刻本　二冊

320000－1607－0001810　210352
悔餘庵樂府四卷　（清）何栻撰　清同治四年(1865)鳩江戎幄刻本　二冊

320000－1607－0001811　210354
吳學士詩集五卷　（清）吳熙撰　（清）梁肇煌（清）薛時雨編訂　清光緒八年(1882)江寧藩署刻本　二冊

320000－1607－0001812　210356
葉氏醫效秘傳三卷　（清）葉桂撰　清道光十一年(1831)刻本　三冊

320000－1607－0001813　210362
悔餘庵集句楹聯二卷　（清）何栻撰　清同治元年(1862)刻本　二冊

320000－1607－0001814　210364
趨庭瑣語八卷　（清）史澄撰　清光緒十一年(1885)繼園刻本　二冊

320000－1607－0001815　210366
唐詩三百首續選一卷　（清）于慶元輯　清道光十七年(1837)刻本　二冊

320000－1607－0001816　210368
茗柯文初編一卷二編二卷三編一卷四編一卷　（清）張惠言撰　清光緒七年(1881)刻本　二冊

320000－1607－0001817　210374
東萊集二十卷首一卷　（宋）呂祖謙撰　（清）王崇炳輯　清同治、光緒退補齋刻本　十冊

320000－1607－0001818　210384
藥性賦四卷　（金）李杲撰　清光緒三十三年(1907)掃葉山房刻本　二冊

320000－1607－0001819　210386
藥性解六卷　（清）李中梓輯　清刻本　二冊

320000－1607－0001820　210388
選注六朝唐賦一卷　（清）馬傳庚輯注　清同治十三年(1874)刻本　二冊

320000－1607－0001821　210390
選注六朝唐賦一卷　（清）馬傳庚輯注　清同治十三年(1874)刻本　二冊

320000－1607－0001822　210392
仁山先生金文安公文集五卷　（宋）金履祥撰　清同治、光緒退補齋刻金華叢書本　二冊

320000－1607－0001823　210394
石遺室文集十二卷附一卷　陳衍撰　清光緒三十三年(1907)刻本　二冊

320000－1607－0001824　210396
增訂左傳類對賦不分卷　（宋）徐晉卿撰（清）高士奇注　清綠潤堂刻本　二冊

320000－1607－0001825　210398
忠簡公集七卷　（宋）宗澤撰　辨譌考異一卷（清）胡鳳丹撰　清同治八年(1869)永康胡氏退補齋刻金華叢書本　二冊

320000－1607－0001826　210400
功過案(感應類鈔)十二卷　（清）史潔珵輯　清同治十年(1871)刻本　二冊

320000－1607－0001827　210402
暗室燈注解四卷　（清）□□撰　清道光二十二年(1842)積厚堂刻本　四冊

320000－1607－0001828　210406
莫愁湖志六卷　（清）馬士圖撰　清光緒八年(1882)刻本　二冊

320000－1607－0001829　210408
在官法戒錄四卷　（清）陳弘謀輯　清光緒二十一年(1895)浙江蘇局刻五種遺規本　二冊

320000－1607－0001830　210410
處分則例圖要六卷　（清）蔡逢年繪編　清同治八年(1869)刻本　二冊

320000－1607－0001831　210414

王叔和脈訣辯真四卷　（晉）王叔和撰　（明）張世賢圖注　清刻本　二冊

320000－1607－0001832　210416

魏武帝集一卷　（漢）曹操撰　清光緒十八年(1892)善化章經濟堂刻漢魏六朝百三名家集本　一冊

320000－1607－0001833　210420

會海對類二十卷　（明）吳望輯　清同治七年(1868)宏文堂刻本　六冊

320000－1607－0001834　210426

古文觀止十二卷　（清）吳乘權輯　清宣統三年(1911)常州晉升山房刻本　六冊

320000－1607－0001835　210432

禮記十卷　（元）陳澔集說　清善成堂刻本　十冊

320000－1607－0001836　210444

皇清經解檢目八卷　（清）蔡啓盛撰　清光緒十二年(1886)刻本　二冊

320000－1607－0001837　210446

賓萌集五卷補一卷　（清）俞樾撰　清同治九年(1870)刻本　二冊

320000－1607－0001838　210448

經籍訪古志六卷補遺一卷　（日本）澀江全善等撰　清光緒十一年(1885)鉛印本　七冊

320000－1607－0001839　210463

書目答問二卷　（清）張之洞撰　清光緒元年(1875)補拙軒刻本　二冊

320000－1607－0001840　210468

求己錄三卷　（清）盧涇遯士撰　清光緒二十二年(1896)刻本　三冊

320000－1607－0001841　210471

隋經籍志考證十三卷　（清）章宗源撰　清道光二十八年(1848)刻本　四冊

320000－1607－0001842　210475

越諺三卷附越諺剩語二卷　（清）范寅輯　清光緒八年(1882)谷應山房刻本　三冊

320000－1607－0001843　210478

古詩選三十二卷　（清）王士禎輯　清同治五年(1866)金陵書局刻本　八冊

320000－1607－0001844　210486

論語十卷孟子七卷　（宋）朱熹集注　清武進陳氏亦園刻四書集注本　五冊

320000－1607－0001845　210492

明文在一百卷　（清）薛熙撰　清光緒十五年(1889)江蘇書局刻本　十冊

320000－1607－0001846　210502

躬恥齋文鈔二十卷後編六卷首一卷　（清）宗稷辰撰　清咸豐元年(1851)越峴山館刻本　十八冊

320000－1607－0001847　210520

躬恥齋文鈔十四卷附八卷　（清）宗稷辰撰　清咸豐九年(1859)刻本　八冊

320000－1607－0001848　210528

大學一卷中庸一卷　（宋）朱熹集注　清光緒十二年(1886)湖北官書處刻本　一冊

320000－1607－0001849　210529

孟子七卷　（宋）朱熹集注　清光緒十二年(1886)湖北官書處刻本　三冊

320000－1607－0001850　210534

方正學先生遜志齋集七卷首一卷　（明）方孝孺撰　清同治四年(1865)刻本　七冊

320000－1607－0001851　210541

儀禮鄭注句讀十七卷監本正誤一卷石本正誤一卷附校勘記一卷　（漢）鄭玄注　清同治十一年(1872)山東書局刻本　六冊

320000－1607－0001852　210549

元史新編九十五卷　（清）魏源撰　清光緒三十一年(1905)邵陽魏氏慎微堂刻本　三十二冊

320000－1607－0001853　210581

宋朝事實二十卷　（宋）李攸撰　清刻本　六冊

320000－1607－0001854　210587

說文校議十五卷　（清）姚文田　（清）嚴可均撰　清同治十三年（1874）歸安姚氏刻本五冊

320000－1607－0001855　210601

積古齋鐘鼎彝器款識十卷　（清）阮元　（清）朱爲弼撰　清光緒五年（1879）刻本　四冊

320000－1607－0001856　210608

抱朴子内編四卷外編二卷　（晉）葛洪撰　清光緒元年（1875）湖北崇文書局刻本　三冊

320000－1607－0001857　210611

史通削繁四卷　（清）紀昀撰　清光緒元年（1875）湖北崇文書局刻本　四冊

320000－1607－0001858　210615

積古齋鐘鼎彝器款識十卷首一卷　（清）阮元　（清）朱爲弼撰　清嘉慶九年（1804）刻本十冊

320000－1607－0001859　210629

劉氏傳忠錄四卷　（宋）劉學裘輯　清光緒三十一年（1905）活字印本　二冊

320000－1607－0001860　210631

劉氏傳忠錄四卷　（宋）劉學裘輯　清光緒十二年（1886）毘陵新安佩三堂活字印本　二冊

320000－1607－0001861　210633

近思錄集注十四卷附二卷　（清）江永撰　清光緒三十年（1904）刻本　六冊

320000－1607－0001862　210639

梅村集（吳詩辨正）二十卷　（清）吳偉業撰　（清）任光奇校　清光緒二十五年（1899）刻本四冊

320000－1607－0001863　210643

練兵實紀九卷雜集六卷　（明）戚繼光撰　清刻本　六冊

320000－1607－0001864　210653

詩經八卷　（宋）朱熹集傳　清光緒三十年（1904）日升山房刻本　四冊

320000－1607－0001865　210659

易經精華六卷末一卷　（清）薛嘉穎輯　清光

緒九年（1883）刻本　四冊

320000－1607－0001866　210663

李長吉昌谷集句解定本四卷　（唐）李賀撰　（清）丘象隨注　清刻本　二冊

320000－1607－0001867　210667

西湖柳枝詞五卷　（清）王昶輯　清嘉慶六年（1801）刻本　二冊

320000－1607－0001868　210669

爾雅直音二卷　（清）孫偭輯　清光緒二十一年（1895）刻本　二冊

320000－1607－0001869　210689

鐵橋漫稿八卷　（清）嚴可均撰　清光緒十一年（1885）刻本　二冊

320000－1607－0001870　210693

李文公集十八卷補遺一卷附錄一卷　（唐）李翱撰　清光緒元年（1875）讀有用書齋刻本二冊

320000－1607－0001871　210697

三國志六十五卷　（晉）陳壽撰　（南朝宋）裴松之注　清同治十年（1871）成都書局刻本十四冊

320000－1607－0001872　210725

百老吟一卷　（清）錢溯耆輯　清宣統二年（1910）太倉錢氏聽邠館刻本　一冊

320000－1607－0001873　210726

劉海峯文鈔一卷　（清）劉大櫆撰　（清）張惠言選　清光緒十五年（1889）刻大亨山館叢書本　一冊

320000－1607－0001874　210727

禹貢本義一卷　楊守敬撰　清光緒三十二年（1906）刻本　一冊

320000－1607－0001875　210733

潛采堂宋元人集目錄一卷　（清）朱彝尊撰清宣統三年（1911）葉德輝觀古堂刻本　一冊

320000－1607－0001876　210744

江南高等學堂課藝不分卷　（清）汪樹堂輯清光緒二十九年（1903）刻本　一冊

320000 – 1607 – 0001877　210745
**江南高等學堂課藝不分卷**　(清)汪樹堂輯
清光緒二十九年(1903)刻本　一冊

320000 – 1607 – 0001878　210748
**孝經集注一卷**　(清)潘任撰　清光緒三十三
年(1907)刻本　一冊

320000 – 1607 – 0001879　210751
**敬承堂詩稿刪存一卷**　(清)鍾峻撰　清同治
十三年(1874)活字印本　一冊

320000 – 1607 – 0001880　210752
**纑塘集不分卷**　(清)顧貞觀撰　清光緒七年
(1881)枕經葄史齋刻本　一冊

320000 – 1607 – 0001881　210753
**得頤堂范言二卷**　(清)鄒湘倜撰　清同治五
年(1866)刻本　一冊

320000 – 1607 – 0001882　210754
**倚梅閣詩集四卷詞一卷**　(清)沈韻蘭撰　清
宣統元年(1909)活字印本　一冊

320000 – 1607 – 0001883　210755
**孟子雜記四卷**　(明)陳士元撰　清光緒十七
年(1891)刻本　一冊

320000 – 1607 – 0001884　210757
**最樂編六卷**　(明)魏大中撰　(明)高道淳輯
(清)徐寶善增訂　清同治二年(1863)刻本
一冊

320000 – 1607 – 0001885　210758
**增注傷寒類證活人書三卷**　(宋)朱肱撰　清
光緒十二年(1886)刻本　一冊

320000 – 1607 – 0001886　210759
**墨卷大醇新編不分券**　(清)高敏輯　清道光
二十年(1840)刻本　一冊

320000 – 1607 – 0001887　210761
**覆瓴詞一卷**　(宋)趙必瑑撰　清光緒刻本
一冊

320000 – 1607 – 0001888　210762
**藤香草堂詞稿一卷**　(清)薛時雨撰　清咸豐
十一年(1861)刻本　一冊

320000 – 1607 – 0001889　210764
**知非齋古文錄一卷**　(清)沈湛鈞撰　清光緒
三十二年(1906)刻本　一冊

320000 – 1607 – 0001890　210765
**姓氏急就篇二卷**　(明)王應麟撰　清刻本
一冊

320000 – 1607 – 0001891　210766
**昭文邵氏聯珠集不分卷**　(清)邵震亨輯　清
刻本　一冊

320000 – 1607 – 0001892　210767
**塵遠齋賦賸不分卷**　(清)顧瓚撰　清光緒二
十一年(1895)刻本　一冊

320000 – 1607 – 0001893　210768
**原富賸義不分卷**　(清)周仁撰　清光緒三十
二年(1906)刻本　一冊

320000 – 1607 – 0001894　210769
**四書小參一卷問答一卷**　(明)朱斯行撰　清
刻本　一冊

320000 – 1607 – 0001895　210770
**續倖存錄一卷**　(明)夏完淳撰　清刻本
一冊

320000 – 1607 – 0001896　210772
**四書逸箋六卷**　(清)程大中撰　清光緒十七
年(1891)刻本　一冊

320000 – 1607 – 0001897　210773
**歷代帝王紀要二卷附一卷**　(清)王大煇輯
清刻本　一冊

320000 – 1607 – 0001898　210774
**周書王會補注一卷**　(宋)王應麟撰　清刻本
一冊

320000 – 1607 – 0001899　210776
**爾雅直音二卷**　(清)孫侃輯　清光緒六年
(1880)刻本　二冊

320000 – 1607 – 0001900　210779
**千家詩注解二卷**　(宋)謝枋得輯　(清)王相
注　清光緒二十五年(1899)上海著易堂書局
鉛印本　一冊

320000 – 1607 – 0001901　210780

暨陽答問四卷　（清）蔣彤撰　清光緒三年
(1877)洗心玩易之室刻本　一冊

320000 – 1607 – 0001902　210781

馬一齋先生遺書不分卷　（清）馬翩飛撰　清
道光十七年(1837)刻本　一冊

320000 – 1607 – 0001903　210782

尚書伸孔篇一卷　（清）焦廷琥撰　清光緒十
四年(1888)廣雅書局刻本　一冊

320000 – 1607 – 0001904　210783

潛盧篋存草四卷　（清）沈景譔撰　清光緒二
十一年(1895)刻本　一冊

320000 – 1607 – 0001905　210784

振新輯要三卷　（清）徐國楨　（清）蔡廷梅輯
　清光緒三十三年(1907)杭州鉛印本　一冊

320000 – 1607 – 0001906　210786

秋夢盦詞鈔二卷續一卷　（清）葉衍蘭撰　清
光緒十六年(1890)刻本　一冊

320000 – 1607 – 0001907　210788

呂城雜詠一卷附二卷　（清）黃之晉撰　清道
光二十三年(1843)刻本　一冊

320000 – 1607 – 0001908　210789

謝宣城集一卷　（南朝齊）謝朓撰　清光緒十
八年(1892)刻本　一冊

320000 – 1607 – 0001909　210790

傅中丞集一卷　（晉）傅咸撰　清光緒十八年
(1892)刻本　一冊

320000 – 1607 – 0001910　210791

亦嘯山房詩存一卷　（清）楊白元撰　清刻本
　一冊

320000 – 1607 – 0001911　210792

孫明復小集三卷　（宋）孫復撰　清光緒十五
年(1889)刻本　二冊

320000 – 1607 – 0001912　210795

平定羅刹方略四卷附二卷　（清）□□撰　清
光緒刻本　一冊

320000 – 1607 – 0001913　210797

山家清供二卷　（宋）林洪撰　清刻本　一冊

320000 – 1607 – 0001914　210801

達生篇二卷　題（清）亟齋居士撰　清光緒五
年(1879)常州培本堂善書局刻本　一冊

320000 – 1607 – 0001915　210802

戊申楚遊草一卷　（清）黃爵滋撰　清光緒三
十四年(1908)刻本　一冊

320000 – 1607 – 0001916　210806

振新輯要三卷　（清）徐國楨　（清）蔡廷梅輯
　清光緒三十三年(1907)杭州鉛印本　一冊

320000 – 1607 – 0001917　210809

論學酬答四卷　（清）陸世儀撰　清光緒三十
四年(1908)刻本　一冊

320000 – 1607 – 0001918　210810

方宦售世文一卷　（清）顧曾烜撰　清光緒二
十三年(1897)九峻官廨刻本　一冊

320000 – 1607 – 0001919　210811

羅浮待鶴山房談玄詩草一卷　（清）鄭觀應撰
　清光緒二十四年(1898)刻本　一冊

320000 – 1607 – 0001920　210812

虞東先生文錄八卷　（清）顧鎮撰　清道光十
七年(1837)刻本　一冊

320000 – 1607 – 0001921　210813

孫馮翊集不分卷　（晉）孫楚撰　清光緒十八
年(1892)善化章經濟堂刻漢魏六朝百三名家
集本　一冊

320000 – 1607 – 0001922　210814

劉給諫文集五卷　（宋）劉安上撰　清同治十
二年(1873)孫衣言刻永嘉詩人祠堂叢刻本
一冊

320000 – 1607 – 0001923　210815

王寧朔集一卷　（南朝齊）王融撰　清光緒十
八年(1892)刻本　一冊

320000 – 1607 – 0001924　210816

傷寒類方一卷　（清）徐大椿撰　清刻本
一冊

320000－1607－0001925　210818
大唐創業起居注三卷　（唐）温大雅撰　清光
緒三十一年(1905)刻本　一冊

320000－1607－0001926　210825
易例輯略一卷　（清）龐大堃撰　清光緒刻本
　一冊

320000－1607－0001927　210826
丁女[畹芬]貞孝錄一卷　（清）丁承衍輯　清
光緒二十七年(1901)活字印本　一冊

320000－1607－0001928　210827
[孝子顧菊友公]素行錄一卷　（清）卓秉恬撰
　清同治十年(1871)刻本　一冊

320000－1607－0001929　210828
法學通論不分卷　（日本）磯谷幸次郎撰　王
國維譯　清光緒二十八年(1902)刻本　一冊

320000－1607－0001930　210836
陸平原集二卷　（晉）陸機撰　清光緒十八年
(1892)刻漢魏六朝百三名家集本　二冊

320000－1607－0001931　210838
考訂朱子世家不分卷　（清）江永撰　清同治
八年(1869)刻本　一冊

320000－1607－0001932　210839
聲調譜說二卷　（清）吳紹澯撰　清光緒十八
年(1892)刻本　一冊

320000－1607－0001933　210840
四書不二字音釋一卷　（清）楊昕撰　清道光
十九年(1839)刻本　一冊

320000－1607－0001934　210841
課子隨筆續編一卷　（清）徐桐輯　清嘉慶十
八年(1813)刻本　一冊

320000－1607－0001935　210842
庸庵文外編四卷　（清）薛福成撰　清光緒十
九年(1893)刻本　四冊

320000－1607－0001936　210846
庸庵文外編四卷　（清）薛福成撰　清光緒十
九年(1893)刻本　四冊

320000－1607－0001937　210850
古文觀止十二卷　（清）吳乘權輯　清光緒十
四年(1888)毗陵李氏麟玉山房刻本　六冊

320000－1607－0001938　210857
桴華館駢體文一卷　（清）董基誠　（清）董祐
誠撰　清光緒十四年(1888)活字印本　一冊

320000－1607－0001939　210858
漢書地理志校本二卷　（清）汪遠孫撰　清同
治十年(1871)胡氏退補齋刻本　一冊

320000－1607－0001940　210859
古文一隅三卷　（清）朱宗洛輯　清刻本
一冊

320000－1607－0001941　210863
嘉定屠城紀略一卷附二卷　（清）朱子素撰
清刻本　一冊

320000－1607－0001942　210864
倖存錄二卷　（明）夏允彝撰　清刻本　一冊

320000－1607－0001943　210865
官書摘抄不分卷　（清）羅汝懷輯　清同治四
年(1865)刻本　一冊

320000－1607－0001944　210866
松窗快筆一卷　（明）龔立本撰　海虞畫苑略
一卷補遺一卷　（清）魚翼撰　清同治十三年
(1874)虞山顧氏刻小石山房叢書本　一冊

320000－1607－0001945　210867
增廣大生要旨五卷　（清）唐千頃撰　（清）葉
灝增訂　清光緒十年(1884)掃葉山房刻本
一冊

320000－1607－0001946　210869
鄉會墨存稿澹香軒試帖不分卷　（清）董似穀
輯　清同治六年(1867)刻本　一冊

320000－1607－0001947　210870
會典簡明錄一卷　（清）張祥河輯　清道光六
年(1826)刻本　一冊

320000－1607－0001948　210871
唐書西域傳注四卷　（清）沈惟賢撰　清光緒
二十四年(1898)刻本　一冊

320000－1607－0001949　210872

定海遺愛錄一卷附一卷　（清）□□撰　清光
緒十七年(1891)刻本　一冊

320000－1607－0001950　210873

吳地記一卷後集一卷　（唐）陸廣微撰　清同
治十二年(1873)江蘇書局刻本　一冊

320000－1607－0001951　210874

訓蒙捷徑不分卷　（清）黃慶澄撰　清刻本
一冊

320000－1607－0001952　210875

問湘樓駢文初稿二卷　（清）胡念修撰　清光
緒二十四年(1898)刻本　一冊

320000－1607－0001953　210876

惜抱軒今體詩鈔十八卷　（清）姚鼐撰　清同
治五年(1866)刻本　一冊　存九卷(一至九)

320000－1607－0001954　210879

千家詩箋注二卷增補重訂二卷　（清）王晉升
輯注　清光緒元年(1875)文會堂刻本　一冊

320000－1607－0001955　210880

醉園齋曰詞不分卷　（清）蔣萼撰　清光緒三
十一年(1905)鉛印本　一冊

320000－1607－0001956　210885

庚星遺稿一卷　（清）陸咸清撰　清光緒三十
年(1904)刻本　一冊

320000－1607－0001957　210887

古文筆法百篇二十卷首一卷　（清）李扶九輯
　清光緒八年(1882)刻本　一冊　存二卷
(一至二)

320000－1607－0001958　210888

志道集一卷　（宋）顧禧撰　清光緒三十三年
(1907)刻本　一冊

320000－1607－0001959　210889

養兵秘訣不分卷　（日本）倉過明俊撰　清光
緒二十八年(1902)鉛印本　一冊

320000－1607－0001960　210890

春秋左傳句解六卷　（清）韓菼輯　清光緒刻
本　六冊

320000－1607－0001961　210901

江蘇己酉選拔科卷不分卷　（清）錢衡璋輯
清刻本　一冊

320000－1607－0001962　210902

支那教案論不分卷　（英國）宓克撰　嚴復譯
　清光緒十八年(1892)南洋公學譯書院鉛印
本　一冊

320000－1607－0001963　210904

雙節堂庸訓六卷　（清）汪輝祖撰　清光緒十
二年(1886)山東書局刻龍莊遺書本　一冊

320000－1607－0001964　210905

白門悲秋集不分卷　（清）蔡有守輯　清宣統
二年(1910)鉛印南社叢刻集外增刊本　一冊

320000－1607－0001965　210908

離騷集傳一卷　（宋）錢杲之撰　清光緒三年
(1877)湖北崇文書局刻本　一冊

320000－1607－0001966　210911

紫雪山房遺稿一卷　（清）程忠澍撰　清同治
三年(1864)刻本　一冊

320000－1607－0001967　210912

西林詩集一卷　（清）沈霖撰　清光緒三十三
年(1907)印本　一冊

320000－1607－0001968　210913

湯頭歌訣一卷　（清）汪昂撰　清康熙三十三
年(1694)刻本　一冊

320000－1607－0001969　210915

陸清獻公治嘉格言一卷　（清）陸隴其撰　清
同治七年(1868)刻本　一冊

320000－1607－0001970　210919

浙江改定巡警章程不分卷　（清）浙江石印所
編　清光緒三十一年(1905)浙江石印所石印
本　一冊

320000－1607－0001971　210920

養正遺規二卷補編一卷　（清）陳弘謀撰並輯
　清光緒二十一年(1895)浙江書局刻五種遺
規本　二冊

320000－1607－0001972　210922

教女遺規三卷　（清）陳弘謀撰並輯　清光緒
二十一年（1895）浙江書局刻五種遺規本
一冊

320000－1607－0001973　210923
訓俗遺規四卷補編一卷　（清）陳弘謀撰并輯
　清光緒二十一年（1895）浙江書局刻本
二冊

320000－1607－0001974　210925
養正遺規二卷補編一卷　（清）陳弘謀撰並輯
　清光緒二十一年（1895）浙江書局刻五種遺
規本　一冊

320000－1607－0001975　210926
教女遺規三卷　（清）陳弘謀撰並輯　清光緒
二十一年（1895）浙江書局刻五種遺規本
一冊

320000－1607－0001976　210927
訓俗遺規四卷補編一卷　（清）陳弘謀撰并輯
　清光緒二十一年（1895）浙江書局刻本
一冊

320000－1607－0001977　210931
時方妙用一卷　（清）陳念祖撰　清嘉慶八年
（1803）大文堂刻本　一冊

320000－1607－0001978　210932
應驗簡易良方一卷　（清）常州長年醫局輯
清光緒七年（1881）常州長年藥局刻本　一冊

320000－1607－0001979　210933
楹聯叢話四卷　（清）梁章鉅撰　清刻本
一冊

320000－1607－0001980　210934
易簡集一卷　（清）季笇氏撰　清光緒三年
（1877）刻本　一冊

320000－1607－0001981　210936
睫闇詩鈔四卷　裴景福撰　清光緒二十七年
（1901）刻本　二冊

320000－1607－0001982　210938
聊齋志異十六卷　（清）蒲松齡撰　清刻本
六冊

320000－1607－0001983　210954
聊齋志異新評十六卷　（清）蒲松齡撰　（清）
王士正評　（清）但明倫新評　清道光二十二
年（1842）廣順但氏刻本　十六冊

320000－1607－0001984　210970
詳註聊齋志異圖詠十六卷　（清）蒲松齡撰
（清）呂湛恩註　清光緒三十年（1904）錦華書
局石印本　八冊

320000－1607－0001985　211170
資治通鑑補正二百九十四卷首一卷　（宋）司
馬光撰　（明）嚴衍補正　清光緒二十八年
（1902）上海益智書局石印本　二十二冊

320000－1607－0001986　211296
太上寶筏圖說八卷　（清）黃正元輯　清光緒
十八年（1892）上海鴻文書局石印本　八冊

320000－1607－0001987　211350
古文辭類纂十五卷　（清）姚鼐輯　續十卷
王先謙輯　清光緒十六年（1890）上海文瑞樓
石印本　十冊

320000－1607－0001988　211366
古文辭類纂十五卷　（清）姚鼐輯　續十卷
王先謙輯　清光緒二十年（1894）上海圖書集
成印書局鉛印本　七冊　缺八卷（續三至十）

320000－1607－0001989　211438
段氏說文解字注三十二卷　（清）段玉裁注
清光緒三十四年（1908）上海江左書林石印本
　八冊

320000－1607－0001990　211527
國朝駢體正宗評本十二卷　（清）曾燠輯
（清）姚燮評　清光緒二十一年（1895）上海點
石齋石印本　四冊

320000－1607－0001991　211555
庸盦筆記六卷　（清）薛福成撰　清宣統二年
（1910）掃葉山房石印本　三冊

320000－1607－0001992　211681
學算筆談十二卷　（清）華蘅芳撰　清光緒二
十二年（1896）鉛印本　四冊

320000 - 1607 - 0001993　211693

長生殿傳奇四卷　（清）洪昇撰　清光緒十六
年(1890)上海文瑞樓石印本　一冊

320000 - 1607 - 0001994　211703

赤溪雜志二卷　金武祥撰　清光緒十七年
(1891)刻本　一冊

320000 - 1607 - 0001995　211704

冰泉唱和集一卷續和一卷再續和一卷附錄一
卷　金武祥輯　清光緒十五年(1889)刻本
一冊

320000 - 1607 - 0001996　211720

因果經不分卷　（南朝梁）釋志公撰　清宣統
二年(1910)古山湧泉寺刻本　一冊

320000 - 1607 - 0001997　211721

史記菁華錄六卷　（清）姚苧田輯　清光緒二
十二年(1896)上海書局石印本　一冊

320000 - 1607 - 0001998　211733

揚州鼓吹詞序一卷　（清）吳綺撰　清刻本
一冊

320000 - 1607 - 0001999　211734

亭林詩稿六卷　（清）顧炎武撰　清刻本
二冊

320000 - 1607 - 0002000　211737

揚子法言十三卷音義一卷　（漢）揚雄撰　清
刻本　一冊

320000 - 1607 - 0002001　211741

洗冤錄辨正參考三卷　（清）瞿中溶撰　清光
緒三十三年(1907)上海書局石印本　一冊

320000 - 1607 - 0002002　211742

水經注圖一卷附錄一卷　（清）汪士鐸撰　清
石印本　一冊

320000 - 1607 - 0002003　211753

瑤華閣詩草一卷　（清）袁綬撰　清光緒十八
年(1892)著易堂鉛印本　一冊

320000 - 1607 - 0002004　211762

文中子中說十卷　（隋）王通撰　（宋）阮逸注
清光緒十九年(1893)鴻文書局石印二十五

子彙函本　一冊

320000 - 1607 - 0002005　211777

東萊博議四卷　（宋）呂祖謙撰　清光緒二十
四年(1898)上海祥記書莊石印本　四冊

320000 - 1607 - 0002006　211787

麰學治事文編五卷　（清）繼良輯　清光緒二
十七年(1901)目巧室刻本　二冊

320000 - 1607 - 0002007　211805

歸田瑣記八卷　（清）梁章鉅撰　清道光二十
五年(1845)北東園刻本　四冊

320000 - 1607 - 0002008　211812

古詩源十四卷　（清）沈德潛輯　清光緒十七
年(1891)思賢書局刻本　六冊

320000 - 1607 - 0002009　211818

癸辛雜識前集一卷續集二卷別集二卷　（宋）
周密撰　清刻本　三冊

320000 - 1607 - 0002010　211821

多暇錄二卷　（清）程庭鷺撰　清光緒二十年
(1894)徐士愷刻觀自得齋叢書本　一冊

320000 - 1607 - 0002011　211822

楚辭燈四卷　（清）林雲銘撰　清刻本　四冊

320000 - 1607 - 0002012　211826

知非齋駢文錄一卷　（清）沈湛鈞撰　清光緒
三十二年(1906)刻本　一冊

320000 - 1607 - 0002013　211827

雙溪詩餘一卷　（宋）王炎撰　清光緒十四年
至十八年(1888 - 1892)王氏四印齋刻四印齋
所刻詞本　一冊

320000 - 1607 - 0002014　211829

治疹要略一卷附一卷　（清）歐陽調律撰　清
咸豐二年(1852)刻本　一冊

320000 - 1607 - 0002015　211830

西湖三祠名賢考略三卷　（清）戴啓文輯　清
光緒三十年(1904)刻本　一冊

320000 - 1607 - 0002016　211833

簡學齋試帖不分卷　（清）陳沆撰　清嘉慶刻

本　一冊

320000－1607－0002017　211834

從政遺規二卷　(清)陳弘謀撰　清光緒二十
一年(1895)浙江書局刻本　二冊

320000－1607－0002018　211837

折肱錄三種三卷　(清)周濟等撰　清光緒十
八年(1892)刻本　一冊

320000－1607－0002019　211838

治蝗書一卷　(清)陳崇砥撰　清同治十三年
(1874)刻本　一冊

320000－1607－0002020　211839

古唐詩合解四卷　(清)王堯衢輯並注　清刻
本　一冊

320000－1607－0002021　211840

唐詩三百首不分卷　(清)孫洙輯　清刻本
二冊

320000－1607－0002022　211844

聖安皇帝本紀二卷　(清)顧炎武撰　清刻本
　一冊

320000－1607－0002023　211845

養正遺規摘鈔一卷　(清)陳弘謀撰並輯　清
道光六年(1826)刻本　一冊

320000－1607－0002024　211846

慎宜軒文五卷　(清)姚永概撰　清光緒三十
四年(1908)刻本　一冊

320000－1607－0002025　211854

夢奈詩稿一卷　(清)馮桂芬撰　清光緒二年
(1876)馮氏刻本　一冊

320000－1607－0002026　211855

鴛鴦宜福館吹月詞二卷　(清)陳元鼎撰　清
同治元年(1862)刻光緒十六年(1890)補修本
　一冊

320000－1607－0002027　211858

夏小正輯注四卷　(清)范家相撰　清嘉慶十
五年(1810)刻本　一冊

320000－1607－0002028　211861

蓮漪詞二卷　(清)鄭由熙撰　清光緒十六年
(1890)江右書局刻本　一冊

320000－1607－0002029　211863

楚辭集注八卷辯證二卷後語六卷　(宋)朱熹
撰　清同治十年(1871)刻本　四冊

320000－1607－0002030　211867

聰訓齋語一卷　(清)張英撰　清光緒八年
(1882)刻本　一冊

320000－1607－0002031　211870

義學彙編不分卷　(清)惲祖祁編　清光緒四
年(1878)刻本　一冊

320000－1607－0002032　211871

吳梅村詞一卷　(清)吳偉業撰　清光緒十六
年(1900)湖北官書處刻本　一冊

320000－1607－0002033　211872

中說二卷　(隋)王通撰　清嘉慶刻本　一冊

320000－1607－0002034　211873

楚辭辯證二卷　(宋)朱熹撰　清光緒三年
(1877)湖北崇文書局刻本　一冊

320000－1607－0002035　211874

退補齋詩鈔二十卷　(清)胡鳳丹撰　清同治
五年(1866)刻本　一冊　存六卷(一至六)

320000－1607－0002036　211876

天鑒堂一集二卷首一卷　(清)沈近思撰　清
光緒刻本　一冊

320000－1607－0002037　211877

衛生編三卷　(清)魏祖清撰　清刻本　一冊

320000－1607－0002038　211878

音釋千家詩二卷　(明)鍾惺撰　清光緒十年
(1884)刻本　一冊

320000－1607－0002039　211880

眼科百問二卷　(清)王文子輯　清光緒上海
廣益書局石印本　一冊

320000－1607－0002040　211881

灘江雜記一卷灘江游草一卷　金武祥撰　清
光緒二十三年(1897)刻粟香室叢書本　一冊

320000－1607－0002041　211882

丹桂良方二卷　（清）黃翼升撰　清刻本
一冊

320000－1607－0002042　211883

花月痕十六卷　（清）魏秀仁撰　清著易堂鉛
印本　四冊

320000－1607－0002043　211887

汰存錄一卷附二卷　（清）黃宗羲撰　清刻本
一冊

320000－1607－0002044　211888

世善堂藏書目錄二卷　（明）陳第等編　清刻
本　一冊

320000－1607－0002045　211890

商賈尺牘二卷　（清）管秋初編　清光緒十五
年(1889)刻本　二冊

320000－1607－0002046　211892

灘江雜記一卷灘江游草一卷　金武祥撰　清
光緒二十三年(1897)刻粟香室叢書本　一冊

320000－1607－0002047　211894

詩韻集成十卷　（清）余照輯　清光緒十二年
(1886)刻本　一冊　存四卷(一至四)

320000－1607－0002048　211895

浦陽人物記二卷　（明）宋濂撰　清刻本
一冊

320000－1607－0002049　211896

袁太史時文一卷　（清）袁枚撰　清刻本
一冊

320000－1607－0002050　211897

南濠詩話一卷　（明）都穆撰　清刻本　一冊

320000－1607－0002051　211898

歸田詩話三卷　（明）瞿佑撰　清光緒刻本
一冊

320000－1607－0002052　211899

孝經鄭註一卷　（漢）鄭玄撰　補證一卷
(清)洪頤煊撰　孝經鄭氏解一卷　（清）臧庸
輯　清嘉慶七年(1802)刻知不足齋叢書本
一冊

320000－1607－0002053　211900

續孟子二卷伸蒙子三卷　（唐）林慎思撰　清
長塘鮑氏刻知不足齋叢書本　一冊

320000－1607－0002054　211901

知愧軒尺牘十六卷　（清）管士駿編　清光緒
五年(1879)刻本　四冊

320000－1607－0002055　211905

拾遺記十卷附一卷　（晉）王嘉撰　清刻本
一冊

320000－1607－0002056　211907

資治通鑑二百九十四卷　（宋）司馬光撰　釋
文辯誤十二卷　（元）胡三省撰　清長沙佚志
堂刻本　九十九冊

320000－1607－0002057　212006

御批通鑑綱目五十九卷前編十八卷首一卷續
編二十七卷　（清）聖祖玄燁批　清光緒二年
(1876)刻本　七十六冊

320000－1607－0002058　212162

前漢書一百卷　（漢）班固撰　（唐）顏師古注
清同治八年(1869)金陵書局刻本　十六冊

320000－1607－0002059　212178

前漢書一百卷　（漢）班固撰　（唐）顏師古注
清同治八年(1869)金陵書局刻本　十四冊

320000－1607－0002060　212192

後漢書九十卷　（南朝宋）范曄撰　（唐）李賢
等注　續漢志三十卷　（晉）司馬彪撰　（南
朝梁）劉昭補注　清同治八年(1869)金陵書
局刻本　十四冊

320000－1607－0002061　212206

續漢志三十卷　（晉）司馬彪撰　（南朝梁）劉
昭補注　清光緒金陵書局刻本　二冊

320000－1607－0002062　212226

東華錄一百十卷　王先謙輯　清光緒刻本
一百三十二冊

320000－1607－0002063　212358

續漢志三十卷　（晉）司馬彪撰　（南朝梁）劉
昭補注　清光緒韓江書局刻本　二冊

320000－1607－0002064　212360

續漢志三十卷　（晉）司馬彪撰　（南朝梁）劉昭補注　清光緒金陵書局刻本　二冊

320000－1607－0002065　212362

續漢志三十卷　（晉）司馬彪撰　（南朝梁）劉昭補注　清光緒韓江書局刻本　二冊

320000－1607－0002066　212364

東華錄一百十卷　王先謙輯　清光緒十年（1884）刻本　八冊

320000－1607－0002067　212372

三國志六十五卷　（晉）陳壽撰　（南朝宋）裴松之注　清同治九年（1870）金陵書局刻本　八冊

320000－1607－0002068　212380

三國志六十五卷　（晉）陳壽撰　（南朝宋）裴松之注　清同治九年（1870）金陵書局刻本　八冊

320000－1607－0002069　212404

三國志六十五卷　（晉）陳壽撰　（南朝宋）裴松之注　清同治九年（1870）金陵書局刻本　八冊

320000－1607－0002070　212432

史記集解索隱正義一百三十卷　（漢）司馬遷撰　（南朝宋）裴駰集解　（唐）司馬貞索隱（唐）張守節正義　清同治五年至九年（1866－1870）金陵書局刻本　二十冊

320000－1607－0002071　212452

史記一百三十卷　（漢）司馬遷撰　（南朝宋）裴駰集解　清道光十四年（1834）刻本　三十二冊

320000－1607－0002072　212484

南史八十卷　（唐）李延壽撰　清同治十一年（1872）金陵書局刻本　十二冊

320000－1607－0002073　212496

遼史一百十五卷　（元）脱脱等撰　清同治十二年（1873）江蘇書局刻本　十二冊

320000－1607－0002074　212508

明紀六十卷　（清）陳鶴撰　清同治十年（1871）江蘇書局刻本　二十冊

320000－1607－0002075　212528

昭明文選六十卷　（南朝梁）蕭統輯　（唐）李善注　清乾隆三十七年（1772）刻本　十五冊

320000－1607－0002076　212560

文選李善注六十卷　（南朝梁）蕭統撰　（唐）李善注　清刻本　十冊

320000－1607－0002077　212570

宋史紀事本末一百〇九卷　（明）馮琦輯（明）陳邦瞻增訂　（明）張溥論正　清光緒十三年（1887）廣雅書局刻本　十冊

320000－1607－0002078　212580

宋史紀事本末一百〇九卷　（明）馮琦輯（明）陳邦瞻增訂　（明）張溥論正　清同治十三年（1874）江西書局刻本　二十冊

320000－1607－0002079　212600

元史紀事本末二十七卷　（明）陳邦瞻撰　清同治十三年（1874）江西書局刻本　四冊

320000－1607－0002080　212608

周禮十二卷　（漢）鄭玄注　（唐）陸德明音義　清同治七年（1868）湖北崇文書局刻本　六冊

320000－1607－0002081　212614

儀禮鄭注句讀十七卷監本正誤一卷石本正誤一卷　（清）張爾岐撰　清同治七年（1868）金陵書局刻本　四冊

320000－1607－0002082　212618

穀梁傳十二卷　（晉）范寧集解　清同治七年（1868）湖北崇文書局刻本　四冊

320000－1607－0002083　212622

詩經傳說彙纂二十一卷首二卷　（清）王鴻緒等撰　清光緒四年（1878）廣州翰墨閣刻本　十八冊

320000－1607－0002084　212640

書經傳說彙纂二十一卷首二卷　（清）王頊齡等輯　清刻本　十二冊

320000－1607－0002085　212708

說文解字句讀三十卷　（清）王筠撰　清道光三十年(1850)刻本　十四冊

320000－1607－0002086　212722

說文校議十五卷　（清）姚文田　（清）嚴可均撰　清同治十三年(1874)歸安姚氏刻本　四冊

320000－1607－0002087　212733

津門徵獻詩八卷　（清）華鼎元撰　清光緒十二年(1886)刻本　四冊

320000－1607－0002088　212738

吳梅村詩集箋注十八卷　（清）吳偉業撰（清）吳翌鳳箋注　清光緒十年(1884)湖北官書處刻本　十二冊

320000－1607－0002089　212750

北齊書五十卷　（唐）李百藥撰　清光緒刻本　六冊

320000－1607－0002090　212756

孟子十四卷　（宋）朱熹集注　清刻本　三冊

320000－1607－0002091　212759

止齋文集五十一卷附一卷　（宋）陳傅良撰　清刻本　八冊

320000－1607－0002092　212775

御批歷代通鑑輯覽一百二十卷　（清）傅恆等編　清同治十三年(1874)湖南書局刻本　六十四冊

320000－1607－0002093　212839

曾文正公書札三十三卷　（清）曾國藩撰　清光緒二年至三年(1876－1877)傳忠書局刻本　十八冊

320000－1607－0002094　212858

定盦文集十五卷　（清）龔自珍撰　清宣統元年(1909)國學扶輪社鉛印本　四冊

320000－1607－0002095　212888

句溪雜著六卷　（清）陳立撰　清光緒十四年(1888)廣雅書局刻本　一冊

320000－1607－0002096　212889

愈愚錄六卷　（清）劉寶楠撰　清光緒十五年(1889)廣雅書局刻本　一冊

320000－1607－0002097　212893

漢碑徵經一卷　（清）朱百度撰　清光緒十五年(1889)廣雅書局刻本　一冊

320000－1607－0002098　212894

廣經室文鈔一卷　（清）劉恭冕撰　清光緒十五年(1889)廣雅書局刻本　一冊

320000－1607－0002099　212895

元史譯文證補三十卷　（清）洪鈞撰　清光緒二十六年(1900)廣雅書局刻本　四冊

320000－1607－0002100　212900

漢儒通義七卷　（清）陳澧輯　清咸豐八年(1858)刻本　一冊

320000－1607－0002101　212901

柏堂賸稿三卷附二卷　（清）陳爾幹撰　清光緒八年(1882)大亭山館刻本　一冊

320000－1607－0002102　212902

茶山集八卷　（宋）曾幾撰　清刻本　二冊

320000－1607－0002103　212904

金樓子六卷　（南朝梁）元帝蕭繹撰　清光緒元年(1875)湖北崇文書局刻本　一冊

320000－1607－0002104　212908

老子道德經二卷　（三國魏）王弼注　清光緒元年(1875)湖北崇文書局刻本　一冊

320000－1607－0002105　212909

道德真經註四卷　（元）吳澄撰　清光緒元年(1875)湖北崇文書局刻本　一冊

320000－1607－0002106　212911

說文解字韻譜十卷　（五代）徐鍇撰　清同治三年(1864)馮桂芬刻本　二冊

320000－1607－0002107　212914

咫進齋叢書　（清）姚覲元編　清光緒九年(1883)歸安姚氏刻本　十五冊

320000－1607－0002108　212933

新序十卷　（漢）劉向撰　清刻本　二冊

320000－1607－0002109　212939
周禮精華六卷　（清）陳龍標輯　清刻本
六冊

320000－1607－0002110　212945
東塾讀書記二十一卷　（清）陳澧撰　清光緒
廣州刻本　四冊

320000－1607－0002111　212949
天子肆獻裸饋食禮三卷　（清）任啓運撰　清
光緒十一年(1885)浙江書局刻本　一冊

320000－1607－0002112　212950
繆氏考古錄二卷附錄一卷　繆荃孫輯　清光
緒刻本　一冊

320000－1607－0002113　212951
說文解字注訂書目一卷　（清）姚凱元撰　清
光緒八年(1882)石天閣刻本　一冊

320000－1607－0002114　212959
辟疆園遺集十卷　（清）姚覲元撰　清光緒十
八年(1892)石天閣刻本　四冊

320000－1607－0002115　212963
防海新論十八卷　（德國）希理哈撰　（英國）
傅蘭雅口譯　（清）華蘅芳筆述　清刻本
六冊

320000－1607－0002116　212969
說文解字繫傳四十卷　（五代）徐鍇撰　校勘
記三卷　（清）承培元等撰　清光緒元年
(1875)山東刻本　八冊

320000－1607－0002117　212977
昌黎詩集注十一卷年譜一卷　（唐）韓愈撰
（清）顧嗣立刪補　清光緒九年(1883)廣州翰
墨園刻本　四冊

320000－1607－0002118　212982
三國志六十五卷　（晉）陳壽撰　（南朝宋）裴
松之注　清同治九年(1870)金陵書局刻本
八冊

320000－1607－0002119　212992
爾雅三卷　（晉）郭璞注　清光緒十年(1884)
遵義黎氏刻古逸叢書本　一冊

320000－1607－0002120　212993
海藏樓詩八卷　鄭孝胥撰　清光緒二十八年
(1902)武昌精刻本　二冊

320000－1607－0002121　212995
小爾雅訓纂六卷　（清）宋翔鳳撰　清光緒十
六年(1890)廣雅書局刻本　一冊

320000－1607－0002122　213013
詩經八卷　（宋）朱熹集傳　清光緒二十五年
(1899)常州宛委山莊刻本　六冊

320000－1607－0002123　213019
酉陽雜俎二十卷續十卷　（唐）段成式撰　清
光緒二年(1876)刻本　六冊

320000－1607－0002124　213025
論衡三十卷　（漢）王充撰　清刻本　四冊

320000－1607－0002125　213029
淮南子二十一卷　（漢）劉安撰　清光緒二年
(1876)浙江書局刻本　六冊

320000－1607－0002126　213058
讀史鏡古編三十二卷　（清）潘世恩輯　清道
光四年(1824)刻本　六冊

320000－1607－0002127　213064
孫宗伯集十卷首一卷　（明）孫繼皋撰　清光
緒十八年(1892)鼎元堂活字印本　十冊

320000－1607－0002128　213074
胡文忠公遺集八卷　（清）胡林翼撰　清刻本
六冊

320000－1607－0002129　213080
胡文忠公遺集八卷　（清）胡林翼撰　清刻本
六冊

320000－1607－0002130　213086
四書題鏡不分卷　（清）汪鯉翔撰　清刻本　八冊

320000－1607－0002131　213094
古文苑二十一卷　（宋）章樵注　清光緒二十
二年(1896)刻本　四冊

320000－1607－0002132　213202
茶香室續鈔二十五卷　（清）俞樾撰　清光緒

二十五年（1899）刻本　五冊

320000－1607－0002133　213207
出使英法義比四國日記六卷　（清）薛福成撰
清光緒十八年（1892）刻本　六冊

320000－1607－0002134　213213
尚書六卷　（宋）蔡沈集傳　清光緒十六年
（1890）刻本　六冊

320000－1607－0002135　213219
草字彙不分卷　（清）石樑輯並摹　清光緒元
年（1875）漁古山房刻本　四冊

320000－1607－0002136　213225
七家詩輯注不分卷　（清）張熙宇輯　（清）張
昶注釋　清光緒六年（1880）掃葉山房刻本
七冊

320000－1607－0002137　213232
鄒氏本經疏證十二卷　（清）鄒澍撰　清光緒
常郡韓文煥齋刻本　四冊

320000－1607－0002138　213236
經餘必讀八卷　（清）雷琳等輯　清光緒二年
（1876）退補齋刻本　十冊

320000－1607－0002139　213246
春秋公羊傳十二卷穀梁傳十二卷　（清）閔齊
伋注　清文奎堂刻本　八冊

320000－1607－0002140　213289
古文觀止詳注十二卷　（清）王相選注　清刻
本　六冊

320000－1607－0002141　213295
古文觀止十二卷　（清）吳乘權輯　清刻本
六冊

320000－1607－0002142　213327
國朝駢體正宗續編八卷　（清）張鳴珂輯　清
光緒十四年（1888）寒松閣刻本　四冊

320000－1607－0002143　213331
船山詩草二十卷補遺六卷　（清）張問陶撰
清同治十三年（1874）敦化堂刻本　七冊

320000－1607－0002144　213354

海峰先生詩六卷　（清）劉大櫆撰　（清）張惠
言選　清刻本　二冊

320000－1607－0002145　213356
戰國策選四卷　（清）儲欣輯　清光緒九年
（1883）刻本　四冊

320000－1607－0002146　213369
竢實齋文稿二卷　（清）秦寶瓛撰　清光緒十
四年（1888）張雲霖刻本　一冊

320000－1607－0002147　213372
增輯楊忠愍公集治家格言一卷附錄一卷
（清）楊定遠輯　清刻本　一冊

320000－1607－0002148　213373
友竹草堂文集六卷詩集二卷　（清）蔣慶第撰
清刻本　四冊

320000－1607－0002149　213377
達生篇一卷　題（清）亟齋居士撰　清同治四
年（1865）刻本　一冊

320000－1607－0002150　213378
達生篇一卷附二卷　題（清）亟齋居士撰　清
同治四年（1865）刻本　一冊

320000－1607－0002151　213380
醫宗必讀十卷　（明）李中梓撰　清光緒二十
四年（1898）刻本　六冊

320000－1607－0002152　213386
本草從新十八卷　（清）吳儀洛撰　清同治九
年（1870）瓶花書屋刻本　三冊

320000－1607－0002153　213389
本草三家合注六卷　（清）郭汝聰輯　清兩儀
堂刻本　六冊

320000－1607－0002154　213395
幼學四卷　（清）程允升撰　清秘閣山房刻本
四冊

320000－1607－0002155　213399
幼學四卷　（清）程允升撰　清光緒十六年
（1890）鴻文堂刻本　二冊

320000－1607－0002156　213417

聽香唫室詩鈔一卷 （清）張珮蘭撰 清光緒
三十一年（1905）刻本 一冊

320000－1607－0002157 213418
素書一卷 （漢）黃石公撰 清光緒六年
（1880）刻本 一冊

320000－1607－0002158 213420
續千家詩一卷 （宋）司馬光撰 清光緒五年
（1879）刻本 一冊

320000－1607－0002159 213421
續千家詩一卷 （宋）司馬光撰 清光緒五年
（1879）刻本 一冊

320000－1607－0002160 213422
謀野集刪二卷 （明）王穉登撰 蘿菴游賞小
志一卷 （清）李慈銘撰 韻麋集一卷 （清）
經半園撰 石遺室師友詩錄六卷 陳衍輯
清宣統元年（1909）鉛印晨風閣叢書第一輯本
一冊

320000－1607－0002161 213424
九華山志十卷 （清）謝維喈修 （清）周贇纂
清光緒二十六年（1900）刻本 六冊

320000－1607－0002162 213425
九華山志十卷 （清）謝維喈修 （清）周贇纂
清光緒二十六年（1900）刻本 六冊

320000－1607－0002163 213427
古今注三卷 （晉）崔豹撰 清刻本 一冊

320000－1607－0002164 213428
孔子編年五卷 （清）狄子奇輯 清道光十年
（1830）刻本 二冊

320000－1607－0002165 213430
楓山語錄一卷 （明）章懋 （清）胡鳳丹考異
清同治十三年（1874）刻本 一冊

320000－1607－0002166 213431
湖北金石詩一卷 （清）嚴觀撰 清道光二十
八年（1848）刻本 一冊

320000－1607－0002167 213432
遺樂軒雜著四卷 （清）范功甫撰 清光緒二
十三年（1897）鉛印本 一冊

320000－1607－0002168 213434
眉綠樓詞一卷 （清）顧文彬撰 清光緒刻本
一冊

320000－1607－0002169 213435
武進吳鳳梧生手書尚書禹貢篇注一卷 （清）
吳鳳梧輯 清宣統二年（1910）影印本 一冊

320000－1607－0002170 213437
徐孝穆全集六卷 （南朝陳）徐陵撰 （清）吳
兆宜箋注 清光緒二年（1876）廣東翰墨園刻
本 一冊

320000－1607－0002171 213438
說文答問疏證六卷 （清）薛傳均撰 清光緒
九年（1883）歸安姚氏刻本 一冊

320000－1607－0002172 213439
白香亭詩一卷 （清）鄧輔綸撰 清光緒十四
年（1888）刻本 一冊

320000－1607－0002173 213445
書經集傳音釋六卷首一卷末一卷 （宋）蔡沈
集傳 （元）鄒季友音釋 清光緒十五年
（1889）江南書局刻本 一冊

320000－1607－0002174 213448
周禮折衷六卷 （清）胡興粘撰 清同治五年
（1866）刻本 一冊

320000－1607－0002175 213449
古文觀止十二卷 （清）吳乘權輯 清吳氏刻
本 六冊

320000－1607－0002176 213455
伽藍記五卷 （北魏）楊衒之撰 清刻本
一冊

320000－1607－0002177 213458
桐溪耆隱集一卷補錄一卷 （清）袁炯輯 榆
園雜興詩一卷 （清）袁振業撰 清光緒十六
年（1890）春藻堂刻本 一冊

320000－1607－0002178 213459
桐溪耆隱集一卷補錄一卷 （清）袁炯輯 榆
園雜興詩一卷 （清）袁振業撰 清光緒十六
年（1890）春藻堂刻本 一冊

320000－1607－0002179　213461

**別雅訂五卷附二卷**　（清）許翰撰　清光緒三年(1877)吳縣潘氏刻本　一冊

320000－1607－0002180　213462

**勸學篇二卷**　（清）張之洞撰　清光緒二十四年(1898)刻本　一冊

320000－1607－0002181　213463

**高令公集一卷**　（北魏）高允撰　清光緒十八年(1892)善化章經濟堂刻本　一冊

320000－1607－0002182　213464

**陳後主集一卷**　（南朝陳）後主陳叔寶撰　清光緒十八年(1892)善化章經濟堂刻漢魏六朝百三名家集本　一冊

320000－1607－0002183　213465

**徐僕射集二卷**　（南朝陳）徐陵撰　清光緒十八年(1892)善化章經濟堂刻漢魏六朝百三名家集本　一冊

320000－1607－0002184　213466

**揚子法言十卷**　（漢）揚雄撰　清刻本　一冊

320000－1607－0002185　213467

**宋傅光祿集一卷**　（南朝宋）傅亮撰　清光緒十八年(1892)善化章經濟堂刻本　一冊

320000－1607－0002186　213468

**謝康樂集二卷**　（南朝宋）謝靈運撰　清光緒十八年(1892)善化章經濟堂刻漢魏六朝百三名家集本　二冊

320000－1607－0002187　213470

**劉庶子集一卷**　（南朝梁）劉孝威撰　清光緒十八年(1892)善化章經濟堂刻漢魏六朝百三名家集本　一冊

320000－1607－0002188　213471

**劉戶曹集一卷**　（南朝梁）劉峻撰　清光緒十八年(1892)善化章經濟堂刻漢魏六朝百三名家集本　一冊

320000－1607－0002189　213472

**劉秘書集一卷**　（南朝梁）劉孝綽撰　清光緒十八年(1892)善化章經濟堂刻漢魏六朝百三

名家集本　一冊

320000－1607－0002190　213473

**何記室集一卷**　（南朝梁）何遜撰　清光緒十八年(1892)善化章經濟堂刻漢魏六朝百三名家集本　一冊

320000－1607－0002191　213474

**越絕書十五卷**　（漢）袁康撰　清刻本　一冊

320000－1607－0002192　213475

**獨斷一卷**　（漢）蔡邕撰　清刻本　一冊

320000－1607－0002193　213476

**博雅十卷**　（三國魏）張揖撰　清刻本　一冊

320000－1607－0002194　213477

**焦氏易林四卷**　（漢）焦贛撰　清光緒元年(1875)湖北崇文書局刻本　四冊

320000－1607－0002195　213484

**晉束廣微集一卷**　（晉）束皙撰　清光緒十八年(1892)善化章經濟堂刻漢魏六朝百三名家集本　一冊

320000－1607－0002196　213485

**中論二卷**　（漢）徐幹撰　清刻本　一冊

320000－1607－0002197　213486

**王寧朔集一卷**　（南朝齊）王融撰　清光緒十八年(1892)刻本　一冊

320000－1607－0002198　213487

**張長史集一卷附一卷**　（南朝齊）張融撰　清光緒十八年(1892)刻漢魏六朝百三名家集本　一冊

320000－1607－0002199　213488

**潘黃門集一卷**　（晉）潘岳撰　清光緒十八年(1892)刻漢魏六朝百三名家集本　一冊

320000－1607－0002200　213493

**字學舉隅一卷**　（清）龍啓瑞撰　清同治十年(1871)刻本　一冊

320000－1607－0002201　213494

**桃谿雪二卷**　（清）黃燮清撰　清咸豐二年(1852)刻本　一冊

320000－1607－0002202　213501

文心雕龍十卷　（南朝梁）劉勰撰　清道光十三年(1833)廣東翰墨園刻本　四冊

320000－1607－0002203　213509

四書不二字音釋一卷　（清）楊昕撰　清道光二十二年(1842)刻本　一冊

320000－1607－0002204　213510

西崖經說四卷　（清）顧成章撰　清光緒十八年(1892)刻本　一冊

320000－1607－0002205　213511

四水子遺著一卷附一卷　（清）錢友泗撰　清同治、光緒刻本　一冊

320000－1607－0002206　213513

白虎通德論四卷　（漢）班固撰　清刻本　一冊

320000－1607－0002207　213514

劉太史集二卷　（清）劉可毅撰　清宣統二年(1910)刻本　一冊

320000－1607－0002208　213515

六書音均表五卷　（清）段玉裁撰　清光緒刻本　一冊

320000－1607－0002209　213516

交涉約案摘要七卷附一卷　（清）王鵬九輯　清光緒二十六年(1900)刻本　一冊　缺三卷（五至七）

320000－1607－0002210　213519

前漢書注考證二卷　（清）何若瑤撰　清光緒二十年(1894)廣雅書局刻本　一冊

320000－1607－0002211　213520

六朝文絜四卷　（清）許槤評選　清光緒三年(1877)讀有用書齋刻本　一冊

320000－1607－0002212　213521

六朝文絜四卷　（清）許槤評選　清光緒三年(1877)讀有用書齋刻本　一冊

320000－1607－0002213　213522

惆悵集一卷　（清）吳翊寅撰　清光緒刻本　一冊

320000－1607－0002214　213523

太師楊文貞公[士奇]年譜一卷　（明）楊思堯撰　清刻本　一冊

320000－1607－0002215　213532

檀弓論文二卷　（清）孫濩孫評訂　清光緒七年(1881)常州狀元第莊刻本　二冊

320000－1607－0002216　213534

李二曲先生集錄要四卷附二卷　（清）李顒撰　清光緒三年(1877)刻本　二冊

320000－1607－0002217　213536

爾雅注疏參議六卷　（清）姜兆錫撰　清刻本　二冊

320000－1607－0002218　213539

袖中書二卷　（清）俞樾撰　清光緒二十五年(1899)刻春在堂全書本　一冊

320000－1607－0002219　213541

求福居詩鈔一卷　（清）汪清撰　清光緒二十九年(1903)刻本　一冊

320000－1607－0002220　213542

周易四卷　（宋）朱熹本義　清光緒二十九年(1903)刻本　二冊

320000－1607－0002221　213544

古文苑二十一卷　（宋）章樵注　清光緒十二年(1886)江蘇書局刻本　四冊

320000－1607－0002222　213548

孟子注疏解經十四卷　（漢）趙岐撰　（宋）孫奭疏　清刻本　六冊

320000－1607－0002223　213554

唐詩三百首不分卷　（清）孫洙輯　清光緒十四年(1888)常州宛委山莊刻本　二冊

320000－1607－0002224　213556

唐詩三百首不分卷　（清）孫洙輯　清光緒十四年(1888)常州宛委山莊刻本　二冊

320000－1607－0002225　213563

補晉書經籍志四卷　（清）吳士鑑撰　清光緒二十一年(1895)刻本　一冊

320000－1607－0002226　213564

**度嶺草一卷** （清）許振禕撰　清光緒二十三年(1897)刻本　一冊

320000－1607－0002227　213566

**說文引經考證八卷** （清）陳瑑撰　清同治十三年(1874)湖北崇文書局刻本　二冊

320000－1607－0002228　213568

**論墨絕句詩一卷** （清）謝崧岱撰　清光緒十九年(1893)刻本　一冊

320000－1607－0002229　213569

**醫貫砭二卷** （清）徐大椿撰　清乾隆六年(1741)刻本　一冊

320000－1607－0002230　213571

**何衡陽集一卷** （南朝宋）何承天撰　清光緒十八年(1892)善化章經濟堂刻漢魏六朝百三名家集本　一冊

320000－1607－0002231　213573

**西京雜記六卷** （漢）劉歆撰　清刻本　一冊

320000－1607－0002232　213574

**孟子音義二卷** （宋）孫奭撰　**劄記一卷**　繆荃孫撰　清光緒刻本　一冊

320000－1607－0002233　213575

**周官參證二卷** （清）王寶仁輯　清同治十三年(1874)舊香居刻本　一冊

320000－1607－0002234　213576

**全唐詩話八卷** （宋）尤袤撰　清光緒二十年(1894)刻本　一冊

320000－1607－0002235　213577

**孝經疏九卷** （宋）邢昺撰　清同治十年(1871)湖南省城尊經閣刻本　一冊

320000－1607－0002236　213579

**六朝文絜四卷** （清）許槤評選　清光緒三年(1877)刻本　一冊

320000－1607－0002237　213580

**方宧誦世文一卷** （清）顧曾烜撰　清光緒二十三年(1897)九峻官廨刻本　一冊

320000－1607－0002238　213583

**四聖懸樞五卷** （清）黃元御撰　清咸豐十年(1860)長沙燮鰶精舍刻本　一冊

320000－1607－0002239　213584

**長沙藥解四卷** （清）黃元御撰　清咸豐十年(1860)長沙燮鰶精舍刻本　二冊

320000－1607－0002240　213586

**素靈微蘊四卷** （清）黃元御撰　清咸豐十年(1860)長沙燮鰶精舍刻本　一冊

320000－1607－0002241　213587

**素問靈樞類纂約註三卷** （清）汪昂撰　清光緒六年(1880)刻本　三冊

320000－1607－0002242　213590

**擬明史樂府一卷** （清）尤侗撰　清刻本　一冊

320000－1607－0002243　213592

**桑梓潛德續編四卷** （清）施鳴岐等輯　清光緒六年(1880)活字印本　二冊

320000－1607－0002244　213596

**悔餘庵樂府四卷** （清）何栻撰　清同治四年(1865)鳩江戎幄刻本　二冊

320000－1607－0002245　213598

**悔餘庵詩稿十三卷** （清）何栻撰　清同治四年(1865)鳩江戎幄刻本　四冊

320000－1607－0002246　213602

**廣陽雜記五卷** （清）劉獻廷撰　清光緒五年(1879)刻本　四冊

320000－1607－0002247　213609

**粵遊見聞一卷** （清）瞿其美撰　清光緒十七年(1891)刻本　一冊

320000－1607－0002248　213610

**西湖三祠名賢考略三卷** （清）戴啓文輯　清光緒三十年(1904)刻本　一冊

320000－1607－0002249　213612

**從政遺規節要二卷** （清）陳弘謀撰　清刻本　一冊

320000 – 1607 – 0002250　213613

**周易本義四卷**　（宋）朱熹撰　清同治八年
(1869)刻本　二冊

320000 – 1607 – 0002251　213615

**小學集解六卷**　（清）張伯行撰　清同治五年
(1866)刻本　二冊

320000 – 1607 – 0002252　213617

**西崑酬唱集二卷**　（宋）楊億輯　清光緒刻本
一冊

320000 – 1607 – 0002253　213618

**唐詩三百首不分卷**　（清）孫洙輯　清光緒二
十七年(1901)無錫日升山房刻本　一冊

320000 – 1607 – 0002254　213619

**唐詩三百首注疏六卷**　（清）孫洙輯　（清）章
燮注　清光緒十八年(1892)江陰寶文堂刻本
六冊

320000 – 1607 – 0002255　213628

**訟過齋日記六卷**　（清）毛輝鳳撰　清光緒九
年(1883)毛隆恩刻本　二冊

320000 – 1607 – 0002256　213630

**醫家四要四卷**　（清）程曦等撰　清光緒十二
年(1886)刻本　一冊

320000 – 1607 – 0002257　213631

**澄懷園語四卷**　（清）張廷玉撰　清光緒六年
(1880)刻本　一冊

320000 – 1607 – 0002258　213632

**澄懷主人自訂年譜六卷**　（清）張廷玉撰　清
光緒六年(1880)刻本　二冊

320000 – 1607 – 0002259　213634

**眉綠樓詞一卷**　（清）顧文彬撰　清光緒五年
(1879)刻本　一冊

320000 – 1607 – 0002260　213638

**史忠正公集四卷首一卷末一卷**　（明）史可法
撰　清道光三十年(1850)刻本　三冊

320000 – 1607 – 0002261　213641

**周禮政要二卷**　（清）孫詒讓撰　清光緒二十
八年(1902)刻本　二冊

320000 – 1607 – 0002262　213645

**寶山錢氏家集六卷**　（清）錢蘅璋輯　清光緒
寶山錢氏刻本　一冊

320000 – 1607 – 0002263　213650

**經餘必讀續編八卷**　（清）雷琳等輯　清嘉慶
十年(1805)刻本　一冊

320000 – 1607 – 0002264　213653

**佩文詩韻釋要五卷**　（清）周兆基輯　陸潤庠
校　清宣統三年(1911)上海商務印書館影印
本　二冊

320000 – 1607 – 0002265　213655

**焦氏易林十六卷**　（漢）焦贛撰　清刻本
四冊

320000 – 1607 – 0002266　213659

**古瀛詩苑六卷**　（清）陳玨輯　清刻本　二冊

320000 – 1607 – 0002267　213661

**華嶠後漢書二卷**　（晉）華嶠撰　（清）汪文臺
輯　清刻本　一冊

320000 – 1607 – 0002268　213662

**意林五卷**　（唐）馬總輯　清光緒三年(1877)
湖北崇文書局刻本　一冊

320000 – 1607 – 0002269　213663

**幼學句解四卷**　（清）程允升撰　清光緒二年
(1876)刻本　四冊

320000 – 1607 – 0002270　213676

**幼學句解四卷**　（清）程允升撰　（清）黃汪若
注　清光緒十六年(1890)刻本　四冊

320000 – 1607 – 0002271　213680

**濂洛風雅六卷首一卷**　（宋）金履祥輯　清光
緒三年(1877)永康胡氏退補齋刻金華叢書本
二冊

320000 – 1607 – 0002272　213682

**說文解字部首十四卷**　題（清）嘯雲主人輯
清末武昌嘯雲書室刻本　一冊

320000 – 1607 – 0002273　213683

**說文解字部首十四卷**　題（清）嘯雲主人輯
清末武昌嘯雲書室刻本　一冊

320000－1607－0002274　213689

日邊酬唱集二卷　（清）徐琪輯　清光緒六年（1880）刻本　一冊

320000－1607－0002275　213690

參同契集註二卷　（清）仇滄柱撰　清刻本　二冊

320000－1607－0002276　213692

蒙友肊說一卷　（清）王筠撰　清光緒二十二年（1896）元和江氏師郵室刻靈鶼閣叢書本　一冊

320000－1607－0002277　213693

串雅内編四卷　（清）趙學敏撰　清光緒十七年（1891）刻本　二冊

320000－1607－0002278　213696

診家正眼二卷　（明）李中梓撰　（清）尤乘補　清刻本　二冊

320000－1607－0002279　213702

魏默深文集内集二卷外集八卷　（清）魏源撰　清宣統二年（1910）國學扶輪社鉛印本　二冊

320000－1607－0002280　213704

讀秋水齋詩六卷　（清）陸黻恩撰　清同治七年（1868）刻本　一冊

320000－1607－0002281　213705

不可無竹居詩草四卷　（清）汪世澤撰　清同治四年（1865）刻本　二冊

320000－1607－0002282　213709

程氏家塾讀書分年日程三卷綱領一卷　（元）程端禮撰　清同治五年（1866）錢塘丁氏刻當歸草堂叢書本　二冊

320000－1607－0002283　213711

讀史論略一卷　（清）杜詔撰　清光緒二十八年（1902）刻本　一冊

320000－1607－0002284　213713

達生篇二卷　題（清）亟齋居士撰　清刻本　一冊

320000－1607－0002285　213714

楞嚴貫珠集十卷　（明）釋戒潤述　清刻本　五冊

320000－1607－0002286　213720

遲粵集不分卷　（清）謝光綺撰　清光緒十一年（1885）刻本　一冊

320000－1607－0002287　213724

古文尚書十卷　（漢）鄭玄注　（宋）王應麟集　（清）孫星衍補集　逸文二卷　（清）孫星衍補訂　清光緒六年（1880）綿竹墨池書舍刻本　一冊

320000－1607－0002288　213726

古文觀止十二卷　（清）吳乘權輯　清刻本　三冊

320000－1607－0002289　213729

韓詩内傳徵四卷　（清）宋綿初輯　清乾隆六十年（1795）志學堂刻本　一冊

320000－1607－0002290　213730

唐詩三百首注疏六卷　（清）孫洙輯　（清）章燮注　清光緒十八年（1892）江陰寶文堂刻本　二冊

320000－1607－0002291　213732

容甫先生遺詩五卷補遺一卷　（清）汪中撰　清宣統元年（1909）正宜書局鉛印本　一冊

320000－1607－0002292　213733

西鳧殘草一卷附二卷　（清）王星誠撰　清刻本　一冊

320000－1607－0002293　213736

于京集五卷　（清）尤侗撰　清刻本　一冊

320000－1607－0002294　213738

西堂剩稿二卷　（清）尤侗撰　清刻本　一冊

320000－1607－0002295　213739

湘中草六卷　（明）湯傳楹撰　清刻本　二冊

320000－1607－0002296　213741

看雲草堂集八卷　（清）尤侗撰　清刻本　二冊

320000－1607－0002297　213745

汪龍莊先生遺書四卷　（清）汪輝祖撰　清同治刻本　一冊

320000－1607－0002298　213746

外國竹枝詞一卷附一卷　（清）尤侗撰　清刻本　二冊

320000－1607－0002299　213748

三統曆衍式二卷附一錄　（清）方楷撰　清光緒十二年(1886)粵東博學館刻本　一冊

320000－1607－0002300　213749

素問玄機原病式二卷　（金）劉完素撰　清刻本　一冊

320000－1607－0002301　213750

東林書院志二十二卷　（清）高廷珍等撰　清光緒七年(1881)刻本　七冊

320000－1607－0002302　213759

書經六卷　（宋）蔡沈集傳　清同治四年(1865)刻本　六冊

320000－1607－0002303　213765

曾文正公詩集三卷　（清）曾國藩撰　清光緒二年(1876)傳忠書局刻本　一冊

320000－1607－0002304　213766

曾文正公雜著二卷　（清）曾國藩撰　清光緒二年(1876)傳忠書局刻本　二冊

320000－1607－0002305　213769

劉太史集二卷　（清）劉可毅撰　清宣統二年(1910)刻本　一冊

320000－1607－0002306　213770

孫子三卷　清光緒元年(1875)湖北崇文書局刻本　一冊

320000－1607－0002307　213771

習之先生全集錄二卷　（唐）李翱撰　清光緒八年(1882)江蘇書局刻唐宋十大家全集錄本　二冊

320000－1607－0002308　213778

漢書地理志水道圖說七卷　（清）陳澧撰　清同治十一年(1872)刻番禺陳氏東塾叢書本　一冊

320000－1607－0002309　213779

古列女傳七卷續列女傳一卷　（漢）劉向撰　（明）黃魯曾贊　清光緒三年(1877)湖北崇文書局刻本　一冊

320000－1607－0002310　213780

爾雅十九卷　（晉）郭璞注　（唐）陸德明音義　附校勘記　清光緒十一年(1885)山東書局刻本　三冊

320000－1607－0002311　213783

虛白山房駢體文二卷　（清）朱鳳毛撰　清光緒十五年(1889)刻本　一冊

320000－1607－0002312　213786

選注六朝唐賦不分卷　（清）馬傳庚輯注　清光緒二年(1876)清華齋刻本　二冊

320000－1607－0002313　213788

儀禮圖六卷　（清）張惠言撰　清同治九年(1870)湖北崇文書局刻本　二冊

320000－1607－0002314　213790

儀禮古今文疏義十七卷　（清）胡承洪撰　清光緒三年(1877)湖北崇文書局刻本　一冊

320000－1607－0002315　213793

天鑒堂一集二卷首一卷　（清）沈近思撰　清光緒二十五年(1899)刻本　一冊

320000－1607－0002316　213796

佩文詩韻釋要五卷　（清）周兆基輯　（清）朱蘭重輯　清光緒十八年(1892)浙江書局刻本　一冊

320000－1607－0002317　213798

安樂銘不分卷　（清）王正朋輯　清同治二年(1863)刻本　一冊

320000－1607－0002318　213800

經言拾遺十四卷　（清）徐文靖撰　清志寧堂刻本　二冊

320000－1607－0002319　213804

鏡虹吟室詞集二卷　（清）孔昭虔撰　清道光十七年(1837)刻本　一冊

320000－1607－0002320　213805

鏡虹吟室經進稿一卷 （清）孔昭虔撰 清道光刻本 一冊

320000－1607－0002321 213806

聊齋文集二卷 （清）蒲松齡撰 清宣統元年（1909）國學扶輪社鉛印本 二冊

320000－1607－0002322 213811

吳詩談藪二卷 （清）靳榮藩輯 清乾隆四十年（1775）靳氏凌雲亭刻本 一冊

320000－1607－0002323 213813

文心雕龍十卷 （南朝梁）劉勰撰 清道光十三年（1833）廣東翰墨園刻本 四冊

320000－1607－0002324 213817

東觀奏記三卷附二卷 （唐）裴庭裕撰 清刻本 一冊

320000－1607－0002325 213818

春在堂尺牘四卷 （清）俞樾撰 清光緒二十一年（1895）刻本 二冊

320000－1607－0002326 213821

春在堂論編一卷 （清）俞樾撰 清刻本 一冊

320000－1607－0002327 213822

寄春吟一卷 （清）劉汝暮撰 清光緒三年（1877）刻本 一冊

320000－1607－0002328 213824

聽香館詩賸一卷 （清）段玉振撰 清光緒二十五年（1899）活字印本 一冊

320000－1607－0002329 213825

輿地略一卷 （清）馮焌光撰 清刻本 一冊

320000－1607－0002330 213826

醫林改錯二卷 （清）王清任撰 清光緒十七年（1891）刻本 二冊

320000－1607－0002331 213828

牛痘新書輯要不分卷 （清）邱熺撰 （清）王惇甫增補 清光緒三年（1877）刻本 一冊

320000－1607－0002332 213829

内經知要二卷 （清）李中梓撰 清光緒十六年（1890）刻本 二冊

320000－1607－0002333 213831

郝廷顯先生文法一卷 （清）郝朝昇撰 清光緒十二年（1886）刻本 一冊

320000－1607－0002334 213832

西崖經說四卷 （清）顧成章撰 清光緒十八年（1892）活字印本 一冊

320000－1607－0002335 213834

千家詩箋注二卷 （清）任來吉輯 （清）王相注 清刻本 一冊

320000－1607－0002336 213835

孫子算經三卷 （唐）李淳風等注 海島算經一卷 （三國魏）劉徽撰 （唐）李淳風等注 清光緒二十五年（1899）廣雅書局刻武英殿聚珍版書本 一冊

320000－1607－0002337 213836

翠巖室詩鈔三卷 （清）韓弼元撰 清咸豐刻本 一冊

320000－1607－0002338 213837

楚辭辯證二卷 （宋）朱熹撰 清光緒三年（1877）湖北崇文書局刻本 一冊

320000－1607－0002339 213846

輶軒語一卷 （清）張之洞撰 清光緒二十三年（1897）刻本 一冊

320000－1607－0002340 213847

清波雜志三卷 （宋）周輝撰 清刻本 一冊

320000－1607－0002341 213848

睽車志六卷 （宋）郭象撰 清刻本 一冊

320000－1607－0002342 213849

儒林公議二卷 （宋）田況撰 清刻本 一冊

320000－1607－0002343 213852

哀感錄二卷 （清）唐慕潮撰 清光緒三十四年（1908）刻本 二冊

320000－1607－0002344 213854

東萊博議四卷 （宋）呂祖謙撰 清光緒八年（1882）刻本 四冊

320000－1607－0002345　213861
**關氏易傳一卷**　（北魏）關朗撰　（唐）趙蕤注
清刻本　一冊

320000－1607－0002346　213863
**小學集解六卷**　（清）吳訥集解　清同治八年
(1869)江蘇書局刻本　二冊

320000－1607－0002347　213866
**亭林詩集五卷**　（清）顧炎武撰　清刻本
一冊

320000－1607－0002348　213867
**詩經八卷**　（宋）朱熹集傳　清光緒九年
(1883)刻本　四冊

320000－1607－0002349　213876
**雪中人一卷**　（清）蔣士銓填詞　（清）李士珠
正譜　清刻本　一冊

320000－1607－0002350　213877
**傷寒舌鑑一卷**　（清）張登撰　清光緒十一年
(1885)掃葉山房刻本　一冊

320000－1607－0002351　213879
**楊忠愍公傳家寶訓一卷**　（明）楊繼盛撰
（清）陳君選輯　清光緒元年(1875)刻本
一冊

320000－1607－0002352　213880
**楊椒山公家訓一卷**　（明）楊繼盛撰　（清）陳
君選輯　清光緒十一年(1885)刻本　一冊

320000－1607－0002353　213881
**榕陰草堂續草一卷**　（清）潘乃光撰　清刻本
一冊

320000－1607－0002354　213882
**顏氏家訓二卷**　（北齊）顏之推撰　清刻本
一冊

320000－1607－0002355　213883
**陸清獻公治嘉格言一卷**　（清）陸隴其撰　清
同治七年(1868)刻本　一冊

320000－1607－0002356　213888
**樹蕙軒詩鈔二卷**　（清）虞友蘭撰　清道光四
年(1824)大樹園刻本　二冊

320000－1607－0002357　213890
**倚梅閣詩集四卷詞一卷**　（清）沈韻蘭撰　清
光緒石印本　二冊

320000－1607－0002358　213891
**遲鴻軒詩棄四卷**　（清）楊峴撰　清光緒十一
年(1885)刻本　一冊

320000－1607－0002359　213892
**書經六卷**　（宋）蔡沈集傳　清光緒二十五年
(1899)刻本　四冊

320000－1607－0002360　213896
**羅豫章[從彥]先生年譜一卷**　（清）毛念恃撰
清刻本　一冊

320000－1607－0002361　213898
**篋中詞續四卷**　（清）譚獻輯　清光緒八年
(1882)仁和譚氏刻半厂叢書初編本　一冊

320000－1607－0002362　213899
**皇甫持正集六卷補遺一卷**　（唐）皇甫湜撰
清光緒二年(1876)南海馮氏讀有用書齋刻三
唐人文集本　一冊

320000－1607－0002363　213969
**希古堂文乙集不分卷**　（清）譚宗浚撰　清光
緒六年(1880)刻本　一冊

320000－1607－0002364　213972
**玉溪生詩詳注三卷附一卷**　（唐）李商隱撰
（清）馮浩詳注　清刻本　一冊

320000－1607－0002365　213979
**本草百種錄注一卷**　（清）徐大椿撰　清光緒
刻本　一冊

320000－1607－0002366　213980
**湯頭歌訣一卷**　（清）汪昂撰　清刻本　一冊

320000－1607－0002367　213983
**學堂日記一卷**　（清）余治撰　清光緒三十年
(1904)刻本　一冊

320000－1607－0002368　213994
**三家醫案合刻**　（清）吳金壽輯　清刻本
二冊

320000－1607－0002369　213996
**外科症治全生集四卷**　（清）王維德撰　清光緒四年(1878)潘敏堂刻本　二冊

320000－1607－0002370　213998
**醫法心傳一卷**　（清）程芝田撰　清光緒刻本　一冊

320000－1607－0002371　214001
**本草三家合注六卷**　（清）郭汝聰輯　清宛平李氏聚經閣刻本　一冊

320000－1607－0002372　214002
**相宗八要直解八卷**　（明）釋智旭撰　清刻本　二冊

320000－1607－0002373　214004
**相宗八要直解八卷**　（明）釋智旭撰　清刻本　二冊

320000－1607－0002374　214006
**後湘續集七卷**　（清）姚瑩撰　清宣統元年(1909)刻本　一冊

320000－1607－0002375　214007
**說文引經考證八卷**　（清）陳瑑撰　清同治十三年(1874)湖北崇文書局刻本　一冊

320000－1607－0002376　214008
**十三經集字不分卷**　（清）李鴻藻輯　清光緒六年(1880)刻本　一冊

320000－1607－0002377　214009
**孩童衛生編不分卷十二章**　（英國）傅蘭雅譯　清光緒十九年(1893)鉛印本　一冊

320000－1607－0002378　214010
**水道參考三卷**　（清）胡祖翩撰　清刻本　一冊

320000－1607－0002379　214011
**敦園詩談八卷**　（清）許丙椿撰　清光緒九年(1883)刻本　一冊

320000－1607－0002380　214012
**滄江稿十四卷**　（朝鮮）金澤榮撰　清江蘇通州翰墨林書局鉛印本　一冊

320000－1607－0002381　214013
**滄江稿十四卷**　（朝鮮）金澤榮撰　清江蘇通州翰墨林書局鉛印本　一冊

320000－1607－0002382　214015
**古佛應驗明聖經序解三卷**　（清）□□撰　清咸豐四年(1854)刻本　一冊

320000－1607－0002383　214017
**說文本經答問二卷**　（清）鄭知同撰　清光緒十六年(1890)廣雅書局刻本　一冊

320000－1607－0002384　214021
**訪樂堂詩一卷**　（清）胡薇元撰　清光緒二十七年(1901)憶秋唫館刻本　一冊

320000－1607－0002385　214022
**說文解字木部箋異一卷**　（清）莫友芝撰　清同治二年(1863)刻本　一冊

320000－1607－0002386　214023
**爾雅音注一卷**　（晉）郭璞注　清同治十年(1871)刻本　一冊

320000－1607－0002387　214024
**爾雅音注一卷**　（晉）郭璞注　清同治十年(1871)刻本　一冊

320000－1607－0002388　214027
**斂齋詩稿四卷**　（清）陸元文撰　清嘉慶十一年(1806)刻本　一冊

320000－1607－0002389　214028
**字林七卷首一卷**　（晉）呂忱撰　清嘉慶二十四年(1819)刻本　二冊

320000－1607－0002390　214030
**神異經一卷**　題（漢）東方朔撰　清光緒元年(1875)湖北崇文書局刻本　一冊

320000－1607－0002391　214031
**搜神記二十卷**　（晉）干寶撰　**後記十卷**　(晉)陶潛撰　清光緒元年(1875)湖北崇文書局刻本　三冊

320000－1607－0002392　214034
**戰國策劄記三卷**　（清）黃丕烈撰　清刻本　一冊

320000 – 1607 – 0002393　214035

**飲雪軒詩集四卷**　（清）楊泰亨撰　清宣統二年(1910)經畲家塾刻本　一冊

320000 – 1607 – 0002394　214037

**澄懷園語四卷**　（清）張廷玉撰　清光緒六年(1880)刻本　一冊

320000 – 1607 – 0002395　214038

**難經經釋二卷**　（清）徐大椿撰　清同治十二年(1873)湖北崇文書局刻本　一冊

320000 – 1607 – 0002396　214039

**易緯八種十二卷**　（漢）鄭玄注　清光緒刻古經解彙函本　二冊

320000 – 1607 – 0002397　214042

**鍾山札記四卷**　（清）盧文弨撰　清光緒刻本　一冊

320000 – 1607 – 0002398　214044

**師竹軒詩集四卷附一卷**　（清）劉樹堂撰　清光緒十二年(1886)刻本　一冊

320000 – 1607 – 0002399　214045

**瞿唐先生日錄一卷附一卷**　（明）來知德撰　清刻本　一冊

320000 – 1607 – 0002400　214048

**篤素堂文集四卷**　（清）張英撰　清光緒六年(1880)刻本　一冊

320000 – 1607 – 0002401　214050

**挽世舟一卷**　（清）王文經輯　清光緒二十七年(1901)刻本　一冊

320000 – 1607 – 0002402　214051

**挽世舟一卷**　（清）王文經輯　清光緒二十七年(1901)刻本　一冊

320000 – 1607 – 0002403　214052

**精選名儒草堂詩餘三卷**　（元）鳳林書院輯　清嘉慶十六年(1811)秦恩復享帚精舍刻本　一冊

320000 – 1607 – 0002404　214053

**求福居詩鈔一卷**　（清）汪清撰　清光緒二十九年(1903)刻本　一冊

320000 – 1607 – 0002405　214057

**金府君家傳一卷**　金武祥撰　清光緒十七年(1891)刻本　一冊

320000 – 1607 – 0002406　214058

**久芬室詩集六卷**　（清）鄭襄撰　清光緒二十年(1894)刻本　二冊

320000 – 1607 – 0002407　214060

**風月堂詩話二卷**　（宋）朱弁撰　清嘉慶十八年(1813)刻本　一冊

320000 – 1607 – 0002408　214062

**漁洋秋柳詩銓一卷**　（清）徐壽基撰　清光緒十二年(1886)刻本　一冊

320000 – 1607 – 0002409　214063

**不遠復齋遺書六種十七卷**　（清）潘世璜撰并輯　清光緒六年(1880)刻本　六冊

320000 – 1607 – 0002410　214069

**金剛經直解一卷**　題（唐）圓通文尼自在光佛直解　清乾隆元年(1736)刻本　一冊

320000 – 1607 – 0002411　214070

**廣雅堂詩集不分卷**　（清）張之洞撰　清光緒刻本　一冊

320000 – 1607 – 0002412　214072

**張忠烈公遺集一卷附浩氣吟一卷**　（清）孔自來輯　清光緒二十七年(1901)刻本　一冊

320000 – 1607 – 0002413　214074

**庸庵海外文編四卷**　（清）薛福成撰　清光緒二十一年(1895)刻本　四冊

320000 – 1607 – 0002414　214078

**易隱八卷附一卷**　（清）曹九錫輯　清刻本　四冊

320000 – 1607 – 0002415　214082

**書經六卷**　（宋）蔡沈集傳　清刻本　四冊

320000 – 1607 – 0002416　214086

**唐詩三百首不分卷**　（清）孫洙輯　清同治六年(1867)刻本　二冊

320000 – 1607 – 0002417　214088

唐詩三百首不分卷　（清）孫洙輯　清同治六年(1867)常熟留真堂刻本　二冊

320000－1607－0002418　214090

產後編二卷　（清）傅山撰　清道光二十七年(1847)刻本　一冊

320000－1607－0002419　214091

說文通檢十四卷首一卷末一卷　（清）黎永椿編　清光緒二年(1876)湖北崇文書局刻本　二冊

320000－1607－0002420　214093

倫理學二卷　（日本）元良勇次郎撰　王國維譯　清光緒三十年(1904)石印本　一冊

320000－1607－0002421　214095

詩疑二卷　（宋）王柏撰　清同治八年(1869)退補齋刻本　一冊

320000－1607－0002422　214096

繫辭傳論二卷　（清）莊存與撰　清道光八年(1828)刻味經齋遺書本　一冊

320000－1607－0002423　214097

佛說梵網經二卷　（後秦）釋鳩摩羅什譯　清光緒十年(1884)刻本　一冊

320000－1607－0002424　214098

溫熱贅言一卷　題（清）寄瓢子撰　清刻本　一冊

320000－1607－0002425　214099

南澗文集二卷　（清）李文藻撰　清光緒刻本　一冊

320000－1607－0002426　214100

柳河東詩集二卷　（唐）柳宗元撰　清光緒十年(1884)刻本　一冊

320000－1607－0002427　214101

石經考一卷　（清）萬斯同撰　清常熟蔣氏省吾堂刻省吾堂四種本　一冊

320000－1607－0002428　214102

中庸一卷　（宋）朱熹章句　清光緒二十年(1894)刻本　一冊

大學一卷　（宋）朱熹章句　清光緒二十年(1894)常郡千秋坊宛委山莊刻本　一冊

320000－1607－0002430　214104

詩韻辨字增注五卷　（清）張澐卿撰　清光緒六年(1880)刻本　一冊

320000－1607－0002431　214106

巡警要務不分卷　（日本）三浦喜傳撰　（清）文英譯　清光緒三十二年(1906)浙江石印所石印本　一冊

320000－1607－0002432　214107

西洋歷史教科書二卷　（清）出洋學生編譯所譯述　清光緒二十八年(1902)上海商務印書館鉛印本　二冊

320000－1607－0002433　214109

唐詩三百首注疏六卷　（清）孫洙輯　（清）章燮注　清道光十四年(1834)刻本　六冊

320000－1607－0002434　214124

曾文正公家訓四卷　（清）曾國藩撰　清光緒五年(1879)傳忠書局刻本　二冊

320000－1607－0002435　214127

明心寶鑑二卷　（明）范立本輯　清光緒三十一年(1905)刻本　一冊

320000－1607－0002436　214129

燈社嬉春集二卷　（清）楊恩壽撰　清刻本　二冊

320000－1607－0002437　214131

宋元明詩約鈔三百首二卷　（清）朱梓　（清）冷昌言輯　（清）華黼臣注　清咸豐八年(1858)刻本　二冊

320000－1607－0002438　214133

欂華館試帖輯注一卷　（清）路德撰　（清）張熙宇輯注　清刻本　一冊

320000－1607－0002439　214134

鴛鴦湖櫂歌不分卷　（清）陸以誠輯　清聽雨軒刻本　一冊

320000－1607－0002440　214135

校補不可錄一卷　（清）王鐘駿輯　清光緒二十二年(1896)刻本　一冊

320000－1607－0002441　214136

執中蘊義四卷　（清）湯壽銘等撰　清同治十三年(1874)武進陸氏刻本　二冊

320000－1607－0002442　214138

宋元明史約鈔二卷首一卷　（清）朱梓　（清）冷昌言輯　（清）華黼臣注　清咸豐五年(1855)刻本　二冊

320000－1607－0002443　214140

歸雲草廬雜存一卷　（明）陳士元撰　清光緒二十七年(1901)木活字印本　一冊

320000－1607－0002444　214145

百尺樓詩集二卷　（清）陳浩撰　清刻本　一冊

320000－1607－0002445　214146

音釋千家詩二卷　清宣統三年(1911)宛委山莊刻本　一冊

320000－1607－0002446　214147

古唐詩合解十二卷　（清）王堯衢輯並注　清光緒十八年(1892)學庫山房刻本　六冊

320000－1607－0002447　214153

詞律二十卷　（清）萬樹撰　清刻本　八冊

320000－1607－0002448　214161

春秋左氏傳補注十卷　（元）趙汸撰　清同治刻本　三冊

320000－1607－0002449　214165

濟生方八卷　（宋）嚴用和撰　清光緒四年(1878)刻本　二冊

320000－1607－0002450　214167

傳信適用方四卷　（宋）吳彥夔撰　清光緒四年(1878)刻本　二冊

320000－1607－0002451　214169

左恪靖伯奏稿三十八卷　（清）左宗棠撰（清）羅大春輯　清光緒刻本　三十二冊

320000－1607－0002452　214201

左恪靖伯奏稿三十八卷　（清）左宗棠撰　清光緒刻本　三十八冊

320000－1607－0002453　214239

風雨樓叢書　（清）鄧實輯　清宣統順德鄧氏鉛印本　一冊　存六種六卷(唱經堂左傳釋一卷、唱經堂釋小雅一卷、唱經堂釋孟子四章一卷、唱經堂批歐陽永叔詞十二首一卷、唱經堂通宗易論一卷、唱經堂聖人千案一卷)

320000－1607－0002454　214240

孝經一卷　（清）任兆麟集注　清光緒九年(1883)刻本　一冊

320000－1607－0002455　214241

孝經一卷　（清）任兆麟集注　清光緒九年(1883)刻本　一冊

320000－1607－0002456　214242

孝經一卷　（清）任兆麟集注　清刻本　一冊

320000－1607－0002457　214243

孝經一卷　（清）任兆麟集注　清刻本　一冊

320000－1607－0002458　214244

重訂孝經刊誤參解一卷　（宋）朱熹輯　清同治十三年(1874)刻本　一冊

320000－1607－0002459　214245

大學疏義一卷　（宋）金履祥撰　清同治十二年(1873)刻本　一冊

320000－1607－0002460　214246

文字蒙求四卷　（清）王筠撰　清光緒十三年(1887)刻本　一冊

320000－1607－0002461　214247

七家詩輯注匯鈔九卷　（清）張熙宇輯評（清）王植桂輯注　清光緒十二年(1886)崇德書院刻本　八冊

320000－1607－0002462　214257

西堂小草一卷附二卷　（清）尤侗撰　清刻本　一冊

320000－1607－0002463　214258

曲園三耍一卷附自述詩一卷　（清）俞樾撰　清光緒二十五年(1899)刻本　一冊

320000 – 1607 – 0002464　214260

柳河東外集二卷　(唐)柳宗元撰　清光緒刻本　一冊

320000 – 1607 – 0002465　214264

儀禮讀本十七卷　(漢)鄭玄注　(清)張爾岐句讀　監本正誤一卷誤字一卷　(清)張爾岐撰　清施肇曾刻本　六冊

320000 – 1607 – 0002466　214270

慧日永明智覺壽禪師山居詩一卷　(宋)釋延壽撰　福源石屋珙禪師山居詩一卷　(元)釋清珙撰　(元)釋至柔輯　清光緒十一年(1885)刻本　一冊

320000 – 1607 – 0002467　214274

勸學篇二卷　(清)張之洞撰　清光緒二十四年(1898)刻本　一冊

320000 – 1607 – 0002468　214275

圖註難經辨真四卷　(晉)王叔和撰　(明)張世賢註　清刻本　二冊

320000 – 1607 – 0002469　214277

宛陵詩選一卷　(宋)梅堯臣撰　清刻本　一冊

320000 – 1607 – 0002470　214281

青雲集補注六卷　(清)楊逢春等輯　(清)吳廷藻補注　清光緒十七年(1891)刻本　六冊

320000 – 1607 – 0002471　214287

歷代地理沿革圖一卷附一卷　(清)六嚴繪　(清)馬徵麟增輯　清同治十一年(1872)刻本　一冊

320000 – 1607 – 0002472　214288

歷代地理沿革圖一卷附一卷　(清)六嚴繪　(清)馬徵麟增輯　清光緒二十二年(1896)金陵書局刻本　一冊

320000 – 1607 – 0002473　214289

會心內集二卷外集二卷　(清)劉一明撰　清光緒三年(1877)刻本　二冊

320000 – 1607 – 0002474　214291

李長吉歌詩四卷首一卷外集一卷　(唐)李賀撰　清光緒四年(1878)宏達堂刊本　四冊

320000 – 1607 – 0002475　214296

聖禾鄉農詩鈔四卷　(清)沈鈺撰　清光緒九年(1883)刻本　一冊

320000 – 1607 – 0002476　214298

詩問七卷　(清)郝懿行撰　清光緒八年(1882)刻本　六冊

320000 – 1607 – 0002477　214308

監本附音春秋公羊註疏二十八卷　(漢)何休註　(唐)徐彥疏　(唐)陸德明音義　校勘記二十八卷　(清)阮元撰　清嘉慶二十年(1815)南昌府學刻十三經註疏本　十二冊

320000 – 1607 – 0002478　214320

春秋左傳五十卷　(晉)杜預注　清光緒二十六年(1900)常州麟玉山房刻本　十六冊

320000 – 1607 – 0002479　214352

管子二十四卷　(唐)房玄齡注　清光緒五年(1879)影刻宋刻本　四冊

320000 – 1607 – 0002480　214356

唐陸宣公集二十二卷　(唐)陸贄撰　清刻本　四冊

320000 – 1607 – 0002481　214367

傷寒纘論二卷　(清)張璐撰　清思德堂刻本　二冊

320000 – 1607 – 0002482　214374

書經增訂旁訓六卷　(宋)蔡沈集傳　清光緒五年(1879)刻本　四冊

320000 – 1607 – 0002483　214378

輟耕錄三十卷　(明)陶宗儀撰　清光緒十一年(1885)上海福瀛書局刻本　八冊

320000 – 1607 – 0002484　214392

三國志演義六十卷一百二十回　(明)羅貫中撰　清善成堂刻本　二十冊

320000 – 1607 – 0002485　214412

荀子二十卷　(唐)楊倞注　(清)盧文弨(清)謝墉校　清光緒二年(1876)浙江書局刻本　五冊

320000 – 1607 – 0002486　214417

鶡冠子三卷　（宋）陸佃注　（明）王宇評　清刻本　一冊

320000－1607－0002487　214418

古文辭類纂七十四卷　（清）姚鼐輯　清光緒十九年(1893)思賢講舍刻本　十四冊

320000－1607－0002488　214432

宜麟策一卷續一卷達生篇二卷　（明）張景岳撰　清光緒元年(1875)刻本　一冊

320000－1607－0002489　214433

寶鐵齋金石文跋尾三卷　（清）韓崇撰　清光緒四年(1878)滂喜齋刻本　一冊

320000－1607－0002490　214434

小隱詩鈔一卷　（清）崔宜枚撰　清同治四年(1865)刻本　一冊

320000－1607－0002491　214435

五石瓠齋遺稿二卷　（清）胡世敦撰　清同治十一年(1872)刻本　一冊

320000－1607－0002492　214436

詩經八卷　（宋）朱熹集傳　清光緒三十年(1904)刻本　六冊

320000－1607－0002493　214442

詩經八卷　（宋）朱熹集傳　清光緒二十二年(1896)金陵書局刻本　四冊

320000－1607－0002494　214447

大學古本質言一卷　（清）劉沅撰　清咸豐二年(1852)刻本　一冊

320000－1607－0002495　214454

狀元尚書六卷　（宋）蔡沈集傳　清光緒九年(1883)刻本　五冊

320000－1607－0002496　214463

養蒙針度五卷　（清）潘子聲撰　清光緒三年(1877)刻本　二冊

320000－1607－0002497　214465

書經六卷　（宋）蔡沈集傳　清光緒二十五年(1899)晉升山房刻本　四冊

320000－1607－0002498　214469

書經六卷　（宋）蔡沈集傳　清道光十年(1830)刻本　四冊

320000－1607－0002499　214473

書經六卷　（宋）蔡沈集傳　清光緒十二年(1886)刻本　六冊

320000－1607－0002500　214479

字彙十二卷　（清）梅膺祚撰　清刻本　十二冊

320000－1607－0002501　214491

篤素堂文集四卷　（清）張英撰　清光緒六年(1880)刻本　一冊

320000－1607－0002502　214492

孝經集解一卷　（清）桂文燦撰　清咸豐四年(1854)刻本　一冊

320000－1607－0002503　214493

魏特進集一卷　（北齊）魏收撰　清光緒十八年(1892)善化章經濟堂刻漢魏六朝百三名家集本　一冊

320000－1607－0002504　214495

求己錄三卷　（清）盧涇遯士撰　清光緒二十二年(1896)刻本　三冊

320000－1607－0002505　214498

狀元尚書六卷　（宋）蔡沈集傳　清光緒十八年(1892)麟玉山房刻本　六冊

320000－1607－0002506　214504

狀元尚書六卷　（宋）蔡沈集傳　清光緒二十五年(1899)麟玉山房刻本　六冊

320000－1607－0002507　214510

四書旁訓體注不分卷　（清）范翔撰　清刻本　六冊

320000－1607－0002508　214522

品芳錄一卷　（清）徐壽基撰　清光緒十二年(1886)刻本　一冊

320000－1607－0002509　214523

怡雲堂雜文一卷　（清）沈保靖撰　清宣統元年(1909)刻怡雲堂全集本　一冊

320000－1607－0002510　214524
**古文觀止十二卷**　（清）吳乘權輯　清光緒鎮江五洲書局刻本　一冊

320000－1607－0002511　214530
**古文觀止十二卷**　（清）吳乘權輯　清光緒十四年(1888)毗陵李氏麟玉山房刻本　六冊

320000－1607－0002512　214536
**古文觀止十二卷**　（清）吳乘權輯　清光緒刻本　六冊

320000－1607－0002513　214542
**古文觀止十二卷**　（清）吳乘權輯　清光緒元年(1875)刻本　六冊

320000－1607－0002514　214554
**古文觀止十二卷**　（清）吳乘權輯　清光緒十四年(1888)無錫二酉堂刻本　六冊

320000－1607－0002515　214560
**春秋左傳集解五十卷**　（晉）杜預集解　清光緒十年(1884)麟玉山房刻本　十六冊

320000－1607－0002516　214576
**春秋經傳集解三十卷**　（晉）杜預撰　清光緒十四年(1888)上海文瑞樓刻本　十六冊

320000－1607－0002517　214592
**四分比丘尼戒本一卷**　（後秦）釋佛陀耶舍譯　（唐）釋懷素集　清光緒二十一年(1895)刻本　一冊

320000－1607－0002518　214594
**初學文引一卷**　（清）葉廉鍔選注　清同治十二年(1873)慈南古草堂刻本　一冊

320000－1607－0002519　214595
**地學歌略不分卷**　（清）葉瀚　（清）葉瀾撰　清光緒二十四年(1898)刻本　一冊

320000－1607－0002520　214596
**夢曉樓隨筆一卷**　（清）宋顧樂撰　**虞東先生文錄八卷**　（清）顧鎮撰　清同治十三年(1874)虞山顧氏刻小石山房叢書本　一冊

320000－1607－0002521　214597
**江南鄉試闈墨一卷**　（清）馮譽驥輯　清光緒

五年(1879)衡鑑堂刻本　一冊

320000－1607－0002522　214599
**神農本草經百種錄一卷**　（清）徐大椿輯　清刻本　一冊

320000－1607－0002523　214600
**千字文說文解字附錄別解一卷**　（清）林荃撰　清光緒十三年(1887)粵東刻本　一冊

320000－1607－0002524　214602
**春秋左氏古經十二卷**　（清）段玉裁撰　清光緒九年(1883)後知不足齋刻本　二冊

320000－1607－0002525　214608
**春秋穀梁傳十二卷附校勘記一卷**　（晉）范寧集解　清同治十一年(1872)山東書局刻本　四冊

320000－1607－0002526　214612
**春秋公羊傳十一卷附校勘記一卷**　（漢）何休注　清同治十一年(1872)山東書局刻本　四冊

320000－1607－0002527　214625
**左傳集解三十卷**　（晉）杜預集解　清經元堂刻本　十六冊

320000－1607－0002528　214663
**古文觀止十二卷**　（清）吳乘權輯　清光緒十九年(1893)刻本　六冊

320000－1607－0002529　214675
**古文觀止十二卷**　（清）吳乘權輯　清光緒三十一年(1905)刻本　六冊

320000－1607－0002530　214687
**古文觀止十二卷**　（清）吳乘權輯　清光緒十六年(1890)刻本　六冊

320000－1607－0002531　214693
**古文觀止十二卷**　（清）吳乘權輯　清宣統三年(1911)常州晉升山房刻本　六冊

320000－1607－0002532　214699
**詩經八卷**　（宋）朱熹集傳　清光緒十八年(1892)寶善堂刻本　六冊

320000－1607－0002533　214705
公羊傳注十二卷附校記一卷　（漢）何休撰
清同治二年（1863）刻本　二冊

320000－1607－0002534　214707
春秋公羊傳十一卷　（漢）何休注　清同治七
年（1868）湖北崇文書局刻本　四冊

320000－1607－0002535　214711
春秋公羊傳十一卷　（漢）何休注　清光緒十
二年（1886）湖北官書處刻本　四冊

320000－1607－0002536　214715
明聖經注釋三卷　（清）胡萬安撰　清光緒十
七年（1891）刻本　一冊

320000－1607－0002537　214716
明聖經注釋三卷　（清）胡萬安撰　清光緒十
七年（1891）刻本　一冊

320000－1607－0002538　214717
執中蘊義四卷　（清）湯壽銘等撰　清同治十
三年（1874）刻本　二冊

320000－1607－0002539　214719
曾文正公雜著四卷　（清）曾國藩撰　清同治
十三年（1874）傳忠書局刻本　二冊

320000－1607－0002540　214721
曾文正公大事記四卷　（清）王定安撰　清光
緒二十年（1894）崇德書局刻本　二冊

320000－1607－0002541　214723
經史百家簡編二卷　（清）曾國藩撰　清同治
十三年（1874）傳忠書局刻本　二冊

320000－1607－0002542　214725
春秋穀梁傳十二卷　（晉）范寧集解　清光緒
十二年（1886）刻本　四冊

320000－1607－0002543　214729
東萊詩集二十卷　（宋）呂本中撰　清咸豐九
年（1859）刻本　四冊

320000－1607－0002544　214733
佩文詩韻釋要五卷　（清）周兆基撰　清光緒
三年（1877）刻本　二冊

320000－1607－0002545　214735
嶺表錄異三卷　（唐）劉恂撰　清刻本　一冊

320000－1607－0002546　214736
燕丹子三卷　（清）孫星衍校輯　清光緒元年
（1875）湖北崇文書局刻子書百家本　一冊

320000－1607－0002547　214737
郁離子一卷　（明）劉基撰　清光緒元年
（1875）湖北崇文書局刻子書百家本　一冊

320000－1607－0002548　214738
叔苴子內編六卷外編二卷　（明）莊元臣撰
清光緒元年（1875）湖北崇文書局刻本　二冊

320000－1607－0002549　214740
老子道德經二卷　（三國魏）王弼注　清光緒
元年（1875）湖北崇文書局刻本　一冊

320000－1607－0002550　214751
十三經音辨一卷　（清）劉昌楨撰　清同治三
年（1864）刻本　一冊

320000－1607－0002551　214752
鴛鴦湖櫂歌一卷　（清）朱彝尊撰　清光緒二
年（1876）刻本　一冊

320000－1607－0002552　214753
武帝彙編四卷　（清）吳惠輯　清光緒二年
（1876）刻本　二冊

320000－1607－0002553　214756
汪文摘謬不分卷　（清）葉燮撰　清宣統三年
（1911）長沙葉氏刻本　一冊

320000－1607－0002554　214759
庚子紀念圖題詞一卷　（清）烏目山僧繪圖
（清）潘霈霖等題詞　清光緒二十七年（1901）
鉛印本　一冊

320000－1607－0002555　214761
漢官舊儀二卷補一卷　（漢）衛宏撰　清刻本
　一冊

320000－1607－0002556　214762
狀元尚書六卷　（宋）蔡沈集傳　清光緒五年
（1879）刻本　五冊

320000－1607－0002557　214769

**子史精華三十卷**　（清）吳士玉　（清）吳襄輯
清光緒點石齋石印本　二冊

320000－1607－0002558　214773

**書經旁訓四卷**　（宋）蔡沈集傳　清嘉慶十四
年（1809）刻本　二冊

320000－1607－0002559　214775

**梅村詞二卷**　（清）吳偉業撰　**溪南詞二卷**
（清）黃永撰　清刻國朝名家詩餘本　一冊

320000－1607－0002560　214776

**稼書先生年譜一卷**　（清）陸宸徵等撰　清同
治十三年（1874）顧湘刻小石山房叢書本
一冊

320000－1607－0002561　214779

**治嘉格言一卷**　（清）陸隴其撰　清光緒刻本
一冊

320000－1607－0002562　214780

**吳郡圖經續記三卷**　（宋）朱長文撰　清同治
十二年（1873）江蘇書局刻本　一冊

320000－1607－0002563　214783

**折肱錄一卷**　（清）周濟撰　清光緒十四年
（1888）刻本　一冊

320000－1607－0002564　214784

**列子八卷**　（晉）張湛注　（唐）殷敬順釋文
清光緒二年（1876）浙江書局刻本　二冊

320000－1607－0002565　214786

**容甫先生遺詩六卷附錄一卷**　（清）汪中撰
清光緒二十六年（1900）刻鵠齋刻本　一冊

320000－1607－0002566　214787

**太常袁公行略不分卷**　（清）袁允楠等輯　清
光緒三十年（1904）商務印書館鉛印本　一冊

320000－1607－0002567　214788

**痘疹心法五卷**　（清）段希孟撰　清光緒二十
一年（1895）刻本　一冊

320000－1607－0002568　214791

**唐陸宣公奏議讀本四卷首一卷**　（唐）陸贄撰
（清）汪銘謙輯　（清）馬傳庚評傳　清宣統

元年（1909）石印本　二冊

320000－1607－0002569　214796

**四書讀本不分卷**　（宋）朱熹集注　清光緒三
十三年（1907）石印本　一冊

320000－1607－0002570　214799

**韜光菴紀遊集一卷**　（清）釋山止輯　清光緒
七年（1881）武林丁氏竹書堂刻本　一冊

320000－1607－0002571　214800

**書經旁訓四卷**　（宋）蔡沈集傳　清刻本
二冊

320000－1607－0002572　214802

**狀元尚書六卷**　（宋）蔡沈集傳　清光緒十九
年（1893）刻本　四冊

320000－1607－0002573　214806

**書經集注六卷首一卷末一卷**　（宋）蔡沈集傳
清嘉慶十四年（1809）刻本　四冊

320000－1607－0002574　214810

**書經六卷**　（宋）蔡沈集傳　清宣統三年
（1911）寶善書莊刻本　四冊

320000－1607－0002575　214814

**狀元尚書六卷**　（宋）蔡沈集傳　清光緒十六
年（1890）宛委山莊刻本　四冊

320000－1607－0002576　214818

**惜抱軒今體詩鈔十八卷**　（清）姚鼐撰　清同
治七年（1868）湘鄉曾氏刻本　三冊

320000－1607－0002577　214824

**明詞綜十二卷**　（清）王昶輯　清同治四年
（1865）亦西齋刻本　二冊

320000－1607－0002578　214826

**元史論一卷**　（明）張溥撰　**明史論四卷**
（清）谷應泰撰　清光緒刻本　二冊

320000－1607－0002579　214829

**詩序辨說一卷**　（宋）朱熹撰　清刻本　一冊

320000－1607－0002580　214831

**禮記體注四卷**　（清）范翔撰　清刻本　四冊

320000－1607－0002581　214835

詩經朱傳八卷　（清）孫慶甲校述　清光緒二十五年(1899)刻本　五冊

320000－1607－0002582　214840
儀禮鄭注句讀十七卷監本正誤一卷石本正誤一卷　（清）張爾岐撰　清同治七年(1868)金陵書局刻本　四冊

320000－1607－0002583　214844
禮記集說一百六十卷　（宋）衛湜輯　清舊學山房刻本　十冊

320000－1607－0002584　214856
四書補注備旨四卷　（清）鄧林撰　清經元堂刻本　二冊

320000－1607－0002585　214858
荀子補注二卷　（清）郝懿行撰　清嘉慶至光緒刻郝氏遺書本　二冊

320000－1607－0002586　214860
周禮精華六卷　（清）陳龍標輯　清光緒九年(1883)刻本　六冊

320000－1607－0002587　214866
周易要義十卷首一卷　（宋）魏了翁撰　清光緒十二年(1886)江蘇書局刻本　四冊

320000－1607－0002588　214870
孔子家語十卷　（三國魏）王肅注　清刻本　四冊

320000－1607－0002589　214874
尋花日記二卷附三卷　（清）歸莊撰　清同治十三年(1874)虞山顧氏刻小石山房叢書本　一冊

320000－1607－0002590　214875
毋欺錄一卷　（清）朱用純撰　清刻本　一冊

320000－1607－0002591　214877
隱綠軒題識一卷　（清）陳奕禧撰　清同治十三年(1874)虞山顧氏刻小石山房叢書本　一冊

320000－1607－0002592　214878
詞評一卷　（明）王世貞撰　清同治十三年(1874)虞山顧氏刻本　一冊

320000－1607－0002593　214882
雪心賦正解四卷　（唐）卜應天撰　（清）孟浩注　清光緒刻本　四冊

320000－1607－0002594　214886
東西洋考十二卷　（明）張燮撰　清光緒二十二年(1896)刻本　四冊

320000－1607－0002595　214890
六朝文絜箋注十二卷　（清）許槤評選　（清）黎經誥箋注　清光緒十五年(1889)刻本　四冊

320000－1607－0002596　214894
唐文粹補遺二十六卷　（清）郭麐輯　清光緒十一年(1885)江蘇書局刻本　四冊

320000－1607－0002597　214898
戰國策劄記三卷　（清）黃丕烈撰　清嘉慶八年(1803)刻本　一冊

320000－1607－0002598　214899
戰國策三十三卷　（漢）高誘注　重刻剡川姚氏本戰國策札記三卷　（清）黃丕烈撰　清同治八年(1869)湖北崇文書局刻本　四冊　存三十二卷(一至三十二)

320000－1607－0002599　214903
古詩源十四卷　（清）沈德潛輯　清尊經閣刻本　四冊

320000－1607－0002600　214907
古詩源十四卷　（清）沈德潛輯　清霽月山房刻本　四冊

320000－1607－0002601　214911
古詩源十四卷　（清）沈德潛輯　清同治十年(1871)刻本　四冊

320000－1607－0002602　214923
左傳杜林五十卷　（晉）杜預注　（宋）林堯叟補注　清刻本　十六冊　缺一卷(二十四)

320000－1607－0002603　214939
五經類編二十八卷　（清）周世樟撰　清嘉慶三年(1798)刻本　十冊

320000－1607－0002604　214949

國朝駢體正宗十二卷 （清）曾燠輯 清嘉慶
十一年(1806)刻本 六冊

320000－1607－0002605 214968

二十一史約編八卷 （清）鄭元慶輯 清光緒
江左書林刻本 八冊

320000－1607－0002606 214989

輶軒語二卷 （清）張之洞撰 清光緒四年
(1878)刻本 一冊

320000－1607－0002607 214990

經籍舉要一卷附一卷 （清）龍啓瑞撰 清光
緒十九年(1893)中江講院刻本 一冊

320000－1607－0002608 214991

普濟良方十一卷 （清）德軒輯 清咸豐七年
(1857)刻本 一冊

320000－1607－0002609 214998

許氏說文解字雙聲疊韻譜一卷 （清）鄧廷楨
撰 清光緒七年(1881)後知不足齋刻本
一冊

320000－1607－0002610 214999

鶡冠子三卷 （宋）陸佃注 （明）王宇評 清
光緒元年(1875)刻本 一冊

320000－1607－0002611 215003

國朝先正事略六十卷 （清）李元度撰 清同
治五年(1866)循陔草堂刻本 一冊

320000－1607－0002612 215037

汀鷺文鈔三卷詩鈔二卷詩餘二卷 （清）楊傳
第撰 清同治十一年(1872)刻本 一冊

320000－1607－0002613 215038

孔子集語二卷 （宋）薛據輯 清光緒元年
(1875)湖北崇文書局刻本 一冊

320000－1607－0002614 215040

南陽集六卷 （宋）趙湘撰 清刻本 二冊

320000－1607－0002615 215042

續印人傳八卷 （清）汪啓淑撰 清道光二十
年(1840)海虞顧氏刻篆學瑣著本 二冊

320000－1607－0002616 215044

續三十五舉一卷再續一卷 （清）桂馥撰 清
道光二十年(1840)刻本 二冊

320000－1607－0002617 215045

印說一卷印言一卷 （清）陳鍊撰 論印絕句
一卷 （清）吳騫輯 清道光二十年(1840)海
虞顧氏刻篆學瑣著本 二冊

320000－1607－0002618 215046

印章要論一卷 （清）朱簡撰 清道光二十年
(1840)海虞顧氏刻篆學瑣著本 二冊

320000－1607－0002619 215047

印人傳三卷 （清）周亮工撰 清道光二十年
(1840)刻本 二冊

320000－1607－0002620 215048

四書質疑十九卷 （清）徐紹楨撰 清光緒九
年(1883)刻本 二冊

320000－1607－0002621 215052

捧月樓詞二卷 （清）袁通撰 清嘉慶九年
(1804)刻本 一冊

320000－1607－0002622 215053

扈從東巡日錄二卷附一卷 （清）高士奇撰
清光緒刻本 一冊

320000－1607－0002623 215054

說文辨疑一卷 （清）顧廣圻撰 清光緒三年
(1877)湖北崇文書局刻本 一冊

320000－1607－0002624 215055

忍草庵志四卷 （清）劉繼增撰 清光緒十三
年(1887)刻本 一冊

320000－1607－0002625 215070

文選六十卷 （南朝梁）蕭統撰 （唐）李善注
清刻本 十二冊

320000－1607－0002626 215082

六書正譌五卷 （元）周伯琦撰 清光緒十二
年(1886)刻本 五冊

320000－1607－0002627 215087

岳忠武王文集八卷首一卷末一卷 （宋）岳飛
撰 （清）黃邦寧輯 清道光二十七年(1847)
刻本 二冊

320000－1607－0002628　215089

**孫可之文集十卷**　（唐）孫樵撰　清光緒二年(1876)讀有用書齋刻韓門三唐人集本　一冊

320000－1607－0002629　215094

**九經說十二卷**　（清）姚鼐撰　清刻本　二冊

320000－1607－0002630　215096

**爾雅三卷**　（晉）郭璞注　（唐）陸德明音義　清同治十一年(1872)山東書局刻本　三冊

320000－1607－0002631　215099

**儀禮十七卷**　（漢）鄭玄注　**校錄一卷續校一卷**　（清）黃丕烈撰　清同治九年(1870)湖北崇文書局刻本　二冊

320000－1607－0002632　215112

**周易四卷**　（宋）朱熹本義　清同治三年(1864)刻本　二冊

320000－1607－0002633　215126

**禮記體注十卷**　（清）陳澔撰　清刻本　一冊

320000－1607－0002634　215136

**南史識小錄十四卷**　（清）沈茗蓀　（清）朱昆田撰　（清）張應昌補正　清同治十年(1871)刻本　六冊

320000－1607－0002635　215161

**養蒙針度五卷**　（清）潘子聲撰　清光緒六年(1880)刻本　一冊

320000－1607－0002636　215163

**前漢書一百卷**　（漢）班固撰　（唐）顏師古注　清光緒二十五年(1899)慎記書莊石印本　十二冊

320000－1607－0002637　215191

**文獻通考輯要二十四卷**　湯壽潛輯　清光緒二十五年(1899)上海圖書集成印書局鉛印三通考輯要本　十冊

320000－1607－0002638　215217

**重編留青新集二十四卷**　（清）馮善長輯　清光緒十四年(1888)刻本　十二冊

320000－1607－0002639　215253

**胡文忠公遺集八十六卷**　（清）胡林翼撰　清光緒十四年(1888)上海著易堂鉛印本　八冊

320000－1607－0002640　215261

**昭明文選集評十五卷末一卷**　（清）于光華輯評　清刻本　十六冊

320000－1607－0002641　215277

**南巡盛典一百二十卷**　（清）高晉等輯　清光緒八年(1882)上海點石齋石印本　八冊

320000－1607－0002642　215285

**後漢書一百二十卷**　（南朝宋）范曄撰　（唐）李賢等注　（晉）司馬彪續撰　（南朝梁）劉昭補注　清光緒十四年(1888)上海圖書集成印書局鉛印欽定二十四史本　十六冊

320000－1607－0002643　215301

**東華錄三十二卷**　（清）蔣良騏撰　清同治十一年(1872)刻本　十二冊

320000－1607－0002644　215331

**史記菁華錄六卷**　（清）姚苧田輯　清光緒八年(1882)刊本　六冊

320000－1607－0002645　215371

**後漢書一百二十卷**　（南朝宋）范曄撰　（唐）李賢等注　（晉）司馬彪續撰　（南朝梁）劉昭補注　清光緒十年(1884)上海同文書局石印本　二十六冊

320000－1607－0002646　215397

**後漢書一百二十卷**　（南朝宋）范曄撰　（唐）李賢等注　（晉）司馬彪續撰　（南朝梁）劉昭補注　清光緒十四年(1888)上海圖書集成印書局鉛印欽定二十四史本　十六冊

320000－1607－0002647　215413

**後漢書一百二十卷**　（南朝宋）范曄撰　（唐）李賢等注　（晉）司馬彪續撰　（南朝梁）劉昭補注　清光緒十八年(1892)武林竹簡齋石印二十四史本　十五冊

320000－1607－0002648　215428

**宋史四百九十六卷**　（元）脫脫等撰　清光緒二十八年(1902)上海文瀾書局石印欽定二十

四史本 二十冊

320000－1607－0002649 215448

**藝學從考一百二十卷** （清）朱大文輯 清光
緒二十八年（1902）上海鴻文書局石印本 二
十四冊

320000－1607－0002650 215472

**唐書二百二十五卷** （宋）歐陽修 （宋）宋祁
等撰 清光緒二十八年（1902）上海文瀾書局
石印欽定二十四史本 七冊

320000－1607－0002651 215479

**御批通鑑輯覽一百二十卷** （清）傅恆等編
清光緒二十八年（1902）上海日新書莊石印本
四冊

320000－1607－0002652 215503

**前漢書一百卷** （漢）班固撰 清光緒十四年
（1888）上海圖書集成印書局鉛印欽定二十四
史本 二冊

320000－1607－0002653 215539

**佩文韻府一百〇六卷** （清）張玉書等輯 **韻
府拾遺一百〇六卷** （清）張廷玉等輯 清光
緒二十一年（1895）上海點石齋影印本 二十
四冊

320000－1607－0002654 215569

**三國志六十五卷** （晉）陳壽撰 （南朝宋）裴
松之注 清光緒十四年（1888）上海圖書集成
印書局鉛印欽定二十四史本 八冊

320000－1607－0002655 215577

**子史精華一百六十卷** （清）允祿等撰 清光
緒十二年（1886）上海同文書局鉛印本 八冊

320000－1607－0002656 215585

**三通考輯要七十六卷** 湯壽潛輯 清光緒二
十五年（1899）上海圖書集成印書局鉛印本
十冊 存二十六卷（一至二十六）

320000－1607－0002657 215595

**三通考輯要七十六卷** 湯壽潛輯 清光緒二
十五年（1899）上海圖書集成印書局鉛印本
十冊 存二十六卷（一至二十六）

320000－1607－0002658 215629

**孫批胡刻文選五卷首一卷** （南朝梁）蕭統撰
（唐）李善注 清光緒十四年（1888）刻本
六冊

320000－1607－0002659 215659

**皇朝文獻通考輯要二十六卷** 湯壽潛輯 清
刻本 十冊

320000－1607－0002660 215703

**十三經注疏四百十六卷附校勘記** （清）阮元
撰 清光緒三十年（1904）石印本 三十二冊

320000－1607－0002661 215735

**宋本十三經注疏四百十六卷附校勘記** （清）
阮元撰 （清）盧宣旬摘錄 清光緒十三年
（1887）上海脈望仙館石印本 二十一冊

320000－1607－0002662 215756

**十三經注疏四百十六卷附校勘記** （清）阮元
撰 清光緒二十四年（1898）點石齋刻本 三
十二冊

320000－1607－0002663 215788

**史記一百三十卷** （漢）司馬遷撰 清光緒十
年（1884）上海同文書局鉛印本 二十六冊

320000－1607－0002664 215834

**元史二百十卷** （明）宋濂等撰 清光緒二十
八年（1902）上海文瀾書局石印欽定二十四史
本 八冊

320000－1607－0002665 215842

**明史三百三十二卷** （清）張廷玉等撰 清光
緒二十八年（1902）上海文瀾書局石印欽定二
十四史本 十四冊

320000－1607－0002666 215856

**韻府拾遺一百〇六卷** （清）張廷玉等編 清
光緒石印本 十冊

320000－1607－0002667 215866

**十八家詩鈔二十八卷** （清）曾國藩輯 清光
緒十四年（1888）刻本 三冊

320000－1607－0002668 215922

**說文通訓定聲十八卷東韻一卷說雅一卷古今**

韵準一卷　（清）朱駿聲撰　清光緒十三年
(1887)上海積山書局石印本　八冊

320000 - 1607 - 0002669　215938

韻府拾遺一百〇六卷　（清）張廷玉等編　清
光緒十二年(1886)上海同文書局石印本
八冊

320000 - 1607 - 0002670　215986

六書通十卷　（明）閔齊伋撰　（清）畢弘述篆
訂　清光緒二十一年(1895)上海鴻寶齋石印
本　五冊

320000 - 1607 - 0002671　216013

皇朝文獻通考詳節二十六卷　（清）嵇璜等撰
　清石印本　四冊

320000 - 1607 - 0002672　216055

史記評林一百三十卷首一卷　（明）凌稚隆輯
　清光緒二十七年(1901)天章書局石印本
十二冊

320000 - 1607 - 0002673　216083

史記一百三十卷　（漢）司馬遷撰　（南朝宋）
裴駰集解　清光緒二十一年(1895)鉛印本
十冊

320000 - 1607 - 0002674　216107

明史紀事本末八十卷　（清）谷應泰撰　清光
緒二十一年(1895)上海積山書局石印本
八冊

320000 - 1607 - 0002675　216115

元史紀事本末二十七卷　（明）陳邦瞻撰
（明）張溥論正　清光緒二十一年(1895)積山
書局石印本　二冊

320000 - 1607 - 0002676　216117

西夏紀事本末三十六卷首二卷　（清）張鑑撰
　清光緒二十一年(1895)積山書局石印本
二冊

320000 - 1607 - 0002677　216119

金史紀事本末五十二卷　（清）李有棠撰　清
光緒二十二年(1896)積山書局石印本　四冊

320000 - 1607 - 0002678　216123

遼史紀事本末四十卷　（清）李有棠撰　清光
緒二十五年(1899)慎記書莊石印本　二冊

320000 - 1607 - 0002679　216125

宋史紀事本末一百〇九卷　（明）馮琦輯
（明）陳邦瞻增訂　（明）張溥論正　清光緒二
十一年(1895)積山書局石印本　八冊

320000 - 1607 - 0002680　216133

古文辭類纂七十四卷　（清）姚鼐輯　清光緒
三十三年(1907)上海商務印書館鉛印本
八冊

320000 - 1607 - 0002681　216141

續古文辭類纂三十四卷　王先謙輯　清光緒
三十三年(1907)上海商務印書館鉛印本
四冊

320000 - 1607 - 0002682　216145

續古文辭類纂三十四卷　王先謙輯　清光緒
三十三年(1907)上海商務印書館鉛印本
四冊

320000 - 1607 - 0002683　216165

國朝駢體正宗十二卷　（清）曾燠輯　清光緒
十三年(1887)上海蜚英館石印本　六冊

320000 - 1607 - 0002684　216171

白芙堂算學叢書八十八卷　（清）吳嘉善
（清）丁取忠編　清光緒十七年(1891)上海鴻
文書局石印本　八冊

320000 - 1607 - 0002685　216179

梅氏叢書輯要六十二卷　（清）梅文鼎撰
（清）梅瑴成輯　清光緒十三年(1887)上海鴻
文書局石印本　六冊

320000 - 1607 - 0002686　216185

舊五代史一百五十卷　（宋）薛居正等撰　清
光緒二十八年(1902)文瀾書局石印欽定二十
四史本　四冊

320000 - 1607 - 0002687　216189

墨子閒詁十五卷後語二卷　（清）孫詒讓撰
清光緒三十三年(1907)掃葉山房石印本
八冊

320000 – 1607 – 0002688　216197

**紅豆村人詩稿十四卷**　（清）袁樹撰　清錢塘袁氏隨園刻隨園三十種本　四冊　存三卷（一至三）

320000 – 1607 – 0002689　216201

**百大家名賢手劄十二卷**　（清）醉二室撰　清光緒三十三年(1907)影印本　六冊

320000 – 1607 – 0002690　216207

**隨園詩話十六卷補遺四卷**　（清）袁枚撰　清刻本　八冊

320000 – 1607 – 0002691　216221

**南北史捃華八卷**　（清）周嘉猷輯　清刻本四冊

320000 – 1607 – 0002692　216225

**資治通鑑明紀綱目二十卷**　（清）張廷玉等輯　清光緒九年(1883)刻本　六冊

320000 – 1607 – 0002693　216318

**說文解字注三十二卷**　（漢）許慎撰　（清）段玉裁注　清光緒十四年(1888)刻本　五冊

320000 – 1607 – 0002694　216328

**皇朝通典一百卷**　（清）嵇璜等纂修　清光緒二十八年(1902)貫吾齋石印九通全書本三冊

320000 – 1607 – 0002695　216338

**四書圖考十三卷**　（清）杜炳撰　清光緒十三年(1887)鴻文書局石印本　四冊

320000 – 1607 – 0002696　216359

**彭剛直公奏稿八卷**　（清）彭玉麟撰　清光緒十七年(1891)刻本　四冊

320000 – 1607 – 0002697　216370

**弢園尺牘九卷**　（清）王韜撰　清光緒六年(1880)鉛印本　三冊

320000 – 1607 – 0002698　216389

**願體集二卷**　（清）李仲麟撰　清光緒三十四年(1908)刻本　二冊

320000 – 1607 – 0002699　216391

**疆園課蒙草初編一卷**　（清）童琮撰　（清）童

鎔評註　清光緒三十年(1904)上海同文書局石印本　二冊

320000 – 1607 – 0002700　216397

**天經地義錄四卷**　（清）楊謙輯　清同治四年(1865)刻本　四冊

320000 – 1607 – 0002701　216401

**遼史一百十六卷**　（元）脫脫等撰　清光緒二十八年(1902)上海文瀾書局石印欽定二十四史本　二冊

320000 – 1607 – 0002702　216403

**金史一百三十五卷**　（元）脫脫等撰　清光緒二十八年(1902)上海文瀾書局石印欽定二十四史本　四冊

320000 – 1607 – 0002703　216407

**金史一百三十五卷**　（元）脫脫等撰　清光緒二十八年(1902)上海文瀾書局石印欽定二十四史本　四冊

320000 – 1607 – 0002704　216411

**千金裘二集二十六卷**　（清）蔣義彬輯　清同治六年(1867)刻本　四冊

320000 – 1607 – 0002705　216424

**唐宋八大家類選十四卷**　（清）儲欣輯評　清光緒二十四年(1898)上海鴻文書局石印本六冊

320000 – 1607 – 0002706　216443

**律呂新義四卷附錄一卷**　（清）江永撰　清光緒七年(1881)刻本　二冊

320000 – 1607 – 0002707　216452

**樊山判牘續編四卷**　樊增祥撰　清宣統三年(1911)大同書局石印本　四冊

320000 – 1607 – 0002708　216462

**詩韻集成十卷**　（清）余照輯　清光緒二十九年(1903)文瑞樓石印本　四冊

320000 – 1607 – 0002709　216470

**唐陸宣公集二十二卷**　（唐）陸贄撰　（清）年羹堯重訂　清光緒二十四年(1898)著易堂石印本　四冊

320000 - 1607 - 0002710　216484

紅豆村人詩稿十四卷　（清）袁樹撰　清刻本
　四冊

320000 - 1607 - 0002711　216510

危言四卷　（清）湯震撰　清光緒十六年
(1890)石印本　二冊

320000 - 1607 - 0002712　216512

金史紀事本末五十二卷　（清）李有棠撰　清
石印本　二冊

320000 - 1607 - 0002713　216514

西夏紀事本末三十六卷首二卷　（清）張鑑撰
　清光緒二十八年(1902)石印本　一冊

320000 - 1607 - 0002714　216515

晉書一百三十卷　（唐）房玄齡等撰　音義三
卷　（唐）何超撰　清光緒二十八年(1902)石
印本　八冊

320000 - 1607 - 0002715　216523

後漢書九十卷　（南朝宋）范曄撰　（唐）李賢
等注　續漢志三十卷　（晉）司馬彪撰　（南
朝梁）劉昭補注　清刻本　四冊

320000 - 1607 - 0002716　216527

南齊書五十九卷　（南朝梁）蕭子顯撰　清光
緒二十八年(1902)文瀾書局石印二十四史本
　二冊

320000 - 1607 - 0002717　216578

七家詩選七卷　（清）張熙宇輯評　（清）王植
桂輯注　清李光明莊刻本　四冊

320000 - 1607 - 0002718　216582

古文辭類纂十五卷　（清）姚鼐輯　清光緒二
十四年(1898)育文書局石印本　五冊

320000 - 1607 - 0002719　216595

七家詩選七卷　（清）張熙宇輯評　（清）王植
桂輯注　清咸豐七年(1857)刻本　五冊

320000 - 1607 - 0002720　216600

詞律二十卷　（清）萬樹撰　清光緒二年
(1876)石印本　八冊

320000 - 1607 - 0002721　216626

320000 - 1607 - 0002721　216626

續資治通鑑二百二十卷　（清）畢沅撰　清光
緒十四年(1888)蜚英館石印本　二十六冊

320000 - 1607 - 0002722　216647

篤素堂集鈔三卷　（清）張英撰　清光緒十七
年(1891)江蘇書局刻本　一冊

320000 - 1607 - 0002723　216665

明季稗史正編十六種二十七卷　題（清）留雲
居士輯　清光緒二十九年(1903)鉛印本
六冊

320000 - 1607 - 0002724　216671

明季稗史正編十六種二十七卷　題（清）留雲
居士輯　清光緒二十九年(1903)鉛印本
六冊

320000 - 1607 - 0002725　216677

歸震川錢牧齋尺牘合刊五卷　（清）汪繹輯
清宣統二年(1910)保定官書局石印本　六冊

320000 - 1607 - 0002726　216699

兩般秋雨盦隨筆八卷　（清）梁紹壬撰　清光
緒十年(1884)錢唐許氏吉華室刻本　八冊

320000 - 1607 - 0002727　216739

增補泰西列代名人傳六卷　（清）上海徐滙報
館撰　（清）徐心鏡增訂　清光緒二十九年
(1903)鴻寶齋石印本　四冊

320000 - 1607 - 0002728　216772

詞林正韻三卷　（清）戈載撰　清光緒刻本
三冊

320000 - 1607 - 0002729　216775

袁文箋正十六卷補一卷增訂箋正四卷　（清）
袁枚撰　（清）石韞玉箋　清光緒十四年
(1888)上海蜚英館石印本　三冊

320000 - 1607 - 0002730　216778

粟香二筆八卷　金武祥撰　清光緒十三年
(1887)刻本　四冊

320000 - 1607 - 0002731　216782

粟香二筆八卷　金武祥撰　清光緒十三年
(1887)刻本　四冊

320000 - 1607 - 0002732　216786

粟香五筆八卷　金武祥撰　清光緒二十四年(1898)刻本　四册

320000－1607－0002733　216790

盛世危言十六卷三編　（清）鄭觀應撰　清光緒二十四年(1898)刻本　二册　存六卷(第三編全)

320000－1607－0002734　216792

盛世危言十六卷三編　（清）鄭觀應撰　清光緒二十四年(1898)刻本　二册　存六卷(第三編全)

320000－1607－0002735　216796

五代史七十四卷　（宋）歐陽修撰　（宋）徐無黨注　清光緒二十八年(1902)上海文瀾書局石印欽定二十四史本　二册

320000－1607－0002736　216800

國朝名人小簡二卷　吳曾祺輯　清宣統元年(1909)商務印書館鉛印本　二册

320000－1607－0002737　216802

風角書八卷　（清）張爾岐撰　清刻本　二册

320000－1607－0002738　216816

中吳紀聞六卷　（宋）龔明之撰　清道光三十年(1850)南海伍氏刻粵雅堂叢書本　二册

320000－1607－0002739　216826

女學修身教科書四卷　（清）江楚編譯局編　清光緒三十三年(1907)金陵江楚編譯官書局石印本　二册

320000－1607－0002740　216830

南渡錄四卷　（宋）辛棄疾撰　清光緒石印本　二册

320000－1607－0002741　216834

二林居集二十四卷　（清）彭紹升撰　清光緒七年(1881)彭祖賢刻長洲彭氏家集本　二册　存二卷(一至二)

320000－1607－0002742　216838

願體集二卷　（清）李仲麟撰　清彭信齡刻本　二册

320000－1607－0002743　216861

詞壇妙品十卷　（清）張淵懿　（清）田茂遇輯　清宣統三年(1911)石印本　五册

320000－1607－0002744　216866

宋史菁華錄三卷遼史菁華錄一卷金史菁華錄三卷元史菁華錄三卷　（清）納蘭常安輯　清光緒二十六年(1900)上海書局石印本　四册

320000－1607－0002745　216870

遼史紀事本末四十卷　（清）李有棠撰　清光緒二十八年(1902)上海捷記書局石印本　二册

320000－1607－0002746　216872

元史紀事本末二十七卷　（明）陳邦瞻撰　清光緒二十八年(1902)捷記書局石印本　一册

320000－1607－0002747　216873

宋史紀事本末一百〇九卷　（明）馮琦輯　（明）陳邦瞻增訂　（明）張溥論正　清光緒二十八年(1902)上海捷記書局石印本　五册

320000－1607－0002748　216878

國語二十一卷　（三國吳）韋昭解　校刊明道本韋氏解國語札記一卷　（清）黄丕烈撰　清嘉慶五年(1800)吳縣黄氏讀未見齋刻士禮居黄氏叢書本　三册

320000－1607－0002749　216894

楹聯叢話十二卷續話四卷　（清）梁章鉅撰　清光緒八年(1882)藻文堂刻本　三册

320000－1607－0002750　216936

澄衷蒙學堂字課圖說四卷　（清）澄衷學堂編　清光緒三十三年(1907)石印本　八册

320000－1607－0002751　216972

讀史方輿紀要一百三十卷附四卷　（清）顧祖禹撰　清嘉慶十七年(1812)敷文閣石印本　三十一册

320000－1607－0002752　217003

歷代名臣言行錄二十四卷　（漢）朱桓輯　清光緒十七年(1891)上海廣百宋齋石印本　十二册

320000－1607－0002753　217024

隨園詩話十六卷 （清）袁枚撰 清刻本
六冊

320000－1607－0002754 217030

隨園詩話二十八卷 （清）袁枚撰 清刻本
七冊

320000－1607－0002755 217038

隨園食單一卷 （清）袁枚撰 清同治隨園刻
本 一冊

320000－1607－0002756 217043

隨園八十壽言六卷 （清）袁枚輯 清刻本
二冊

320000－1607－0002757 217090

增訂漢魏叢書九十六種四百七十四卷 （清）
王謨編 清光緒二十一年(1895)石印本 十
六冊

320000－1607－0002758 217106

增訂漢魏叢書九十六種四百七十四卷 （清）
王謨編 清光緒二十一年(1895)石印本 十
六冊

320000－1607－0002759 217122

歷代名臣言行錄二十四卷 （漢）朱桓輯 清
光緒十七年(1891)上海廣百宋齋石印本 十
二冊

320000－1607－0002760 217162

國朝駢體正宗評本十二卷補編一卷 （清）曾
燠輯 （清）姚燮評 清光緒十年(1884)蛟川
花雨樓刻本 六冊

320000－1607－0002761 217168

管子二十四卷 清光緒二十九年(1903)六藝
書局石印本 四冊

320000－1607－0002762 217176

資治通鑑二百九十四卷 （宋）司馬光撰 釋
文辯誤十二卷 （元）胡三省撰 清光緒二十
四年(1898)積山書局石印本 三十一冊

320000－1607－0002763 217207

九通分類總纂二百四十卷 （清）汪鍾霖撰 清
光緒二十八年(1902)文瀾書局石印本 八十冊

320000－1607－0002764 217347

隨園詩話十六卷補遺四卷 （清）袁枚撰 清
光緒十八年(1892)著易堂刻本 四冊

320000－1607－0002765 217380

六朝文絜四卷 （清）許槤評選 清道光五年
(1825)石印本 二冊

320000－1607－0002766 217384

陶廬五憶一卷 金武祥撰 清宣統三年
(1911)刻本 一冊

320000－1607－0002767 217385

陶廬後憶一卷 金武祥撰 清宣統元年
(1909)刻本 一冊

320000－1607－0002768 217386

客牕二筆一卷 （清）金捧閶撰 清同治十二
年(1873)刻本 一冊

320000－1607－0002769 217387

客牕二筆一卷 （清）金捧閶撰 清光緒十六
年(1890)刻粟香室叢書本 一冊

320000－1607－0002770 217388

赤溪雜志二卷附一卷 金武祥撰 清光緒十
七年(1891)刻粟香室叢書本 一冊

320000－1607－0002771 217389

思忠錄不分卷 金武祥撰 清光緒三十二年
(1906)刻粟香室叢書本 一冊

320000－1607－0002772 217395

重訂擬瑟譜一卷 （清）邵嗣堯撰 （清）段仔
文 （清）張懋賞輯 清光緒七年(1881)刻本
一冊

320000－1607－0002773 217401

漁洋詩話二卷 （清）王士禎撰 清光緒二十
二年(1896)掃葉山房石印本 一冊

320000－1607－0002774 217402

漁洋山人詩問二卷 （清）王士禎撰 清宣統
三年(1911)掃葉山房石印本 一冊

320000－1607－0002775 217404

勸學篇二卷 （清）張之洞撰 清光緒二十四
年(1898)刻本 一冊

320000－1607－0002776　217405

**表忠錄一卷附一卷**　金武祥撰　清光緒二十八年(1902)江陰金氏刻粟香室叢書本　一冊

320000－1607－0002777　217407

**飲水詩集一卷附一卷**　(清)納蘭性德撰　清咸豐刻粵雅堂叢書本　一冊

320000－1607－0002778　217408

**碧腴齋詩存八卷附二卷**　(清)胡德琳撰　清光緒十八年(1892)著易堂石印本　一冊

320000－1607－0002779　217411

**鯨華社詩鐘選存二卷**　(清)呂景端輯　清光緒三十一年(1905)上海通元書局石印本　一冊

320000－1607－0002780　217451

**灘江雜記一卷灘江游草一卷**　金武祥撰　清光緒二十三年(1897)刻粟香室叢書本　一冊

320000－1607－0002781　217453

**陶廬後憶一卷**　金武祥撰　清宣統元年(1909)刻本　一冊

320000－1607－0002782　217454

**陶廬雜憶一卷附一卷**　金武祥撰　清光緒十三年(1887)刻本　一冊

320000－1607－0002783　217503

**佩文韻府一百〇六卷**　(清)張玉書等輯　**韻府拾遺一百〇六卷**　(清)張廷玉等輯　清光緒十二年(1886)上海同文書局石印本　四十九冊

320000－1607－0002784　217600

**欽定重修六部處分則例五十二卷**　(清)文孚等撰　清光緒十八年(1892)上海圖書集成印書局石印本　八冊

320000－1607－0002785　217624

**文選李善注六十卷**　(南朝梁)蕭統撰　(唐)李善注　清光緒十一年(1885)同文書局石印本　十冊

320000－1607－0002786　217634

**左傳杜林合注五十卷**　(明)王道焜　(明)趙如源等輯　清刻本　十二冊

320000－1607－0002787　217666

**昌黎全集四十卷附十一卷**　(唐)韓愈撰　清宣統二年(1910)上海集成圖書公司鉛印本　七冊

320000－1607－0002788　217683

**通志二百卷**　(宋)鄭樵撰　清光緒二十七年(1901)上海圖書集成局鉛印九通本　六十冊

320000－1607－0002789　217823

**五代史七十四卷**　(宋)歐陽修撰　(宋)徐無黨注　清刻本　十六冊

320000－1607－0002790　217854

**舊唐書二百卷**　(五代)劉昫撰　清光緒二十九年(1903)上海五洲同文局影印二十四史本　四十八冊

320000－1607－0002791　217902

**資治通鑑二百九十四卷**　(宋)司馬光撰　**釋文辯誤十二卷**　(元)胡三省撰　清光緒十四年(1888)上海積山書局石印本　十五冊

320000－1607－0002792　217927

**資治通鑑二百九十四卷**　(宋)司馬光撰　**釋文辯誤十二卷**　(元)胡三省撰　清光緒二十四年(1898)上海積山書局石印本　三十五冊

320000－1607－0002793　217962

**御批歷代通鑑輯覽一百二十卷**　(清)傅恆等編　清光緒三十年(1904)商務印書館鉛印本　二十四冊

320000－1607－0002794　218027

**八賢手劄不分卷**　(清)郭慶藩輯　清光緒十年(1884)上海大成書局石印本　四冊

320000－1607－0002795　218059

**留青新集二十四卷**　(清)馮善長編　清光緒十四年(1888)刻本　十二冊

320000－1607－0002796　218113

**金匱方歌括六卷**　(清)陳念祖撰　清咸豐五年(1855)南雅堂刻本　三冊

320000－1607－0002797　218116

**陳修園先生晚餘三書十三卷**　（清）陳念祖撰
清咸豐九年(1859)味根齋刻本　三冊

320000－1607－0002798　218119

**金匱要略淺注十卷**　（清）陳念祖撰　清咸豐
刻本　六冊

320000－1607－0002799　218133

**詳註聊齋志異圖詠十六卷**　（清）蒲松齡撰
（清）呂湛恩註　清光緒十二年(1886)上海同
文書局石印本　八冊

320000－1607－0002800　218141

**皇朝五經彙解二百七十卷**　題(清)抉經心室
主人輯　清光緒十八年(1892)同文書局石印
本　三十二冊

320000－1607－0002801　218195

**前漢書一百卷**　（漢）班固撰　（唐）顏師古注
清光緒石印本　六冊

320000－1607－0002802　218205

**後漢書一百二十卷**　（南朝宋）范曄撰　（唐）
李賢等注　（晉）司馬彪續撰　（南朝梁）劉昭
補注　清光緒十四年(1888)上海圖書集成印
書局鉛印欽定二十四史本　十六冊

320000－1607－0002803　218261

**金石萃編一百六十卷**　（清）王昶撰　清光緒
十九年(1893)上海寶善書局石印本　十八冊

320000－1607－0002804　218298

**曾文正公文集三卷**　（清）曾國藩撰　清宣統
三年(1911)掃葉山房石印本　三冊

320000－1607－0002805　218301

**曾文正公詩集三卷**　（清）曾國藩撰　清宣統
三年(1911)掃葉山房石印本　一冊

320000－1607－0002806　218324

**前漢書一百卷**　（漢）班固撰　清光緒十四年
(1888)上海圖書集成印書局鉛印欽定二十四
史本　二十冊

320000－1607－0002807　218369

**後漢書一百二十卷**　（南朝宋）范曄撰　（唐）

李賢等注　（晉）司馬彪續撰　（南朝梁）劉昭
補注　清光緒九年(1883)點石齋石印本
四冊

320000－1607－0002808　218397

**醫學三字經四卷醫學實在易八卷**　（清）陳念
祖撰　清同治橦蕥書屋刻本　六冊

320000－1607－0002809　218486

**五種遺規四種**　（清）陳弘謀輯　清光緒二十
八年(1902)上海古香閣石印本　五冊

320000－1607－0002810　218512

**曾文正公詩集三卷文集三卷**　（清）曾國藩撰
清宣統元年(1909)上海著易堂鉛印本
四冊

320000－1607－0002811　218529

**樊山公牘四卷**　樊增祥撰　清宣統三年
(1911)上海廣益書局鉛印本　四冊

320000－1607－0002812　218537

**曾惠敏公全集四種十七卷**　（清）曾紀澤撰
清光緒二十年(1894)上海鉛印本　四冊

320000－1607－0002813　218541

**紀效新書十八卷首一卷**　（明）戚繼光撰　清
光緒二十一年(1895)醉經樓刻本　四冊

320000－1607－0002814　218561

**六朝文絜四卷**　（清）許槤評選　清道光五年
(1825)刻本　二冊

320000－1607－0002815　218563

**金匱要略淺注十卷**　（清）陳念祖撰　清光緒
十八年(1892)上海圖書集成印書局鉛印本
二冊

320000－1607－0002816　218572

**孟子微八卷**　康有爲撰　清光緒二十七年
(1901)鉛印本　二冊

320000－1607－0002817　218589

**隨園瑣記二卷**　（清）袁祖志撰　清光緒五年
(1879)刻本　二冊

320000－1607－0002818　218591

**說文解字注匡謬八卷**　（清）徐承慶撰　清光

緒十四年(1888)蜚英館石印本　二冊

320000－1607－0002819　218593
四元玉鑑細草三卷　(清)羅士琳撰　清光緒二十二年(1896)鴻寶齋書局石印本　一冊

320000－1607－0002820　218599
本草經讀四卷　(清)陳念祖撰　清光緒二年(1876)南雅堂刻本　一冊

320000－1607－0002821　218600
坐花誌果二卷　(清)汪道鼎撰　清光緒四年(1878)刻本　一冊

320000－1607－0002822　218601
楹聯續話四卷附二卷　(清)梁章鉅撰　清石印本　一冊

320000－1607－0002823　218602
鷗堂日記三卷　(清)周星譽撰　清光緒十二年(1886)江陰金氏刻粟香室叢書本　一冊

320000－1607－0002824　218606
求闕齋日記類鈔二卷　(清)曾國藩撰　(清)王啓原輯　清光緒二年(1876)刻本　一冊

320000－1607－0002825　218609
篤慎堂爐餘詩稿二卷　(清)金諤撰　清光緒十一年(1885)廣州刻本　一冊

320000－1607－0002826　218612
滄庵自娛稿二卷附二卷　(清)金應澍撰　清光緒十九年(1893)刻本　一冊

320000－1607－0002827　218613
義烏朱氏論學遺札一卷　(清)朱一新撰　清刻本　一冊

320000－1607－0002828　218614
天演論二卷　(英國)赫胥黎撰　嚴復譯　清光緒二十四年(1898)鉛印本　一冊

320000－1607－0002829　218616
呂氏春秋二十二卷　(漢)高誘注　清光緒十九年(1893)鴻文書局石印本　一冊

320000－1607－0002830　218617
韓非子二十卷識誤三卷　(清)顧廣圻撰　清

光緒十九年(1893)鴻文書局石印本　一冊

320000－1607－0002831　218618
管子二十四卷　(唐)房玄齡注　(明)劉績補注　清光緒十九年(1893)鴻文書局石印二十五子彙函本　一冊

320000－1607－0002832　218621
陶廬雜憶一卷續詠一卷　金武祥撰　清光緒十三年(1887)、二十四年(1898)刻本　一冊

320000－1607－0002833　218622
滄庵自娛稿二卷附二卷　(清)金應澍撰　清光緒十九年(1893)刻本　一冊

320000－1607－0002834　218624
梁書五十六卷　(唐)姚思廉撰　清光緒二十八年(1902)文瀾書局石印欽定二十四史本　一冊

320000－1607－0002835　218626
蒙學課本二卷三編　(清)南洋公學編輯　清光緒二十七年(1901)南洋公學鉛印本　一冊

320000－1607－0002836　218627
出使四國日記六卷　(清)薛福成撰　清光緒十七年(1891)刻本　四冊

320000－1607－0002837　218633
禮記天算釋一卷　(清)孔廣牧撰　清光緒七年(1881)刻本　一冊

320000－1607－0002838　218638
航海吟草不分卷　(清)奕譞撰　清光緒十三年(1887)上海同文書局石印本　一冊

320000－1607－0002839　218640
古文筆法百篇八卷首一卷　(清)李扶九輯　清光緒二十九年(1903)石印本　四冊

320000－1607－0002840　218651
列子八卷　(晉)張湛注　(唐)殷敬順釋文　清光緒十九年(1893)鴻文書局石印二十五子彙函本　一冊

320000－1607－0002841　218652
詞韻二卷　(清)仲恆輯　清石印本　一冊

320000 - 1607 - 0002842　218671

廻流記傳奇一卷　（清）陳烺撰　清光緒十七年（1891）刻玉獅堂十種曲本　一冊

320000 - 1607 - 0002843　218672

左傳博議續編二卷　（清）王夫之撰　清光緒二十四年（1898）掃葉山房石印本　一冊

320000 - 1607 - 0002844　218675

文中子中說十卷　（隋）王通撰　（宋）阮逸注　清光緒二十三年（1897）上海圖書集成局鉛印本　一冊

320000 - 1607 - 0002845　218678

伊索寓言一卷　林紓　嚴培南　嚴璩譯　清光緒二十九年（1903）商務印書館鉛印本　一冊

320000 - 1607 - 0002846　218679

漁洋詩話二卷　（清）王士禛撰　清宣統元年（1909）掃葉山房石印本　一冊

320000 - 1607 - 0002847　218688

續新齊諧十卷　（清）袁枚撰　清光緒十九年（1893）刻本　一冊

320000 - 1607 - 0002848　218693

伊索寓言一卷　林紓　嚴培南　嚴璩譯　清光緒二十九年（1903）商務印書館鉛印本　一冊

320000 - 1607 - 0002849　218696

伊索寓言一卷　林紓　嚴培南　嚴璩譯　清光緒二十九年（1903）商務印書館鉛印本　一冊

320000 - 1607 - 0002850　218699

後漢郡國令長考一卷　（清）錢大昭撰　清光緒刻本　一冊

320000 - 1607 - 0002851　218701

岳忠武王文集八卷首一卷末一卷　（宋）岳飛撰　（清）黃邦寧輯　清刻本　四冊

320000 - 1607 - 0002852　218706

菇古集不分卷　（清）王禮甲輯　清道光六年（1826）刻本　一冊

320000 - 1607 - 0002853　218707

舊雨草堂時文不分卷　（清）陳康祺撰　清刻本　一冊

320000 - 1607 - 0002854　218708

文法入門醒不分卷　（清）喬峰秀撰　清同治六年（1867）刻本　一冊

320000 - 1607 - 0002855　218709

觀復堂稿略一卷　（明）朱集璜撰　清光緒二十六年（1900）玉山書院刻玉山朱氏遺書本　一冊

320000 - 1607 - 0002856　218713

醫學實在易八卷　（清）陳念祖撰　清道光二十四年（1844）刻本　三冊

320000 - 1607 - 0002857　218717

拙軒集六卷　（金）王寂撰　清刻本　二冊

320000 - 1607 - 0002858　218719

北郭集六卷補遺一卷續補遺一卷　（元）許恕撰　清光緒十六年（1890）江陰金氏刻本　一冊

320000 - 1607 - 0002859　218720

庭訓格言不分卷　（清）紀昀等輯　清光緒十五年（1889）上海廣百宋齋刻本　一冊

320000 - 1607 - 0002860　218721

通雅齋詩集三卷　（清）成本璞撰　清刻本　一冊

320000 - 1607 - 0002861　218723

漢官舊儀二卷補一卷　（漢）衛宏撰　清刻本　一冊

320000 - 1607 - 0002862　218724

淮流一勺二卷　（清）范以煦撰　清道光二十八年（1848）刻本　一冊

320000 - 1607 - 0002863　218728

鬱華閣遺集四卷　（清）盛昱撰　清光緒二十八年（1902）刻本　一冊

320000 - 1607 - 0002864　218740

玉函山房輯佚書　（清）馬國翰編　清光緒十年（1884）楚南湘遠堂刻本　一冊　存五種七

卷(周易費氏一卷、周易易林一卷、周易馬氏傳三卷、劉氏章句一卷、宋氏注一卷)

320000－1607－0002865　218743

爾雅圖三卷　（晉）郭璞注　清光緒十年(1884)上海同文書局石印本　二冊

320000－1607－0002866　218749

孫子十家註十三卷　（宋）吉天保輯　遺說一卷　（宋）鄭友賢撰　孫子敘錄一卷　（清）畢以珣撰　清光緒十九年(1893)鴻文書局石印本　一冊

320000－1607－0002867　218752

求闕齋日記類鈔二卷　（清）曾國藩撰　（清）王啓原輯　清光緒二年(1876)刻本　一冊

320000－1607－0002868　218753

文法入門醒不分卷　（清）喬峰秀撰　清刻本　一冊

320000－1607－0002869　218754

文津迎機合選不分卷　（清）龔文藻輯　清同治十一年(1872)刻本　四冊

320000－1607－0002870　218758

得月樓賦乙編一卷　（清）張元灝評選　清光緒七年(1881)刻本　一冊

320000－1607－0002871　218761

隨園三十八種　（清）袁枚撰　清光緒十八年(1892)勤裕堂交著易堂鉛印本　一冊　存四種六卷(盈書閣遺稿一卷、樓居小草一卷、素文女子遺稿一卷、湘痕閣詩稿二卷詞稿一卷)

320000－1607－0002872　218765

湯頭歌訣一卷　（清）汪昂撰　清光緒二十三年(1897)圖書集成書局刻本　一冊

320000－1607－0002873　218766

雷公藥性賦四卷　（金）李杲撰　清光緒二十年(1894)文瑞樓石印本　一冊

320000－1607－0002874　218768

青暘集四卷補遺一卷　（明）張宣撰　清光緒十五年(1889)金氏刻粟香室叢書本　一冊

320000－1607－0002875　218769

隨園女弟子詩選六卷　（清）袁枚輯　清嘉慶元年(1796)刻本　二冊

320000－1607－0002876　218771

湄君詩集（粲花軒詩稿）二卷　（清）陸建撰　清刻本　一冊

320000－1607－0002877　218773

重訂擬瑟譜一卷　（清）邵嗣堯撰　（清）段仔文　（清）張戀賞輯　清光緒七年(1881)刻本　一冊

320000－1607－0002878　218774

唐詩近體四卷　（清）張錫麟輯並評　清光緒六年(1880)刻本　二冊

320000－1607－0002879　218776

漱玉集六卷　（宋）李清照撰　（宋）李文裿輯　清光緒十七年(1891)刻本　一冊

320000－1607－0002880　218777

江上孤忠錄一卷　（清）黃明曦撰　清光緒十七年(1891)刻本　一冊

320000－1607－0002881　218778

曾惠敏公全集六卷　（清）曾紀澤撰　清光緒三年(1877)掃葉山房石印本　四冊

320000－1607－0002882　218781

風箏誤傳奇二卷　（清）李漁撰　清經本堂刻本　二冊

320000－1607－0002883　218782

今世說八卷　（清）王晫撰　清咸豐二年(1852)刻粵雅堂叢書本　二冊

320000－1607－0002884　218784

藏海詩話一卷　（宋）吳可撰　清乾隆至道光鮑廷博刻知不足齋叢書本　一冊

320000－1607－0002885　218785

繪圖安邦志八卷　（□）□□撰　清宣統二年(1910)章福記書局石印本　八冊

320000－1607－0002886　218793

山海經廣注十八卷圖五卷　（清）吳任臣撰　清康熙刻本　四冊

320000 – 1607 – 0002887　218797

**左傳杜林五十卷**　（晉）杜預注　（宋）林堯叟補注　清光緒元年（1875）掃葉山房刻本四冊

320000 – 1607 – 0002888　218801

**文選集評十五卷首一卷末一卷**　（清）于光華輯　清刻本　十六冊

320000 – 1607 – 0002889　218817

**綱鑑易知錄一百〇七卷**　（清）吳乘權等輯清三讓堂刻本　四十八冊

320000 – 1607 – 0002890　218865

**御批歷代通鑑輯覽一百二十卷**　（清）傅恆等編　清光緒二十年（1894）上海書局石印本二十四冊

320000 – 1607 – 0002891　218889

**詩經體註大全合集八卷**　（清）高朝瓔撰（清）沈世楷輯　清光緒元年（1875）掃葉山房刻本　四冊

320000 – 1607 – 0002892　218893

**易經體注會解四卷**　（清）朱采池撰　清光緒元年（1875）蘇州掃山葉房刻本　四冊

320000 – 1607 – 0002893　218901

**御批通鑑輯覽一百二十卷**　（清）傅恆等編清光緒二十八年（1902）鴻寶齋石印本　二十四冊

320000 – 1607 – 0002894　218925

**通鑑紀事本末二百三十九卷**　（宋）袁樞（明）張溥論　清光緒二十一年（1895）上海積山書局石印本　二十四冊

320000 – 1607 – 0002895　218949

**類腋五十五卷補遺一卷**　（清）姚培謙輯（清）張隆孫補輯　清光緒二十一年（1895）上海積山書局石印本　十二冊

320000 – 1607 – 0002896　218962

**曾文正公家書十卷家訓二卷**　（清）曾國藩撰　清光緒十二年（1886）刻本　十二冊

320000 – 1607 – 0002897　218982

320000 – 1607 – 0002898　218990

**知不足齋叢書**　（清）鮑廷博編　清乾隆、道光長塘鮑氏刻本　八冊　存四種二十五卷（吹劍錄外集一卷、宋遺民錄十五卷、竹譜詳錄七卷、書學捷要二卷）

320000 – 1607 – 0002898　218990

**知不足齋叢書**　（清）鮑廷博編　清乾隆、道光長塘鮑氏刻本　八冊

320000 – 1607 – 0002899　218998

**蘇東坡全集一百十卷**　（宋）蘇軾撰　清宣統元年（1909）石印本　四十八冊

320000 – 1607 – 0002900　219046

**安邦志二十卷**　題（明）學海主人撰　清刻本二十冊

320000 – 1607 – 0002901　219090

**兩般秋雨盦隨筆八卷**　（清）梁紹壬撰　清道光十七年（1837）汪氏振綺堂刻本　八冊

320000 – 1607 – 0002902　219098

**經義述聞三十二卷**　（清）王引之撰　清光緒十七年（1891）鴻寶齋石印皇清經解本　十六冊

320000 – 1607 – 0002903　219119

**湖山便覽十二卷圖一卷**　（清）翟灝　（清）翟瀚輯　清光緒元年（1875）刻本　六冊

320000 – 1607 – 0002904　219146

**煙霞萬古樓文集六卷**　（清）王曇撰　清刻本二冊

320000 – 1607 – 0002905　219148

**小倉山房尺牘八卷**　（清）袁枚撰　清光緒十一年（1885）著易堂刻本　四冊

320000 – 1607 – 0002906　219152

**求闕齋日記十卷**　（清）曾國藩撰　（清）王啓原輯　清光緒十三年（1887）上海申報館石印本　二冊

320000 – 1607 – 0002907　219154

**屑玉叢談四集六卷**　（清）錢徵　蔡爾康輯清光緒四年（1878）申報館鉛印本　二冊

320000 – 1607 – 0002908　219156

**姑妄聽之四卷**　（清）紀昀撰　清道光刻閱微

草堂筆記本　二冊

320000－1607－0002909　219158
**槐西雜誌四卷**　（清）紀昀撰　清道光刻閱微
草堂筆記本　二冊

320000－1607－0002910　219160
**兩般秋雨盦隨筆八卷**　（清）梁紹壬撰　清道
光十七年（1837）汪氏振綺堂刻本　八冊

320000－1607－0002911　219168
**兩般秋雨盦隨筆八卷**　（清）梁紹壬撰　清道
光十七年（1837）汪氏振綺堂刻本　八冊

320000－1607－0002912　219200
**經餘必讀八卷續編八卷三編四卷**　（清）雷琳
等輯　清嘉慶十二年（1807）聚星堂刻本
十冊

320000－1607－0002913　219210
**灤陽消夏錄六卷**　（清）紀昀撰　清刻本
二冊

320000－1607－0002914　219222
**廣事類賦四十卷**　（清）華希閔輯　清刻本
五冊

320000－1607－0002915　219227
**廣事類賦四十卷**　（清）華希閔輯　清刻本
十冊

320000－1607－0002916　219237
**酬世錦囊十九卷**　（清）鄒景揚輯　清刻家禮
集成全書本　十二冊

320000－1607－0002917　219249
**耳食錄十二卷二編八卷**　（清）樂鈞撰　清同
治七年（1868）刻本　八冊

320000－1607－0002918　219257
**時務通考續編三十一卷**　題（清）杞廬主人輯
　清光緒二十七年（1901）點石齋石印本　二
十四冊

320000－1607－0002919　219281
**子史精華一百六十卷**　（清）允祿等撰　清光
緒十三年（1887）上海積山書局石印本　十冊

320000－1607－0002920　219291
**子史精華一百六十卷**　（清）允祿等撰　清光
緒十三年（1887）上海積山書局石印本　十冊

320000－1607－0002921　219301
**子史精華一百六十卷**　（清）允祿等撰　清光
緒十三年（1887）上海積山書局石印本　十冊

320000－1607－0002922　219311
**孝經鄭註一卷**　（漢）鄭玄撰　**補證一卷**
（清）洪頤煊撰　清嘉慶六年（1801）刻知不足
齋叢書本　一冊

320000－1607－0002923　219313
**搭截大觀不分卷**　（清）章雲巢撰　清同治四
年（1865）刻本　一冊

320000－1607－0002924　219314
**課徒草不分卷**　（清）史洵侯等撰　清光緒十
四年（1888）刻本　一冊

320000－1607－0002925　219315
**穀詒堂試帖四卷**　（清）沈雲驤輯　清道光二
十三年（1843）刻本　四冊

320000－1607－0002926　219319
**驪珠百篇不分卷**　（清）杜雲巖輯　清道光十
三年（1833）刻本　四冊

320000－1607－0002927　219323
**讀通鑑論十卷末一卷**　（清）王夫之撰　清光
緒二十四年（1898）上海書局石印本　八冊

320000－1607－0002928　219331
**北徼彙編六卷**　（清）何秋濤輯　清同治四年
（1865）京都龍威閣刻本　六冊

320000－1607－0002929　219337
**傷寒續論二卷**　（清）張璐撰　清刻本　二冊

320000－1607－0002930　219347
**廻文集錦詩二卷**　（清）萬紅友撰　清光緒十
四年（1888）似靜齋刻本　二冊

320000－1607－0002931　219357
**韻海大全不分卷**　題（清）仁壽室主人輯　清
光緒十七年（1891）上海石印本　六冊

320000 - 1607 - 0002932　219418

**經籍纂詁五卷首一卷**　（清）阮元撰　清光緒九年(1883)上海點石齋石印本　五冊

320000 - 1607 - 0002933　219469

**綱鑑會纂四十六卷**　（明）王世貞撰　清光緒十八年(1892)點石齋石印本　十三冊

320000 - 1607 - 0002934　219482

**讀通鑑論十卷附宋論五卷**　（清）王夫之撰　清光緒二十四年(1898)鉛印本　十冊

320000 - 1607 - 0002935　219492

**讀通鑑論十卷末一卷**　（清）王夫之撰　清光緒二十四年(1898)鉛印本　四冊

320000 - 1607 - 0002936　219496

**壬寅直省闈藝八卷**　（清）許少湖輯　清光緒二十八年(1902)上海書局石印本　八冊

320000 - 1607 - 0002937　219504

**史通通釋二十卷附錄一卷**　（清）浦起龍撰　清光緒二十五年(1899)上海通時書局石印本　八冊

320000 - 1607 - 0002938　219512

**紀曉嵐詩註釋四卷**　（清）紀昀撰　（清）郭斌評註　清刻本　四冊

320000 - 1607 - 0002939　219516

**奏疏分類便覽不分卷**　（清）潘馥德撰　清光緒三年(1877)擷華書局鉛印本　七冊

320000 - 1607 - 0002940　219523

**七巧八分圖十六卷**　（清）錢芸吉輯　清同治十三年(1874)刻本　五冊

320000 - 1607 - 0002941　219528

**五洲政藝叢編一百六十卷**　（清）上海鴻寶書局編　清光緒二十八年(1902)上海鴻寶書局石印本　五十六冊

320000 - 1607 - 0002942　219647

**敘古千文一卷**　（宋）胡寅撰　（宋）黃灝注　清道光三十年(1850)刻粵雅堂叢書本　一冊

320000 - 1607 - 0002943　219648

**壽世傳真八卷附二卷**　（清）徐文弼撰　清刻本　一冊

320000 - 1607 - 0002944　219649

**石經考異二卷附一卷**　（清）杭世駿撰　清咸豐元年(1851)刻本　一冊

320000 - 1607 - 0002945　219650

**崇睦山房詞一卷**　（清）王全德撰　清刻本　一冊

320000 - 1607 - 0002946　219651

**臨安旬制紀三卷附一卷**　（清）張道撰　清光緒六年(1880)刻本　一冊

320000 - 1607 - 0002947　219652

**臨安旬制紀三卷附一卷**　（清）張道撰　清光緒六年(1880)刻本　一冊

320000 - 1607 - 0002948　219653

**精選試帖不分卷**　（清）鄭城等撰　清刻本　一冊

320000 - 1607 - 0002949　219654

**字類標韻六卷**　（清）華綱編　清光緒八年(1882)刻本　二冊

320000 - 1607 - 0002950　219659

**吳門畫舫錄二卷**　題（清）西溪山人輯　**續錄三卷**　題（清）箇中生輯　清同治十三年(1874)鉛印本　四冊

320000 - 1607 - 0002951　219663

**出使四國日記六卷**　（清）薛福成撰　清光緒十八年(1892)吳俊書齋刻本　三冊

320000 - 1607 - 0002952　219666

**海外文編四卷**　（清）薛福成撰　清光緒二十二年(1896)石印本　二冊

320000 - 1607 - 0002953　219668

**乾坤法竅二卷**　（清）范宜賓輯　清刻本　一冊

320000 - 1607 - 0002954　219669

**小倉山房尺牘六卷**　（清）袁枚撰　清光緒金閶小酉山房刻本　四冊

320000 - 1607 - 0002955　219673

都門雜記四卷 （清）楊靜亭撰 清同治六年(1867)琉璃廠書坊刻本 四冊

320000－1607－0002956 219677

鴻雪軒紀豔四卷 （清）藝蘭生輯 清同治至光緒申報館鉛印申報館叢書本 一冊

320000－1607－0002957 219681

蜃中樓二卷 （清）李漁撰 清經本堂刻本 二冊

320000－1607－0002958 219683

鑄史駢言十二卷 （清）孫玉田撰 清光緒二年(1876)四明滕華館刻本 四冊

320000－1607－0002959 219746

曾文正公家訓二卷 （清）曾國藩撰 清光緒三十四年(1908)商務印書館鉛印本 一冊

320000－1607－0002960 219747

樂善堂藥單不分卷 （清）樂善堂藥房輯 清刻本 一冊

320000－1607－0002961 219749

漫遊紀略四卷 （清）王沄撰 清光緒申報館鉛印本 一冊

320000－1607－0002962 219750

薇雲小舍續編二卷 （清）吳之俊撰 清刻本 一冊

320000－1607－0002963 219751

離騷草木疏四卷 （宋）吳仁傑撰 清乾隆五十九年(1794)石門馬氏大酉山房刻本 一冊

320000－1607－0002964 219752

本草問答二卷 （清）唐宗海撰 清光緒十九年(1893)刻本 一冊

320000－1607－0002965 219754

庭聞錄六卷 （清）劉健撰 清光緒四年(1878)刻本 一冊

320000－1607－0002966 219756

左文襄公榮哀錄不分卷 （清）楊昌濬輯 清光緒十二年(1886)文海堂刻本 一冊

320000－1607－0002967 219757

姑妄聽之四卷 （清）紀昀撰 清光緒三年(1877)刻閱微草堂筆記本 三冊

320000－1607－0002968 219760

左氏蒙求注一卷 （清）許乃濟 （清）王慶麟注 清嘉慶南匯吳氏聽彝堂刻藝海珠塵本 一冊

320000－1607－0002969 219761

訂譌雜錄十卷 （清）胡鳴玉撰 清光緒申報館鉛印本 二冊

320000－1607－0002970 219763

國朝貢舉年表三卷 （清）陳國霖 （清）顧錫中撰 清光緒刻本 二冊

320000－1607－0002971 219765

庸閒齋筆記八卷 （清）陳其元撰 清光緒申報館鉛印本 二冊

320000－1607－0002972 219768

世界豪傑談不分卷 （清）鴻文圖書館編譯 清光緒三十年(1904)鴻文印刷所鉛印本 四冊

320000－1607－0002973 219773

歷代宗廟附考八卷 （清）朱孔陽撰 清光緒上海申報館鉛印本 一冊

320000－1607－0002974 219775

吳梅村詞一卷 （清）吳偉業撰 清光緒三十四年(1908)掃葉山房石印本 一冊

320000－1607－0002975 219777

玉搔頭傳奇二卷 （清）李漁撰 清經本堂刻本 一冊

320000－1607－0002976 219778

巧團圓傳奇二卷 （清）李漁撰 清經本堂刻本 一冊

320000－1607－0002977 219779

巧團圓傳奇二卷 （清）李漁撰 清經本堂刻本 二冊

320000－1607－0002978 219783

意中緣傳奇二卷 （清）李漁撰 清經本堂刻本 二冊

320000－1607－0002979　219785

比目魚傳奇二卷　（清）李漁撰　清經本堂刻
本　一冊

320000－1607－0002980　219788

詩經八卷　（宋）朱熹集傳　清恕堂刻本
四冊

320000－1607－0002981　219792

五經十一卷　（宋）朱熹等注　清刻本　十冊

320000－1607－0002982　219802

山海經箋疏十八卷　（晉）郭璞注　（清）郝懿
行箋疏　清光緒十九年(1893)刻本　五冊

320000－1607－0002983　219807

煙霞萬古樓文集六卷　（清）王曇撰　清刻本
二冊

320000－1607－0002984　219809

詩廣傳五卷　（清）王夫之撰　清光緒二十八
年(1902)石印本　一冊

320000－1607－0002985　219811

稟啟零紈四卷　（清）姜士堯輯　清光緒十七
年(1891)鉛印本　一冊

320000－1607－0002986　219813

東坡先生賞心十六事一卷　（清）王寅輯　清
光緒八年(1882)刻本　一冊

320000－1607－0002987　219816

歷代百美圖咏不分卷　（清）顏希源撰　清光
緒二十年(1894)石印本　三冊

320000－1607－0002988　219823

李文忠公事略四卷　梁啟超撰　清光緒二十
七年(1901)石印本　二冊

320000－1607－0002989　219825

醫學三字經四卷　（清）陳念祖撰　清刻南雅
堂醫學叢書本　一冊

320000－1607－0002990　219826

百子金丹十卷　（明）郭偉撰　清光緒三十年
(1904)上海書局石印本　六冊

320000－1607－0002991　219832

文獻通考詳節二十四卷　（元）馬端臨撰
（清）嚴虞惇節錄　清光緒二十七年(1901)刻
本　四冊

320000－1607－0002992　219836

三蘇策論十二卷　（宋）蘇洵等撰　清光緒二
十八年(1902)石印本　三冊

320000－1607－0002993　219839

批選四書新義六卷　（清）張謇選　清光緒二
十七年(1901)石印本　三冊

320000－1607－0002994　219842

一夕話新集四卷　題(清)咄咄夫撰　（清）咄
咄子增訂　清道光十二年(1832)刻本　一冊

320000－1607－0002995　219844

鏡亭軼事一卷附一卷　（清）程世基撰　清道
光七年(1827)刻本　二冊

320000－1607－0002996　219849

文選錦字二十一卷　（明）凌迪知輯　清光緒
二十一年(1895)鴻寶齋石印本　六冊

320000－1607－0002997　219851

四書味根錄三十七卷　（清）金澂輯　清光緒
二十九年(1903)鴻寶齋石印本　六冊

320000－1607－0002998　219857

兩漢雋言十六卷　（明）凌迪知輯　清光緒二
十二年(1896)鴻寶齋石印本　一冊

320000－1607－0002999　219858

文選集腋二卷　（清）胥斌輯　清光緒十七年
(1891)刻本　二冊

320000－1607－0003000　219860

文選類腋十六卷　（清）吳承炬輯　清光緒二
十二年(1896)鴻寶齋石印本　四冊

320000－1607－0003001　219864

文選集錦七卷　（清）李伯瑜輯　清光緒二十
二年(1896)鴻寶齋石印本　一冊

320000－1607－0003002　219865

文選音義八卷　（清）余蕭客輯　清光緒二十
一年(1895)鴻寶齋石印本　二冊

320000－1607－0003003　219870

綠香山館集四卷　（清）來鴻瑨撰　清同治十二年(1873)著易堂刻本　四冊

320000－1607－0003004　219874

四書劄記七卷　（清）朱亦棟撰　清石印本　一冊

320000－1607－0003005　219875

經餘必讀續編二卷　（清）雷琳等輯　清石印本　一冊

320000－1607－0003006　219876

詩韻含英十八卷　（明）劉文蔚輯　清文府堂刻本　二冊

320000－1607－0003007　219878

四書朱子本義匯參七卷　（清）王步青輯　清光緒二十八年(1902)寶善齋書店石印本　七冊

320000－1607－0003008　219885

風箏誤二卷　（清）李漁撰　清刻本　二冊

320000－1607－0003009　219887

四書會要錄三十卷　（清）黃瑞撰　清雍正五年(1727)古吳三樂齋刻本　十冊

320000－1607－0003010　219897

直省闈墨不分卷　（清）傅鍾麟評選　清光緒十六年(1890)點石齋石印本　二冊

320000－1607－0003011　219899

直省闈墨不分卷附經文試帖一卷　（清）汪蓉洲輯　清光緒十九年(1893)點石齋石印本　二冊

320000－1607－0003012　219905

小題礪鍔不分卷　題（清）愚讀樓主人編　清光緒十年(1884)刻本　一冊

320000－1607－0003013　219906

攝生祕剖四卷　（明）洪基撰　清刻本　二冊

320000－1607－0003014　219908

增補江湖尺牘八卷　（清）虞學圃輯　清咸豐四年(1854)刻本　四冊

320000－1607－0003015　219912

四書典腋二十卷　題（清）松軒主人撰　清刻本　四冊

320000－1607－0003016　219922

增廣小題味新四種六卷　（清）李耆雲編　清光緒十五年(1889)廣百宋齋石印本　八冊

320000－1607－0003017　219935

詩韻合璧五卷　（清）湯文潞輯　清咸豐七年(1857)刻本　五冊

320000－1607－0003018　219940

申江勝景圖二卷　（清）吳嘉猷繪　（清）申報館書畫室編　清光緒十年(1884)點石齋石印本　二冊

320000－1607－0003019　219942

水經注釋四十卷首一卷附二卷　（北魏）酈道元撰　（清）趙一清注　清光緒二十三年(1897)新化三味書室刻本　十六冊

320000－1607－0003020　219958

禮記集說十卷　（元）陳澔撰　清文會堂刻本　十冊

320000－1607－0003021　226125

國語二十一卷　（三國吳）韋昭注　清同治九年(1870)經綸堂刻本　六冊

320000－1607－0003022　M2

鐵圍山叢談六卷　（宋）蔡絛撰　清刻知不足齋叢書本　二冊

320000－1607－0003023　M3

湖隱外史一卷　（明）葉紹袁撰　清光緒三十三年(1907)上海國學保存會鉛印國粹叢書本　一冊

320000－1607－0003024　M23

陔餘叢考四十三卷　（清）趙翼撰　清乾隆五十五年(1790)湛貽堂刻本　十二冊

320000－1607－0003025　M25

昆陵鄉貢考五卷　（清）林梅輯　（清）莊咏篪續輯　清光緒十年(1884)刻本　一冊

320000－1607－0003026　M26

毘陵科第攷八卷　（清）趙充之編　（清）錢人麟　（清）莊柱續編　清同治七年(1868)刻本　二冊

320000－1607－0003027　M27
印文詳解一卷　（清）劉維坊篆刻　清道光二十八年(1848)鈐印本　一冊

320000－1607－0003028　M28
說文古籀補十四卷補遺一卷附錄一卷　（清）吳大澂撰　清光緒十年(1884)刻本　二冊

320000－1607－0003029　M33
吳梅村詞一卷　（清）吳偉業撰　清光緒十六年(1890)湖北官書處刻本　一冊

320000－1607－0003030　M35
廣續方言四卷拾遺一卷　（清）程先甲撰　清宣統二年(1910)刻本　二冊

320000－1607－0003031　M38
說文解字句讀三十卷　（清）王筠撰　清末涵芬樓石印本　十四冊

320000－1607－0003032　M45
守一齋筆記四卷客窗二筆一卷　（清）金捧閶撰　清光緒十六年(1890)廣州刻本　二冊

320000－1607－0003033　M46
陳曼生印譜不分卷　（清）陳鴻壽篆並輯　清鈐印本　四冊

320000－1607－0003034　M47
蜀方言二卷　（清）張慎儀撰　清雲帆社刻本　一冊

320000－1607－0003035　M48
說文通檢十四卷首一卷末一卷　（清）黎永椿編　清光緒二年(1876)湖北崇文書局刻本　二冊

320000－1607－0003036　M51
河洛奏對一卷　（清）李光地撰　（清）黃家鼎校錄　清道光二十年(1840)抄本　一冊

320000－1607－0003037　M53
日本國志四十卷　（清）黃遵憲撰　清光緒二十四年(1898)上海圖書集成印書局鉛印本　十冊

320000－1607－0003038　M54
陶廬雜憶一卷續詠一卷補詠一卷　金武祥撰　清光緒十三年(1887)、二十四年(1898)、三十一年(1905)刻本　二冊

320000－1607－0003039　M58
子史精華一百六十卷　（清）允祿等撰　清光緒二十三年(1897)石印本　八冊

320000－1607－0003040　M59
歷代畫史彙傳七十二卷附錄二卷　（清）彭蘊璨輯　清石印本　四冊

320000－1607－0003041　M60
本草綱目拾遺十卷　（清）趙學敏撰　清同治十年(1871)刻本　八冊

320000－1607－0003042　M65
天咫偶聞十卷　（清）震鈞撰　清光緒三十三年(1907)甘棠轉舍刻本　八冊

320000－1607－0003043　M66
逆臣傳四卷　（清）國史館編　清都城琉璃廠刻本　八冊

320000－1607－0003044　M69
青城山記二卷　（清）彭洵撰　清光緒十三年(1887)刻本　一冊

320000－1607－0003045　M70
篆學叢書（篆學瑣著）三十種　（清）顧湘編　清道光二十年(1840)海虞顧氏刻光緒十四年(1888)虞山飛鴻延年室重印本　一冊　存四種四卷(論篆一卷、五十六種書法一卷、學古編一卷、古今印史一卷)

320000－1607－0003046　M74
集古印譜一卷　（清）張欽輯　清光緒鈐印本　一冊

320000－1607－0003047　M77
李義山詩集三卷詩譜一卷　（唐）李商隱撰　（清）朱鶴齡箋注　（清）沈厚塽輯評　清同治九年(1870)廣州倅署刻三色套印本　四冊

320000－1607－0003048　M80
[光緒]武進陽湖縣志三十卷　（清）王其淦等

修 （清）湯成烈纂　清光緒五年（1879）刻本
二十冊

320000 – 1607 – 0003049　M81

**廣東新語二十八卷**　（清）屈大均撰　清刻本
一冊　存二卷(一至二)

320000 – 1607 – 0003050　M82

**月令粹編二十四卷**　（清）秦嘉謨輯　清嘉慶
十七年(1812)秦嘉謨琳琅仙館刻本　六冊

320000 – 1607 – 0003051　M91

**六祖大師法寶壇經一卷**　（唐）釋慧能說
（唐）釋法海錄　清同治十一年(1872)如皋刻
經處刻本　一冊

320000 – 1607 – 0003052　M92

**吳地記一卷後集一卷**　（唐）陸廣微撰　清同
治十二年(1873)江蘇書局刻本　一冊

320000 – 1607 – 0003053　M104

**世說新語六卷**　（南朝宋）劉義慶撰　（清）黃
禮選輯　清嘉慶十五年(1810)刻本　五冊

320000 – 1607 – 0003054　M105

**世說新語補四卷**　（清）何良俊撰　（清）張文
柱校注　清刻本　三冊

320000 – 1607 – 0003055　M106

**秣陵集六卷**　（清）陳文述撰　清光緒十年
(1884)淮南書局刻本　三冊

320000 – 1607 – 0003056　M108

**鴛鴦湖櫂歌一卷**　（清）朱彝尊撰　清刻本
一冊

320000 – 1607 – 0003057　M114

**篆法探源不分卷**　（明）朱之蕃撰　（清）李登
重訂　（清）仰嘉祥音注　清宣統三年(1911)
中國圖書公司石印本　一冊

320000 – 1607 – 0003058　M115

**道咸同光四朝詩史甲集八卷首一卷**　（清）孫
雄輯　清宣統二年至三年(1910 – 1911)刻本
五冊

320000 – 1607 – 0003059　M116

**金梁夢月詞二卷**　（清）周之琦撰　清杭州陸

貞一愛日軒寫刻本　二冊

320000 – 1607 – 0003060　M120

**散園精舍詩二卷**　（清）陳三立撰　清宣統二
年(1910)商務印書館鉛印本　二冊

320000 – 1607 – 0003061　M124

**桃溪客語五卷**　（清）吳騫撰　清乾隆五十三
年(1788)刻本　一冊

320000 – 1607 – 0003062　M130

**北江詩話四卷**　（清）洪亮吉撰　清刻本
一冊

320000 – 1607 – 0003063　M134

**續黔書八卷**　（清）張澍撰　清光緒二十三年
(1897)貴陽書局刻本　一冊

320000 – 1607 – 0003064　M136

**吹網錄六卷**　（清）葉廷琯撰　清同治八年
(1869)刻本　三冊

320000 – 1607 – 0003065　M137

**國朝詩人徵略六十卷**　（清）張維屏輯　清道
光十年(1830)刻本　十冊

320000 – 1607 – 0003066　M141

**皇朝藩屬輿地叢書二十八種一百四十六卷**
題(清)文瑞樓主人編　清光緒二十九年
(1903)金匱浦氏靜寄東軒石印本　四十八冊

320000 – 1607 – 0003067　M142

**燕下鄉脞錄十六卷**　（清）陳康祺著　清光緒
七年(1881)進步書局石印本　三冊

320000 – 1607 – 0003068　M143

**郎潛紀聞十四卷**　（清）陳康祺撰　清光緒七
年(1881)進步書局石印本　三冊

320000 – 1607 – 0003069　M144

**熙朝紀政六卷**　（清）王慶雲撰　清光緒二十
八年(1902)同文仁記石印本　六冊

320000 – 1607 – 0003070　M145

**康熙字典三十六卷**　（清）張玉書等纂修　清
光緒二十年(1894)石印本　一冊

320000 – 1607 – 0003071　M146

校補詩韻合璧五卷　（清）湯文潞輯　清光緒七年(1881)鉛印本　五冊

320000－1607－0003072　M147

東華錄一百九十四卷　王先謙輯　清光緒十三年(1887)廣百宋齋鉛印本　三十一冊

320000－1607－0003073　M148

東華續錄二百十卷　王先謙輯　清光緒十七年(1891)廣百宋齋鉛印本　四十四冊

320000－1607－0003074　M149

東華續錄二種一百六十九卷　（清）潘頤福等編　清光緒十八年(1892)上海圖書集成印書局鉛印本　四十冊　存二種(咸豐朝、同治朝)

320000－1607－0003075　M152

隸辨八卷　（清）顧藹吉撰　清乾隆八年(1743)黃晟刻本　八冊

320000－1607－0003076　M154

竹葉亭雜記八卷　（清）姚元之撰　清光緒十九年(1893)桐城姚氏刻本　二冊

320000－1607－0003077　M155

兩當軒集二十二卷　（清）黃景仁撰　**附錄四卷考異二卷**　（清）黃志述輯　清光緒二年(1876)家塾刻本　六冊

320000－1607－0003078　M156

吳會英才集二十四卷　（清）畢沅輯　清嘉慶刻本　四冊

320000－1607－0003079　M157

選集漢印分韻二卷續集二卷　（清）袁日省撰　（清）謝景卿重編並續　清嘉慶二年(1797)漱藝堂刻本　四冊

320000－1607－0003080　M158

閱微草堂筆記二十四卷　（清）紀昀撰　清刻本　十二冊

320000－1607－0003081　M160

天下郡國利病書一百二十卷　（清）顧炎武撰　清道光成都敷文閣刻光緒五年(1879)蜀南薛氏桐花書屋重修本　七十五冊

320000－1607－0003082　M161

讀史方輿紀要一百三十卷　（清）顧祖禹撰　清光緒刻本　八十五冊

320000－1607－0003083　M162

詩韻全璧五卷　（清）湯文潞輯　清光緒十九年(1893)上海點石齋石印本　四冊

320000－1607－0003084　P3－72

說文辯疑不分卷　（清）顧廣圻撰　清光緒八年(1882)刻本　十二冊

320000－1607－0003085　P3－78

五燈會元五十七卷　（宋）釋普濟撰　清光緒二十二年(1896)刻本　十一冊　存三十卷(四至六、十三至十五、十九至三十三、三十七至四十五)

320000－1607－0003086　P3－100

康熙字典四十二卷　（清）張玉書等纂修　清光緒十一年(1885)上海同文書局石印本　六冊

320000－1607－0003087　P3－109

[光緒]廣州府志一百六十三卷　（清）戴肇辰等修　（清）史澄等纂　清光緒五年(1879)粵秀書院刻本　六十四冊

320000－1607－0003088　P3－110

天下郡國利病書一百二十卷　（清）顧炎武撰　清光緒二十九年(1903)刻本　十六冊　存三十卷(九十一至一百二十)

320000－1607－0003089　P3－113

道生堂小題制藝不分卷　（清）鍾西莊輯　清同治七年(1868)刻本　四冊

320000－1607－0003090　P3－114

道生堂小題制藝二集不分卷　（清）鍾西莊輯　清同治八年(1869)刻本　二冊

320000－1607－0003091　P3－115

小題正鵠一卷　（清）李元度輯　清光緒六年(1880)刻本　一冊

320000－1607－0003092　P3－116

教觀綱宗一卷　（明）釋智旭撰　清刻本　一冊

320000 – 1607 – 0003093　P3 – 117

**陳檢討詞鈔十二卷**　（清）陳維崧撰　清刻本
　一冊　存六卷(七至十二)

320000 – 1607 – 0003094　P3 – 118

**精選名儒草堂詩餘三卷**　題(元)鳳林書院輯
　清刻本　一冊

320000 – 1607 – 0003095　P3 – 119

**性天真境一卷**　（清）黃正元輯注　清刻本
　一冊

320000 – 1607 – 0003096　P3 – 120

**龍文鞭影四卷**　（明）蕭良有撰　清刻本　一
　冊　存一卷(四)

320000 – 1607 – 0003097　P3 – 121

**福壽全書二卷**　（明）陳繼儒輯　清刻本
　一冊

320000 – 1607 – 0003098　P3 – 124

**龍文鞭影二卷**　（明）蕭良有撰　清刻本　一
　冊　存一卷(下)

320000 – 1607 – 0003099　P3 – 125

**格致彙編目錄一卷**　題(清)虛齋主人受　清
　抄本　一冊

320000 – 1607 – 0003100　P3 – 126

**新選學堂對本一卷**　（清）□□撰　清抄本
　一冊

320000 – 1607 – 0003101　P3 – 127

**[嘉慶]增修宜興縣舊志十卷首一卷末一卷**
（清）阮升基等修　（清）寧楷纂　清嘉慶二年
(1797)刻本　一冊　存二卷(一、首一卷)

320000 – 1607 – 0003102　P3 – 128

**[嘉慶]重刊宜興縣舊志十卷首一卷末一卷**
（清）阮升基等修　（清）寧楷纂　清光緒八年
(1882)刻宜興荊溪舊志五種本　二冊　存四
卷(一至四)

320000 – 1607 – 0003103　P3 – 130

**[光緒]宜興荊谿縣新志十卷**　（清）潘樹辰等
修　（清）吳景牆等纂　清光緒八年(1882)刻
本　八冊

320000 – 1607 – 0003104　P3 – 132

**朔方備乘八十卷**　（清）何秋濤撰　清石印本
　二冊　存十七卷(十三至二十九)

320000 – 1607 – 0003105　P3 – 133

**通典二百卷**　（唐）杜佑撰　清石印本　一冊

320000 – 1607 – 0003106　P3 – 135

**日本財政考略十四卷**　（清）林志道輯　清宣
統二年(1910)鉛印本　四冊

320000 – 1607 – 0003107　P3 – 136

**資治通鑑二百九十四卷**　（宋）司馬光撰　明
刻本　一冊　存二卷(二百十三至二百十四)

320000 – 1607 – 0003108　P3 – 137

**碑版廣例十卷**　（清）王芑孫撰　清道光二十
一年(1841)刻本　一冊　存二卷(九至十)

320000 – 1607 – 0003109　P3 – 139

**粟香四筆八卷**　金武祥撰　清光緒十七年
(1891)刻本　一冊　存二卷(三至四)

320000 – 1607 – 0003110　P3 – 140

**香豔叢書二十集**　題(清)蟲天子編　清宣統
國學扶輪社鉛印本　三冊　存三卷(一、三至
四)

320000 – 1607 – 0003111　P3 – 142

**點石齋畫報丙集二卷**　題(清)尊聞閣主人輯
　清光緒十一年(1885)石印本　一冊

320000 – 1607 – 0003112　P3 – 153

**[道光]寶慶府志一百四十三卷首二卷末三卷**
　（清）黃宅中等修　（清）鄧顯鶴纂　清道光
二十九年(1849)刻本　一冊

320000 – 1607 – 0003113　P3 – 155

**[光緒]無錫金匱縣志四十卷首一卷附編六卷**
　（清）裴大中修　（清）秦緗業纂　清光緒七
年(1881)刻本　二十冊

320000 – 1607 – 0003114　P3 – 156

**[咸豐]邠州志二十卷**　（清）董用威　（清）
馬軼群修　（清）魯一同纂　清咸豐元年
(1851)刻光緒十八年(1892)重修二十一年
(1895)重印本　四冊

320000－1607－0003115　P3－157

廬山志十五卷　（清）毛德琦撰　清康熙五十九年(1720)順德堂刻同治十二年(1873)遞修本　十二冊　存十三卷(一至五、七至十二、十四至十五)

320000－1607－0003116　P3－158

[道光]長清縣志十六卷　（清）舒化民等修　（清）徐德城纂　清道光十五年(1835)刻本　三冊　存十一卷(一至十一)

320000－1607－0003117　P3－159

[康熙]寧化縣志七卷　（清）祝文郁等修（清）李世熊纂　（清）蔣澤沄增纂修　清同治八年(1869)刻本　七冊　存六卷(一至六)

320000－1607－0003118　P3－160

東林書院志二十二卷　（清）高廷珍等撰　清光緒七年(1881)刻本　八冊

320000－1607－0003119　P3－162

[宣統]南海縣志二十六卷　（清）張鳳喈修（清）桂坫等纂　清宣統三年(1911)刻本　十二冊

320000－1607－0003120　P3－163

[宣統]新疆圖志一百十六卷首一卷　（清）袁大化修　（清）王學會等纂　清宣統三年(1911)活字印本　一百十一冊　存一百十二卷(一至四十二、四十四至四十六、四十八至六十六、六十八、七十至一百十三、一百十五至一百十六、首一卷)

320000－1607－0003121　P3－164

[嘉慶]重修揚州府志七十二卷　（清）阿克當阿修　（清）姚文田等纂　清嘉慶十五年(1810)刻本　三十二冊

320000－1607－0003122　P3－165

中國歷史歌一卷　（清）袁桐輯　清光緒二十九年(1903)上海作新社鉛印本　一冊

320000－1607－0003123　P3－166

[嘉靖]海寧縣志九卷　（明）蔡完修　（明）董穀纂　清光緒二十四年(1898)許仁沐刻本　一冊　存五卷(一至五)

320000－1607－0003124　P3－167

壬癸志稿二十八卷　（清）錢寶琛撰　清光緒六年(1880)刻本　四冊

320000－1607－0003125　P3－168

[光緒]阜寧縣志二十四卷　（清）阮本焱修（清）殷自芳等纂　清光緒十二年(1886)刻本　十冊

320000－1607－0003126　P3－169

常州賦不分卷　（清）褚邦慶編注　清光緒四年(1878)刻本　一冊

320000－1607－0003127　P3－171

國朝書人輯略十一卷首一卷　（清）震鈞輯　清光緒三十四年(1908)刻本　八冊

320000－1607－0003128　P3－172

易學總目四十卷　（清）魏綸先輯　清光緒二年(1876)刻本　二冊　存七卷(一至六、十三)

320000－1607－0003129　P3－174

歷代地理志韻編今釋二十卷　（清）李兆洛撰　清刻本　二冊　存七卷(三至五、十七至二十)

320000－1607－0003130　P3－176

里堂學算記五種　（清）焦循撰　清刻本　六冊　存四種十四卷(釋橢一卷、釋輪二卷、加減乘除釋八卷、釋弧三卷)

320000－1607－0003131　P3－177

北湖小志六卷　（清）焦循撰　清嘉慶十三年(1808)刻本　二冊

320000－1607－0003132　P3－179

鼎湖山志八卷　（清）丁易　（清）釋成鷟撰　清康熙四十九年(1710)刻本　二冊

320000－1607－0003133　P3－180

[至正]崑山郡志六卷　（元）楊譓撰　清光緒二十年(1894)徐士愷刻觀自得齋叢書本　一冊

320000－1607－0003134　P3－181

蒸里志略十二卷　（清）葉世熊撰　清宣統二

年(1910)鉛印本　二冊

320000－1607－0003135　P3－182
[正德]武功縣志三卷　（明）康海撰　清乾隆
二十六年(1761)刻本　一冊

320000－1607－0003136　P3－185
粵十三家集一百八十二卷　（清）伍元薇編
清道光二十年(1840)南海伍氏詩雪軒刻本
十冊

320000－1607－0003137　P3－186
李太白文集三十六卷　（唐）李白撰　（清）王
琦輯注　清刻本　一冊　存一卷(三十六)

320000－1607－0003138　P3－188
江陰忠義錄不分卷　（清）季念詒輯　清光緒
四年(1878)活字印本　十四冊

320000－1607－0003139　P3－189
永定河志三十二卷　（清）李逢亨撰　清嘉慶
刻本　二十八冊

320000－1607－0003140　P3－190
[光緒]六合縣志八卷　（清）謝延庚修
(清)賀廷壽等纂　清光緒十年(1884)刻本
十冊

320000－1607－0003141　P3－192
[乾隆]江寧縣新志二十六卷　（清）袁枚纂修
清乾隆十三年(1748)刻本　十冊

320000－1607－0003142　P3－193
[乾隆]登封縣志三十二卷　（清）陸繼萼修
(清)洪亮吉纂　清乾隆五十二年(1787)刻本
八冊

320000－1607－0003143　P3－194
[道光]龍巖州志二十卷　（清）彭衍堂等修
(清)陳文衡纂　清道光十六年(1836)刻光緒
十六年(1890)張文治重修本　十二冊

320000－1607－0003144　P3－195
[嘉慶]義烏縣志二十二卷　（清）諸自穀修
(清)程瑜等纂　清嘉慶七年(1802)刻本　十
二冊

320000－1607－0003145　P3－196

[嘉慶]松江府志八十四卷　（清）宋如林修
(清)莫晉等纂　清嘉慶二十二年(1817)刻本
四十冊

320000－1607－0003146　P3－197
[光緒]靖江縣志十六卷　（清）葉滋森修
(清)褚翔纂　清光緒五年(1879)刻本　八冊

320000－1607－0003147　P3－198
[康熙]徽州府志十八卷　（清）丁廷楗等修
(清)趙吉士等纂　清康熙三十八年(1699)趙
吉士萬青閣刻本　十冊

320000－1607－0003148　P3－199
[道光]寶慶府志一百四十三卷首二卷末三卷
（清）黃宅中等修　（清）鄧顯鶴纂　清道光
二十九年(1849)刻本　十五冊　存四十六卷
(四至七、五十六、六十七至六十八、七十四至
七十七、八十二至八十五、八十九至九十一、
九十六至九十八、一百〇五至一百〇七、一百
二十一至一百二十六、一百二十七至一百三
十二、一百三十三至一百三十七,首二卷,末
三卷)

320000－1607－0003149　P3－200
[光緒]羅店鎮志八卷羅溪文徵一卷　（清）王
樹棻修　（清）潘履祥纂　清光緒十五年
(1889)鉛印本　五冊

320000－1607－0003150　P3－202
[咸豐]遠安縣志八卷　（清）趙廣恩修
(清)劉子垣纂　清咸豐八年(1858)刻本
六冊

320000－1607－0003151　P3－203
長安志二十卷　（宋）宋敏求撰　長安圖志三
卷　（元）李好文撰　清刻本　四冊

320000－1607－0003152　P3－206
大清律例四十七卷　（清）三泰等撰　清刻本
三十四冊

320000－1607－0003153　P3－207
江蘇詩徵一百八十三卷　（清）王豫輯　清道
光元年(1821)刻本　十五冊　存六十六卷
(三十二至六十、六十五至一百〇一)

320000－1607－0003154　P3－208

[嘉定]赤城志四十卷　（宋）齊碩等修（宋）陳耆卿纂　清嘉慶二十三年(1818)宋世犖刻台州叢書乙集本　二十冊

320000－1607－0003155　P3－209

[光緒]湘陰縣圖志三十四卷首一卷末一卷（清）郭嵩燾纂修　清光緒六年(1880)湘陰縣志局刻本　十四冊

320000－1607－0003156　P3－210

惜抱軒集全集八十八卷　（清）姚鼐撰　清同治五年(1866)省心閣刻本　十六冊

320000－1607－0003157　P3－212

榕堂續錄四卷　（清）蔣超伯撰　清同治六年(1867)刻本　一冊　存一卷(二)

320000－1607－0003158　P3－213

麗濩萪錄十四卷　（清）蔣超伯撰　清刻本一冊　存一卷(二)

320000－1607－0003159　P3－214

[同治]南安府志三十二卷首一卷　（清）黃鳴珂修　（清)石景芬　(清)徐福炘纂　清同治七年(1868)刻本　一冊　存二卷(十八至十九)

320000－1607－0003160　P3－217

[光緒]襄陽府志二十六卷　（清）恩聯等修（清）王萬芳纂　清光緒十一年(1885)刻本十五冊

320000－1607－0003161　P3－218

[同治]襄陽縣志七卷首一卷　（清）吳耀斗等修　（清）李士彬等纂　清同治十三年(1874)刻本　六冊

320000－1607－0003162　P3－224

[嘉慶]溧陽縣志十六卷　（清）陳鴻壽等修（清）史炳等纂　清光緒二十二年(1896)活字印本　十冊

320000－1607－0003163　P3－225

角山樓增補類腋六十七卷　（清）姚培謙撰（清）趙克宜增輯　清光緒十四年(1888)上海點石齋石印本　一冊

320000－1607－0003164　P3－226

繪圖紅梅閣六卷　（清）□□撰　清光緒三十二年(1906)上海書局石印本　二冊　存二卷(二、四)

320000－1607－0003165　P3－229

古香齋初學記三十卷　（唐）徐堅等撰　清刻本　一冊　存二卷(十六至十七)

320000－1607－0003166　P3－231

經學輯要二十四卷　（清）吳潁炎等輯　清光緒十四年(1888)石印本　一冊　存一卷(十六下)

320000－1607－0003167　P3－233

詩經融注體要八卷　（清）高朝瓔撰　清光緒五年(1879)慈水古草堂刻本　三冊　存五卷(一至五)

320000－1607－0003168　P3－234

聖武記十四卷　（清）魏源撰　清刻本　七冊　存九卷(一至九)

320000－1607－0003169　P3－236

精選中外政治策論新編五十二卷　（清）上海書局輯　清光緒二十八年(1902)上海書局石印本　十七冊　存三十四卷(一至十三、二十九至四十五、四十九至五十二)

320000－1607－0003170　P3－241

西學啟蒙十六種　（英國）赫德輯　（英國）艾約瑟譯　清光緒二十四年(1898)上海圖書集成印書局鉛印本　十二冊

320000－1607－0003171　P3－244

增廣試帖玉芙蓉續集二卷　（清）積山書局輯　清光緒十四年(1888)上海積山書局石印本　二冊

320000－1607－0003172　P3－245

大題文府五卷　（清）鴻寶齋輯　清光緒十八年(1892)鴻寶齋石印本　九冊　存一卷(一)

320000－1607－0003173　P3－246

朔方備乘八十卷　（清）何秋濤撰　清光緒寶善書局石印本　一冊　存三十九卷(三十至

六十八)

320000 - 1607 - 0003174    P3 - 248

**廣治平略三十六卷補編八卷**　（清）蔡方炳撰
清光緒十六年(1890)石印本　一冊　存二
卷(三十三至三十四)

320000 - 1607 - 0003175    P3 - 249

**周東山先生五經解十卷**　（清）周封魯輯　清
道光二十七年(1847)刻本　一冊　存一卷
(一)

320000 - 1607 - 0003176    P3 - 250

**五經味根錄四卷**　（清）劉昌齡撰　清光緒十
九年(1893)石印本　八冊

320000 - 1607 - 0003177    P3 - 251

**增廣詩韻全璧五卷**　（清）湯祥瑟輯　清光緒
十九年(1893)上海點石齋石印本　八冊

320000 - 1607 - 0003178    P3 - 252

**增補事類統編九十三卷**　（清）黃葆真輯　清
光緒十四年(1888)上海積山書局石印本　十
二冊

320000 - 1607 - 0003179    P3 - 253

**二百十三科鄉會文統不分卷**　上海書局輯
清光緒二十年(1894)上海書局石印本　十
二冊

320000 - 1607 - 0003180    P3 - 254

**策府統宗六十五卷目錄一卷**　（清）劉昌齡輯
清光緒十五年(1889)石印本　十九冊　缺
一卷(目錄一卷)

320000 - 1607 - 0003181    P3 - 255

**策學備纂三十二卷首一卷**　（清）蔡啓盛
（清）吳潁炎輯　清光緒十四年(1888)上海點
石齋石印本　四十八冊

320000 - 1607 - 0003182    P3 - 260

**山東軍興紀略二十二卷**　（清）張曜撰　清光
緒五年(1879)鉛印本　五冊　存十二卷(七
至八、十一至十二、十五至二十二)

320000 - 1607 - 0003183    P3 - 261

**歐陽文忠公全集一百五十三卷**　（宋）歐陽修

撰　附錄五卷　（宋）□□輯　清刻本　二十
二冊　存九十八卷(一至四十、九十七至一百
四十九、附錄一至五)

320000 - 1607 - 0003184    P3 - 262

**李太白文集三十六卷**　（唐）李白撰　（清）王
琦輯注　清刻本　十二冊　存三十一卷(二
至三十、三十四至三十五)

320000 - 1607 - 0003185    P3 - 263

**同館賦鈔三十二卷**　（清）法式善輯　清刻本
三十冊　存三十卷(一至十九、二十二至三
十二)

320000 - 1607 - 0003186    P3 - 265

**大清宣統新法令不分卷**　（清）商務印書館編
譯所編　清宣統二年(1910)商務印書館鉛印
本　二十冊　存二十冊(二至十四、十七至十
八、二十至二十四)

320000 - 1607 - 0003187    P3 - 266

**佩文韻府一百〇六卷**　（清）張玉書等輯　韻
府拾遺一百〇六卷　（清）張廷玉等輯　清光
緒二十一年(1895)上海鴻寶齋石印本　二十
四冊

320000 - 1607 - 0003188    P3 - 267

**綏寇紀略十二卷補遺三卷**　（清）吳偉業撰
清嘉慶九年(1804)張氏照曠閣刻本　十冊

320000 - 1607 - 0003189    P3 - 283

**善本書室藏書志四十卷**　（清）丁丙撰　清光
緒二十七年(1901)錢塘丁氏刻本　十二冊
存三十卷(一至二、十二至三十九)

320000 - 1607 - 0003190    P3 - 285

**碑傳集一百六十卷**　（清）錢儀吉輯　清光緒
十九年(1893)刻本　三十六冊　存九十九卷
(十四至三十四、四十至四十二、五十五至五
十七、六十四至八十一、八十五至一百〇八、
一百十一至一百十九、一百二十一至一百二
十二、一百四十二至一百六十)

320000 - 1607 - 0003191    P3 - 286

**[道光]南海縣志四十四卷首一卷末一卷**
（清）潘尚楫修　（清）鄧士憲等纂　清道光十

五年(1835)刻同治八年(1869)增修本　二十冊

320000－1607－0003192　P3－287
[同治]番禺縣志五十四卷　(清)李福泰修
(清)史澄等纂　清同治十年(1871)光霽堂刻本　十六冊

320000－1607－0003193　P3－288
太湖備考十六卷　(清)金友理撰　清刻本
七冊　存十四卷(三至十六)

320000－1607－0003194　P3－289
徐霞客遊記十卷　(明)徐弘祖撰　外編一卷
補編一卷　(明)葉廷甲輯　清光緒七年
(1881)瘦影山房活字印本　十冊

320000－1607－0003195　P3－290
乾坤正氣集五百七十四卷　(清)姚瑩　(清)
顧沅　(清)潘錫恩輯　清道光二十八年
(1848)潘氏袁江節署刻光緒十八年(1892)重
印本　四十六冊　存一百十六卷(一百二十
至一百三十三、四百二十一至四百二十八、四
百八十一至五百七十四)

320000－1607－0003196　P3－291
江蘇詩徵一百八十三卷　(清)王豫輯　清道
光元年(1821)刻本　二十一冊　存一百〇五
卷(一至二十三、一百〇二至一百八十三)

320000－1607－0003197　P3－292
白芙堂算學叢書二十三種八十九卷　(清)吳
嘉善　(清)丁取忠編　清光緒二十三年
(1897)上海文瀾書局石印本　二十三冊

320000－1607－0003198　P3－293
粟香隨筆八卷二筆八卷三筆八卷四筆八卷
金武祥撰　清光緒羊城刻本　十六冊

320000－1607－0003199　P3－295
恪靖奏稿初編三十八卷續編七十六卷　(清)
左宗棠撰　(清)羅大春輯　清刻本　二十六
冊　存六十五卷(初編二十七至三十二,續編
一至二、二十至七十六)

320000－1607－0003200　P3－296

翠薇山房數學十五種　(清)張作楠撰　清嘉
慶、道光金華張氏翠薇山房刻本　十二冊
存八種二十卷(量倉通法四至五、方田通法補
例六卷、倉田通法續編三卷、弧角設如三卷、
揣鑰小錄一卷、揣鑰續錄三卷、高弧細草一
卷、新測恆星圖表一卷)

320000－1607－0003201　P3－299
春秋左氏傳補注十二卷　(清)沈欽韓撰　清
光緒吳縣潘氏刻功順堂叢書本　二十一冊

320000－1607－0003202　P3－301
廬山志十五卷　(清)毛德琦撰　清康熙五十
九年(1720)順德堂刻宣統二年(1910)補刻本
一冊　存一卷(十五)

320000－1607－0003203　P3－302
周濂溪先生全集十三卷　(宋)周敦頤撰　清
同治五年(1866)福州正誼書局刻正誼堂全書
本　三冊

320000－1607－0003204　P3－303
東萊集注類編觀瀾文集七十卷　(宋)林之奇
撰　清光緒十年(1884)碧琳琅館刻本　一冊
存四卷(一至四)

320000－1607－0003205　P3－306
說文楬原二卷　(清)張行孚撰　清光緒十年
(1884)後知不足齋刻本　一冊

320000－1607－0003206　P3－309
增訂周犢山全稿不分卷　(清)周鎬撰　清光
緒十九年(1893)刻本　四冊

320000－1607－0003207　P3－311
春雨樓叢書六種二十九卷　(清)朱士端撰
清同治寶應朱氏刻本　六冊

320000－1607－0003208　P3－312
六書通十卷　(明)閔齊伋撰　(清)畢弘述篆
訂　清光緒四年(1878)繡谷留耕堂刻本
五冊

320000－1607－0003209　P3－313
太乙統宗寶鑑二十卷　題(元)曉山老人輯
清抄本　九冊

320000－1607－0003210　P3－316

回天寶懺八卷　（清）洪際翔撰　清光緒二十七年（1901）石印本　一冊

320000－1607－0003211　P3－317

北史一百卷　（唐）李延壽撰　清光緒二十八年（1902）上海文瀾書局石印欽定二十四史本　六冊

320000－1607－0003212　P3－318

魏書一百十四卷　（北齊）魏收撰　清光緒二十八年（1902）上海文瀾書局石印欽定二十四史本　六冊

320000－1607－0003213　P3－321

粟香五筆八卷　金武祥撰　清光緒二十四年（1898）刻本　四冊

320000－1607－0003214　P3－322

春秋內外傳筮辭考證三卷　（清）章末撰　清光緒九年（1883）刻本　一冊

320000－1607－0003215　P3－324

邵康節先生秘傳黃金策三卷　（□）□□撰　清抄本　一冊

320000－1607－0003216　P3－333

欽定四庫全書總目二百卷首一卷　（清）紀昀等撰　清同治七年（1868）廣東書局刻本　一百十六冊

320000－1607－0003217　P3－338

西藥大成十卷　（英國）來拉　（英國）海得蘭撰　（英國）傅蘭雅　（清）趙元益譯　清光緒十年（1884）刻本　十六冊

320000－1607－0003218　P3－340

五種遺規十六卷　（清）陳弘謀輯　清同治七年（1868）崇文書局刻本　八冊

320000－1607－0003219　P3－343

滂喜齋叢書五十四種　（清）潘祖蔭輯　清同治至光緒吳縣潘氏京師刻本　二十四冊

320000－1607－0003220　P3－345

新譯日本法規大全不分卷　（清）南洋公學譯院譯　清商務印書館石印本　八十冊

320000－1607－0003221　P3－348

天一閣見存書目四卷首一卷末一卷　（清）薛福成輯　清光緒十五年（1889）刻本　四冊

320000－1607－0003222　P3－349

崇文總目五卷　（宋）王堯臣等撰　（清）錢東垣等輯釋　清光緒八年（1882）常熟後知不足齋刻本　四冊　存四卷（一至四）

320000－1607－0003223　P3－352

吳會英才集二十四卷　（清）畢沅輯　清嘉慶刻本　六冊

320000－1607－0003224　P3－353

吳會英才集二十四卷　（清）畢沅輯　清嘉慶刻本　六冊

320000－1607－0003225　P3－355

雙藤書屋詩集十二卷　（清）何道生撰　清道光元年（1821）刻本　四冊

320000－1607－0003226　P3－357

舊德集十四卷　繆荃孫輯　清光緒二十二年（1896）江陰繆氏刻本　四冊

320000－1607－0003227　P3－359

思古齋雙鉤漢碑篆額不分卷　（清）何澂輯　清光緒九年（1883）福州刻本　三冊

320000－1607－0003228　P3－370

韋蘇州集十卷　（唐）韋應物撰　清宣統三年（1911）影印康熙項氏玉淵堂刻本　六冊

320000－1607－0003229　P3－371

對數便讀六卷　（清）程錫類輯　清掃葉山房刻本　二冊

320000－1607－0003230　P3－372

洪北江文鈔（洪北江文集）四卷　（清）洪亮吉撰　清宣統二年（1910）上海國學扶輪社鉛印本　二冊

320000－1607－0003231　P3－373

明季稗史正編十六種二十七卷　題（清）留雲居士輯　清光緒二十九年（1903）鉛印本　六冊

320000－1607－0003232　P3－380

拳匪紀略八卷　（清）僑析生撰　清光緒二十

九年（1903）上洋書局石印本　四冊

320000－1607－0003233　P3－386

**滄浪小志二卷**　（清）宋犖撰　清光緒十年（1884）江蘇書局刻本　一冊

320000－1607－0003234　P3－387

**元豐九域志十卷**　（宋）王存等撰　清光緒八年（1882）金陵書局刻本　四冊

320000－1607－0003235　P3－388

**國朝畫徵錄三卷**　（清）張庚撰　清光緒二十年（1894）江都劉氏刻本　一冊

320000－1607－0003236　P3－389

**淳化閣帖釋文集釋十卷**　（清）徐朝弼撰　清嘉慶十七年（1812）關中書院刻本　一冊

320000－1607－0003237　P3－390

**中國江海險要圖志不分卷**　（英國）海軍海圖官局撰　（清）陳壽彭譯　清光緒經世文社石印本　八冊

320000－1607－0003238　P3－391

**法國革命戰史不分卷**　（日本）澀江保撰　清光緒二十九年（1903）上海商務印書館鉛印本　一冊

320000－1607－0003239　P3－393

**培遠堂手札節存三卷**　（清）陳弘謀撰　（清）劉樹堂批　清光緒十七年（1891）閩藩署刻本　一冊

320000－1607－0003240　P3－394

**說鈴前集四十八卷**　（清）吳震方編　清刻本　十三冊　存三十卷（五至三十四）

320000－1607－0003241　P3－395

**綱鑑易知錄一百○七卷**　（清）吳乘權等輯　清刻本　二十冊　存四十七卷（一至四十七）

320000－1607－0003242　P3－396

**徐氏醫書八種**　（清）徐大椿撰　清光緒十九年（1893）上海圖書集成印書局石印本　六冊

320000－1607－0003243　S1

**玉海二百卷辭學指南四卷詩考一卷詩地理考六卷漢藝文志考證十卷通鑑地理通釋十四卷**漢制考四卷踐阼篇集解一卷周易鄭康成注一卷姓氏急就篇二卷急就篇補注四卷周書王會補注一卷小學紺珠十卷　（宋）王應麟撰　元至元六年（1340）刻元明遞修本　三十二冊　存一百○八卷（六至十二、二十二至一百○六、一百十五至一百十七、一百二十二至一百二十三、一百三十五至一百四十一、一百四十七至一百五十）

320000－1607－0003244　S2

**毘陵人品記十卷**　（明）毛憲撰　（明）吳亮增補　明萬曆刻本　四冊

320000－1607－0003245　S3

**李杜全集四十八卷**　（明）許自昌輯　明萬曆許自昌刻本　二十四冊　存三十六卷（李太白詩一至二十五、杜工部詩一至十一）

320000－1607－0003246　S4

**資治通鑑綱目集覽五十九卷**　（元）王幼學撰　（明）陳濟正誤　明內府刻本　十二冊

320000－1607－0003247　S5

**方山薛先生全集六十八卷**　（明）薛應旂撰　明嘉靖刻本　二十冊

320000－1607－0003248　S6

**唐詩選七卷**　（明）李攀龍輯　（明）蔣一葵箋釋　（明）陳繼儒訂　明刻本　四冊

320000－1607－0003249　S7

**籌海圖編十三卷**　（明）鄭若曾撰　明天啟四年（1624）胡繼極刻本　八冊

320000－1607－0003250　S8

**漢隸字源五卷碑目一卷附字一卷**　（宋）婁機撰　明末毛氏汲古閣刻本　六冊

320000－1607－0003251　S9

**薛子庸語十二卷**　（明）薛應旂撰　明隆慶刻本　四冊

320000－1607－0003252　S10

**編注醫學入門內集二卷外集五卷首一卷**　（明）李梴撰　明萬曆三年（1575）李春魁等刻本　二十四冊

320000－1607－0003253　S11

**王文恪公集三十六卷**　（明）王鏊撰　**鷦音一卷白社詩草一卷**　（明）王禹聲撰　**名公筆記一卷**　（明）□□撰　明萬曆王氏三槐堂刻本　八冊

320000－1607－0003254　S12

**桐茂堂評注四書十九卷**　（宋）朱熹集注　明刻本　十二冊

320000－1607－0003255　S13

**文選六十卷**　（南朝梁）蕭統輯　（唐）李善注　明末毛氏汲古閣刻本　十二冊

320000－1607－0003256　S14

**隋書八十五卷**　（唐）魏徵等撰　明萬曆二十二年（1594）南京國子監刻明清遞修本　二十四冊

320000－1607－0003257　S16

**虬髯客傳一卷**　（唐）杜光庭撰　明嘉靖顧氏夷白齋刻本　一冊

320000－1607－0003258　S17

**文錄一卷**　（宋）唐庚撰　明嘉靖顧氏夷白齋刻本　一冊

320000－1607－0003259　S18

**寶顏堂訂正長松茹退二卷**　（明）釋真可撰　明萬曆李日華、陳天保刻本　二冊

320000－1607－0003260　S19

**南史八十卷**　（唐）李延壽撰　明崇禎十三年（1640）毛氏汲古閣刻十七史本　十四冊

320000－1607－0003261　S20

**呻吟語六卷**　（明）呂坤撰　明萬曆二十一年（1593）刻本　六冊

320000－1607－0003262　S21

**史記評林一百三十卷首一卷讀史總評一卷史記短長說一卷**　（明）凌稚隆輯　明萬曆五年（1577）刻本　三十冊

320000－1607－0003263　S22

**廣漢魏叢書八十種四百五十七卷**　（明）何允中輯　明萬曆二十年（1592）刻本　二十一冊

存三十種一百九十四卷（孔叢二卷附詰墨一卷、中論二卷、中說二卷、潛夫論十卷、天祿閣外史八卷、說苑二十卷、論衡三十卷、搜神記八卷、神異經一卷、海內十洲記一卷、述異記二卷、續齊諧記一卷、別國洞冥記四卷、西京雜記六卷、拾遺記十卷、博物志十卷、古今注三卷、風俗通義十卷、人物志三卷、文心雕龍十卷、詩品三卷、顏氏家訓二卷、鹽鐵論十二卷、三輔黃圖六卷、華陽國志十四卷、伽藍記五卷、水經二卷、星經二卷、南方草木狀三卷、鼎錄一卷）

320000－1607－0003264　S23

**考亭淵源錄二十四卷**　（明）宋端儀撰　（明）薛應旂輯　明隆慶三年（1569）刻本　六冊

320000－1607－0003265　S24

**新刻張太岳先生文集四十七卷**　（明）張居正撰　明萬曆四十年（1612）唐國達刻本　十二冊

320000－1607－0003266　S25

**新刊唐荊川先生稗編一百二十卷目錄三卷**　（明）唐順之撰　明萬曆九年（1581）刻本　五十三冊

320000－1607－0003267　S26

**疹科一卷**　（明）呂坤輯　清刻本　一冊

320000－1607－0003268　S27

**干祿字書一卷**　（唐）顏元孫撰　明刻本　一冊

320000－1607－0003269　S28

**通鑑釋文辯誤十二卷**　（元）胡三省撰　（明）陳仁錫校訂　明天啟五年（1625）陳仁錫刻本　六冊

320000－1607－0003270　S29

**寶顏堂訂正樂府指迷二卷**　（宋）張炎撰　明陳繼儒、沈德先刻本　一冊

320000－1607－0003271　S30

**春秋左傳綱目定註三十卷**　（明）李廷機撰　明崇禎五年（1632）書林楊素卿刻本　八冊

320000－1607－0003272　S31

醫學正傳八卷　(明)虞摶撰　明萬曆浙江布政司刻本　一冊　存一卷(三)

320000－1607－0003273　S32

史記一百三十卷　(漢)司馬遷撰　明萬曆二十四年(1596)刻本　一冊　存四卷(九至十二)

320000－1607－0003274　S33

南史八十卷　(唐)李延壽撰　明萬曆十八年(1590)刻本　十六冊　存六十五卷(帝紀七至十,列傳五至三十、三十六至七十)

320000－1607－0003275　S34

朱文公校昌黎先生文集四十卷外集十卷遺文一卷　(唐)韓愈撰　(宋)朱熹考異　(宋)王伯大音釋　傳一卷　(□)□□撰　明萬曆朱崇沐刻本　十二冊

320000－1607－0003276　S35

空同先生集六十三卷　(明)李夢陽撰　明嘉靖刻本　十冊

320000－1607－0003277　S36

黃帝內經素問二十四卷　(明)吳崑注　明萬曆三十七年(1609)刻本　八冊

320000－1607－0003278　S37

路史四十六卷　(宋)羅泌撰　(宋)羅苹注　明萬曆三十九年(1611)喬可傳刻本　十一冊

320000－1607－0003279　S38

唐詩品彙九十卷拾遺十卷　(明)高棅輯　明牛斗刻本　二冊　存七卷(三十五至三十七、八十二至八十五)

320000－1607－0003280　S39

宋邵康節先生伊川擊壤集二十卷　(宋)邵雍撰　(明)吳瀚輯注　明刻本　一冊　存二卷(七至八)

320000－1607－0003281　S42

漢雋十卷　(宋)林鉞輯　明萬曆二十八年(1600)吳繼安刻本　三冊　存五卷(一、六至九)

320000－1607－0003282　S43

酉陽雜俎二十卷　(唐)段成式撰　明崇禎毛氏汲古閣刻津逮秘書本　二冊

320000－1607－0003283　S44

三國志六十五卷　(晉)陳壽撰　(南朝宋)裴松之注　明崇禎十七年(1644)毛氏汲古閣刻本　十六冊

320000－1607－0003284　S45

晉書一百三十卷　(唐)房玄齡等撰　明崇禎元年(1628)毛氏汲古閣刻十七史本　二十四冊

320000－1607－0003285　S46

晉書一百三十卷　(唐)房玄齡等撰　音義三卷　(唐)何超撰　明萬曆二十四年(1596)北京國子監刻本　清蕭夢松批校　三十冊

320000－1607－0003286　S47

歷代史纂左編一百四十三卷　(明)唐順之輯　明陳邦瞻、蕭近高刻本　五十六冊

320000－1607－0003287　S48

武夷志略四卷　(明)徐表然撰　明萬曆四十七年(1619)孫世昌刻本　三冊

320000－1607－0003288　S49

李卓吾批選王摩詰集二卷　(唐)王維撰　(明)李贄輯　明萬曆四十三年(1615)鍾人傑刻本　一冊

320000－1607－0003289　S50

鶡冠子三卷　(宋)陸佃注　(明)王宇評　明天啟五年(1625)朱氏花齋刻本　一冊

320000－1607－0003290　S51

大學章句一卷中庸章句一卷論語集注十卷孟子集注七卷　(宋)朱熹撰　明刻本　十三冊

320000－1607－0003291　S52

荊川先生右編四十卷　(明)唐順之撰　(明)劉曰寧補　明萬曆三十三年(1605)刻本　二十四冊

320000－1607－0003292　S53

趙裘萼公剩藁四卷　(清)趙熊詔撰　清乾隆

刻本　一册

320000－1607－0003293　S54
**趙恭毅公剩藁八卷**　（清）趙申喬撰　**趙裘萼公剩藁四卷**　（清）趙熊詔撰　清乾隆刻本　四册

320000－1607－0003294　S55
**松桂堂全集三十七卷南淮集三卷**　（清）彭孫遹撰　清乾隆八年（1743）刻本　十二册

320000－1607－0003295　S56
**御選唐詩三十二卷目錄三卷**　（清）聖祖玄燁輯　（清）陳廷敬等注　清康熙五十二年（1713）內府刻朱墨套印本　二十四册

320000－1607－0003296　S57
**施注蘇詩四十二卷總目二卷**　（宋）蘇軾撰（宋）施元之　（宋）顧禧注　（清）邵長蘅等刪補　**蘇詩續補遺補注二卷**　（宋）蘇軾撰（清）馮景補注　清康熙三十八年（1699）刻本十六册

320000－1607－0003297　S59
**青邱高季迪先生詩集十八卷遺詩一卷**　（明）高啓撰　（清）金檀輯注　**扣舷集一卷鳧藻集五卷附錄一卷**　（清）金檀輯　清雍正六年（1728）刻本　十册

320000－1607－0003298　S60
**毘陵集二十卷**　（唐）獨孤及撰　清乾隆五十六年（1791）趙氏亦有生齋刻本　八册

320000－1607－0003299　S61
**易圖通變五卷**　（元）雷思齊撰　清康熙十六年（1677）刻本　一册

320000－1607－0003300　S62
**唐襄文公文定四卷**　（明）唐順之撰　清刻本　四册

320000－1607－0003301　S63
**欽定錢錄十六卷**　（清）梁詩正等纂輯　清乾隆十六年（1751）內府刻本　四册

320000－1607－0003302　S64
**重訂唐詩別裁集二十卷**　（清）沈德潛輯　清

乾隆二十八年（1763）教忠堂刻本　六册

320000－1607－0003303　S65
**李義山文集十卷**　（唐）李商隱撰　（清）徐樹穀箋　（清）徐炯注　清康熙四十七年（1708）刻本　六册

320000－1607－0003304　S66
**汗簡七卷**　（宋）郭忠恕撰　清康熙四十二年（1703）刻本　一册

320000－1607－0003305　S67
**毗陵六逸詩鈔二十三卷六逸詩話一卷**　（清）孫讜輯　清康熙五十六年（1717年）壽南堂刻本　四册

320000－1607－0003306　S68
**毘陵集十六卷**　（宋）張守撰　清乾隆武英殿活字印武英殿聚珍版書本　五册

320000－1607－0003307　S69
**板橋集六卷**　（清）鄭燮撰　清乾隆十四年（1749）刻本　四册

320000－1607－0003308　S70
**鳴秋合籟一卷**　（清）錢維橋撰　清乾隆五十年（1785）湯元芑刻本　一册

320000－1607－0003309　S71
**杜詩鏡銓二十卷**　（清）楊倫撰　清乾隆五十七年（1792）楊氏九柏山房刻本　六册

320000－1607－0003310　S72
**半溪詩草十二卷**　（清）錢二白撰　清康熙刻本　四册

320000－1607－0003311　S73
**漢詩說十卷總說一卷**　（清）沈用濟　（清）費錫璜撰　清康熙刻本　四册

320000－1607－0003312　S74
**史記論文一百三十卷**　（清）吳見思撰　清康熙二十六年（1687）刻本　十六册

320000－1607－0003313　S75
**墨池編二十卷**　（宋）朱長文撰　清康熙五十三年（1714年）刻本　十二册

320000－1607－0003314　S76

印典八卷　（清）朱象賢撰　清康熙六十一年
(1722 年)自刻本　四冊

320000－1607－0003315　S77

本事詩十二卷　（清）徐釚輯　清康熙刻本
十二冊

320000－1607－0003316　S78

司馬氏書儀十卷　（宋）司馬光撰　清雍正元
年(1723)汪亮彩刻本　一冊

320000－1607－0003317　S79

研堂詩十卷續稿二卷晚稿二卷花外散吟一卷
　（清）楊維坤撰　清乾隆刻本　五冊

320000－1607－0003318　S80

欽定武英殿聚珍版程式一卷　（清）金簡撰
清乾隆武英殿活字印本　一冊

320000－1607－0003319　S81

楚辭餘論二卷　（清）蔣驥撰　清康熙五十二
年(1713)蔣氏山帶閣刻本　一冊

320000－1607－0003320　S82

曝書亭集詩注二十二卷　（清）朱彝尊撰
（清）楊謙注　朱竹垞年譜一卷　（清）楊謙撰
　清楊氏木山閣刻本　十冊

320000－1607－0003321　S83

擥言五卷　（五代）王定保撰　清乾隆二十一
年(1756)雅雨堂刻本　二冊

320000－1607－0003322　S84

金詩選四卷　（清）顧奎光輯　清乾隆十六年
(1751)刻本　二冊

320000－1607－0003323　S85

杜工部集箋注二十卷年譜一卷諸家詩話一卷
唱酬題詠附錄一卷　（清）錢謙益撰　清康熙
六年(1667)季氏靜思堂刻本　四冊

320000－1607－0003324　S86

北夢瑣言二十卷　（宋）孫光憲撰　清乾隆二
十一年(1756)盧見曾雅雨堂刻本　二冊

320000－1607－0003325　S87

詞律二十卷　（清）萬樹撰　清康熙刻本　十冊

320000－1607－0003326　S88

寒山詩集一卷　（唐）釋寒山撰　清初刻本
一冊

320000－1607－0003327　S89

唐文粹詩選六卷　（清）王士禛輯　清康熙刻
本　二冊

320000－1607－0003328　S90

漁洋山人精華錄十卷　（清）王士禛撰　清康
熙三十九年(1700)林佶寫刻本　四冊

320000－1607－0003329　S91

白石詞集一卷詩集一卷　（宋）姜夔撰　清雍
正五年(1727)華洪刻本　一冊

320000－1607－0003330　S92

大廣益會玉篇三十卷　（南朝梁）顧野王撰
（唐）孫强增訂　（宋）陳彭年等重修　清康熙
四十二年(1703)張氏澤存堂刻本　二冊

320000－1607－0003331　S93

六書通十卷　（明）閔齊伋撰　（清）畢弘述篆
訂　清康熙五十九年(1720)刻本　六冊

320000－1607－0003332　S94

宋學士全集三十二卷　（明）宋濂撰　清康熙
四十八年(1709)彭始摶刻本　十四冊

320000－1607－0003333　S95

楊忠愍公全集四卷　（明）楊繼盛撰　清康熙
刻本　四冊

320000－1607－0003334　S96

十七史蒙求十卷　（宋）王令輯　清刻本　三冊

320000－1607－0003335　S97

才調集補注十卷　（五代）韋縠輯　（清）殷元
勳注　（清）宋邦綏補注　清乾隆三十九年
(1774)刻本　六冊

320000－1607－0003336　S98

樂善堂全集定本三十卷　（清）高宗弘曆撰
清乾隆二十三年(1758)刻本　六冊

320000－1607－0003337　S99

南雷文約四卷　（清）黃宗羲撰　清雍正刻本
四冊

320000－1607－0003338　S100

**杜茶村詩鈔八卷**　（清）杜濬撰　（清）彭湘懷
（清）陳師晉輯　清乾隆八年(1743)刻本
二冊

320000－1607－0003339　S102

**璿璣碎錦一卷**　（清）萬樹撰　（清）宏倫輯
清雍正四年(1726)刻本　一冊

320000－1607－0003340　S103

**吳詩集覽二十卷**　（清）吳偉業撰　（清）靳榮
藩輯　清乾隆四十年(1775)靳氏凌雲亭刻本
十六冊

320000－1607－0003341　S104

**東江詩鈔十二卷**　（清）唐孫華撰　清康熙五
十六年(1717)刻本　六冊

320000－1607－0003342　S105

**旗亭記二卷**　（清）金兆燕撰　清乾隆二十四
年(1759)盧氏雅雨堂刻本　二冊

320000－1607－0003343　S106

**詩音表一卷**　（清）錢坫撰　清乾隆四十二年
(1777)刻本　一冊

320000－1607－0003344　S107

**楚澤編一卷**　（清）鄭元志等輯　清順治刻本
一冊

320000－1607－0003345　S108

**八感詩一卷**　（清）李葆玉撰　清順治刻本
一冊

320000－1607－0003346　S109

**鋤茅遺稿一卷**　（清）張錫祚撰　清乾隆四十
二年(1777)刻本　一冊

320000－1607－0003347　S110

**野鴻詩選一卷**　（清）黃子雲撰　**鋤茅遺稿一
卷**　（清）張錫祚撰　清乾隆四十二年(1777)
章日照刻靈巖三家詩選本　一冊

320000－1607－0003348　S111

**唐人五言長律清麗集六卷**　（清）徐日璉
（清）沈士駿輯　清乾隆二十二年(1757)刻本
四冊

320000－1607－0003349　S112

**集古錄一卷**　（宋）歐陽修撰　清順治三年
(1646)李際期宛委山堂刻說郛本　一冊

320000－1607－0003350　S113

**日知錄三十二卷**　（清）顧炎武撰　清康熙三
十四年(1695)潘耒遂初堂刻本　十冊

320000－1607－0003351　S114

**趙文敏公松雪齋全集十卷外集一卷續集一卷**
（元）趙孟頫撰　清康熙五十二年(1713)曹
培廉城書室刻本　四冊

320000－1607－0003352　S115

**[乾隆]陽湖縣志十二卷首一卷**　（清）陳庭柱
等修　（清）虞鳴球等纂　清乾隆三十年
(1765)刻本　八冊

320000－1607－0003353　S116

**[萬曆]武進縣志八卷**　（明）晏文輝修
（明）唐鶴徵纂　清抄本　七冊　存七卷(一
至七)

320000－1607－0003354　S117

**[萬曆]常州府志二十卷**　（明）劉廣生修
（明）唐鶴徵纂　清抄本　二冊　存二卷(十
三、十五)

320000－1607－0003355　S118

**蒙難瑣言一卷**　（清）張紹良撰　清抄本
一冊

320000－1607－0003356　S119

**北窗炙輠錄二卷**　（宋）施德操撰　（清）朱彝
尊批校　清抄本　一冊

320000－1607－0003357　S120

**括異志十卷**　（宋）張師正撰　清抄本　一冊

320000－1607－0003358　S121

**楓窗小牘二卷**　（宋）袁褧撰　清抄本　一冊

320000－1607－0003359　S122

**草莽私乘一卷**　（明）陶宗儀輯　清抄本
一冊

320000－1607－0003360　S123

**偃齊錄二卷**　（宋）楊堯弼撰　清乾隆四十一

年(1776)吳翌鳳抄本　一冊

320000 – 1607 – 0003361　S124

使金錄一卷　（宋）程卓撰　清乾隆五十七年
(1792)釋在觀抄本　清朱上林跋　一冊

320000 – 1607 – 0003362　S125

秦邊紀略六卷　（清）□□撰　清抄本　二冊

320000 – 1607 – 0003363　S126

真臘風土記一卷　（元）周達觀撰　清抄本
佚名錄吳翌鳳跋　一冊

320000 – 1607 – 0003364　S127

松漠記聞二卷補遺一卷　（宋）洪皓撰　清乾
隆四十一年(1776)吳翌鳳抄本　清吳翌鳳校
並跋　屠寄校　一冊

320000 – 1607 – 0003365　S128

辛巳泣蘄錄一卷附錄一卷　（宋）趙與袞輯
清抄本　一冊

320000 – 1607 – 0003366　S129

冀越集記二卷　（元）熊太古撰　清抄本
一冊

320000 – 1607 – 0003367　S130 – 1

韓林兒事蹟一卷　（明）□□撰　清抄本
一冊

320000 – 1607 – 0003368　S130 – 2

徐壽輝事蹟一卷　（明）□□撰　清抄本
一冊

320000 – 1607 – 0003369　S131

中興禦侮錄二卷　（宋）□□撰　清抄本
一冊

320000 – 1607 – 0003370　S132

安南棄守本末一卷　（明）□□撰　清抄本
一冊

320000 – 1607 – 0003371　S133

江南野史十卷　（宋）龍袞撰　清抄本　一冊

320000 – 1607 – 0003372　S134

建炎復辟記一卷　（宋）□□撰　清抄本
一冊

320000 – 1607 – 0003373　S135

襄陽守城錄一卷　（宋）趙萬年撰　清抄本
一冊

320000 – 1607 – 0003374　S136

江表志一卷　（宋）鄭文寶撰　清抄本　一冊

320000 – 1607 – 0003375　S137

五國故事二卷　（宋）□□撰　清抄本　一冊

320000 – 1607 – 0003376　S138

三楚新錄三卷　（宋）周羽翀撰　清抄本
一冊

320000 – 1607 – 0003377　S139

毗陵集二十卷　（唐）獨孤及撰　清抄本
四冊

320000 – 1607 – 0003378　S140

元朝秘史十卷續二卷　屠寄校　清抄本
三冊

320000 – 1607 – 0003379　S15

資治通鑑二百九十四卷　（宋）司馬光撰
（元）胡三省音注　明陳仁錫刻本　一百三
十冊

320000 – 1607 – 0003380　S200003

唐荆川先生纂輯武編前六卷後六卷　（明）唐
順之撰　明萬曆四十六年(1618)徐象橒曼山
館刻本　十二冊

320000 – 1607 – 0003381　S200004

史記論文一百三十卷　（清）吳見思撰　清康
熙二十六年(1687)刻本　十二冊

320000 – 1607 – 0003382　S200005

武夷山志二十四卷　（清）董天工撰　清道光
二十六年(1846)刻本　八冊

320000 – 1607 – 0003383　S200006

金瓶梅不分卷一百回　題(明)蘭陵笑笑生撰
清康熙刻本　十四冊　存五十二回(一至
四、十九至二十三、三十七至六十、六十五至
六十八、七十二至七十四、七十八至八十四、
八十六至九十)

320000 – 1607 – 0003384　S200007

張皋文箋易詮全集四十三卷 （清）張惠言撰
清嘉慶至道光刻本 十三冊

320000－1607－0003385 S200008

周易輯說存正十二卷易說能旨略一卷 （清）
楊方達撰 清乾隆刻本 四冊

320000－1607－0003386 S200009

周易輯說存正十二卷易說能旨略一卷 （清）
楊方達撰 清乾隆刻本 四冊

320000－1607－0003387 S200010

道鄉先生文集四十卷補遺一卷附錄一卷
（宋）鄒浩撰 清光緒二十五年(1899)刻朱印
本 六冊

320000－1607－0003388 S200011

桑梓潛德錄五卷 （清）張其榮等輯 續集四
卷 （清）施鳴岐等輯 三集六卷 （清）湯成
烈等輯 清光緒六年(1880)活字印本 六冊

320000－1607－0003389 S200012

桑梓潛德錄五卷 （清）張其榮等輯 續集四
卷 （清）施鳴岐等輯 三集六卷 （清）湯成
烈等輯 清光緒六年(1880)活字印本 六冊

320000－1607－0003390 S200013

桑梓潛德錄五卷 （清）張其榮等輯 續集四
卷 （清）施鳴岐等輯 三集六卷 （清）湯成
烈等輯 清光緒六年(1880)活字印本 一冊

320000－1607－0003391 S200014

敬業堂詩集五十卷 （清）查慎行撰 清康熙
五十八年(1719)刻本 六冊

320000－1607－0003392 S200015

唐詩別裁集二十卷 （清）沈德潛輯 清刻本
八冊

320000－1607－0003393 S200016

池北偶談二十六卷 （清）王士禛撰 清康熙
刻本 九冊

320000－1607－0003394 S200017

南齊書五十九卷 （南朝梁）蕭子顯撰 清乾
隆刻本 七冊

320000－1607－0003395 S200018

嫩隅集十卷 （清）趙文哲撰 清乾隆刻本
四冊

320000－1607－0003396 S200019

銅鼓書堂遺稿三十二卷 （清）查禮撰 清乾
隆五十七年(1792)刻本 四冊

320000－1607－0003397 S200020

國朝律賦揀金錄十二卷 （清）朱一飛輯 清
乾隆博古堂刻本 四冊

320000－1607－0003398 S200021

施注蘇詩四十二卷總目二卷 （宋）蘇軾撰
（宋）施元之 （宋）顧禧注 （清）邵長蘅等
刪補 蘇詩續補遺補注二卷 （宋）蘇軾撰
（清）馮景補注 清康熙刻本 十一冊

320000－1607－0003399 S200022

花甲翻新印譜一卷 （清）□□輯 清鈐印本
一冊

320000－1607－0003400 S200023

讀畫齋印譜一卷 （清）顧修輯 清鈐印本
一冊

320000－1607－0003401 S200024

適園印存一卷 （清）吳諮篆 清鈐印本
一冊

320000－1607－0003402 S200025

集雅軒印存一卷 （清）集雅軒輯 清李氏集
雅軒鈐印本 二冊

320000－1607－0003403 S200026

雙清閣印存不分卷 （清）方蔭華篆 清鈐印
本 四冊

320000－1607－0003404 S200027

虖勺山人鐵筆一卷 （清）祝良篆刻 清鈐印
本 二冊

320000－1607－0003405 S200028

袁靜嫻印存一卷 （清）袁靜嫻篆刻 清鈐印
本 一冊

320000－1607－0003406 S200029

雲深處印存一卷 （清）史幹甫輯 清咸豐九
年(1859)鈐印本 一冊

320000 – 1607 – 0003407　S200030

雲深處印存一卷　（清）史幹甫輯　清咸豐九年(1859)鈐印本　一冊

320000 – 1607 – 0003408　S200031

紅廑花景印譜不分卷　（清）石華館輯　清鈐印本　四冊

320000 – 1607 – 0003409　S200032

研守堂印譜一卷　（清）吳二安篆　清鈐印本　一冊

320000 – 1607 – 0003410　S200033

百花印譜一卷　（清）天魚閣輯　清鈐印本　一冊

320000 – 1607 – 0003411　S200034

耦廬藏印一卷　（清）耦廬輯　清鈐印本　一冊

320000 – 1607 – 0003412　S200038

陶寶如印譜一卷　（清）陶寶如篆　清鈐印本　一冊

320000 – 1607 – 0003413　S200039

陶寶如印譜一卷　（清）陶寶如篆　清鈐印本　一冊

320000 – 1607 – 0003414　S200040

武進趙仲穆先生印存一卷　（清）趙穆篆　清鈐印本　一冊

320000 – 1607 – 0003415　S200041

劉公伯印存一卷　（清）劉公伯篆　清鈐印本　一冊

320000 – 1607 – 0003416　S200042

芋香室印存一卷　（清）李寶嘉篆刻　清鈐印本　一冊

320000 – 1607 – 0003417　S200043

雪廬百印不分卷　（清）王琛輯　清鈐印本　二冊

320000 – 1607 – 0003418　S200044

思永齋印存不分卷　（清）思永齋輯　清鈐印本　一冊

320000 – 1607 – 0003419　S200045

思永齋印存不分卷　（清）思永齋輯　清鈐印本　一冊

320000 – 1607 – 0003420　S200046

劍秋印存不分卷　（清）劍秋輯　清鈐印本　二冊

320000 – 1607 – 0003421　S200047

百將百美合璧印譜不分卷　（清）趙穆篆刻　清鈐印本　八冊

320000 – 1607 – 0003422　S200048

歷朝史印十卷　（清）黃學圯篆刻　清鈐印本　六冊

320000 – 1607 – 0003423　S200049 – 1

［道光］武進陽湖合志三十六卷首一卷　（清）孫琬等修　（清）李兆洛等纂　清光緒十二年(1886)活字印本　三十冊

320000 – 1607 – 0003424　S200049 – 2

［道光］武進陽湖合志三十六卷首一卷　（清）孫琬等修　（清）李兆洛等纂　清光緒十二年(1886)活字印本　三十冊

320000 – 1607 – 0003425　S200049 – 3

［道光］武進陽湖合志三十六卷首一卷　（清）孫琬等修　（清）李兆洛等纂　清光緒十二年(1886)活字印本　三十冊

320000 – 1607 – 0003426　S200049 – 4

［道光］武進陽湖合志三十六卷首一卷　（清）孫琬等修　（清）李兆洛等纂　清光緒十二年(1886)活字印本　三十冊

320000 – 1607 – 0003427　S200050 – 1

［光緒］武陽志餘十二卷首一卷　（清）莊毓鋐（清）陸鼎翰纂修　清光緒十四年(1888)活字印本　二十冊

320000 – 1607 – 0003428　S200050 – 2

［光緒］武陽志餘十二卷首一卷　（清）莊毓鋐（清）陸鼎翰纂修　清光緒十四年(1888)活字印本　二十冊

320000 – 1607 – 0003429　S200050 – 3

[光緒]武陽志餘十二卷首一卷 （清）莊毓鋐（清）陸鼎翰纂修 清光緒十四年（1888）活字印本 二十冊

320000－1607－0003430 S200050－4
[光緒]武陽志餘十二卷首一卷 （清）莊毓鋐（清）陸鼎翰纂修 清光緒十四年（1888）活字印本 二十冊

320000－1607－0003431 200052
陽湖沈氏算學初刻四卷二刻八卷 （清）沈保樞撰 清光緒二十七年（1901）刻朱印本 六冊

320000－1607－0003432 200053
陽湖沈氏算學初刻四卷二刻八卷 （清）沈保樞撰 清光緒二十七年（1901）刻朱印本 六冊

320000－1607－0003433 200054
戴東原集十二卷 （清）戴震撰 清乾隆五十七年（1792）經韻樓刻本 四冊

320000－1607－0003434 200055
西堂全集六十七卷 （清）尤侗撰 清康熙刻本 二十冊

320000－1607－0003435 S200056－1
[光緒]武進陽湖縣志三十卷 （清）王其淦等修 （清）湯成烈纂 清光緒五年（1879）刻本 二十冊

320000－1607－0003436 S200056－3
[光緒]武進陽湖縣志三十卷 （清）王其淦等修 （清）湯成烈纂 清光緒五年（1879）刻本 二十冊

320000－1607－0003437 S200056－4
[光緒]武進陽湖縣志三十卷 （清）王其淦等修 （清）湯成烈纂 清光緒五年（1879）刻本 二十冊

320000－1607－0003438 200057
吳詩集覽二十卷 （清）吳偉業撰 （清）靳榮藩輯 清乾隆四十年（1775）靳氏凌雲亭刻本 十六冊

320000－1607－0003439 200058
平定粵匪紀略十八卷附記四卷 （清）杜文瀾撰 清同治八年（1869）群玉齋木活字印本 八冊

320000－1607－0003440 200059
[咸淳]重修毗陵志三十卷 （宋）史能之纂修 清嘉慶二十五年（1820）趙懷玉刻本 六冊

320000－1607－0003441 200060
趙恭毅公剩藁八卷 （清）趙申喬撰 清乾隆刻本 六冊

320000－1607－0003442 200061
趙裘萼公剩藁四卷 （清）趙熊詔撰 清乾隆刻本 二冊

320000－1607－0003443 200062
趙裘萼公剩藁四卷 （清）趙熊詔撰 清乾隆刻本 四冊

320000－1607－0003444 200063
李長吉昌谷集句解定本四卷 （唐）李賀撰 （清）丘象隨注 清刻本 四冊

320000－1607－0003445 200064
昭明文選六十卷 （南朝梁）蕭統輯 （唐）李善注 清乾隆刻本 十六冊

320000－1607－0003446 200065
苕溪漁隱叢話前集六十卷後集四十卷 （宋）胡仔撰 清耘經樓刻本 十冊

320000－1607－0003447 200066
儀禮圖六卷 （清）張惠言撰 清刻本 三冊

320000－1607－0003448 200067
舜山是仲明[鏡]先生年譜一卷 （清）張敬立撰 （清）金吳瀾補 清光緒十三年（1887）活字印本 二冊

320000－1607－0003449 200068
宋名臣言行錄前集十卷後集十四卷續集八卷別集二十六卷外集十七卷 （宋）朱熹輯（宋）李幼武續輯 清刻本 十二冊

320000－1607－0003450 200069

陶淵明文集十卷　（晉）陶潛撰　清刻本
二冊

320000－1607－0003451　200070
邵子湘全集三十卷　（清）邵長蘅撰　清康熙
青門草堂刻本　十二冊

320000－1607－0003452　S200071
邵子湘全集三十卷　（清）邵長蘅撰　清康熙
青門草堂刻本　十一冊

320000－1607－0003453　S200073
邵子湘全集三十卷　（清）邵長蘅撰　清康熙
青門草堂刻本　十二冊

320000－1607－0003454　S200072
邵子湘全集三十卷　（清）邵長蘅撰　清康熙
青門草堂刻本　十八冊

320000－1607－0003455　S200074
痘疹心法十二卷　（明）萬全撰　清光緒二十
五年(1899)刻本　二冊

320000－1607－0003456　S200075
痘疹心法十二卷　（明）萬全撰　清光緒二十
五年(1899)刻本　二冊

320000－1607－0003457　S200076
佛祖心髓十卷　（清）釋達如輯　清道光元年
(1821)刻本　四冊

320000－1607－0003458　S200077
四書考異七十二卷　（清）翟灝撰　清乾隆無
不宜齋刻本　十冊

320000－1607－0003459　S200078
聲調譜前譜一卷後譜一卷續譜一卷　（清）趙
執信撰　清乾隆三年(1738)刻本　一冊

320000－1607－0003460　S200079
歐陽文忠公全集一百五十三卷　（宋）歐陽修
撰　附錄五卷　（宋）□□輯　清乾隆五十七
年(1792)刻本　十二冊　存九十卷(一至九
十)

320000－1607－0003461　S200080
杜工部集二十卷　（唐）杜甫撰　清乾隆玉勾
草堂刻本　十冊

320000－1607－0003462　S200081
黃山谷集二十卷　（宋）黃庭堅撰　清光緒刻
本　十二冊

320000－1607－0003463　S200082
淵鑑類函四百五十卷目錄四卷　（清）張英等
纂　清康熙四十九年(1710)刻本　二百冊

320000－1607－0003464　S200084
昭代叢書乙集四十卷　（清）張潮編　清康熙
三十九年(1700)刻本　十六冊

320000－1607－0003465　S200085
漢西域圖考七卷首一卷　（清）李光廷撰　清
光緒八年(1882)趙登詒壽諼草堂木活字印本
四冊

320000－1607－0003466　S200086
大清一統輿圖三十一卷首一卷　（清）嚴樹森
撰　清同治二年(1863)刻本　十二冊

320000－1607－0003467　S200087
龍威秘書一百六十九種三百二十六卷　（清）
馬俊良編　清乾隆五十九年(1794)石門馬氏
大酉山房刻本　七十七冊

320000－1607－0003468　S200088
說鈴六十三卷　（清）吳震方編　清康熙刻本
二十冊

320000－1607－0003469　S200089
全唐詩鈔八十卷　（清）吳成儀輯　清乾隆二
十四年(1759)刻本　二十冊

320000－1607－0003470　S200090
御定全唐詩錄一百卷　（清）徐倬　（清）徐元
正輯　清康熙刻本　三十二冊

320000－1607－0003471　S200091
佩文齋詠物詩選四百八十六卷　（清）高輿等
輯　清康熙四十五年(1706)刻本　四十六冊

320000－1607－0003472　S200092
德州田氏叢書十三種一百〇八卷　（清）田雯
等撰　清康熙乾隆刻本　二十三冊

320000－1607－0003473　S200093
唐宋八大家類選十四卷　（清）儲欣輯評　清

乾隆五十年(1785)二南堂刻本　六冊

320000－1607－0003474　S200094

**四書考輯要二十卷**　(清)陳弘謀輯　清乾隆三十六年(1771)培遠堂刻本　八冊

320000－1607－0003475　S200095

**唐書二百二十五卷**　(宋)歐陽修　(宋)宋祁等撰　**釋音二十五卷**　(宋)董衝撰　明萬曆二十三年(1595)北京國子監刻本　四十四冊

320000－1607－0003476　S200096

**白沙子全集十卷**　(明)陳獻章撰　清乾隆三十六年(1771)碧玉樓刻本　八冊

320000－1607－0003477　S200097

**刪訂唐詩解二十四卷**　(明)唐汝詢選釋(清)吳昌祺評定　清康熙四十年(1701)刻本　八冊

320000－1607－0003478　S200098

**聖諭像解二十卷**　(清)梁延年撰　清刻本　十冊

320000－1607－0003479　S200099

**聖諭像解二十卷**　(清)梁延年撰　清刻本　十冊

320000－1607－0003480　S200100

**采菽堂古詩選三十八卷補遺四卷**　(清)陳祚明輯　清乾隆十三年(1748)刻本　十二冊

320000－1607－0003481　S200110

**乾隆府廳州縣圖志五十卷**　(清)洪亮吉撰　清乾隆五十年(1785)刻卷施閣集本　十冊

320000－1607－0003482　S200111

**卷施閣詩二十卷**　(清)洪亮吉撰　清乾隆六十年(1795)刻本　七冊

320000－1607－0003483　S200112

**本草述鉤元三十二卷**　(清)楊時泰輯　清道光二十二年(1842)刻本　十冊

320000－1607－0003484　S200113

**康對山先生文集十卷**　(明)康海撰　清乾隆二十六年(1761)刻本　六冊

320000－1607－0003485　S200114

**杜詩詳注二十五卷附二卷**　(清)仇兆鰲注　清康熙刻本　十四冊

320000－1607－0003486　S200115

**元詩選六卷補遺一卷**　(清)顧奎光輯　清乾隆十六年(1751)刻本　四冊

320000－1607－0003487　S200116

**唐詩解五十卷**　(明)唐汝詢輯　清順治十六年(1659)刻本　十九冊

320000－1607－0003488　S200117

**金石例十卷**　(元)潘昂霄撰　清光緒四年(1878)刻本　四冊

320000－1607－0003489　S200118

**板橋集六卷**　(清)鄭燮撰　清乾隆刻本　四冊

320000－1607－0003490　S200119

**芥子園畫傳二集四卷**　(清)王槩等繪輯　清刻本　四冊

320000－1607－0003491　S200120

**黃詩全集五十八卷**　(宋)黃庭堅撰　(清)任淵注　清乾隆謝氏樹經堂刻本　二十冊

320000－1607－0003492　S200121

**佚存叢書十六種九十六卷**　(日本)林衡輯　清光緒八年(1882)滬上黃氏活字印本　三十六冊

320000－1607－0003493　S200122

**唐人五十家小集七十二卷**　(清)江標輯　清光緒二十一年(1895)湖南使院影刻宋刻本　十八冊

320000－1607－0003494　S200123

**兩當軒集二十二卷**　(清)黃景仁撰　**附錄四卷考異二卷**　(清)黃志述輯　清同治十二年(1873)集珍齋活字印本　八冊

320000－1607－0003495　S200124

**唐荊川先生文集十八卷補遺一卷附錄一卷**　(明)唐順之撰　清光緒二十一年(1895)武進盛氏刻常州先哲遺書本　八冊

320000－1607－0003496　S200128

**第五才子書水滸傳二十卷**　（元）施耐庵撰
清順治十四年(1657)刻本　二十冊

320000－1607－0003497　S200129

**詞綜三十六卷**　（清）朱彝尊撰　清康熙十七
年(1678)刻本　八冊

320000－1607－0003498　S200130

**古文辭類纂七十四卷**　（清）姚鼐輯　清乾隆
四十四年(1779)刻本　十二冊

320000－1607－0003499　S200131

**三國志六十五卷**　（晉）陳壽撰　（南朝宋）裴
松之注　清乾隆四年(1739)武英殿刻二十四
史本　十二冊

320000－1607－0003500　S200132

**通鑑本末紀要八十一卷首三卷**　（清）蔡毓榮
輯　清康熙四十四年(1705)刻本　六冊

320000－1607－0003501　S200133

**王漁洋遺書四十一種二百四十六卷**　（清）王
士禎撰　清康熙刻本　一冊　存五十九冊

320000－1607－0003502　S200134

**王漁洋遺書四十一種二百四十六卷**　（清）王
士禎撰　清康熙刻本　六冊　存十六種一百
三十卷(十種唐詩選十七卷、長白山錄一卷補
遺一卷、隴蜀餘聞一卷、唐賢三昧集三卷、載
書圖詩一卷、分甘餘話四卷、池北偶談十四至
二十六、香祖筆記十二卷、抱山集選一卷、古
鉢集選一卷、隴首集一卷、居易錄三十四卷、
二家詩選二卷、華泉先生集選四卷、秦蜀驛程
後記二卷、阮亭選古詩五言詩十七卷七言詩
十五卷)

320000－1607－0003503　S200137

**三國志六十五卷**　（晉）陳壽撰　（南朝宋）裴
松之注　清同治六年(1867)金陵書局活字印
本　一冊

320000－1607－0003504　S200138

**資治通鑑綱目前編二十五卷**　（明）南軒撰
（明）陳仁錫評　清康熙四十四年(1705)刻本
四冊

320000－1607－0003505　S200139

**資治通鑑綱目正編五十九卷**　（宋）朱熹撰
清康熙四十年(1701)刻本　七十五冊

320000－1607－0003506　S200140

**梁溪詩鈔五十八卷**　（清）顧光旭輯　清宣統
三年(1911)文苑閣活字印本　二十四冊

320000－1607－0003507　S200141

**續資治通鑑綱目二十七卷**　（明）商輅等撰
（明）陳仁錫評　清康熙六十一年(1722)刻本
二十六冊

320000－1607－0003508　S200142

**明史三百三十二卷**　（清）張廷玉等撰　清乾
隆四年(1739)武英殿刻二十四史本　一百〇
一冊

320000－1607－0003509　S200143

**明季稗史彙編十六種二十七卷**　題（清）留雲
居士輯　清北京琉璃廠活字印本　十八冊

320000－1607－0003510　S200144

**[乾隆]新修懷慶府志三十二卷首一卷圖經一
卷**　（清）杜琮等修　（清）洪亮吉纂　清乾隆
五十四年(1789)刻本　十六冊

320000－1607－0003511　S200145

**歷代名臣傳三十五卷續編五卷**　（清）朱軾等
輯　清刻本　十八冊

320000－1607－0003512　S200146

**皇朝中外一統輿圖三十二卷**　（清）嚴樹森編
清同治二年(1863)湖北撫署刻本　三十
二冊

320000－1607－0003513　S200147

**湖北輿地記二十四卷**　清光緒二十年(1894)
刻朱印本　二十四冊

320000－1607－0003514　S200148

**芙蓉山館全集二十卷**　（清）楊芳燦撰　清光
緒活字印本　八冊

320000－1607－0003515　S200149

**三朝北盟會編二百五十卷附校勘記二卷補遺
一卷**　（宋）徐夢莘撰　清光緒四年(1878)石

印本　四十冊

320000－1607－0003516　S200150
紅雪樓九種曲十三卷　（清）蔣士銓撰　清乾隆蔣氏紅雪樓刻本　十冊

320000－1607－0003517　S200151
金索六卷石索六卷　（清）馮雲鵬　（清）馮雲鵷輯　清道光元年（1821）刻本　十二冊

320000－1607－0003518　S200152
宋詩鈔一百〇六卷　（清）吳之振等輯　清康熙刻本　二十四冊

320000－1607－0003519　200153
乾隆府廳州縣圖志五十卷　（清）洪亮吉撰　清乾隆五十年（1785）刻卷施閣集本　二十二冊

320000－1607－0003520　S200154
［常州］延陵吳氏宗譜十八卷　（清）吳培炳纂修　清光緒二年（1876）活字印本　十七冊

320000－1607－0003521　S200155
［常州］東安裴氏宗譜十六卷　（清）裴佩琳等纂修　清宣統三年（1911）常州綠野堂活字印本　十四冊　存十卷（一至二、六至八、十、十三至十六）

320000－1607－0003522　S200157
［江陰］賢莊潘氏宗譜四卷　（清）潘福海等纂修　清光緒十六年（1890）積厚堂活字印本　四冊

320000－1607－0003523　S200158
［常州］歐陽里諸氏宗譜十六卷　（清）諸壽山修　（清）諸暄寶等纂　清光緒二十六年（1900）常州敦睦堂活字印本　十五冊　存十三卷（一至三、五至九、十一至十四、十六）

320000－1607－0003524　S200160
［常州］毘陵王氏續修宗譜十卷　（清）王裕坤等纂修　清光緒八年（1882）三槐堂活字印本　十冊

320000－1607－0003525　S200161
［常州］毘陵沈氏宗譜四卷　（清）沈燮嘉纂修

清光緒三十年（1904）九思堂活字印本　三冊　缺一卷（三）

320000－1607－0003526　S200162
［常州］蘭東朱氏宗譜八卷　（清）朱兆榮纂修　清光緒十年（1884）常州宗正堂活字印本　八冊

320000－1607－0003527　S200163
［常州］延政鄭墅王氏宗譜十四卷首一卷　（清）王宇椿纂修　清光緒二十五年（1899）毘陵西宅活字印本　二十一冊

320000－1607－0003528　S200164
［常州］徐氏宗譜十二卷　（清）徐維庚等纂修　清光緒二十六年（1900）常州世德堂活字印本　十冊　存十卷（二至四、六至十二）

320000－1607－0003529　S200165
［常州］毘陵唐氏宗譜五卷　（清）唐正麟纂修　清光緒二十八年（1902）灕㳇堂活字印本　五冊

320000－1607－0003530　S200166
［常州］繆賢楊氏宗譜八卷　（清）楊順成等纂修　清光緒二十四年（1898）常州留耕堂活字印本　八冊

320000－1607－0003531　S200167
［常州］蓉湖柳蕩劉氏宗譜二十卷　（清）劉越甫等纂修　清光緒三年（1877）常州守三堂活字印本　七冊　存五卷（一至二、四至六）

320000－1607－0003532　S200168
［常州］毘陵錢氏宗譜十四卷　（清）錢惟英等纂修　清光緒十九年（1893）常州伯仲堂活字印本　十三冊　存十一卷（一至二、五至八、十至十四）

320000－1607－0003533　S200169
［宜興］義興洑溪徐氏家乘二十卷首一卷　（清）徐致靖纂修　清光緒三十三年（1907）世德堂活字印本　十一冊　存六卷（二至六、十）

320000－1607－0003534　S200170

[常州]屠氏毗陵支譜二十卷首一卷末一卷
屠寄纂修　清光緒三十年(1904)常州敬齋堂
活字印本　二十冊

320000－1607－0003535　S200171

[無錫]安定胡氏宗譜二十八卷　(清)胡西庚
等纂修　清同治十二年(1873)思貽堂活字印
本　二十七冊　存二十七卷(一至二十四、二
十六至二十八)

320000－1607－0003536　S200172

[常州]新安蔣氏宗譜二十六卷　(清)蔣裕德
纂修　清光緒二十三年(1897)常州三徑堂活
字印本　二十六冊　存二十五卷(一至四、六
至二十六)

320000－1607－0003537　S200173

[常州]毗陵湯氏分譜八卷　(清)湯天狗等纂
修　清光緒二十五年(1899)常州懷德堂活字
印本　八冊

320000－1607－0003538　S200174

[常州]西營劉氏家譜十二卷　(清)劉翊宸等
纂修　清光緒二年(1876)活字印本　八冊
存八卷(一至四、八至十一)

320000－1607－0003539　S200175

古逸叢書二十七種二百〇七卷　(清)黎庶昌
編　清光緒遵義黎氏日本東京使署刻本　六
十冊

320000－1607－0003540　S200178

續古文苑二十卷　(清)孫星衍輯　清嘉慶十
七年(1812)刻本　六冊

320000－1607－0003541　S200179

朱伯廬先生治家格言　(清)朱用純撰　清光
緒三十二年(1906)刻本　一冊

320000－1607－0003542　S200180

[常州]羅巷楊氏宗譜十六卷　(清)楊肇基修
　(清)楊肇登纂　清光緒二十年(1894)常州
敦本堂活字印本　一冊　存一卷(一)

320000－1607－0003543　S200181

[常州]雲山楊氏宗譜六卷　(清)楊喜寶等纂

修　清光緒三年(1877)常州四知堂活字印本
　二冊　存二卷(一、六)

320000－1607－0003544　S200182

[常州]毗陵金氏宗譜十卷　(清)金維俊等纂
修　清光緒二十年(1894)活字印本　六冊

320000－1607－0003545　S200183

[常州]蘭東朱氏宗譜八卷　(清)朱兆榮纂修
　清光緒十年(1884)常州宗正堂活字印本
八冊

320000－1607－0003546　S200184

[常州]毗陵鄒氏趙墅宗譜十六卷　(清)鄒松
南等主修　清光緒十一年(1885)常州顯忠堂
活字印本　十六冊

320000－1607－0003547　S200185

[常州]臨濠周氏宗譜十卷首一卷　(清)周虎
臣主修　清光緒三十二年(1906)活字印本
八冊　存八卷(一至四、六至七、九至十)

320000－1607－0003548　S200186

[常州]臨濠周氏宗譜十卷　(清)周昌言等纂
修　清光緒七年(1881)活字印本　十冊

320000－1607－0003549　S200187

[常州]延陵吳氏宗譜十八卷　(清)吳庚麟纂
修　清光緒二十九年(1903)常州詒安堂活字
印本　二十冊

320000－1607－0003550　S200188

四絃秋(青衫淚)一卷　(清)蔣士銓撰　清末
刻紅雪樓九種曲本　一冊

320000－1607－0003551　200189

[武進]琅邪費氏武進支譜十卷首一卷末一卷
　(清)費學曾等纂修　清光緒十一年(1885)
念本堂活字印本　六冊

320000－1607－0003552　3511

海藏樓詩十卷　鄭孝胥撰　清光緒二十八年
(1902)武昌精刻本　二冊

320000－1607－0003553　3529

吳梅村詩集箋注十八卷　(清)吳偉業撰
(清)吳翌鳳箋注　清嘉慶十九年(1814)嚴滄

浪吟榭刻本　十二冊

320000 - 1607 - 0003554　3541

玉谿生詩詳注三卷　(唐)李商隱撰　(清)馮
浩注　清嘉慶元年(1796)刻本　四冊

320000 - 1607 - 0003555　3545

紅豆樹館書畫記八卷　(清)陶樑輯　清光緒
八年(1882)刻本　十二冊

320000 - 1607 - 0003556　3562

過雲樓書畫記十卷　(清)顧文彬撰　清光緒
八年(1882)刻本　二冊

320000 - 1607 - 0003557　3564

樊南文集詳注八卷　(唐)李商隱撰　(清)馮
浩注　清嘉慶元年(1796)刻本　四冊

320000 - 1607 - 0003558　3568

小謨觴館全集二十五卷　(清)彭兆蓀撰
(清)孫元培注　清光緒二十七年(1901)東倉
書庫刻本　九冊　存十卷(詩集八卷、續二
卷)

320000 - 1607 - 0003559　3577

徐霞客遊記十二卷　(明)徐弘祖撰　清嘉慶
十三年(1808)刻本　八冊

320000 - 1607 - 0003560　3605

白香詞譜箋四卷　(清)舒夢蘭輯　(清)謝朝
徵箋　清光緒十一年(1885)刻本　四冊

320000 - 1607 - 0003561　3696

農書二十二卷　(元)王禎撰　清刻本　二冊

320000 - 1607 - 0003562　3706

說文解字注十五卷附六卷　(漢)許慎撰
(清)段玉裁注　清刻本　六冊

320000 - 1607 - 0003563　3712

桐陰論畫初編二卷二編二卷三編二卷　(清)
秦祖永撰　清同治三年(1864)刻本　四冊

320000 - 1607 - 0003564　3736

歷代畫史彙傳七十二卷附錄二卷　(清)彭蘊
璨輯　清宣統二年(1910)上海文瑞樓書局石
印本　十二冊

320000 - 1607 - 0003565　3764

柳河東詩集二卷　(唐)柳宗元撰　清宣統二
年(1910)石印本　二冊

320000 - 1607 - 0003566　3768

山中白雲詞八卷附一卷　(宋)張炎撰　清宣
統三年(1911)北京龍文閣書莊石印本　四冊

320000 - 1607 - 0003567　3772

畫禪室隨筆四卷　(明)董其昌撰　清宣統三
年(1911)掃葉山房石印本　三冊

320000 - 1607 - 0003568　3778

說文通檢十四卷　(清)黎永椿編　清光緒三
十四年(1908)上海江左書林刻本　四冊

320000 - 1607 - 0003569　3784

考工記要十七卷　(英國)瑪體生撰　(英國)
傅蘭雅　(清)鍾天緯譯　清光緒二十三年
(1897)小倉山房刻本　四冊

320000 - 1607 - 0003570　3788

佩文齋書畫譜一百卷　(清)孫岳頒等輯　清
光緒九年(1883)上海同文書局石印本　十
六冊

320000 - 1607 - 0003571　3819

山谷內集二十卷外集十七卷別集二卷附一卷
　(宋)黃庭堅撰　清光緒二十五年(1899)廣
雅書局刻本　十六冊

320000 - 1607 - 0003572　3853

通志二百卷　(宋)鄭樵撰　清咸豐九年
(1859)崇仁謝氏刻本　一百六十冊

320000 - 1607 - 0003573　4155

通典二百卷　(唐)杜佑撰　清咸豐九年
(1859)崇仁謝氏刻本　四十冊

320000 - 1607 - 0003574　4195

皇朝經世文編一百二十卷　(清)賀長齡輯
清道光七年(1827)刻本　九十六冊

320000 - 1607 - 0003575　4291

曾文正公全集　(清)曾國藩撰　清同治、光
緒傳忠書局刻本　一百三十四冊

320000 - 1607 - 0003576　4425

楊勇愨公奏議十五卷　（清）楊載福　（楊岳斌）撰　清光緒二十一年（1895）問竹軒刻本　十五冊

320000－1607－0003577　4440

史姓韻編六十四卷　（清）汪輝祖撰　清嘉慶刻本　二十二冊　存六十卷（五至六十四）

320000－1607－0003578　4577

崇文書局彙刻書三十三種二百七十二卷　（清）崇文書局編　清光緒元年（1875）湖北崇文書局刻本　五十冊　存十種九十九卷（周易姚氏學十六卷、周書十卷逸文一卷、水經注四十卷、今水經一卷表一卷、意林五卷補遺一卷、淮南天文訓補注二卷、人譜類記增訂六卷、楚辭集註八卷辯證二卷、離騷草木疏四卷、離騷箋二卷）

320000－1607－0003579　4627

海國圖志一百卷　（清）魏源撰　清咸豐二年（1852）古微堂刻本　二十四冊

320000－1607－0003580　4651

明史紀事本末八十卷　（清）谷應泰撰　清同治十三年（1874）江西書局刻本　二十冊

320000－1607－0003581　4672

歷仕錄一卷　（明）王之垣撰　清寤齋心賞編一卷　（明）王象晉撰　清康熙四十一年（1702）刻本　一冊

320000－1607－0003582　4674

韓非子二十卷　清光緒三年（1877）湖北崇文書局刻本　四冊

320000－1607－0003583　4678

尹文子不分卷　清嘉慶十七年（1812）刻本　一冊

320000－1607－0003584　4695

楚辭後語六卷　（宋）朱熹撰　清光緒刻本　一冊

320000－1607－0003585　4706

怡雲堂全集七卷　（清）沈保靖撰　清宣統元年（1909）刻本　六冊

320000－1607－0003586　4711

傷寒論註四卷　（清）柯琴撰　清刻本　四冊

320000－1607－0003587　4724

瓊州雜事詩一卷　（清）程秉釗撰　清光緒十四年（1888）刻本　一冊

320000－1607－0003588　4725

吳興記一卷　（南朝宋）山謙之撰　繆荃孫輯　清光緒十七年（1891）刻雲自在龕叢書本　一冊

320000－1607－0003589　4728

交食細草二卷首一卷　（清）張作楠撰　清光緒刻本　一冊

320000－1607－0003590　4729

摹印述一卷　（清）陳澧撰　清光緒湘鄉蔣氏龍安郡署刻本　一冊

320000－1607－0003591　4733

文選章句二十八卷　（明）陳與郊撰　清刻本　八冊

320000－1607－0003592　4744

海國圖志一百卷　（清）魏源撰　清光緒二年（1876）平慶涇固道署刻本　十冊

320000－1607－0003593　4754

海國圖志續集二十五卷首一卷　（清）鄧堅撰　清光緒二十一年（1895）上海書局石印本　五冊

320000－1607－0003594　4759

三角法舉要五卷　（清）梅文鼎撰　清刻本　十二冊

320000－1607－0003595　4795

經史百家雜鈔二十六卷　（清）曾國藩輯　清光緒二年（1876）傳忠書局刻本　二十三冊　存二十五卷（一至十三、十五至二十六）

320000－1607－0003596　4818

觀自得齋叢書三十種六十六卷　（清）徐士愷編　清光緒石埭徐氏觀自得齋刻本　二十冊　存四十九卷（一至八、二十至六十）

320000－1607－0003597　4839

大嶽太和山紀略八卷 （清）王槩等撰 清乾隆九年(1744)下荊南道署刻本 八冊

320000－1607－0003598　4847

文獻通考正續合編三十二卷首一卷 （清）盧宣旬編 清光緒十二年(1886)袁氏家塾刻本 七冊 存八卷(一至二、六至十,首一卷)

320000－1607－0003599　4854

天元勾股細草二卷 （清）劉鶚撰 清光緒刻本 一冊

320000－1607－0003600　4855

雪牀遺詩一卷 （清）釋德亮撰 清刻本 一冊

320000－1607－0003601　4856

宋元明詩三百首二卷 （清）朱梓 （清）冷昌言輯 清咸豐三年(1853)刻本 二冊

320000－1607－0003602　4858

職思居姑存草一卷 （清）吳蘭澤撰 清光緒二十五年(1899)鉛印本 一冊

320000－1607－0003603　4859

石鼓文定本十卷 （清）沈梧撰 清刻本 四冊

320000－1607－0003604　4865

温病條辨六卷首一卷 （清）吳瑭撰 清嘉慶四年(1799)刻本 六冊

320000－1607－0003605　4871

說嵩三十二卷例目一卷 （清）景日昣撰 清刻本 四冊

320000－1607－0003606　4875

國朝先正事略六十卷 （清）李元度撰 清刻本 十六冊

320000－1607－0003607　4891

李義山詩集三卷詩譜一卷 （唐）李商隱撰 （清）朱鶴齡箋注 （清）沈厚塽輯評 清同治九年(1870)廣州倅署刻本 四冊

320000－1607－0003608　4895

落帆樓文集二十四卷補遺一卷 （清）沈垚撰 清咸豐八年(1858)吳興劉氏嘉業堂刻吳興

叢書本 八冊

320000－1607－0003609　4903

鐵琴銅劍樓藏書目錄二十四卷 （清）瞿鏞撰 清光緒二十四年(1898)常熟刻本 十二冊

320000－1607－0003610　4915

韓非子二十卷識誤三卷 （清）顧廣圻撰 清光緒元年(1875)浙江書局刻二十二子本 六冊

320000－1607－0003611　4920

詞林韻釋一卷 （宋）□□撰 清嘉慶十五年(1810)刻本 一冊

320000－1607－0003612　4921

二酉堂叢書二十種二十六卷 （清）張澍輯 清道光元年(1821)武威張氏二酉堂刻本 十二冊

320000－1607－0003613　4933

苕溪漁隱叢話前集六十卷後集四十卷 （宋）胡仔撰 清乾隆刻本 十冊

320000－1607－0003614　4943

精選名儒草堂詩餘三卷 題(元)鳳林書院輯 清刻本 一冊

320000－1607－0003615　4944

欽定遼史語解十卷 清刻本 二冊

320000－1607－0003616　4946

欽定遼史語解十卷 清刻本 二冊

320000－1607－0003617　4948

三希堂法帖釋文十六卷 （清）梁詩正等編 清光緒二十三年(1897)上海鴻寶齋石印本 六冊

320000－1607－0003618　4958

曾文正公批牘六卷 （清）曾國藩撰 清光緒二年(1876)傳忠書局刻本 六冊

320000－1607－0003619　5018

楚辭十七卷 （漢）王逸章句 （宋）洪興祖補注 清光緒刻本 四冊

320000－1607－0003620　5022

思無邪齋文存六卷　（清）宮爾鐸撰　清光緒
十四年（1888）刻本　二冊

320000－1607－0003621　5025

霍勉齋集二十二卷　（明）霍與瑕撰　清光緒
二年（1876）刻本　十冊

320000－1607－0003622　5035

雲自在龕叢書五集三十五種一百十九卷　繆
荃孫編　清光緒繆荃孫刻本　六冊　存七種
十八卷(吳興山墟名一卷、吳興記一卷、元和
郡縣志闕卷逸文三卷、東湖叢記卷四至六、苔
石效顰集一卷附一卷、萬善花室文稿六卷續
集一卷、齊雲山人文集一卷)

320000－1607－0003623　5041

日本明治法制史不分卷三編　（日本）清浦奎
吾撰　商務印書館譯　清光緒二十九年
（1903）上海商務印書館鉛印本　一冊

320000－1607－0003624　5042

日本明治法制史不分卷三編　（日本）清浦奎
吾撰　商務印書館譯　清光緒二十九年
（1903）上海商務印書館鉛印本　一冊

320000－1607－0003625　5043

增補貢舉考略四卷　（清）黃榮蘭撰　（清）趙
學曾續撰　清光緒五年（1879）刻本　四冊

320000－1607－0003626　5047

內閣漢票簽中書舍人題名一卷續編一卷
（清）徐士篤輯　清光緒十六年（1890）刻本
二冊

320000－1607－0003627　5053

趙注孫子三卷　（明）趙本學注　清亦西齋刻
本　一冊

320000－1607－0003628　5054

紀元編三卷末一卷　（清）李兆洛撰　清同治
十年（1871）合肥李氏刻本　二冊

320000－1607－0003629　5056

歷代帝王年表十四卷　（清）齊召南　（清）阮
福撰　清道光四年（1824）刻本　四冊

320000－1607－0003630　5060

國朝館選錄不分卷　（清）沈廷芳輯　清光緒
刻本　二冊

320000－1607－0003631　5062

周書五十卷　（唐）令狐德棻等撰　清光緒三
十三年（1907）上海圖書集成印書局鉛印欽定
二十四史本　四冊

320000－1607－0003632　5066

歐洲十九世紀史不分卷　（美國）軒利普格質
頓撰　（清）麥鼎華譯　清光緒二十八年
（1902）廣智書局鉛印本　一冊

320000－1607－0003633　5069

公民必讀初編不分卷　（清）孟昭常撰　清光
緒三十三年（1907）中新書局鉛印本　一冊

320000－1607－0003634　5071

諮議局章程不分卷　（清）孟森編　清光緒三
十四年（1908）中新書局鉛印本　一冊

320000－1607－0003635　5073

支那文明史論不分卷　（日本）中西牛郎撰
（清）普通學書室編譯　清光緒二十七年
（1901）鉛印本　一冊

320000－1607－0003636　5074

舊五代史一百五十卷目錄二卷　（宋）薛居正
等撰　清光緒三十三年（1907）集成圖書局石
印本　十二冊

320000－1607－0003637　5088

春秋朔閏至日考三卷　（清）王韜撰　清光緒
十五年（1889）刻本　三冊

320000－1607－0003638　5092

作戰命令文範不分卷　（清）北洋陸軍編譯局
輯　清光緒三十四年（1908）北洋陸軍編譯局
鉛印本　一冊

320000－1607－0003639　5093

三國紀年表一卷五代紀年表一卷　（清）周嘉
猷撰　清光緒六年（1880）刻本　一冊

320000－1607－0003640　5094

金軺籌筆四卷附和約二卷陸路通商章程一卷
鄂商前往中國貿易過界卡倫單一卷　（清）

161

□□輯　清同治、光緒刻挹秀山房叢書本
六冊

320000－1607－0003641　5104
綱鑑總論讀本不分卷　（清）周道卿撰　清光
緒二十七年（1901）上海同文書局石印本
一冊

320000－1607－0003642　5105
綱鑑總論讀本不分卷　（清）周道卿撰　清光
緒十年（1884）石印本　一冊

320000－1607－0003643　5109
江漢炳靈集二卷　（清）張之洞輯　清同治九
年（1870）刻本　五冊

320000－1607－0003644　5115
曾文正公奏疏二卷文鈔四卷　（清）曾國藩撰
清同治十二年（1873）金陵書局刻本　四冊

320000－1607－0003645　5119
小蝸廬詩鈔二卷　（清）吳其泰撰　清同治十
二年（1873）刻本　二冊

320000－1607－0003646　5121
小蝸廬文存二卷　（清）吳其泰撰　清同治十
二年（1873）刻本　二冊

320000－1607－0003647　5130
墨妙亭碑目考四卷附一卷　（清）張鑑撰　清
光緒十年（1884）江蘇書局刻本　二冊

320000－1607－0003648　5146
東洋史要二卷　（日本）桑原騭藏撰　樊炳清
譯　清光緒二十五年（1899）東文學社石印本
四冊

320000－1607－0003649　5150
古文辭類纂十五卷　（清）姚鼐輯　清光緒二
十年（1894）上海圖書集成印書局鉛印本
五冊

320000－1607－0003650　5155
續古文辭類纂十卷　王先謙輯　清光緒二十
年（1894）上海圖書集成書局鉛印本　五冊

320000－1607－0003651　5158
國朝駢體正宗十二卷　（清）曾燠輯　清光緒

十三年（1887）上海蜚英館石印本　六冊

320000－1607－0003652　5170
衛公兵法三卷　（唐）李靖撰　（清）汪宗沂輯
舊唐李靖傳考證一卷　（清）汪宗沂撰　清
光緒二十一年（1895）漸西村舍刻本　一冊

320000－1607－0003653　5171
林文忠公政書七種三十七卷　（清）林則徐撰
清光緒十一年（1885）刻本　十五冊

320000－1607－0003654　5187
遼史一百十六卷　（元）脫脫等撰　清光緒三
十四年（1908）上海集成圖書局鉛印二十四史
本　八冊

320000－1607－0003655　5195
各國約章纂要六卷附一卷　勞乃宣輯　清光
緒十一年（1885）石印本　三冊　存六卷（二
至六、附一卷）

320000－1607－0003656　5198
吳淵穎先生集十二卷　（元）吳萊撰　（清）王
邦采　（清）王繩曾箋　清刻本　四冊

320000－1607－0003657　5203
二申野錄八卷　（清）孫之騄輯　清刻本　三
冊　存六卷（三至八）

320000－1607－0003658　5206
羣書札記十六卷　（清）朱亦棟輯　清光緒四
年（1878）武林竹簡齋刻本　一冊　存二卷
（一至二）

320000－1607－0003659　5207
周易姚氏學六卷　（清）姚配中撰　清光緒三
年（1877）湖北崇文書局刻本　二冊

320000－1607－0003660　5209
皇朝文獻通考三百卷　（清）嵇璜等撰　清光
緒二十七年（1901）上海圖書集成局鉛印九通
本　四冊

320000－1607－0003661　5233
欽定續通典一百五十卷　（清）嵇璜等撰　清
光緒二十八年（1902）上海鴻寶書局石印九通
本　八冊

320000 – 1607 – 0003662　5246

歷代史論六種二十四卷　（明）張溥　（清）高士奇等撰　清光緒二十四年（1898）掃葉山房石印本　七冊

320000 – 1607 – 0003663　5253

通志二十略五十二卷　（宋）鄭樵撰　清浙江書局石印本　八冊

320000 – 1607 – 0003664　5261

瀛環志略十卷　（清）徐繼畬撰　清光緒二十四年（1898）鉛印本　四冊

320000 – 1607 – 0003665　5267

美利堅合衆國地理兵要四卷　（清）顧厚焜撰　清光緒十五年（1889）上海仁記石印本　二冊

320000 – 1607 – 0003666　5269

庚申外史二卷　（明）權衡撰　清刻本　一冊　存一卷（下）

320000 – 1607 – 0003667　5270

西域見聞錄八卷首一卷　（清）七十一撰　清刻本　四冊

320000 – 1607 – 0003668　5274

歷代名臣言行錄二十四卷　（清）朱桓輯　清光緒石印本　八冊

320000 – 1607 – 0003669　5282

新譯庚子中外戰記二卷　（法國）佛甫愛加來　（法國）施米儂撰　（清）劉翹翰　（清）程瞻洛譯　清光緒二十八年（1902）著易堂鉛印本　二冊

320000 – 1607 – 0003670　5296

近世社會主義不分卷　（日本）福井准造撰　趙必振譯　清光緒二十八年（1902）廣智書局鉛印本　二冊

320000 – 1607 – 0003671　5298

雲樵詩箋四卷　（清）吳芳培撰　（清）戴昶（清）邵鈞注　清刻本　一冊

320000 – 1607 – 0003672　5299

宋書一百卷　（南朝梁）沈約撰　清光緒三十

三年（1907）上海集成圖書局鉛印本　二冊

320000 – 1607 – 0003673　5311

二思堂叢書六種　（清）梁章鉅撰　清光緒元年（1875）福州梁氏刻本　四冊　存二種九卷（退庵自訂年譜一卷、退庵隨筆一至八）

320000 – 1607 – 0003674　5315

柏堂集次編十三卷續編二十二卷後編二十二卷　（清）方宗誠撰　清光緒六年（1880）刻本　十四冊

320000 – 1607 – 0003675　5328

二思堂叢書六種　（清）梁章鉅撰　清光緒元年（1875）福州梁氏刻本　十六冊

320000 – 1607 – 0003676　5447

籌洋芻議十四卷　（清）薛福成撰　清光緒十年（1884）刻本　一冊

320000 – 1607 – 0003677　5448

昭忠錄五卷　（明）周璟輯　清光緒刻本　一冊

320000 – 1607 – 0003678　5449

隨園圖五卷　（清）袁起繪　清同治七年（1868）刻本　一冊

320000 – 1607 – 0003679　5458

官幕同舟錄二卷　（清）費山壽撰　清同治六年（1867）三省書屋刻本　四冊

320000 – 1607 – 0003680　5478

弇山畢〔沅〕公年譜一卷　（清）史善長撰　清刻本　一冊

320000 – 1607 – 0003681　5479

鼎甫府君〔沈維鐈〕年譜一卷　（清）沈宗涵（清）沈宗濟撰　清道光二十九年（1849）刻本　一冊

320000 – 1607 – 0003682　5480

寄鷗存稿一卷沅蘭詞一卷　（清）任道鎔撰　清光緒十三年（1887）刻本　一冊

320000 – 1607 – 0003683　5483

格言聯璧一卷　（清）金纓輯　清光緒三十三年（1907）刻本　一冊

320000－1607－0003684　5484

**格言聯璧一卷**　（清）金纓輯　清光緒三十三年（1907）刻本　一冊

320000－1607－0003685　5485

**教育叢書初集不分卷**　（清）教育世界社編譯　清光緒二十七年（1901）刻本　十冊

320000－1607－0003686　5502

**貸園叢書初集十二種四十八卷**　（清）周永年編　清刻乾隆五十四年（1789）歷城周氏竹西書屋彙印本　八冊

320000－1607－0003687　5510

**西藝知新二十三卷**　（英國）諾格德撰　（英國）傅蘭雅譯　（清）徐壽筆述　清刻本　十五冊

320000－1607－0003688　5525

**津門古文所見錄四卷**　（清）郭師泰輯　清光緒十八年（1892）刻本　四冊

320000－1607－0003689　5529

**教育叢書二集不分卷**　（清）教育世界社編譯　清光緒二十七年（1901）刻本　十冊

320000－1607－0003690　5539

**教育叢書三集不分卷**　（清）教育世界社編譯　清光緒二十七年（1901）鉛印本　十冊

320000－1607－0003691　5549

**杜詩注釋二十四卷**　（清）許寶善撰　清光緒三年（1877）吳縣朱氏刻本　十二冊

320000－1607－0003692　5561

**雲海樓詩稿四卷**　（清）王治模撰　清光緒元年（1875）長沙荷池書局刻本　二冊

320000－1607－0003693　5573

**漢劉子駿集一卷**　（漢）劉歆撰　清光緒十八年（1892）刻漢魏六朝百三名家集本　一冊

320000－1607－0003694　5574

**班蘭臺集一卷**　（漢）班固撰　清光緒十八年（1892）刻本　一冊

320000－1607－0003695　5575

**郭弘農集二卷**　（晉）郭璞撰　清光緒十八年

（1892）刻本　一冊

320000－1607－0003696　5576

**陶彭澤集一卷**　（晉）陶潛撰　清光緒十八年（1892）刻本　一冊

320000－1607－0003697　5577

**禮記纂言三十六卷**　（元）吳澄撰　清刻本　七冊　存二十三卷（十四至三十六）

320000－1607－0003698　5584

**四家賦鈔注釋四卷**　（清）景其睿輯　清光緒二十二年（1896）思賢書局刻本　四冊

320000－1607－0003699　5593

**孱守齋所編年譜五種五卷**　（清）錢大昕編　清嘉慶十二年（1807）刻本　一冊

320000－1607－0003700　5597

**文廟丁祭譜不分卷**　清同治七年（1868）江蘇書局刻本　一冊

320000－1607－0003701　5598

**制服成誦編三卷**　（清）周保珪撰　清光緒十八年（1892）山東書局刻本　一冊

320000－1607－0003702　5600

**大清律例歌括一卷**　（清）□□撰　清光緒二十九年（1903）浙江官書局刻本　一冊

320000－1607－0003703　5604

**淮揚治水論一卷**　（清）馮道立撰　清光緒二十六年（1900）刻本　一冊

320000－1607－0003704　5605

**遊志續編二卷**　（元）陶宗儀輯　清光緒十二年（1886）新陽趙氏刻本　一冊

320000－1607－0003705　5606

**西美戰史二卷**　（法國）勃利德撰　（清）李景鎬譯　清光緒三十年（1904）鉛印本　二冊

320000－1607－0003706　5608

**節本泰西新史攬要八卷**　（英國）馬懇西撰　（英國）李提摩太譯　（清）周慶雲節錄　清光緒二十七年（1901）夢坡室刻本　二冊

320000－1607－0003707　5610

歐洲最近政治史不分卷十六章　（日本）森山守次撰　上海商務印書館譯　清光緒二十九年(1903)上海商務印書館鉛印本　一冊

320000－1607－0003708　5611

日爾曼史不分卷　（英國）沙安撰　商務印書館譯　清光緒二十九年(1903)上海商務印書館鉛印本　一冊

320000－1607－0003709　5612

泰西民族文明史不分卷　（法國）賽奴巴撰　（日本）野澤武之助譯　（清）沈是中　（清）俞子彝重譯　清光緒二十九年(1903)上海商務印書館鉛印本　一冊

320000－1607－0003710　5613

列國政要類考三卷　（清）吳敔編譯　清光緒二十八年(1902)寧波文明學社石印本　三冊

320000－1607－0003711　5619

荆州記三卷　（南朝宋）盛宏之撰　（清）曹元忠輯　清光緒十九年(1893)刻箋經室叢書本　一冊

320000－1607－0003712　5620

漸學廬叢書第一集十五種四十四卷　（清）胡祥鑅編　清光緒二十三年(1897)石印本　二冊　存七種七卷(塞北紀行一卷、西北域記一卷、甯古塔紀略一卷、西遊記金山以東釋一卷、帕米爾圖說一卷、帕米爾輯略一卷、澳大利亞洲志譯本一卷)

320000－1607－0003713　5626

俄屬游記二卷　（英國）蘭士德撰　（清）莫鎮藩譯　清光緒二十年(1894)上海時務報館石印本　二冊

320000－1607－0003714　5628

泰山道里記一卷　（清）聶鈫撰　清光緒四年(1878)刻本　一冊

320000－1607－0003715　5629

希臘史二卷　（日本）桑原啓一撰　（清）中國國民叢書社譯　清光緒二十九年(1903)商務印書館鉛印本　一冊

320000－1607－0003716　5630

局外中立國法則不分卷二編十七章　（清）吳振麟撰　清光緒三十年(1904)戰時國際法調查局鉛印本　二冊

320000－1607－0003717　5632

日本監獄法不分卷二編二十章　（日本）佐藤信安撰　（清）中國國民叢書社譯　清光緒二十九年(1903)上海商務印書館鉛印本　一冊

320000－1607－0003718　5633

土耳機史不分卷　（日本）北村三郎撰　趙必振譯　清光緒二十八年(1902)上海廣智書局鉛印本　一冊

320000－1607－0003719　5634

辛丑各國合約一卷　（清）外務部輯　清光緒二十八年(1902)石印本　一冊

320000－1607－0003720　5635

出使日記續刻十卷　（清）薛福成撰　清光緒二十四年(1898)石印本　十冊

320000－1607－0003721　5647

日本帝國憲法義解不分卷　（日本）伊藤博文撰　（清）牛仲君譯　清光緒三十一年(1905)上海商務印書館鉛印本　一冊

320000－1607－0003722　5648

封神榜傳不分卷一百回　（明）許仲琳撰　清光緒二十九年(1903)刻本　二冊　存五回(五十七至六十一)

320000－1607－0003723　5651

地方自治財政論不分卷五編　（日本）石塚剛毅撰　題(清)友古齋主譯　清光緒二十九年(1903)上海商務印書館鉛印本　一冊

320000－1607－0003724　5654

圖民錄四卷　（清）袁守定撰　清同治十一年(1872)江西書局刻本　二冊

320000－1607－0003725　5656

竹懶畫滕一卷續一卷　（明）李日華撰　清光緒八年(1882)刻本　二冊

320000－1607－0003726　5662

愈愚錄六卷　（清）劉寶楠撰　清光緒十五年(1889)廣雅書局刻本　二冊

320000－1607－0003727　5666

至聖譜考一卷　（清）徐慎安輯　清光緒三年(1877)活字印本　一冊

320000－1607－0003728　5669

列仙酒牌一卷　（清）任熊繪　（清）王齡輯　清光緒十二年(1886)上海同文書局石印本　一冊

320000－1607－0003729　5670

周氏集驗方八種　（清）馬範九輯　清宣統二年(1910)石印本　一冊

320000－1607－0003730　5671

溫病條辨六卷首一卷　（清）吳瑭撰　清光緒十九年(1893)上海圖書集成印書局鉛印本　四冊

320000－1607－0003731　5675

義大利興國俠士傳不分卷　梁啟超譯　清光緒二十四年(1898)大同譯書局石印本　一冊

320000－1607－0003732　5676

臨證指南醫案十卷　（清）葉桂撰　清光緒十八年(1892)上海集成印書局鉛印本　十冊

320000－1607－0003733　5686

唐書二百七十五卷　（宋）歐陽修　（宋）宋祁撰　清光緒三十四年(1908)上海集成圖書局鉛印二十四史本　十冊　存二百卷(一至二百)

320000－1607－0003734　5716

經濟通論五卷　（日本）六三郎撰　清光緒二十九年(1903)商務印書館鉛印本　一冊

320000－1607－0003735　5717

史記探源八卷　（清）崔適撰　清宣統二年(1910)鉛印本　二冊

320000－1607－0003736　5723

孟子編年四卷　（清）狄子奇撰　清光緒十三年(1887)浙江書局刻本　一冊

320000－1607－0003737　5724

孟子編年四卷　（清）狄子奇撰　清光緒十三年(1887)浙江書局刻本　一冊

320000－1607－0003738　5725

顧亭林先生年譜一卷　（清）吳映奎撰　清道光二十四年(1844)刻本　一冊

320000－1607－0003739　5727

余孝惠[治]年譜一卷　（清）吳師澄撰　清光緒元年(1875)刻本　一冊

320000－1607－0003740　5728

國史文苑傳二卷　（清）谷應泰撰　（清）國史館編　清刻本　一冊

320000－1607－0003741　5729

從政遺規二卷補一卷　（清）陳弘謀撰　清同治七年(1868)湖北崇文書局刻本　二冊

320000－1607－0003742　5732

山陰姚貞女詩傳冊不分卷　（清）朱錫穀等撰　清道光二十一年(1841)刻本　一冊

320000－1607－0003743　5733

俄屬游記二卷　（英國）蘭士德撰　（清）莫鎮藩譯　清光緒二十年(1894)上海時務報館石印本　二冊

320000－1607－0003744　5741

韓文百篇編年三卷　（唐）韓愈撰　（清）劉成忠選評　清光緒二十六年(1900)食舊堂石印本　二冊　存二卷(一至二)

320000－1607－0003745　5743

適可齋記言四卷　（清）馬建忠撰　清光緒二十二年(1896)刻本　二冊

320000－1607－0003746　5747

通義堂集二卷　（清）劉毓崧撰　清光緒十六年(1890)長沙思賢講舍刻本　一冊

320000－1607－0003747　5748

板橋詩鈔一卷　（清）鄭燮撰　清刻本　一冊

320000－1607－0003748　5749

板橋集六卷　（清）鄭燮撰　清刻本　四冊

320000－1607－0003749　5755

國朝貢舉考略四卷 （清）黃崇蘭撰 清光緒八年（1882）刻本 二冊

320000－1607－0003750 5758

陸氏經典異文輯六卷 （清）沈淑撰 清刻本 六冊

320000－1607－0003751 5764

洗冤錄四卷 （宋）宋慈撰 清道光二十三年（1843）刻本 四冊

320000－1607－0003752 5768

普奧戰史不分卷七編附錄一編 （日本）羽化生撰 趙天驥譯 清光緒二十八年（1902）上海商務印書館鉛印本 一冊

320000－1607－0003753 5783

南雅堂醫書全集十六種九十一卷 （清）陳念祖撰 清光緒三十二年（1906）吳閶醫學書會鉛印本 二冊

320000－1607－0003754 5814

靈樞素問集注十二卷 （清）陳念祖集注 清光緒十八年（1892）上海圖書集成印書局鉛印本 二冊

320000－1607－0003755 5816

陳修園醫書二十一種 （清）陳念祖撰 清光緒十八年（1892）上海圖書集成印書局鉛印本 六冊

320000－1607－0003756 5824

毛詩古音考四卷屈宋古音義一卷 （明）陳第撰 清同治刻本 四冊

320000－1607－0003757 5828

吳梅村先生年譜四卷 （清）顧師軾撰 清刻本 一冊

320000－1607－0003758 5832

春閨雜詠一卷附一卷 （清）袁昶撰 清光緒十八年（1892）刻本 一冊

320000－1607－0003759 5834

流香一覽一卷 （清）釋明開撰 清光緒四年（1878）刻本 一冊

320000－1607－0003760 5837

嚼梅吟二卷 （清）釋寄禪撰 清光緒刻本 一冊

320000－1607－0003761 5840

篁韻盦詩鈔六卷 （清）顧森書撰 清光緒三十二年（1906）刻本 一冊 存三卷（四至六）

320000－1607－0003762 5841

綺雲樓雜著四卷 （清）寶士鏞等撰 清宣統元年（1909）鉛印本 一冊

320000－1607－0003763 5848

度量衡新議一卷 （清）葉在陽撰 清光緒三十一年（1905）石印本 一冊

320000－1607－0003764 5854

文廟丁祭譜四卷 （清）藍鐘瑞等編 清刻本 一冊

320000－1607－0003765 5855

法蘭西史五卷 商務印書館編譯 清光緒二十九年（1903）上海商務印書館鉛印本 一冊

320000－1607－0003766 5856

讀史方輿紀要十卷 （清）顧祖禹撰 讀方輿紀要摘錄一卷 （清）朱棠撰 清光緒十五年（1889）長沙傳忠書局刻本 十二冊

320000－1607－0003767 5868

讀史方輿紀要四卷 （清）顧祖禹撰 清光緒敷文閣刻本 四冊

320000－1607－0003768 5872

今水經一卷表一卷 （清）黃宗羲撰 清光緒三年（1877）湖北崇文書局刻本 一冊

320000－1607－0003769 5876

續補漢書藝文志一卷 （清）錢大昭撰 清光緒十三年（1887）廣雅書局刻本 一冊

320000－1607－0003770 5877

隨輶筆記四卷 吳宗濂撰 清光緒二十四年（1898）石印本 一冊 存一卷（一）

320000－1607－0003771 5878

印度遊探記第一帙不分卷 （清）丁日昌編 清光緒二十五年（1899）著易堂鉛印本 四冊

320000－1607－0003772　5882

**東遊考察學校記六卷**　（清）關賡麟撰　清光緒二十九年(1903)漢石樓鉛印本　一冊

320000－1607－0003773　5883

**菲律賓志士獨立傳不分卷**　（日本）崇昭本西撰　清光緒二十八年(1902)鉛印本　一冊

320000－1607－0003774　5888

**四裔編年表四卷**　（美國）林樂知　（清）嚴良勳譯　（清）李鳳苞彙編　清光緒二十三年(1897)石印本　四冊

320000－1607－0003775　5892

**皇朝經世文博議一卷**　（清）任源祥撰　清刻本　一冊

320000－1607－0003776　5894

**彭剛直公奏稿八卷**　（清）彭玉麟撰　清光緒十七年(1891)刻本　四冊

320000－1607－0003777　5898

**彭剛直公奏稿八卷**　（清）彭玉麟撰　清光緒十七年(1891)刻本　四冊

320000－1607－0003778　5902

**校邠廬抗議二卷**　（清）馮桂芬撰　清光緒二十四年(1898)北洋石印官書局石印本　一冊

320000－1607－0003779　5903

**檀香山采風記八卷**　元章譯　梁聯芳編　清光緒二十九年(1903)鉛印本　二冊

320000－1607－0003780　5905

**普奧戰史不分卷七編附錄一編**　（日本）羽化生撰　趙天驥譯　清光緒二十八年(1902)上海商務印書館鉛印本　一冊

320000－1607－0003781　5906

**泰西十八周史攬要十八卷**　（英國）雅各偉德撰　（英國）季理斐成章譯　（清）李鼎星述稿　清光緒二十八年(1902)上海商務印書館鉛印本　六冊

320000－1607－0003782　5912

**印度史攬要三卷**　（英國）寶星亨德偉良撰　（清）任廷旭譯　清光緒二十七年(1901)上海廣學會鉛印本　二冊

320000－1607－0003783　5919

**社會黨前後編二卷**　（日本）西川光次郎撰　（清）周子高譯　清光緒二十八年(1902)上海廣智書局鉛印本　一冊

320000－1607－0003784　5920

**斐洲遊記四卷**　（英國）施登萊撰　（清）虛白齋主譯　清光緒二十六年(1900)上海中西書室鉛印本　二冊

320000－1607－0003785　5922

**最近揚子江之大勢一卷**　（日本）國府犀東撰　趙必振譯　清光緒二十八年(1902)上海廣智書局鉛印本　一冊

320000－1607－0003786　5923

**東遊叢錄五卷**　章宗祥口譯　清光緒二十八年(1902)鉛印本　四冊

320000－1607－0003787　5927

**英法義比志譯略四卷**　吳宗濂等譯　（清）趙元益等述　清光緒二十五年(1899)上海石印本　二冊

320000－1607－0003788　5929

**英法義比志譯略四卷**　吳宗濂等譯　（清）趙元益等述　清光緒二十五年(1899)上海石印本　二冊

320000－1607－0003789　5931

**英法義比志譯略四卷**　吳宗濂等譯　（清）趙元益等述　清光緒二十五年(1899)上海石印本　二冊

320000－1607－0003790　5933

**西洋歷史教科書二卷**　（清）出洋學生編譯所譯述　清光緒二十八年(1902)上海商務印書館鉛印本　二冊

320000－1607－0003791　5935

**毛詩品物圖攷七卷**　（日本）岡元鳳撰　清光緒十二年(1886)上海積山書局石印本　二冊

320000－1607－0003792　5939

**楚騷綺語六卷**　（明）張之象輯　清光緒六年

(1880)八杉齋刻本　四冊

320000－1607－0003793　5943

翰海十二卷　（明）沈佳胤輯　清光緒二年
(1876)上海申報館鉛印本　八冊

320000－1607－0003794　5951

梅香館尺牘四卷　（清）駱燦撰　清光緒十年
(1884)上海申報館鉛印本　四冊

320000－1607－0003795　5955

留茹盦尺牘叢殘四卷　（清）嚴籜撰　清咸豐
六年(1856)刻本　四冊

320000－1607－0003796　5986

詩韻合璧五卷　（清）湯文潞輯　清咸豐九年
(1859)刻本　五冊

320000－1607－0003797　5991

兩漢策要十二卷　（宋）陶叔獻輯　清光緒十
三年(1887)上海同文書局石印本　六冊

320000－1607－0003798　5997

明史論四卷　（清）谷應泰撰　清光緒刻本
一冊

320000－1607－0003799　5998

宋史論三卷　（明）張溥撰　清光緒刻本
二冊

320000－1607－0003800　6000

綱鑑擇語十卷　（清）司徒修輯　清光緒八年
(1882)本立堂刻本　六冊　存八卷(一至五、
八至十)

320000－1607－0003801　6006

嘉定長白二先生奏議四卷附年譜一卷　（清）
夏震武輯　清宣統二年(1910)京邸鉛印本
二冊

320000－1607－0003802　6009

校邠盧抗議二卷　（清）馮桂芬撰　清光緒二
十三年(1897)刻本　一冊　存一卷(一)

320000－1607－0003803　6020

四照堂詩文集十六卷　（清）譚溥撰　清咸豐
八年(1858)武昌刻本　四冊

320000－1607－0003804　6024

韓昌黎詩集編年箋注十二卷　（唐）韓愈撰
（清）方世舉箋注　清乾隆二十三年(1758)雅
雨堂刻本　六冊

320000－1607－0003805　6030

洪度集一卷　（唐）薛濤撰　清光緒三十二年
(1906)刻本　一冊

320000－1607－0003806　6031

洪度集一卷　（唐）薛濤撰　清光緒三十二年
(1906)刻本　一冊

320000－1607－0003807　6032

瀛環志略十卷　（清）徐繼畬撰　清光緒二十
年(1894)上海鴻寶齋石印本　三冊　存二卷
(一至二)

320000－1607－0003808　6035

西域水道記五卷　（清）徐松撰　清光緒十九
年(1893)上海寶善書局石印本　五冊

320000－1607－0003809　6040

漢書西域傳補注二卷　（清）徐松撰　清光
緒十九年(1893)上海寶善書局石印本
二冊

320000－1607－0003810　6042

萬國史記二十卷　（日本）岡本監輔撰　清光
緒二十三年(1897)上海申報館鉛印本　八冊
存十六卷(一至二、五至十八)

320000－1607－0003811　6050

西國近事彙編三十六卷　（美國）金楷理口譯
（清）蔡錫齡等筆述　清光緒二十三年
(1897)慎記書莊石印本　十二冊

320000－1607－0003812　6063

泰西各國名人言行錄十六卷　（清）張兆蓉輯
清光緒二十九年(1903)石印本　四冊　存
十卷(一至二、九至十六)

320000－1607－0003813　6067

史事論戊編十卷　（清）雷瑨輯　清光緒三十
一年(1905)硯耕山莊石印本　四冊

320000－1607－0003814　6071

鳳求鳳傳奇二卷　（清）李漁撰　清經本堂刻本　二冊

320000－1607－0003815　6073

殘唐五代傳八卷　（明）羅貫中輯　清刻本一冊　存二卷（三至四）

320000－1607－0003816　6086

封神演義八卷一百回　（明）許仲琳撰　清光緒二十九年（1903）澄衷學校石印本　六冊

320000－1607－0003817　6094

論學舉隅二卷　（清）兩部鼓吹軒輯　清光緒二十六年（1900）上海石印本　二冊

320000－1607－0003818　6096

策學舉隅二卷　（清）兩部鼓吹軒輯　清光緒二十六年（1900）上海石印本　二冊

320000－1607－0003819　6098

西域水道記五卷　（清）徐松撰　清光緒十九年（1893）上海寶善書局石印本　四冊

320000－1607－0003820　6102

積古齋鐘鼎彝器款識十卷　（清）阮元　（清）朱爲弼撰　清光緒二十三年（1897）上海醉六堂石印本　五冊

320000－1607－0003821　6111

中國財政紀略一卷　（日本）東邦協會輯（清）吳銘譯　清光緒二十九年（1903）上海廣智書局鉛印本　一冊

320000－1607－0003822　6112

財政四綱不分卷　（清）錢恂撰　清光緒二十七年（1901）鉛印本　四冊

320000－1607－0003823　6116

財政四綱不分卷　（清）錢恂撰　清光緒二十七年（1901）鉛印本　四冊

320000－1607－0003824　6120

欽定滿洲源流考二十卷　（清）阿桂　（清）于敏中等撰　清光緒十九年（1893）杭州便益書局石印本　四冊

320000－1607－0003825　6124

萬國史記二十卷　（日本）岡本監輔撰　清光緒二十三年（1897）上海六先書局鉛印本六冊

320000－1607－0003826　6130

古泉匯六十四卷　（清）李佐賢輯　清咸豐九年（1859）刻本　九冊

320000－1607－0003827　6152

詒燀集五卷附一卷　（清）許振禕輯　清光緒二十三年（1897）廣州節署刻本　二冊

320000－1607－0003828　6154

積古齋鐘鼎彝器款識十卷　（清）阮元　（清）朱爲弼撰　清光緒五年（1879）刻本　五冊存九卷（二至十）

320000－1607－0003829　6168

對聯集雅四卷　（清）華文彬輯　清嘉慶二十二年（1817）刻本　一冊

320000－1607－0003830　6178

鐵琴銅劍樓藏書目錄二十四卷　（清）瞿鏞撰清光緒二十三年（1897）誦芬室刻誦芬室叢刻本　九冊

320000－1607－0003831　6192

槐卿政跡六卷　（清）沈衍慶撰　清同治元年（1862）刻本　二冊　存四卷（一至二、五至六）

320000－1607－0003832　6194

槐卿政跡六卷　（清）沈衍慶撰　清同治元年（1862）刻本　三冊

320000－1607－0003833　6197

槐卿遺稿六卷附一卷　（清）沈衍慶撰　清同治元年（1862）刻本　三冊

320000－1607－0003834　6200

槐卿遺稿六卷附一卷　（清）沈衍慶撰　清同治元年（1862）刻本　三冊

320000－1607－0003835　6203

王解元遺稿九卷　（清）王嘉賓撰　清末民國初活字印本　二冊

320000－1607－0003836　6207

梅苑十卷　（宋）黃大輿輯　清光緒十二年（1886）刻本　二冊

320000－1607－0003837　6209

達廬詩錄四卷　（清）馮善徵撰　清光緒三十年（1904）刻本　一冊

320000－1607－0003838　6214

雲臥山莊別集五卷　（清）郭崑燾撰　清光緒十年（1884）湘陰郭氏岵瞻堂刻本　一冊

320000－1607－0003839　6216

萬國地志三卷　（日本）矢津昌永撰　樊炳清譯　清光緒石印本　三冊

320000－1607－0003840　6219

杏園詩鈔二卷　（清）江雋撰　清嘉慶八年（1803）漱芳書屋刻本　二冊

320000－1607－0003841　6225

沈隱侯集十六卷附錄一卷　（南朝梁）沈約撰　清光緒刻本　二冊

320000－1607－0003842　6229

來雲閣詩稿六卷　（清）金和撰　清光緒十八年（1892）刻本　二冊

320000－1607－0003843　6235

復堂類集十五卷　（清）譚獻撰　清光緒十一年（1885）刻本　四冊

320000－1607－0003844　6241

定盦文集十七卷附一卷　（清）龔自珍撰　清光緒三十四年（1908）成都官書局石印本　六冊

320000－1607－0003845　6248

鳴原堂論文二卷　（清）曾國藩輯　清同治十二年（1873）勵志齋刻本　一冊

320000－1607－0003846　6249

鳴原堂論文二卷　（清）曾國藩輯　清同治十二年（1873）勵志齋刻本　一冊

320000－1607－0003847　6251

科學叢書第一集八種十一卷　樊炳清等輯譯　清光緒二十七年（1901）教育世界出版所石印本　十冊

320000－1607－0003848　6269

理虛元鑑五卷　（明）汪綺石撰　（清）陸懋修

編訂　清宣統元年（1909）冰斝鉛印本　一冊

320000－1607－0003849　6270

夢硯齋遺稿七卷　（清）唐樹義撰　稚笑詩一卷　（清）唐焯撰　清同治四年（1865）綏定郡齋刻本　三冊

320000－1607－0003850　6273

頻羅庵遺集十六卷　（清）梁同書撰　清嘉慶二十二年（1817）刻本　六冊

320000－1607－0003851　6279

楚辭燈四卷　（清）林雲銘撰　清刻本　二冊

320000－1607－0003852　6281

周犢山文稿六卷　（清）周鎬撰　清光緒十九年（1893）刻本　四冊

320000－1607－0003853　6285

李長吉歌詩四卷外集一卷首一卷　（唐）李賀撰　（清）王琦彙解　清宣統元年（1909）上海文瑞樓鉛印本　四冊

320000－1607－0003854　6297

古愚老人消夏錄十七種六十七卷　（清）汪汲撰　清乾隆至嘉慶汪氏古愚山房刻本　十九冊

320000－1607－0003855　6316

英國憲法史不分卷　（日本）松平康國撰　（清）麥孟華譯　清光緒二十九年（1903）廣智書局鉛印本　三冊

320000－1607－0003856　6319

蘇格蘭獨立史不分卷　（美國）那頓撰　清光緒二十九年（1903）上海商務印書館鉛印本　一冊

320000－1607－0003857　6320

羅馬史二卷　（日本）占部百太郎撰　（清）陳時夏等譯　清光緒二十九年（1903）上海商務印書館鉛印本　二冊

320000－1607－0003858　6322

羅馬史二卷　（日本）占部百太郎撰　（清）陳時夏等譯　清光緒二十九年（1903）上海商務印書館鉛印本　二冊

320000 - 1607 - 0003859　6324

**教務紀略四卷首一卷**　（清）李剛己等輯
（清）魏家驊等修訂　清光緒三十一年（1905）
南洋官報局鉛印本　四冊

320000 - 1607 - 0003860　6328

**說唐後傳六卷**　題（清）如蓮居士編　清刻本
七冊

320000 - 1607 - 0003861　6335

**坤輿撮要問答四卷**　（清）孫文楨譯　清光緒
二十四年（1898）上海土山灣書館鉛印本
一冊

320000 - 1607 - 0003862　6336

**江楚會奏變法三卷**　（清）劉坤一　（清）張之
洞撰　清光緒二十七年（1901）刻本　三冊

320000 - 1607 - 0003863　6339

**新政真詮不分卷六編**　（清）何啓　（清）胡禮
垣撰　清光緒二十七年（1901）上海格致新報
館鉛印本　六冊

320000 - 1607 - 0003864　6345

**歷代帝王法帖釋文九卷**　（清）徐朝弼撰　清
嘉慶十七年（1812）徐朝弼刻本　一冊

320000 - 1607 - 0003865　6346

**美史紀事本末八卷首一卷末一卷**　（美國）姜
寧撰　（清）章宗元輯譯　清光緒二十九年
（1903）荻溪章氏求我齋刻求我齋叢譯本
二冊

320000 - 1607 - 0003866　6348

**千家詩箋注二卷**　（宋）謝枋得輯　（清）王相
注　清刻本　一冊

320000 - 1607 - 0003867　6349

**扶桑兩月記一卷**　羅振玉撰　清光緒二十八
年（1902）教育世界社石印本　一冊

320000 - 1607 - 0003868　6350

**荊州記三卷**　（南朝宋）盛宏之撰　（清）曹元
忠輯　清光緒十九年（1893）刻箋經室叢書本
一冊

320000 - 1607 - 0003869　6351

**河防芻議一卷**　（清）劉成忠撰　清同治十三
年（1874）刻本　一冊

320000 - 1607 - 0003870　6352

**禹貢約注一卷**　（清）金子晉撰　清光緒十六
年（1890）江陰姚氏刻本　一冊

320000 - 1607 - 0003871　6353

**畿輔水利議一卷**　（清）林則徐撰　清光緒三
年（1877）三山林氏刻本　一冊

320000 - 1607 - 0003872　6354

**今水經一卷表一卷**　（清）黃宗羲撰　清光緒
三年（1877）湖北崇文書局刻本　一冊

320000 - 1607 - 0003873　6355

**漢志水道疏證四卷**　（清）洪頤煊撰　清光緒
十八年（1892）廣雅書局刻本　一冊

320000 - 1607 - 0003874　6356

**禹貢班義述三卷附考一卷**　（清）成蓉鏡撰
清光緒十四年（1888）廣雅書局刻本　一冊

320000 - 1607 - 0003875　6363

**三君遺稿三卷**　（清）浦承恩撰　清光緒二十
六年（1900）刻本　一冊

320000 - 1607 - 0003876　6364

**積古齋鐘鼎彝器款識稿本三卷**　（清）王仁俊
撰　清光緒十六年（1890）石印本　三冊

320000 - 1607 - 0003877　6372

**羅馬志略十三卷首一卷**　（英國）艾約瑟譯
清光緒二十二年（1896）刻本　一冊

320000 - 1607 - 0003878　6373

**埃及慘狀不分卷**　（美國）約翰譯　清光緒二
十九年（1903）文明書局鉛印本　一冊

320000 - 1607 - 0003879　6374

**埃及慘狀不分卷**　（美國）約翰譯　清光緒二
十九年（1903）文明書局鉛印本　一冊

320000 - 1607 - 0003880　6375

**南阿新建國史不分卷**　（日本）福本誠撰
（清）陳志詳譯　清光緒二十八年（1902）文明
書局鉛印本　一冊

320000 - 1607 - 0003881　6376

**南阿新建國史不分卷**　（日本）福本誠撰
（清）陳志詳譯　清光緒二十八年（1902）文明
書局鉛印本　一冊

320000 - 1607 - 0003882　6377

**貳臣傳十二卷**　（清）國史館編　清刻本
一冊

320000 - 1607 - 0003883　6383

**小庚詞存二卷**　（清）葉申薌撰　清道光十四
年（1834）刻本　二冊

320000 - 1607 - 0003884　6385

**亭林餘集一卷**　（清）顧炎武撰　清光緒二年
（1876）誦芬樓刻本　一冊

320000 - 1607 - 0003885　6386

**吳竹如年譜一卷**　（清）方宗誠編　清光緒四
年（1878）畿輔志局刻本　一冊

320000 - 1607 - 0003886　6387

**教女遺規三卷**　（清）陳弘謀撰並輯　清同治
七年（1868）湖北崇文書局刻本　一冊

320000 - 1607 - 0003887　6388

**養正遺規一卷**　（清）陳弘謀撰並輯　清同治
七年（1868）楚北崇文書局刻本　一冊

320000 - 1607 - 0003888　6389

**春闈雜詠一卷附一卷**　（清）袁昶撰　清光緒
十八年（1892）刻本　一冊

320000 - 1607 - 0003889　6390

**古文喈鳳新編八卷**　（清）汪基輯　清刻本
六冊

320000 - 1607 - 0003890　6400

**黃蕘圃先生年譜二卷**　（清）江標編　清光緒
二十三年（1897）長沙使院刻朱印本　一冊

320000 - 1607 - 0003891　6401

**尼羅海戰史不分卷**　（美國）耶特瓦德斯邊原
撰　（日本）越山平三郎譯述　清光緒二十九
年（1903）上海商務印書館鉛印本　一冊

320000 - 1607 - 0003892　6403

**腓尼西亞史不分卷**　（日本）北村三郎編　趙

必振譯　清光緒二十九年（1903）上海廣智書
局鉛印本　一冊

320000 - 1607 - 0003893　6404

**朔方備乘八十卷**　（清）何秋濤撰　清光緒寶
善書局石印本　一冊

320000 - 1607 - 0003894　6409

**使西紀程二卷**　（清）郭嵩燾撰　清光緒刻本
一冊

320000 - 1607 - 0003895　6410

**式古堂目錄十七卷**　（清）尤瑩編　清光緒十
九年（1893）石印本　二冊

320000 - 1607 - 0003896　6412

**賦學正鵠集釋四卷**　（清）李元度輯　清光緒
二十三年（1897）上海文寶閣鉛印本　四冊

320000 - 1607 - 0003897　6416

**賦學正鵠集釋四卷**　（清）李元度輯　清光緒
二十三年（1897）上海文寶閣鉛印本　四冊

320000 - 1607 - 0003898　6420

**法國革命戰史不分卷八編**　（日本）澀江保撰
清光緒二十九年（1903）上海商務印書館鉛
印本　一冊

320000 - 1607 - 0003899　6422

**義大利獨立戰史六卷附一卷**　東京留學生譯
清光緒二十八年（1902）上海商務印書館鉛
印戰史叢書本　一冊

320000 - 1607 - 0003900　6423

**義大利獨立戰史六卷附一卷**　東京留學生譯
清光緒二十八年（1902）上海商務印書館鉛
印戰史叢書本　一冊

320000 - 1607 - 0003901　6424

**埃及近世史一卷**　（日本）柴四郎撰　（清）麥
鼎華譯　清光緒二十八年（1902）廣智書局鉛
印本　一冊

320000 - 1607 - 0003902　6428

**十九世紀歐洲政治史論一卷**　（日本）酒井雄
三郎撰　（清）華文祺譯　清光緒二十八年
（1902）教育世界出版社鉛印本　一冊

320000－1607－0003903　6429

十九世紀歐洲政治史論一卷　（日本）酒井雄三郎撰　（清）華文祺譯　清光緒二十八年（1902）教育世界出版社鉛印本　一冊

320000－1607－0003904　6430

思益堂集六卷　（清）周壽昌撰　清光緒十四年（1888）刻本　六冊

320000－1607－0003905　6436

犢山文稿四種十五卷　（清）周鎬撰　清光緒十年（1884）活字印本　八冊

320000－1607－0003906　6444

汪龍莊遺書四種十卷　（清）汪輝祖撰　清嘉慶、咸豐刻本　五冊

320000－1607－0003907　6449

桂林霜二卷　（清）蔣士銓撰　（清）張三禮評文　（清）楊迎鶴正譜　清刻本　二冊

320000－1607－0003908　6452

雙池文集十卷　（清）汪紱撰　清道光十四年（1834）一經堂刻本　十冊

320000－1607－0003909　6470

解人頤二十四卷　（清）胡澹庵撰　（清）錢德蒼重訂　清刻本　四冊

320000－1607－0003910　6475

歐洲財政史一卷　（日本）小林丑三郎撰（清）羅普譯　清光緒二十八年（1902）上海廣智書局鉛印本　一冊

320000－1607－0003911　6476

歐洲財政史一卷　（日本）小林丑三郎撰（清）羅普譯　清光緒二十八年（1902）上海廣智書局鉛印本　一冊

320000－1607－0003912　6477

皇朝中外一統輿圖三十二卷　（清）嚴樹森編　清同治二年（1863）湖北撫署刻本　六冊存九卷（二至十）

320000－1607－0003913　6482

讀史方輿紀要序不分卷　（清）顧祖禹撰　清光緒二十九年（1903）上海清華書局鉛印本　一冊

320000－1607－0003914　6485

普法戰記二十卷　（清）張宗良口譯　（清）王韜輯　清光緒二十一年（1895）王韜弢園刻本　十冊

320000－1607－0003915　6503

路索民約論一卷　（法國）路索撰　（清）楊廷棟譯　清光緒二十八年（1902）鉛印本　一冊

320000－1607－0003916　6505

吉田松陰不分卷　（日本）德富豬一郎撰（清）王鈍譯　清光緒二十九年（1903）商務印書館鉛印本　一冊

320000－1607－0003917　6506

成吉思汗少年史不分卷　（日本）坂口橫次郎撰　（清）吳檮譯　清光緒二十九年（1903）上海人演譯社鉛印本　一冊

320000－1607－0003918　6521

菲律賓獨立戰史不分卷　商務印書館所編譯　清光緒二十七年（1901）商務印書館鉛印本　一冊

320000－1607－0003919　6522

菲律賓獨立戰史不分卷　商務印書館所編譯　清光緒二十七年（1901）商務印書館鉛印本　一冊

320000－1607－0003920　6523

菲律賓獨立戰史不分卷　商務印書館所編譯　清光緒二十七年（1901）商務印書館鉛印本　一冊

320000－1607－0003921　6525

滿洲旅行記二卷　（日本）小越平隆撰　（清）克齋譯　清光緒二十八年（1902）上海廣智書局鉛印本　一冊　存一卷（上）

320000－1607－0003922　6526

巴西國地理兵要一卷附巴西政治考一卷（清）顧厚焜撰　清光緒十五年（1889）鉛印本　一冊

320000－1607－0003923　6528

越南亡國史一卷附越南小志一卷　（越南）潘

佩珠撰　清光緒三十一年（1905）上海廣智書局鉛印本　二冊

320000－1607－0003924　6530

印度滅亡戰史一卷　（清）夏清馥編譯　清光緒二十八年（1902）公利活版所鉛印本　一冊

320000－1607－0003925　6531

西洋文明史不分卷　（日本）高山林次郎撰（清）支那翻譯會社譯　清光緒二十九年（1903）上海文明書局鉛印本　二冊

320000－1607－0003926　6533

南洋風雲不分卷　（清）夏清馥譯　清光緒二十九年（1903）鉛印本　一冊

320000－1607－0003927　6534

亞洲三傑［帖木兒、成吉思汗、丰成秀吉］三卷　（清）時中書局編譯所編　清光緒二十九年（1903）上海時中書局鉛印本　一冊

320000－1607－0003928　6535

皇朝輿地沿革考一卷　（清）遁天撰　清光緒三十年（1904）上海廣智書局鉛印本　一冊

320000－1607－0003929　6537

政治泛論二卷　（美國）威爾遜撰　清光緒二十九年（1903）上海廣智書局鉛印本　二冊

320000－1607－0003930　6539

萬國憲法志三卷　（清）周逵編譯　清光緒二十八年（1902）上海廣智書局鉛印本　二冊

320000－1607－0003931　6541

出使奏疏二卷　（清）薛福成撰　清光緒二十年（1894）刻本　二冊

320000－1607－0003932　6543

世界文明史不分卷　（日本）高山林次郎撰　清光緒二十九年（1903）上海商務印書館鉛印本　二冊

320000－1607－0003933　6546

蕉窗雲路錄三卷　（清）閔鼎玉撰　清同治五年（1866）竹林書舍刻本　一冊

320000－1607－0003934　6547

野記四卷　（明）祝允明撰　清同治十三年（1874）元和祝氏刻本　二冊

320000－1607－0003935　6550

改正世界地理學六卷首一卷　（清）吳啓孫編譯　清光緒二十九年（1903）上海文明書局鉛印本　二冊

320000－1607－0003936　6558

曾文正公年譜十二卷　（清）黎庶昌撰　清光緒二年（1876）傳忠書局刻本　六冊

320000－1607－0003937　6561

科學叢書第二集六種十卷　樊炳清等輯譯　清光緒二十七年（1901）教育世界出版所石印本　六冊

320000－1607－0003938　6562

奇門大全三十卷　（明）劉基撰　清刻本　八冊

320000－1607－0003939　6564

增廣尚友錄統編二十二卷　（清）應祖錫輯　清光緒二十八年（1902）鴻寶齋石印本　五冊

320000－1607－0003940　6569

廣治平略四十四卷　（清）蔡方炳撰　清光緒十四年（1888）上海點石齋石印本　六冊

320000－1607－0003941　6575

瀛寰志略續集四卷末一卷續補一卷　（英國）慕維廉輯　清光緒二十三年（1897）新學會堂石印本　五冊

320000－1607－0003942　6580

九通序錄四卷　（清）□□輯　清上海富強齋譯書局石印本　四冊

320000－1607－0003943　6584

尚友錄二十二卷　（明）廖用賢輯　（清）張伯琮補輯　清光緒十四年（1888）石印本　六冊

320000－1607－0003944　6594

史事論甲編十卷乙編六卷丙編四卷丁編四卷　（清）雷瑨輯　清光緒三十一年（1905）硯耕山莊石印本　十冊

320000－1607－0003945　6604

硃批諭旨三百八十卷　（清）鄂爾泰等輯　清

175

光緒十三年(1887)上海點石齋刻朱墨套印本
　二十冊

320000－1607－0003946　6624

**江蘇詩徵一百八十三卷**　（清）王豫輯　清道
光元年(1821)刻本　二十冊　存一百三十七
卷(四十二至六十四、七十至一百八十三)

320000－1607－0003947　6645

**南菁文鈔十六卷**　（清）丁立鈞輯　清光緒二
十七年(1901)刻本　八冊

320000－1607－0003948　6653

**前漢書一百卷**　（漢）班固撰　清光緒十四年
(1888)上海圖書集成印書局鉛印欽定二十四
史本　二十冊

320000－1607－0003949　6673

**隨園三十八種**　（清）袁枚撰　清光緒十五年
(1889)刻本　七十五冊　存十七種二百十五
卷(小倉山房文集三十五卷、小倉山房外集八
卷、小倉山房詩集三十七卷補遺二卷、袁太史
時文一卷、小倉山房尺牘十卷、隨園詩話十六
卷補遺十卷、新齊諧二十四卷續十卷、續同人
集十七卷、隨園八十壽言六卷、紅豆村人詩稿
十四卷、碧腴齋詩八卷、筱雲詩集二卷、袁家
三妹合稿四卷、隨園女弟子詩選六卷、筝船詞
一卷、捧月樓詞二卷、過雲精舍詞二卷)

320000－1607－0003950　6695

**欽定大清會典一百卷**　（清）允祹等纂修　清
刻本　二十八冊

320000－1607－0003951　6733

**京江耆舊集十三卷**　（清）張學仁　（清）王豫
輯　清宣統元年(1909)刻本　七冊

320000－1607－0003952　6740

**悔廬文鈔五卷首一卷文補一卷**　（清）張崇蘭
撰　（清）陳克劬續輯　清光緒二十三年
(1897)刻本　四冊

320000－1607－0003953　6744

**歷代名臣傳三十五卷續編五卷**　（清）朱軾等
輯　清光緒刻本　十八冊

320000－1607－0003954　6762

**修本堂叢書十種九十二卷**　（清）林伯桐撰
清道光二十四年(1844)林伯桐刻本　十二冊

320000－1607－0003955　6774

**翼教叢編六卷**　（清）蘇輿撰　清光緒二十四
年(1898)武昌刻本　三冊

320000－1607－0003956　6777

**五百四峰堂詩鈔二十五卷**　（清）黎簡撰　清
光緒六年(1880)順德黎教忠堂刻本　八冊

320000－1607－0003957　6789

**響泉集詩十八卷詞二卷**　（清）顧光旭撰　清
宣統二年(1910)無錫顧氏活字印本　四冊

320000－1607－0003958　6793

**雙藤書屋詩集十二卷**　（清）何道生撰　清道
光元年(1821)刻本　四冊

320000－1607－0003959　6797

**算學勾股六術一卷**　（清）項名達撰　清道光
十二年(1832)刻本　一冊

320000－1607－0003960　6798

**算學勾股六術一卷**　（清）項名達撰　清道光
十二年(1832)刻本　一冊

320000－1607－0003961　6799

**水師操練十八卷附一卷**　（英國）傅蘭雅口譯
（清）徐建寅筆述　清光緒刻本　三冊

320000－1607－0003962　6802

**水師操練十八卷附一卷**　（英國）傅蘭雅口譯
（清）徐建寅筆述　清光緒刻本　三冊

320000－1607－0003963　6805

**水師操練十八卷附一卷**　（英國）傅蘭雅口譯
（清）徐建寅筆述　清光緒刻本　三冊

320000－1607－0003964　6808

**營城揭要二卷**　（英國）儲意比撰　（英國）傅
蘭雅口譯　（清）徐壽筆述　清光緒刻本
二冊

320000－1607－0003965　6810

**營城揭要二卷**　（英國）儲意比撰　（英國）傅蘭
雅口譯　（清）徐壽筆述　清光緒刻本　二冊

320000－1607－0003966　6812

營工要覽四卷　（英國）傅蘭雅　（清）汪振聲譯　清光緒江南製造局鉛印本　二冊

320000－1607－0003967　6814

營工要覽四卷　（英國）傅蘭雅　（清）汪振聲譯　清光緒江南製造局鉛印本　二冊

320000－1607－0003968　6821

平浙紀略十六卷　（清）秦緗業等撰　清同治十二年(1873)浙江書局刻本　四冊

320000－1607－0003969　6825

胡椒生詩草六卷續草六卷　（清）王之春撰清光緒十年(1884)刻本　四冊

320000－1607－0003970　6830

知服齋叢書七種四十九卷　（清）龍鳳鑣編清光緒順德龍氏刻本　十六冊

320000－1607－0003971　6846

有福讀書堂叢刻二編八種五十九卷　（清）吳引孫輯　清光緒儀徵吳氏刻本　二十四冊

320000－1607－0003972　6853

五種遺規十七卷　（清）陳弘謀輯　清光緒二十一年(1895)浙江書局刻本　十冊

320000－1607－0003973　6863

儀顧堂集二十卷　（清）陸心源撰　清光緒二十四年(1898)刻本　六冊

320000－1607－0003974　6869

文中子中說十卷　（隋）王通撰　（宋）阮逸注清光緒二年(1876)浙江書局刻二十二子本一冊

320000－1607－0003975　6870

北溪先生字義二卷附二卷　（宋）陳淳撰　清光緒九年(1883)學海堂刻本　二冊

320000－1607－0003976　6872

嶺上白雲集十二卷巚翁文鈔四卷　（清）陸懋修撰　清光緒二十三年(1897)陸潤庠刻本四冊

320000－1607－0003977　6883

趙注孫子書五卷　（明）趙本學注　清刻本

三冊　存三卷(三至五)

320000－1607－0003978　6905

荔牆叢刻十四種三十五卷　（清）汪曰楨輯清同治、光緒汪曰楨刻本　二十三冊

320000－1607－0003979　6918

定孫遺稿五卷　（清）曾錫華撰　清咸豐十年(1860)刻本　五冊

320000－1607－0003980　6927

吳學士詩集五卷文集四卷　（清）吳焘撰（清）梁肇煌　（清）薛時雨編訂　清光緒八年(1882)江寧藩署刻本　六冊

320000－1607－0003981　6933

京口掌故叢編六種七卷　（清）陶駿保編　清光緒三十四年(1908)丹徒陶氏刻本　二冊

320000－1607－0003982　6935

苕溪漁隱叢話前集六十卷後集四十卷　（宋）胡仔撰　清耘經樓刻本　十冊

320000－1607－0003983　6959

宣講引證十五卷　（清）戴奎撰　清光緒十三年(1887)刻本　十二冊

320000－1607－0003984　6971

哲學要領前編十一章不分卷　（日本）井上圓了撰　（清）羅伯雅譯　清光緒二十八年(1902)上海廣智書局鉛印本　二冊

320000－1607－0003985　6973

金石索十二卷　（清）馮雲鵬　（清）馮雲鵷輯清光緒十九年(1893)上海積山書局石印本二十三冊

320000－1607－0003986　6996

文選李善注六十卷　（南朝梁）蕭統撰　（唐）李善注　清光緒二十四年(1898)古香閣石印本　六冊

320000－1607－0003987　7058

國朝舉業正軌不分卷　（清）陳耀庚輯　清光緒十一年(1885)刻本　四冊

320000－1607－0003988　7065

李延平先生集四卷　（宋）李侗撰　清同治五

年(1866)福州正誼書局刻正誼堂全書本
一冊

320000－1607－0003989　7067
**曹集銓評十卷**　（三國魏）曹植撰　（清）丁晏
輯　清同治十一年(1872)刻本　二冊

320000－1607－0003990　7072
**樂府雅詞三卷拾遺二卷**　（宋）曾慥輯　清嘉
慶二十一年(1816)江都秦氏享帚精舍刻詞學
叢書本　二冊

320000－1607－0003991　7074
**海防新論十八卷**　（英國）希理哈撰　（英國）
傅蘭雅口譯　（清）華蘅芳筆述　清同治十二
年(1873)刻本　六冊

320000－1607－0003992　7080
**曾文正公詩集三卷文集三卷**　（清）曾國藩撰
　清光緒二年(1876)傳忠書局刻本　四冊

320000－1607－0003993　7084
**皇朝駢文類苑十四卷首一卷**　（清）姚燮輯
清光緒七年(1881)刻本　十七冊　存十三卷
（一至十三）

320000－1607－0003994　7101
**絕妙好詞箋七卷續集二卷**　（宋）周密輯
（清）查爲仁箋　清宣統元年(1909)上海原江
書莊鉛印本　四冊

320000－1607－0003995　7116
**文科大字典不分卷十二集**　國學扶輪社編
清宣統三年(1911)上海國學扶輪社鉛印本
十二冊

320000－1607－0003996　7128
**文獻通考詳節二十四卷**　（元）馬端臨撰
(清)嚴虞惇節錄　清光緒二十五年(1899)鄂
城求知學社鉛印本　十冊

320000－1607－0003997　7138
**元史二百十卷**　（明）宋濂等撰　清光緒三十
四年(1908)上海集成圖書局鉛印二十四史本
　二十四冊

320000－1607－0003998　7162

**唐人五十家小集七十二卷**　（清）江標輯　清
光緒二十一年(1895)湖南使院影刻宋刻本
十八冊

320000－1607－0003999　7224
**南巡盛典一百二十卷**　（清）高晉等輯　清光
緒八年(1882)上海點石齋石印本　八冊

320000－1607－0004000　7232
**新譯列國歲計政要不分卷**　（清）傅運森等譯
　清光緒二十七年(1901)海上譯社鉛印本
十二冊

320000－1607－0004001　7248
**貽令堂雜俎一卷首一卷**　（清）黃保康撰　清
光緒刻本　一冊

320000－1607－0004002　7249
**欽定皇輿西域圖志四十八卷首四卷**　（清）傅
恆等修　（清）褚廷璋等纂　（清）英廉等續纂
　清光緒十九年(1893)杭州便益書局石印本
十二冊

320000－1607－0004003　7261
**弢園文錄外編十卷**　（清）王韜撰　清光緒九
年(1883)石印本　四冊　缺二卷(九至十)

320000－1607－0004004　7265
**醫學心悟五卷外科十法一卷**　（清）程國彭撰
　清光緒二十年(1894)上海圖書集成印書局
鉛印本　二冊

320000－1607－0004005　7267
**醫學必讀十卷**　（清）李中梓輯　清光緒二十
二年(1896)上海古香閣石印本　五冊

320000－1607－0004006　7275
**復莊駢儷文榷八卷**　（清）姚燮撰　清咸豐四
年(1854)鎮海姚氏大梅山館刻本　二冊

320000－1607－0004007　7278
**宋史四百九十六卷**　（元）脫脫等撰　清光緒
三十四年(1908)上海集成圖書局鉛印二十四
史本　四冊

320000－1607－0004008　7342
**硃批諭旨三百八十卷**　（清）鄂爾泰等輯　清

光緒十三年(1887)上海點石齋刻朱墨套印本
　五十五冊

320000 - 1607 - 0004009　7397
**魏書一百十四卷**　(北齊)魏收撰　清光緒三
十四年(1908)上海集成圖書局鉛印二十四史
本　六冊

320000 - 1607 - 0004010　7413
**增評全圖足本金玉緣不分卷一百二十回**
(清)曹霑撰　題(清)蝶薌仙史評訂　清光緒
三十四年(1908)求不負齋石印本　十六冊

320000 - 1607 - 0004011　7429
**韻府群玉二十卷**　(元)陰時夫輯　(元)陰中
夫注　清刻本　十八冊

320000 - 1607 - 0004012　7447
**金史一百三十五卷**　(元)脫脫等撰　清光緒
三十三年(1907)上海集成圖書局鉛印本　二
十六冊

320000 - 1607 - 0004013　7463
**明史三百三十二卷**　(清)張廷玉等撰　清光
緒三十四年(1908)上海集成圖書公司鉛印二
十四史本　四十冊

320000 - 1607 - 0004014　7503
**小題文府二十四卷**　(清)同文書局輯　清光
緒十四年(1888)上海同文書局石印本　十
四冊

320000 - 1607 - 0004015　7517
**御製子史精華一百六十卷**　(清)吳襄等輯
清刻本　二十四冊

320000 - 1607 - 0004016　7541
**舊唐書二百卷**　(五代)劉昫撰　清光緒三十
三年(1907)上海集成圖書局鉛印本　三十冊

320000 - 1607 - 0004017　7571
**南史八十卷**　(唐)李延壽撰　清光緒三十四
年(1908)上海集成圖書局鉛印二十四史本
十二冊

320000 - 1607 - 0004018　7583
**史記一百三十卷**　(漢)司馬遷撰　(南朝宋)

裴駰集解　(唐)司馬貞索隱　(宋)張守節正
義　清光緒三十四年(1908)上海集成圖書公
司鉛印二十四史本　十六冊

320000 - 1607 - 0004019　7599
**宋書一百卷**　(南朝梁)沈約撰　清光緒三十
四年(1908)上海集成圖書局鉛印二十四史本
　十二冊

320000 - 1607 - 0004020　7611
**後漢書九十卷**　(南朝宋)范曄撰　(唐)李賢
等注　**續漢志三十卷**　(晉)司馬彪撰　(南
朝梁)劉昭補注　清光緒三十四年(1908)上
海集成圖書公司鉛印二十四史本　十六冊

320000 - 1607 - 0004021　7705
**昭代叢書二百五十五卷**　(清)張潮編　清刻
本　一百七十二冊　缺三種三卷(七十二候
考一卷、西臺慟哭記註一卷、聞見偶錄一卷)

320000 - 1607 - 0004022　8211
**涵芬樓古今文鈔一百卷**　吳曾祺輯　清宣統
三年(1911)上海商務印書館鉛印本　一百冊

320000 - 1607 - 0004023　8311
**涵芬樓古今文鈔一百卷**　吳曾祺輯　清宣統
三年(1911)上海商務印書館鉛印本　一百冊

320000 - 1607 - 0004024　8411
**涵芬樓古今文鈔一百卷**　吳曾祺輯　清宣統
三年(1911)上海商務印書館鉛印本　一百冊

320000 - 1607 - 0004025　8511
**通志二百卷**　(宋)鄭樵撰　清光緒二十八年
(1902)上海鴻寶書局石印九通本　四十冊

320000 - 1607 - 0004026　8551
**備豫錄十四卷**　(清)惠麓酒民輯　清道光二
十年(1840)刻本　四冊

320000 - 1607 - 0004027　8556
**籌濟編三十二卷**　(清)楊景仁輯　清光緒五
年(1879)江蘇書局刻本　八冊

320000 - 1607 - 0004028　8572
**勸戒錄六卷**　(清)梁恭辰撰　清光緒十四年
(1888)刻本　十五冊

320000 – 1607 – 0004029　8587

劉氏遺書八卷　（清）劉台拱撰　清光緒十五年(1889)廣雅書局刻本　二冊

320000 – 1607 – 0004030　8621

防海新論十八卷　（德國）希理哈撰　（英國）傅蘭雅口譯　（清）華蘅芳筆述　清同治十二年(1873)刻本　六冊

320000 – 1607 – 0004031　8627

讀書雜志三十三卷餘編二卷　（清）王念孫撰　清道光十年(1830)刻本　十冊　缺十四卷（一至十四）

320000 – 1607 – 0004032　8642

唐一切經音義二十五卷　（唐）釋玄應撰　清刻本　六冊

320000 – 1607 – 0004033　8696

舊德集十四卷　繆荃孫輯　清光緒二十二年(1896)江陰繆氏刻本　四冊

320000 – 1607 – 0004034　8700

儲遯菴文集十二卷　（清）儲方慶撰　清光緒二年(1876)刻本　四冊

320000 – 1607 – 0004035　8704

沈端恪公遺書勵志錄二卷　（清）沈近思撰年譜二卷　（清）沈曰富輯　清同治十二年(1873)浙江書局刻本　二冊

320000 – 1607 – 0004036　8706

王叔師集一卷　（漢）王逸撰　清光緒十八年(1892)刻本　一冊

320000 – 1607 – 0004037　8707

諸葛丞相集一卷　（三國蜀）諸葛亮撰　清光緒十八年(1892)善化章經濟堂刻漢魏六朝百三名家集本　一冊

320000 – 1607 – 0004038　8717

五百家註音辯昌黎先生文集四十卷　（唐）韓愈撰　（宋）魏仲舉輯注　清刻本　九冊

320000 – 1607 – 0004039　8730

鑑止水齋集二十卷　（清）許宗彥撰　清嘉慶二十四年(1819)刻本　六冊

320000 – 1607 – 0004040　8736

集虛草堂叢書甲集十種六十九卷　李國松編　清光緒三十年至三十二年(1904 – 1906)合肥李氏刻本　二十四冊

320000 – 1607 – 0004041　8801

曾文正公全集　（清）曾國藩撰　清同治、光緒傳忠書局刻本　九十冊

320000 – 1607 – 0004042　8915

劉給諫文集五卷　（宋）劉安上撰　清同治十二年(1873)孫衣言刻永嘉詩人祠堂叢刻本　一冊

320000 – 1607 – 0004043　8916

纑塘集一卷　（清）顧貞觀撰　清光緒七年(1881)枕經葄史齋刻本　一冊

320000 – 1607 – 0004044　8917

劉給諫文集五卷　（宋）劉安上撰　清同治十二年(1873)孫衣言刻永嘉詩人祠堂叢刻本　一冊

320000 – 1607 – 0004045　8918

竢實齋文稿二卷　（清）秦寶瓚撰　清光緒十四年(1888)張雲霖刻本　一冊

320000 – 1607 – 0004046　8919

量倉通法五卷　（清）張作楠撰　（清）江臨泰補圖　清嘉慶二十五年(1820)金華張氏刻翠薇山房數學本　一冊

320000 – 1607 – 0004047　8920

廣經室文鈔一卷　（清）劉恭冕撰　清光緒十五年(1889)廣雅書局刻本　一冊

320000 – 1607 – 0004048　8937

經訓堂叢書二十一種一百六十二卷　（清）畢沅編　清光緒十三年(1887)大同書局石印本　二十冊

320000 – 1607 – 0004049　8956

讀史方輿紀要一百三十卷　（清）顧祖禹撰　清光緒二十五年(1899)上海刻本　二十冊

320000 – 1607 – 0004050　8975

十萬卷樓叢書五十一種三編　（清）陸心源編

清光緒五年至十八年(1879－1892)歸安陸氏刻本　一百十二冊

320000－1607－0004051　9182

鄭堂讀書記七十一卷　(清)周中孚撰　清刻本　二十三冊　缺四卷(一至四)

320000－1607－0004052　9271

經訓堂叢書二十一種一百六十二卷　(清)畢沅編　清光緒十三年(1887)大同書局石印本　二十冊

320000－1607－0004053　9291

挹秀山房叢書十三種二十九卷　(清)朱克敬輯　清刻本　十四冊

320000－1607－0004054　9305

鄦齋叢書二十種四十二卷　徐乃昌編　清光緒二十六年(1900)南陵徐氏刻本　十五冊　存十八種五十一卷(周易諸卦合象考一卷、周易互體卦變考一卷、易經象類一卷、盧氏禮記解詁一卷附錄一卷補遺一卷、蔡氏月令章句二卷、夏小正分箋四卷、爾雅小箋三卷、鄭氏六藝論一卷、經考五卷、說文諧聲孳生述不分卷、隸通二卷、續方言又補二卷、後漢儒林傳補逸一卷附續增一卷、唐折衝府考四卷、中州金石目錄八卷、讀書小記二卷、漢氾勝之遺書一卷附區田圖說一卷、焦里堂先生軼文一卷)

320000－1607－0004055　9320

春在堂全書一百九十四卷　(清)俞樾撰　清光緒九年(1883)刻本　六十冊

320000－1607－0004056　9475

錢南園集八卷　(清)錢澧撰　清同治十一年(1872)刻本　二冊

320000－1607－0004057　9480

會海對類大全十四卷　(明)鍾惺校訂　清同治七年(1868)刻本　五冊

320000－1607－0004058　9486

小謨觴館詩集注八卷詩續注二卷　(清)彭兆蓀撰　(清)孫元培　(清)孫長熙輯　清光緒十九年(1893)刻本　一冊

320000－1607－0004059　9511

綱鑑正史約三十六卷　(明)顧錫疇輯　(清)陳弘謀增訂　清同治八年(1869)浙江書局刻本　二十冊

320000－1607－0004060　9532

劉端臨遺書八卷　(清)劉台拱撰　清道光十四年(1834)刻本　二冊

320000－1607－0004061　9534

文鑰二卷　(清)鄒福保輯　清宣統元年(1909)鉛印本　二冊

320000－1607－0004062　9539

劍光樓詩鈔四卷詞一卷　(清)儀克中撰　清咸豐十年(1860)刻本　二冊

320000－1607－0004063　9541

歸宮詹集四卷　(清)歸允肅撰　清光緒十三年(1887)刻本　四冊

320000－1607－0004064　9546

網師園唐詩箋十八卷　(清)宋宗元輯　清乾隆三十二年(1767)刻本　六冊

320000－1607－0004065　9552

古文一隅二卷　(清)朱宗洛輯　清光緒十三年(1887)擷華書局鉛印本　二冊

320000－1607－0004066　9559

藝風堂文集七卷外編一卷　繆荃孫撰　清光緒刻本　四冊

320000－1607－0004067　9563

結一廬朱氏賸餘叢書四種一百〇七卷　(清)朱澂編　清光緒三十一年(1905)仁和朱氏刻本　二十冊

320000－1607－0004068　9601

小石山房叢書十四種六十三卷　(清)顧湘編　清同治十三年(1874)虞山顧氏刻本　十冊

320000－1607－0004069　9621

南菁書院叢書一百四十五卷八集　王先謙　繆荃孫編　清光緒十四年(1888)江陰南菁書院刻本　二十二冊　存九十五卷(登科記考三十卷、春秋摘微一卷、深衣考一卷、左傳補注一卷、公羊傳補注一卷、穀梁傳補注一卷、國語補注一卷、論語注二十卷、群經賸義一卷、操觚齋遺書四卷、易林釋文二卷、投壺考原一卷、佚禮扶微五卷、淮南萬畢術一卷、疇人傳三編七卷、律呂古誼五至六、陸氏草木鳥獸蟲魚疏二卷、劉炫規杜持平六卷、周易二閭記三卷、方氏易學五書五卷）

320000－1607－0004070　9658

**金石萃編一百六十卷** （清）王昶撰　清嘉慶十年（1805）經訓堂刻本　三十冊

320000－1607－0004071　9688

**讀史方輿紀要一百三十卷** （清）顧祖禹撰清光緒二十五年（1899）上海刻本　二十冊

320000－1607－0004072　9734

**霍文敏公全集十卷** （明）霍韜撰　清同治元年（1862）刻本　六冊

320000－1607－0004073　9740

**宜稼堂叢書七種二百五十五卷** （清）郁松年編　清道光上海郁氏刻本　六冊

320000－1607－0004074　9803

**曾文正公全集** （清）曾國藩撰　清同治、光緒傳忠書局刻本　三十五冊

320000－1607－0004075　9838

**崇文書局彙刻書三十三種二百七十二卷**（清）崇文書局編　清光緒元年（1875）湖北崇文書局刻本　三十九冊　存十三種一百三十四卷（周易姚氏學一至十四、尚書大傳四卷附補遺一卷續補遺一卷考異一卷、周書十卷逸文一卷、水經注四十卷、今水經表一卷、意林五卷補遺一卷、淮南天文訓補二卷、酉陽雜俎二十卷續集十卷、人譜類記增訂六卷、葬經內篇一卷、楚辭集註八卷辯證二卷、離騷草木疏四卷、離騷箋二卷）

320000－1607－0004076　9877

**妙法蓮華經文句記三十卷** （後秦）釋鳩摩羅什譯　（唐）釋湛然述　清刻本　三十冊

320000－1607－0004077　9907

**䢴宋樓藏書志一百二十卷續志四卷** （清）陸

心源撰　清光緒八年（1882）刻本　三十八冊

320000－1607－0004078　9955

**積學齋叢書二十種六十卷** 徐乃昌編　清光緒十九年（1893）刻本　十六冊

320000－1607－0004079　9975

**臨證指南醫案十卷** （清）葉桂撰　清刻本十冊

320000－1607－0004080　9985

**連筠簃叢書十二種一百十一卷** （清）楊尚文編　清道光二十八年（1848）楊尚文連筠簃刻本　三十六冊

320000－1607－0004081　10017

**陽明先生集要三編十五卷** （明）王守仁撰（明）施邦曜評輯　清光緒五年（1879）江南製造局刻本　十二冊

320000－1607－0004082　10038

**柏堂集前編十四卷次編十三卷** （清）方宗誠撰　清光緒六年（1880）刻本　三冊　存二十一卷（前編十四卷、次編七至十三）

320000－1607－0004083　10041

**靈鶼閣叢書五十六種一百卷** （清）江標編清光緒江標湖南使院刻本　四十八冊

320000－1607－0004084　10089

**思綺堂文集十卷** （清）章藻功撰　清刻本十六冊

320000－1607－0004085　10106

**虛齋名畫錄十六卷** 龐元濟輯　清宣統元年（1909）烏程龐氏刻本　二十冊

320000－1607－0004086　10126

**對數表四卷** （清）賈布緯輯　清光緒刻本四冊

320000－1607－0004087　10130

**人壽金鑑二十二卷** （清）程得齡輯　清光緒元年（1875）湖北崇文書局刻本　六冊

320000－1607－0004088　10196

**小檀欒室彙刻閨秀詞十集** 徐乃昌編　清光緒二十二年（1896）刻本　十八冊

320000－1607－0004089　10226

欽定詩經傳說彙纂二十一卷首二卷詩序二卷
（清）王鴻緒等撰　清刻本　十一冊

320000－1607－0004090　10237

鄒徵君遺書六種九卷附二種八卷　（清）鄒伯
奇撰　清同治十三年(1874)鄒達泉拾芥園刻
本　五冊

320000－1607－0004091　10353

重訂汪子遺書六十五卷　（清）汪烜撰　清同
治十二年(1873)曲水書局活字刻本　十六冊

320000－1607－0004092　10369

三角數理十二卷　（英國）海麻士輯　（英國）
傅蘭雅口譯　（清）華蘅芳筆述　清光緒三年
(1877)江南機器製造總局刻本　六冊

320000－1607－0004093　10385

讀史兵略四十六卷　（清）胡林翼撰　清咸豐
十一年(1861)武昌節署刻本　十六冊

320000－1607－0004094　10401

木犀軒叢書三十三種一百五十七卷　（清）李
盛鐸編　清光緒德化李氏木犀軒刻本　六冊

320000－1607－0004095　10423

格致古微六卷　（清）王仁俊撰　清光緒二十
二年(1896)吳縣王氏籀鄦詼刻本　四冊

320000－1607－0004096　10427

新編算學啓蒙三卷　（元）朱世傑撰　識誤一
卷　（清）羅士琳撰　清道光十九年(1839)刻
本　二冊

320000－1607－0004097　10429

下學盒算書三種三卷　（清）項名達撰　清同
治七年(1868)羊城書院刻本　一冊

320000－1607－0004098　10430

下學盒勾股六術一卷　（清）項名達撰　清同
治七年(1868)羊城書院刻下學盒算書本
一冊

320000－1607－0004099　10432

楚辭後語六卷　（宋）朱熹撰　清光緒刻本
一冊

320000－1607－0004100　10434

新測中星圖表一卷　（清）張作楠撰　清道光
三年(1823)刻本　一冊

320000－1607－0004101　10436

勾股演代五卷　（清）王錫恩撰　清光緒二十
九年(1903)上海美華書館鉛印本　一冊

320000－1607－0004102　10437

國朝諡法考一卷　（清）王士禎撰　清刻本
一冊

320000－1607－0004103　10438

剪桐載筆一卷　（明）王象晉撰　清刻王漁洋
遺書本　一冊

320000－1607－0004104　10439

隴首集一卷　（明）王與胤撰　清刻本　一冊

320000－1607－0004105　10440

考功集選四卷　（清）王士祿撰　（清）王士禎
選　清刻本　二冊

320000－1607－0004106　10442

傷寒附翼二卷　（清）柯琴撰　清刻本　二冊

320000－1607－0004107　10444

顯密圓通成佛心要集二卷　（遼）釋道厵撰
清同治十一年(1872)刻本　一冊

320000－1607－0004108　10445

大乘起信論注一卷　（天竺）馬鳴菩薩造
(南朝梁)釋真諦譯　清光緒三十年(1904)刻
本　一冊

320000－1607－0004109　10446

道德經評注二卷　題(漢)河上公章句　清嘉
慶九年(1804)刻本　一冊

320000－1607－0004110　10448

物理學上編四卷中編四卷下編四卷　（日本）
飯盛挺造撰　（日本）藤田豐八譯　（清）王孝
烈輯　清光緒二十九年(1903)江南製造局鉛
印本　三冊　存四卷(下編四卷)

320000－1607－0004111　10451

管窺輯要八十卷　（清）黃鼎撰　清刻本　十
九冊

320000－1607－0004112　10470

**補注黄帝内經素問二十四卷**　（唐）王冰注
（宋）林億等校正　（宋）孫兆改誤　清光緒三
年(1877)浙江書局刻本　八冊

320000－1607－0004113　10478

**數書九章十八卷**　（宋）秦九韶撰　**札記四卷**
（清）宋景昌撰　清道光二十二年(1842)刻
本　四冊

320000－1607－0004114　10482

**子書二十二種三百三十五卷**　（清）浙江書局
編　清光緒浙江書局刻本　七十二冊　存二
十種二百九十八卷(莊子十卷、管子二十四
卷、荀子二十卷附校勘補遺一卷、列子八卷、
韓非子二十卷附識誤三卷、淮南子二十一卷、
文中子中說十卷、揚子法言十三卷附音義一
卷、墨子十六卷、孫子十家注十三卷附敘錄一
卷遺說一卷、孔子集語十七卷、晏子春秋七卷
附音義二卷校勘記二卷、呂氏春秋二十六卷
附考一卷、賈子新書十卷、董子春秋繁露十七
卷附錄一卷、文子纘義十二卷、竹書紀年統箋
十二卷前編一卷雜述一卷、尸子二卷疑一卷、
商君書五卷附考一卷、山海經十八卷)

320000－1607－0004115　10554

**敏果齋七種五十六卷**　（清）許乃釗編　清道
光刻本　十六冊

320000－1607－0004116　10570

**舊五代史一百五十卷**　（宋）薛居正等撰　清
同治十一年(1872)湖北崇文書局刻本　十
六冊

320000－1607－0004117　10586

**五代史七十四卷**　（宋）歐陽修撰　（宋）徐無
黨注　清同治十一年(1872)湖北崇文書局刻
本　八冊

320000－1607－0004118　10594

**遼史一百十五卷**　（元）脱脱等撰　清同治十
二年(1873)江蘇書局刻本　十二冊

320000－1607－0004119　10617

**隋書八十五卷**　（唐）魏徵等撰　清同治十年

(1871)淮南書局刻本　十二冊

320000－1607－0004120　10629

**晉書一百三十卷**　（唐）房玄齡等撰　**音義三
卷**　（唐）何超撰　清同治十年(1871)金陵書
局刻本　二十冊

320000－1607－0004121　10649

**欽定元史語解二十四卷**　清光緒四年(1878)
江蘇書局刻本　六冊

320000－1607－0004122　10655

**漢書辨疑二十二卷**　（清）錢大昭撰　清光緒
十三年(1887)廣雅書局刻本　五冊

320000－1607－0004123　10660

**欽定遼史語解十卷**　清光緒四年(1878)江蘇
書局刻本　二冊

320000－1607－0004124　10662

**御批歷代通鑑輯覽一百二十卷**　（清）傅恆等
編　清同治十一年(1872)湖北崇文書局刻本
五十冊

320000－1607－0004125　10728

**續古文辭類纂三十四卷**　王先謙輯　清光緒
十年(1884)行素草堂刻本　六冊

320000－1607－0004126　10734

**古文析義十六卷**　（清）林雲銘評注　清刻本
十六冊

320000－1607－0004127　10753

**出使日記六卷**　（清）薛福成撰　清光緒二十
四年(1898)刻本　六冊

320000－1607－0004128　10759

**出使日記續刻十卷**　（清）薛福成撰　清光緒
二十四年(1898)刻本　六冊

320000－1607－0004129　10769

**庸盦筆記六卷**　（清）薛福成撰　清光緒二十
四年(1898)刻本　十冊

320000－1607－0004130　10785

**式訓堂叢書四十一種一百六十二卷**　（清）章
壽康編　清光緒會稽章氏刻本　二十二冊
存二十二種九十卷(晉書地理志新補正五卷、

184

乾道臨安志十五卷附札記一卷、弟子職集解一卷、呂子校補二卷、竹汀先生日記鈔三卷、經籍跋文一卷、對策六卷、拜經樓藏書題跋記五卷附錄一卷、曝書雜記三卷、溉亭述古錄二卷、誌銘廣例二卷、金石例補二卷、春秋夏正二卷、家語疏證六卷、鍾山札記四卷、龍城札記三卷、平津館鑒藏記書籍三卷補遺一卷續編一卷、廉石居藏書記二卷、銅熨斗齋隨筆八卷、癖談六卷、疑年表三卷、後甲集二卷）

320000 - 1607 - 0004131　10807

**張子全書十五卷**　（宋）張載撰　（宋）朱熹注　清刻本　六冊

320000 - 1607 - 0004132　10813

**江蘇詩徵一百八十三卷**　（清）王豫輯　清道光元年(1821)刻本　十九冊

320000 - 1607 - 0004133　10832

**唐陸宣公集二十二卷**　（唐）陸贄撰　清同治五年(1866)楊岳斌問竹軒刻本　八冊

320000 - 1607 - 0004134　10848

**閱微草堂筆記二十四卷**　（清）紀昀撰　清嘉慶五年(1800)盛時彥刻本　十冊

320000 - 1607 - 0004135　10858

**十八家詩鈔二十八卷**　（清）曾國藩輯　清同治十三年(1874)傳忠書局刻本　二十八冊

320000 - 1607 - 0004136　10894

**弘正四傑詩集七十一卷**　（清）張祖同輯　清光緒二十一年(1895)湘雨樓刻本　十六冊

320000 - 1607 - 0004137　10910

**曾文正公集四十一卷**　（清）曾國藩撰　清同治十三年(1874)傳忠書局刻本　二十四冊

320000 - 1607 - 0004138　10934

**國朝文錄八十二卷**　（清）李祖陶輯　清道光十七年(1837)鳳儀書院刻本　三十八冊

320000 - 1607 - 0004139　10972

**續古文辭類纂三十四卷**　王先謙輯　清光緒十年(1884)行素草堂刻本　六冊

320000 - 1607 - 0004140　10978

**平園雜著內編十四卷**　（清）林有席撰　清道光六年(1826)刻本　六冊

320000 - 1607 - 0004141　10984

**唐陸宣公集二十四卷**　（唐）陸贄撰　清道光二十七年(1847)刻本　八冊

320000 - 1607 - 0004142　10992

**石司徒文集七卷**　（明）石應嶽撰　清光緒二十七年(1901)新羅書院刻本　八冊

320000 - 1607 - 0004143　11000

**瞿忠宣公集十卷**　（明）瞿式耜撰　清光緒十三年(1887)刻本　四冊

320000 - 1607 - 0004144　11004

**觀古堂集十二種二十卷**　葉德輝撰　清光緒葉氏觀古堂刻本　八冊

320000 - 1607 - 0004145　11012

**古文七種三十四卷**　（清）儲欣輯　清光緒九年(1883)刻本　二十四冊

320000 - 1607 - 0004146　11036

**文選六十卷**　（南朝梁）蕭統輯　（唐）李善注　考異十卷　（清）胡克家撰　清同治八年(1869)崇文書局刻本　二十四冊

320000 - 1607 - 0004147　11060

**國朝文錄續編六十五卷附四卷**　（清）李祖陶輯　清同治七年(1868)敖陽李氏刻本　三十二冊

320000 - 1607 - 0004148　11092

**文選六十卷**　（南朝梁）蕭統輯　（唐）李善注　考異十卷　（清）胡克家撰　清同治八年(1869)崇文書局刻本　二十冊

320000 - 1607 - 0004149　11117

**大梅山館集三十四卷**　（清）姚燮撰　清道光二十八年(1848)刻本　八冊

320000 - 1607 - 0004150　11125

**七家試帖輯註彙鈔不分卷**　（清）張熙宇輯評　（清）王植桂輯註　清光緒十二年(1886)刻本　八冊

320000 - 1607 - 0004151　11133

宋張宣公全集六十一卷　（宋）張栻撰　清咸豐四年(1854)刻本　五冊　存四十四卷(南軒文集全)

320000－1607－0004152　11152

吳梅村詩集箋注十八卷　（清）吳偉業撰（清）吳翌鳳箋注　清光緒十二年(1886)湖北書局刻本　十二冊

320000－1607－0004153　11164

目耕齋初集不分卷二集不分卷三集不分卷（清）沈叔眉輯　清刻本　六冊

320000－1607－0004154　11170

不慊齋漫存六卷　（清）徐賡陛撰　清光緒八年(1882)刻本　五冊

320000－1607－0004155　11175

不慊齋漫存六卷　（清）徐賡陛撰　清光緒八年(1882)刻本　六冊

320000－1607－0004156　11187

韻府群玉二十卷　（元）陰時夫輯　（元）陰中夫注　清刻本　八冊

320000－1607－0004157　11195

粵東三子詩鈔十四卷　（清）黃玉階輯　清道光二十二年(1842)廣州刻本　四冊

320000－1607－0004158　11199

滄溟詩集十四卷附一卷　（清）李攀龍撰　清光緒二十一年(1895)長沙張氏刻本　一百〇四冊

320000－1607－0004159　11209

庾子山集十六卷　（北周）庾信撰　（清）倪璠注　清道光十九年(1839)刻本　八冊

320000－1607－0004160　11234

徧行堂集十六卷　（明）釋澹歸撰　清宣統三年(1911)上海國學扶輪社鉛印本　八冊

320000－1607－0004161　11242

授堂遺書八種七十六卷附五種　（清）武億撰　清道光二十三年(1843)偃師武氏刻本　十六冊

320000－1607－0004162　11258

蓮舫全集十四卷　（清）李馨撰　清道光二十三年(1843)刻本　四冊

320000－1607－0004163　11262

椒生隨筆八卷　（清）王之春撰　清光緒七年(1881)刻本　四冊

320000－1607－0004164　11266

直齋書錄解題十八卷　（宋）陳振孫撰　清刻本　五冊

320000－1607－0004165　11285

初白庵詩評三卷附一卷　（清）張載華撰　清刻本　三冊

320000－1607－0004166　11288

司馬溫公文集十四卷　（宋）司馬光撰　清同治五年(1866)福州正誼書局刻正誼堂全書本　四冊

320000－1607－0004167　11292

柳河東集四十三卷別集二卷　（唐）柳宗元撰　清光緒刻本　八冊

320000－1607－0004168　11300

小謨觴館詩文集十五卷　（清）彭兆蓀撰　清同治十三年(1874)刻本　五冊

320000－1607－0004169　11305

躬厚堂全集二十六卷　（清）張金鏞撰　清光緒四年(1878)刻本　五冊

320000－1607－0004170　11311

冬青館甲集六卷乙集八卷　（清）張鑑撰　清道光十九年(1839)吳興劉氏刻本　六冊

320000－1607－0004171　11317

修本堂稿五卷附三卷　（清）林伯桐撰　清道光二十四年(1844)刻本　二冊

320000－1607－0004172　11319

嶺南集八卷　（清）杭世駿撰　校記一卷（清）蔡伯慈撰　清光緒七年(1881)學海堂刻本　二冊

320000－1607－0004173　11326

文選考異十卷　（清）胡克家撰　清同治八年(1869)崇文書局刻本　四冊

320000－1607－0004174　11330

楊園先生全集二十八卷　（清）張履祥撰　清
光緒十三年(1887)武昌呂氏刻本　六冊

320000－1607－0004175　11353

古文辭類纂七十四卷　（清）姚鼐輯　清嘉慶
十五年(1810)刻本　十二冊

320000－1607－0004176　11365

蘇詩查注補正四卷　（清）沈欽韓撰　清光緒
二十年(1894)廣雅書局刻本　二冊

320000－1607－0004177　11369

門存倡和詩鈔十卷續刻三卷　（清）陳伯弢等
撰　（清）周紀常輯　清光緒刻本　二冊

320000－1607－0004178　11380

蒼筤初集十六卷　（清）孫鼎臣撰　清咸豐五
年(1855)刻本　四冊

320000－1607－0004179　11384

南菁講舍文集六卷　（清）黃以周　繆荃孫輯
　清光緒十五年(1889)刻本　四冊

320000－1607－0004180　11388

東方兵事紀略五卷　（清）姚錫光撰　清光緒
二十三年(1897)刻本　五冊

320000－1607－0004181　11393

涇皋藏稿二十二卷　（明）顧憲成撰　清光緒
三年(1877)涇里宗祠刻顧端文公遺書本
六冊

320000－1607－0004182　11399

胡文忠公遺集八十六卷　（清）胡林翼撰　清
同治六年(1867)刻本　三十二冊

320000－1607－0004183　11430

剡源集三十卷　（元）戴表元撰　清道光二十
年(1840)上海郁氏刻宜稼堂叢書本　六冊

320000－1607－0004184　11440

胡文忠公遺集八卷　（清）胡林翼撰　清刻本
六冊

320000－1607－0004185　11447

武備輯要六卷　（清）□□撰　**續編十卷**
(清)許乃釗輯並批點　清道光十二年(1832)

刻本　四冊

320000－1607－0004186　11451

白香詞譜箋四卷　（清）舒夢蘭輯　（清）謝朝
徵箋　清光緒十一年(1885)刻本　四冊

320000－1607－0004187　11455

歷代名儒傳八卷　（清）朱軾　（清）蔡世遠輯
　清雍正四年(1726)刻本　四冊

320000－1607－0004188　11459

音學五書三十八卷　（清）顧炎武撰　清刻本
十二冊

320000－1607－0004189　11471

遲鴻軒詩棄四卷補遺一卷文棄二卷補遺一卷
詩續一卷文續一卷　（清）楊峴撰　清光緒十
九年(1893)吳興劉氏刻本　四冊

320000－1607－0004190　11481

洗冤錄詳義四卷首一卷　（清）許槤撰　清咸
豐四年(1854)刻本　三冊　存三卷(一、三、
首一卷)

320000－1607－0004191　11484

齊民要術十卷　（北魏）賈思勰撰　清光緒二
十二年(1896)桐廬袁氏漸西村舍刻漸西村舍
彙刊本　四冊

320000－1607－0004192　11488

李太白集三十卷　（唐）李白撰　清光緒十四
年(1888)湖北官書處刻本　四冊

320000－1607－0004193　11492

蘊愫閣詩文集四十四卷　（清）盛大士撰　清
道光元年(1821)刻本　十二冊

320000－1607－0004194　11504

小謨觴館詩集八卷詩續集二卷詩餘一卷文集
四卷文續集二卷　（清）彭兆蓀撰　清嘉慶十
一年(1806)刻本　四冊　存十一卷(詩集六
至八、詩續集二卷、文集四卷、文續集二卷)

320000－1607－0004195　11508

續古文辭類纂三十四卷　王先謙輯　清光緒
十年(1884)行素草堂刻本　八冊

320000－1607－0004196　11516

續古文辭類纂三十四卷　王先謙輯　清光緒八年(1882)長沙王氏刻本　七冊

320000 - 1607 - 0004197　11523

類林新詠三十六卷　(清)姚之駰撰　清刻本　五冊　存十二卷(一至十二)

320000 - 1607 - 0004198　11528

古唐詩合解十二卷　(清)王堯衢輯並注　清刻本　五冊

320000 - 1607 - 0004199　11533

測地繪圖十一卷附一卷　(英國)富路瑪撰 (英國)傅蘭雅口譯　(清)徐壽筆述　清刻本　四冊

320000 - 1607 - 0004200　11537

無邪堂答問五卷　(清)朱一新撰　清光緒二十一年(1895)廣雅書局刻本　五冊

320000 - 1607 - 0004201　11542

小學集解六卷　(清)張伯行撰　清同治六年(1867)湖北崇文書局刻本　三冊

320000 - 1607 - 0004202　11555

留春草堂詩鈔七卷　(清)伊秉綬撰　清嘉慶十九年(1814)廣州刻本　二冊

320000 - 1607 - 0004203　11557

紀效新書十八卷　(明)戚繼光撰　清咸豐三年(1853)刻本　六冊

320000 - 1607 - 0004204　11563

二思堂叢書六種　(清)梁章鉅撰　清光緒元年(1875)福州梁氏刻本　十六冊　存五種四十二卷(退庵隨筆九至二十二、南省公餘錄八卷、古格言十二卷、閩川閨秀詩話四卷、農候雜占四卷)

320000 - 1607 - 0004205　11579

闕里述聞十四卷　(清)鄭曉如撰　清同治七年(1868)廣州華文堂刻本　八冊

320000 - 1607 - 0004206　11587

人壽金鑑二十二卷　(清)程得齡輯　清光緒元年(1875)湖北崇文書局刻本　六冊

320000 - 1607 - 0004207　11593

九數存古九卷　(清)顧觀光撰　清光緒十八年(1892)江蘇書局刻本　四冊

320000 - 1607 - 0004208　11597

稽古錄二十卷　(宋)司馬光撰　清同治十一年(1872)湖北崇文書局刻本　四冊

320000 - 1607 - 0004209　11601

新刻昭明文選六十卷　(南朝梁)蕭統輯 (唐)李善注　清刻本　十六冊

320000 - 1607 - 0004210　11655

龍莊遺書十五卷　(清)汪輝祖撰　清光緒十五年(1889)江蘇書局刻本　六冊

320000 - 1607 - 0004211　11661

素問懸解十三卷　(清)黃元御撰　校餘偶識一卷　(清)馮承熙撰　清刻本　七冊

320000 - 1607 - 0004212　11668

檀几叢書初集五十卷二集五十卷　(清)王晫 (清)張潮編　清刻匯印本　十二冊

320000 - 1607 - 0004213　11684

音學五書三十八卷　(清)顧炎武撰　清光緒十六年(1890)長沙思賢書局刻本　十一冊

320000 - 1607 - 0004214　11695

彙纂功過格十二卷末一卷　(□)□□撰　清光緒十年(1884)刻本　十冊

320000 - 1607 - 0004215　11705

懷幽園十一種不分卷　(清)羅聘等撰　清光緒至宣統刻本　六冊

320000 - 1607 - 0004216　11711

南華真經副墨八卷　(明)陸西星撰　清光緒十一年(1885)刻本　六冊

320000 - 1607 - 0004217　11735

紀效新書十八卷　(明)戚繼光撰　清嘉慶二十四年(1819)刻本　六冊

320000 - 1607 - 0004218　11745

金石錄三十卷　(宋)趙明誠撰　清刻本　八冊

320000 - 1607 - 0004219　11753

五子近思錄發明十四卷 （清）施璜撰 清同治三年(1864)刻本 八冊

320000－1607－0004220 11761

莊子內編註四卷 （明）釋德清撰 清光緒十四年(1888)金陵刻經處刻本 二冊

320000－1607－0004221 11763

御製數理精蘊表八卷 （清）何國宗 （清）梅毅成編 清光緒八年(1882)刻本 十冊

320000－1607－0004222 11773

水雷秘要五卷圖一卷 （英國）史理孟撰 舒高第口譯 （清）鄭昌棪筆述 清光緒六年(1880)刻本 六冊

320000－1607－0004223 11779

水雷秘要五卷圖一卷 （英國）史理孟撰 舒高第口譯 （清）鄭昌棪筆述 清光緒六年(1880)刻本 六冊

320000－1607－0004224 11785

靜志居詩話二十四卷 （清）朱彝尊撰 清嘉慶二十四年(1819)扶荔山房刻本 六冊

320000－1607－0004225 11801

達觀堂詩話八卷 （清）張晉本撰 清同治十二年(1873)刻本 四冊

320000－1607－0004226 11805

管子二十四卷 清光緒元年(1875)湖北崇文書局刻本 四冊

320000－1607－0004227 11809

焦氏易林四卷 題（漢）焦贛撰 清光緒元年(1875)湖北崇文書局刻子書百家本 四冊

320000－1607－0004228 11813

御批歷代通鑑輯覽一百二十卷 （清）傅恆等編 清同治十一年(1872)湖北崇文書局刻本 六十冊

320000－1607－0004229 11873

漢書一百二十卷 （漢）班固撰 （唐）顏師古注 清光緒十三年(1887)金陵書局刻本 十六冊

320000－1607－0004230 11889

宋書一百卷 （南朝梁）沈約撰 清同治十一年(1872)金陵書局刻本 十六冊

320000－1607－0004231 11905

梁書五十六卷 （唐）姚思廉撰 清同治十三年(1874)金陵書局刻本 八冊

320000－1607－0004232 11913

御製數理精蘊上編五卷 （清）聖祖玄燁撰 清光緒八年(1882)刻本 四冊

320000－1607－0004233 11917

篆學瑣著三十種 （清）顧湘編 清道光二十年(1840)海虞顧氏刻本 八冊

320000－1607－0004234 11925

史記一百三十卷 （漢）司馬遷撰 （南朝宋）裴駰集解 （唐）司馬貞索隱 （宋）張守節正義 清光緒十八年(1892)武林竹簡齋石印二十四史本 八冊

320000－1607－0004235 11933

宋書一百卷 （南朝梁）沈約撰 清光緒十八年(1892)武林竹簡齋石印二十四史本 六冊

320000－1607－0004236 11939

魏書一百三十卷 （北齊）魏收撰 清光緒十八年(1892)武林竹簡齋石印二十四史本 八冊

320000－1607－0004237 11947

魏書一百十四卷 （北齊）魏收撰 清同治十一年(1872)金陵書局刻本 二十冊

320000－1607－0004238 11967

魏書一百十四卷 （北齊）魏收撰 清同治十一年(1872)金陵書局刻本 二十冊

320000－1607－0004239 11987

舊唐書二百卷 （五代）劉昫撰 清同治十一年(1872)浙江書局刻本 三十冊

320000－1607－0004240 12017

晉書一百三十卷 （唐）房玄齡等撰 音義三卷 （唐）何超撰 清同治十年(1871)金陵書局刻本 二十冊

320000－1607－0004241 12037

史記一百三十卷　（漢）司馬遷撰　清同治九年(1870)金陵書局刻本　二十冊

320000－1607－0004242　12057

金史一百三十五卷　（元）脫脫等撰　清同治十三年(1874)江蘇書局刻本　二十二冊

320000－1607－0004243　12079

南史八十卷　（唐）李延壽撰　清同治十一年(1872)金陵書局刻本　十二冊

320000－1607－0004244　12091

代數難題解法十六卷　（英國）倫德輯　（英國）傅蘭雅口譯　（清）華蘅芳筆述　清光緒刻本　六冊

320000－1607－0004245　12097

增刪算法統宗十一卷首一卷附一卷　（明）程大位輯　（明）梅毂成增刪　清光緒三年(1877)江南機器製造局刻本　四冊

320000－1607－0004246　12101

增刪算法統宗十一卷首一卷附一卷　（明）程大位輯　清光緒三年(1877)江南機器製造局刻本　四冊

320000－1607－0004247　12105

後漢書一百二十卷　（南朝宋）范曄撰　（唐）李賢等注　（晉）司馬彪續撰　（南朝梁）劉昭補注　清同治十二年(1873)嶺東使署刻本　十六冊

320000－1607－0004248　12121

晉書一百三十卷　（唐）房玄齡等撰　**音義三卷**　（唐）何超撰　清同治十年(1871)金陵書局刻本　九冊

320000－1607－0004249　12130

宋書一百卷　（南朝梁）沈約撰　清同治十一年(1872)金陵書局刻本　十六冊

320000－1607－0004250　12146

後漢書一百二十卷　（南朝宋）范曄撰　（唐）李賢等注　（晉）司馬彪續撰　（南朝梁）劉昭補注　清光緒十四年(1888)上海圖書集成印書局鉛印欽定二十四史本　三十二冊

190

320000－1607－0004251　12178

後漢書辨疑十一卷　（清）錢大昭撰　清光緒十四年(1888)廣雅書局刻本　二冊

320000－1607－0004252　12180

續後漢書辨疑九卷　（清）錢大昭撰　清光緒十四年(1888)廣雅書局刻本　一冊

320000－1607－0004253　12181

舊唐書逸文十二卷　（清）岑建功輯　清道光二十八年(1848)岑建功刻同治十一年(1872)定遠方氏重印本　二冊

320000－1607－0004254　12183

紹興先正遺書甲集八種一百二十四卷　（清）徐友蘭輯　清光緒會稽徐氏鑄學齋刻本　三十二冊

320000－1607－0004255　12219

新刊釋氏十三經三十四卷　（清）吳坤修輯　清同治七年(1868)刻本　十一冊　存十種三十一卷(圓覺經二卷、楞嚴經十卷、楞伽經四卷、維摩詰經三卷、無量壽經一卷、阿彌陀經一卷、觀無量壽經一卷、金剛經一卷、多心經一卷、妙法蓮華經七卷)

320000－1607－0004256　12230

南軒文集四十四卷　（宋）張栻撰　清咸豐四年(1854)綿邑南軒祠刻本　六冊

320000－1607－0004257　12236

池北偶談二十六卷　（清）王士禛撰　清光緒七年(1881)桐陰山館刻本　八冊

320000－1607－0004258　12265

船山遺書二百三十五卷　（清）王夫之撰　清同治四年(1865)刻本　十二冊

320000－1607－0004259　12377

二十二史紀事提要八卷　（清）吳綏撰　清嘉慶元年(1796)刻本　八冊

320000－1607－0004260　12385

杜詩集說十九卷附外詩一卷　（清）江浩然輯　清刻本　十八冊

320000－1607－0004261　12403

嶺南三大家詩選二十四卷 （清）王隼輯 清同治七年(1868)南海陳氏刻本 三冊

320000－1607－0004262 12406
婚禮通考二十四卷 （清）曹庭棟撰 清刻本 八冊

320000－1607－0004263 12420
癸巳存稿十五卷 （清）俞正燮撰 清光緒十年(1884)湖南刻本 五冊

320000－1607－0004264 12425
續指月錄十二卷首一卷 （清）聶先輯 清光緒十二年(1886)金陵刻經處刻本 四冊

320000－1607－0004265 12429
欽定康濟錄四卷 （清）倪國璉撰 清同治八年(1869)湖北崇文書局刻本 四冊

320000－1607－0004266 12433
全唐詩鈔補遺十六卷 （清）吳成儀輯 清刻本 四冊

320000－1607－0004267 12437
原富八卷 （英國）斯密亞丹撰 嚴復譯 清光緒二十七年(1901)南洋公學譯書院刻本 七冊

320000－1607－0004268 12446
藝風堂藏書記八卷 繆荃孫撰 清光緒二十六年(1900)刻本 二冊

320000－1607－0004269 12451
陳氏東塾叢書五種三十一卷 （清）陳澧編 清咸豐至光緒刻本 八冊

320000－1607－0004270 12459
思無邪齋詩存八卷 （清）宮爾鐸撰 清光緒十三年(1887)刻本 二冊

320000－1607－0004271 12461
爾爾書屋詩草八卷 （清）史夢蘭撰 清光緒元年(1875)刻本 二冊

320000－1607－0004272 12463
閱微草堂筆記擇要五卷 （清）紀昀撰 （清）籜園居士輯 清光緒十五年(1889)泉唐沈氏刻本 二冊

320000－1607－0004273 12465
亞美利加洲通史不分卷 （清）戴彬編譯 清光緒二十八年(1902)商務印書館鉛印歷史叢書本 二冊

320000－1607－0004274 12467
日本中興先覺志二卷 （日本）岡本監輔撰 清光緒二十七年(1901)刻本 二冊

320000－1607－0004275 12469
養蒙金鑑二卷 （清）林之望輯 清光緒元年(1875)瞿廷韶鄂垣藩署刻本 二冊

320000－1607－0004276 12475
魏文貞故事拾遺三卷附年譜一卷 （清）王先恭輯 清光緒九年(1883)長沙王氏刻本 二冊

320000－1607－0004277 12477
晏子春秋八卷 清光緒元年(1875)湖北崇文書局刻子書百家本 二冊

320000－1607－0004278 12479
冶金錄三卷 （美國）阿發滿撰 （英國）傅蘭雅譯 （清）趙元益筆述 清刻本 二冊

320000－1607－0004279 12483
器象顯真四卷 （英國）白力蓋輯 （英國）傅蘭雅口譯 （清）徐建寅刪述 清光緒刻本 二冊

320000－1607－0004280 12485
陳司業遺書三卷 （清）陳祖范撰 清光緒十七年(1891)廣雅書局刻本 二冊

320000－1607－0004281 12487
安般簃集十卷附一卷 （清）袁昶撰 清光緒十六年(1890)小漚巢刻本 三冊

320000－1607－0004282 12490
黃帝內經靈樞十二卷 （□）□□撰 清光緒三年(1877)刻本 二冊

320000－1607－0004283 12492
韻歧四卷 （清）江昱撰 清光緒七年(1881)刻本 二冊

320000－1607－0004284 12494

瑤華閣詩草二卷詞草二卷補遺一卷　（清）袁綬撰　清同治六年（1867）刻本　四冊

320000－1607－0004285　12504

羅花岡詩集八卷　（清）張望撰　清同治三年（1864）刻本　二冊

320000－1607－0004286　12506

駱文忠公自訂年譜二卷　（清）駱秉章撰　清光緒二十一年（1895）思賢書局刻本　二冊

320000－1607－0004287　12510

蔡中郎集二卷　（漢）蔡邕撰　清光緒十八年（1892）刻本　二冊

320000－1607－0004288　12512

國朝畫徵錄三卷續錄二卷　（清）張庚撰　清刻本　二冊

320000－1607－0004289　12514

八銘塾鈔二集詳注四卷　（清）吳懋政輯　清光緒二十一年（1895）希樸齋刻本　四冊

320000－1607－0004290　12518

八銘塾鈔二集詳注四卷　（清）吳懋政輯　清光緒二十一年（1895）希樸齋刻本　四冊

320000－1607－0004291　12522

練兵實紀九卷雜集六卷　（明）戚繼光撰　清嘉慶二十四年（1819）刻本　四冊

320000－1607－0004292　12528

柈湖詩錄一卷　（清）吳敏樹撰　清光緒十九年（1893）思賢書局刻本　四冊

320000－1607－0004293　12532

洗冤錄詳義四卷首一卷　（清）許槤撰　清咸豐六年（1856）刻本　四冊

320000－1607－0004294　12536

補注洗冤錄集證六卷附刊三卷　（清）王又槐輯　清光緒八年（1882）刻本　六冊

320000－1607－0004295　12542

阿彌陀經疏鈔四卷　（明）釋袾宏撰　清光緒十八年（1892）金陵刻經處刻本　五冊

320000－1607－0004296　12547

出使公牘十卷　（清）薛福成撰　清光緒二十四年（1898）傳經堂刻本　十冊

320000－1607－0004297　12557

人譜六卷　（明）劉宗周撰　清咸豐十年（1860）麗澤書屋刻本　六冊

320000－1607－0004298　12563

省軒考古類編十二卷　（清）柴紹炳撰　清刻本　六冊

320000－1607－0004299　12569

海塘輯要十卷首一卷　（英國）韋更斯撰　（英國）傅蘭雅口譯　（清）趙元益述　清同治六年（1867）江南製造局刻本　二冊

320000－1607－0004300　12571

格致古微六卷　（清）王仁俊撰　清光緒二十二年（1896）吳縣王氏籀鄦誃刻本　四冊

320000－1607－0004301　12575

英國水師考不分卷　（英國）巴那比　（美國）克理撰　（英國）傅蘭雅譯　（清）鍾天緯譯　清光緒十二年（1886）上海機器製造局鉛印本　四冊

320000－1607－0004302　12583

大佛頂首楞嚴經正脈疏四十卷　（清）釋真鑑撰　清光緒二十二年（1896）金陵刻經處刻本　十四冊

320000－1607－0004303　12597

潛夫論十卷　（漢）王符撰　（清）汪繼培箋　清光緒十七年（1891）思賢講舍刻本　四冊

320000－1607－0004304　12601

石渠餘記六卷　（清）王慶雲撰　清光緒鉛印本　六冊

320000－1607－0004305　12623

日本國志四十卷首一卷　（清）黃遵憲撰　清光緒二十四年（1898）浙江書局刻本　十冊

320000－1607－0004306　12633

唐詩別裁集引典備註二十卷　（清）沈德潛輯　（清）俞汝昌註　清大文堂刻本　十二冊

320000－1607－0004307　12645

名醫類案十二卷　（明）江瓘撰　（明）江應宿
增補　清同治十年(1871)刻本　十冊

320000－1607－0004308　12655

法苑珠林一百卷　（唐）釋道世撰　清光緒三
年(1877)常熟三峰寺刻本　三十二冊

320000－1607－0004309　12687

徐雨峰中丞勘語四卷　（清）徐士林撰　清光
緒三十二年(1906)李祖年聖譯樓刻本　四冊

320000－1607－0004310　12691

列子八卷　（晉）張湛注　（唐）殷敬順釋文
清光緒二年(1876)浙江書局刻本　六冊

320000－1607－0004311　12697

新三角問題正解十一卷　（清）薛光錡撰　清
光緒三十年(1904)怡文軒鉛印本　四冊

320000－1607－0004312　12701

四朝聞見錄五卷　（宋）葉紹翁撰　清嘉慶十
九年(1814)留香室刻本　四冊

320000－1607－0004313　12705

黃帝內經靈樞注證發微九卷補遺一卷　（明）
馬蒔撰　清嘉慶十年(1805)刻本　八冊

320000－1607－0004314　12713

老子翼八卷　（明）焦竑輯　清光緒二十一年
(1895)刻本　四冊

320000－1607－0004315　12717

淮南子二十一卷　（漢）劉安撰　清光緒二年
(1876)浙江書局刻本　八冊

320000－1607－0004316　12723

莊子十卷　（晉）郭象撰　清光緒二年(1876)
浙江書局刻二十二子本　四冊

320000－1607－0004317　12728

莊子十卷　（晉）郭象撰　清光緒二年(1876)
浙江書局刻二十二子本　四冊

320000－1607－0004318　12732

新斠注地理志十六卷　（清）錢坫撰　清刻本
　四冊

320000－1607－0004319　12766

黃葉邨莊詩集八卷續集一卷後集一卷　（清）
吳之振撰　清光緒四年(1878)刻本　四冊

320000－1607－0004320　12774

顧亭林先生遺書十八種三十七卷　（清）顧炎
武撰　清蓬瀛閣刻光緒十一年(1885)增刻本
　十四冊

320000－1607－0004321　12788

歷代史論一編四卷　（明）張溥撰　清光緒十
八年(1892)學海堂刻本　二冊

320000－1607－0004322　12793

宗忠簡公集八卷　（宋）宗澤撰　清光緒二十
三年(1897)忠武堂刻本　五冊

320000－1607－0004323　12798

讀史舉正八卷　（清）張熷撰　清光緒十七年
(1891)廣雅書局刻本　二冊

320000－1607－0004324　12800

尸子二卷存疑一卷　清嘉慶十七年(1812)蕭
山陳氏湖海樓刻湖海樓叢書本　二冊

320000－1607－0004325　12802

聽雨齋詩集十二卷　（清）吳照撰　清刻本
二冊

320000－1607－0004326　12804

蘿藦亭劄記八卷　（清）喬松年撰　清同治十
二年(1873)刻本　四冊

320000－1607－0004327　12810

荒政輯要九卷首一卷　（清）汪志伊撰　清同
治八年(1869)湖北崇文書局刻本　二冊

320000－1607－0004328　12812

歷代史論十二卷　（明）張溥撰　清光緒五年
(1879)刻本　四冊

320000－1607－0004329　12832

五緯捷算四卷　（清）黃炳垕撰　清光緒四年
(1878)刻本　一冊

320000－1607－0004330　12833

測地志要四卷　（清）黃炳垕撰　清同治六年
(1867)刻本　一冊

320000 - 1607 - 0004331　12834

梅村集外詩一卷　（清）吳偉業撰　清道光二十五年(1845)刻婁東雜著續刊本　一冊

320000 - 1607 - 0004332　12835

近世陸軍不分卷　（清）陶森甲撰　清光緒二十八年(1902)上海商務印書館鉛印本　一冊

320000 - 1607 - 0004333　12836

亞東各國約章一卷　（清）陳肇章譯　清光緒二十九年(1903)湖北洋務譯書局刻本　一冊

320000 - 1607 - 0004334　12837

歷代史論一編四卷　（明）張溥撰　清光緒九年(1883)刻本　一冊　存二卷(一至二)

320000 - 1607 - 0004335　12839

遊藝錄三卷　（清）李沺撰　清光緒十二年(1886)刻本　一冊

320000 - 1607 - 0004336　12840

定峰文選二卷　（清）沙張白撰　清光緒二十四年(1898)江陰王氏重思齋石印本　一冊

320000 - 1607 - 0004337　12841

奉天錄四卷　（唐）趙元一撰　清光緒十七年(1891)刻本　一冊

320000 - 1607 - 0004338　12844

江楚會奏變法第三摺一卷　（清）劉坤一（清）張之洞撰　清光緒二十七年(1901)刻本　一冊

320000 - 1607 - 0004339　12845

菩提資糧論六卷　（隋）釋達摩笈多譯　清宣統三年(1911)常州天寧寺刻本　一冊

320000 - 1607 - 0004340　12848

揚子江籌防芻議一卷　（德國）雷諾撰　（清）張永熞譯　清光緒二十二年(1896)石印本　一冊

320000 - 1607 - 0004341　12849

勸學篇二卷　（清）張之洞撰　清光緒二十四年(1898)中江書院刻本　一冊

320000 - 1607 - 0004342　12850

蒙齋[田文]年譜一卷續一卷　（清）田雯撰

補一卷　（清）田肇麗撰　清刻本　一冊

320000 - 1607 - 0004343　12851

曇桐廬算賸一卷　（清）方貞元撰　清光緒二十五年(1899)吳興劉氏嘉業堂刻本　一冊

320000 - 1607 - 0004344　12853

史通通釋二十卷　（清）浦起龍撰　清刻本　一冊

320000 - 1607 - 0004345　12854

易圖略八卷　（清）焦循撰　清嘉慶十八年(1813)刻本　一冊

320000 - 1607 - 0004346　12855

百獸圖說一卷　（清）韋門道氏撰　清光緒八年(1882)刻本　一冊

320000 - 1607 - 0004347　12857

蒙古西域諸國錢譜四卷　（清）陳其鏞譯　清宣統三年(1911)鉛印振綺堂叢書本　一冊

320000 - 1607 - 0004348　12858

宋詩略十八卷　（清）汪景龍等輯　清刻本　六冊

320000 - 1607 - 0004349　12864

金山錢氏家刻書目十卷　（清）錢培蓀輯　清光緒四年(1878)刻本　四冊

320000 - 1607 - 0004350　12868

易通釋二十卷　（清）焦循撰　清嘉慶十八年(1813)刻本　八冊

320000 - 1607 - 0004351　12876

國朝畫徵錄三卷續錄二卷　（清）張庚撰　清刻本　二冊

320000 - 1607 - 0004352　12878

墨子十五卷　王闓運注　清光緒三十年(1904)江西官書局刻本　四冊

320000 - 1607 - 0004353　12882

日本地理志一卷　（日本）中村五六撰　（日本）頓野廣太郎補　王國維譯　清光緒二十七年(1901)商務印書館鉛印本　一冊

320000 - 1607 - 0004354　12883

法國黃皮書不分卷(上海撤兵冊) (清)曾仰東譯 清光緒二十九年(1903)湖北洋務譯書局刻本 一冊

320000－1607－0004355 12884

英國藍皮書上海撤兵冊不分卷 (清)鄭貞來譯 清光緒二十九年(1903)湖北洋務譯書局刻本 一冊

320000－1607－0004356 12885

仁王護國般若波羅密經二卷 (後秦)釋鳩摩羅什譯 清光緒刻本 一冊

320000－1607－0004357 12888

龍舒淨土文十卷 (宋)王日休撰 清光緒維揚藏經院刻本 一冊

320000－1607－0004358 12889

禮耕堂叢說一卷 (清)施國祁撰 清宣統三年(1911)鉛印本 一冊

320000－1607－0004359 12890

揚子法言十三卷 (漢)揚雄撰 (晉)李軌注 清光緒二年(1876)浙江書局刻二十二子本 一冊

320000－1607－0004360 12891

孔子家語原注十卷 (三國魏)王肅注 清同治十二年(1873)善成堂刻本 二冊

320000－1607－0004361 12898

勸學篇二卷 (清)張之洞撰 清光緒二十四年(1898)江蘇書局刻本 一冊

320000－1607－0004362 12906

元詩選六卷補遺一卷 (清)顧奎光輯 清刻本 三冊 存五卷(一至五)

320000－1607－0004363 12909

邵武徐氏叢書初刻十四種 (清)徐幹編 清光緒邵武徐氏刻本 二十冊

320000－1607－0004364 12929

山海經圖贊二卷 (晉)郭璞撰 (清)嚴可均輯 清光緒二十一年(1895)長沙葉氏郎園刻郎園先生全集本 四冊

320000－1607－0004365 12933

出使英法義比四國日記六卷 (清)薛福成撰 清光緒二十四年(1898)無錫傳經樓刻本 五冊 存五卷(二至六)

320000－1607－0004366 12940

悟真篇五卷 (清)仇兆鰲輯 清同治十二年(1873)刻本 三冊

320000－1607－0004367 12943

夏小正一卷 (清)張爾岐輯 清刻本 一冊

320000－1607－0004368 12944

夏小正注解摘要一卷 (清)閔寶樑輯 清光緒七年(1881)活字印本 一冊

320000－1607－0004369 12945

地理全志不分卷 (英國)慕維廉撰 清光緒九年(1883)上海美華書館鉛印本 一冊

320000－1607－0004370 12946

天方典禮擇要解二十卷後編一卷 (清)劉智撰 清宣統三年(1911)上海著易堂鉛印本 四冊

320000－1607－0004371 12954

對數便讀六卷首一卷 (清)程錫類輯 清光緒綠慎堂刻本 一冊

320000－1607－0004372 12958

環遊地球新錄四卷 (清)李圭撰 清光緒四年(1878)刻本 四冊

320000－1607－0004373 12962

弧角三術二卷 (清)劉鶚撰 清光緒刻本 一冊

320000－1607－0004374 12963

算草叢存四卷 (清)華蘅芳撰 清光緒十九年(1893)刻本 一冊

320000－1607－0004375 12965

算草叢存四卷 (清)華蘅芳撰 清光緒十九年(1893)刻本 二冊

320000－1607－0004376 12967

金剛般若經疏一卷 (隋)釋智顗說 清光緒三十三年(1907)金陵刻經處刻本 一冊

320000－1607－0004377　12975

**牧令書輯要十卷**　（清）徐棟輯　（清）丁日昌重輯　清同治七年(1868)江蘇書局刻本十冊

320000－1607－0004378　12985

**稱謂錄三十二卷**　（清）梁章鉅撰　清光緒十年(1884)梁恭辰刻本　八冊

320000－1607－0004379　12993

**東遊日記一卷**　（清）黃慶澄撰　清光緒二十年(1894)刻本　一冊

320000－1607－0004380　12994

**龍舒淨土文十卷**　（宋）王日休撰　清光緒維揚藏經院刻本　一冊

320000－1607－0004381　12995

**三通序不分卷**　（清）□□輯　清光緒十九年(1893)雙門底文英閣刻本　一冊

320000－1607－0004382　12996

**輪輿私箋二卷附錄一卷**　（清）鄭珍撰　清同治七年(1868)刻本　一冊

320000－1607－0004383　12999

**謝光祿集一卷**　（南朝宋）謝莊撰　清光緒十八年(1892)刻本　一冊

320000－1607－0004384　13000

**南齊竟陵王集二卷**　（南朝齊）蕭子良撰　清光緒十八年(1892)刻漢魏六朝百三名家集本　一冊

320000－1607－0004385　13001

**袁陽源集一卷**　（南朝宋）袁淑撰　清光緒十八年(1892)刻本　一冊

320000－1607－0004386　13002

**梁簡文帝集二卷**　（南朝梁）蕭綱撰　（明）張溥閱　清光緒十八年(1892)刻本　一冊　存一卷(一)

320000－1607－0004387　13004

**仁學二卷**　（清）譚嗣同撰　清刻本　一冊

320000－1607－0004388　13005

**顏光祿集一卷**　（南朝宋）顏延之撰　清光緒十八年(1892)刻本　一冊

320000－1607－0004389　13007

**何衡陽集一卷**　（南朝宋）何承天撰　清光緒十八年(1892)刻本　一冊

320000－1607－0004390　13008

**宋傅光祿集一卷**　（南朝宋）傅亮撰　清光緒十八年(1892)刻本　一冊

320000－1607－0004391　13009

**謝康樂集二卷**　（南朝宋）謝靈運撰　清光緒十八年(1892)刻本　一冊

320000－1607－0004392　13010

**梵隱堂詩存五卷**　（清）釋祖觀撰　清同治六年(1867)通濟盦刻本　一冊

320000－1607－0004393　13012

**金剛決疑一卷般若波羅蜜多心經直說一卷**　（明）釋德清撰　清陳寶晉刻本　一冊

320000－1607－0004394　13013

**財政四綱不分卷**　（清）錢恂撰　清光緒二十七年(1901)鉛印本　一冊

320000－1607－0004395　13015

**集注太玄四卷**　（宋）司馬光集注　清光緒元年(1875)湖北崇文書局刻本　一冊

320000－1607－0004396　13016

**東遊日記四卷**　（清）袁大化撰　清宣統元年(1909)活字印本　一冊

320000－1607－0004397　13017

**性理字訓一卷**　（宋）程端蒙撰　（宋）程若庸補輯　清刻本　一冊

320000－1607－0004398　13018

**王臨川全集一百卷**　（宋）王安石撰　清刻本　十六冊

320000－1607－0004399　13034

**元詩選六卷補遺一卷**　（清）顧奎光輯　清刻本　四冊

320000－1607－0004400　13038

**管子二十四卷**　（唐）房玄齡注　（明）劉績補

注　清光緒二年(1876)浙江書局刻二十二子
本　六冊

320000－1607－0004401　13044
國朝耆獻類徵初編七百二十卷　(清)李桓
輯　清光緒十年(1884)湘陰李氏刻本
二冊

320000－1607－0004402　13344
禮記天算釋一卷　(清)孔廣牧撰　清光緒七
年(1881)刻本　一冊

320000－1607－0004403　13345
握奇經三卷　(漢)公孫弘解　清光緒元年
(1875)湖北崇文書局刻本　一冊

320000－1607－0004404　13346
商子五卷　清光緒元年(1875)湖北崇文書局
刻子書百家本　一冊

320000－1607－0004405　13347
文昌雜錄六卷補遺一卷　(宋)龐元英撰　清
刻本　一冊

320000－1607－0004406　13348
樊子一卷　(唐)樊宗師撰　清咸豐十年
(1860)刻本　一冊

320000－1607－0004407　13349
天文圖說四卷　(英國)柯雅各撰　(美國)摩
嘉立　(美國)薛承恩譯　清光緒九年(1883)
益智書會刻本　一冊

320000－1607－0004408　13350
天文圖說四卷　(英國)柯雅各撰　(美國)摩
嘉立　(美國)薛承恩譯　清光緒九年(1883)
益智書會刻本　一冊

320000－1607－0004409　13352
大乘百法明門論一卷　(明)釋廣益纂釋　清
咸豐八年(1858)刻本　一冊

320000－1607－0004410　13353
西方公據二卷　(清)彭際清撰　清刻本
一冊

320000－1607－0004411　13354
漢魏六朝志墓金石例三卷唐人志墓諸例一卷

(清)吳鎬撰　清嘉慶十七年(1812)刻本
一冊

320000－1607－0004412　13355
齊民要術十卷　(北魏)賈思勰撰　清光緒元
年(1875)湖北崇文書局刻本　四冊

320000－1607－0004413　13359
說文偏旁考二卷　(清)吳照撰　清刻本
一冊

320000－1607－0004414　13361
勸學篇二卷　(清)張之洞撰　清光緒二十四
年(1898)兩湖書院刻本　一冊

320000－1607－0004415　13363
愙齋集古錄釋文賸稿一卷　(清)吳大澂撰
清光緒十三年(1887)商務印書館石印本
一冊

320000－1607－0004416　13365
槐廬叢書初編十四種二十三卷　(清)朱記榮
編　清光緒吳縣朱氏槐廬家塾刻本　十二冊

320000－1607－0004417　13366
槐廬叢書二編十八種五十八卷　(清)朱記榮
編　清光緒吳縣朱氏槐廬家塾刻本　二十冊

320000－1607－0004418　13400
國際公法志一卷　蔡鍔編譯　清光緒二十八
年(1902)廣智書局鉛印本　一冊

320000－1607－0004419　13401
議會政黨論不分卷　(日本)菊池學而撰　上
海商務印書館譯　清光緒二十九年(1903)商
務印書館鉛印政學叢書本　一冊

320000－1607－0004420　13402
各國憲法源泉三種合編不分卷　(德國)挨里
捏克撰　(清)林萬里等譯　清光緒三十四年
(1908)中國圖書公司上海鉛印本　一冊

320000－1607－0004421　13406
浪跡叢談十一卷　(清)梁章鉅撰　清道光二
十五年(1845)刻本　三冊

320000－1607－0004422　13409
賦學正鵠十卷　(清)李元度輯　清光緒十一

年(1885)石渠山房刻本　八冊

320000－1607－0004423　13424
歸方評點史記合筆六卷　（清）王拯輯　清光緒元年(1875)刻本　四冊

320000－1607－0004424　13428
內河行輪章程不分卷　（英國）赫德撰　清光緒二十四年(1898)刻本　一冊

320000－1607－0004425　13430
碧血錄五卷　（清）莊仲方撰　清石印本五冊

320000－1607－0004426　13435
盍山文錄八卷詩錄二卷　（清）顧雲撰　清同治刻本　四冊

320000－1607－0004427　13455
比利時國法條論五卷　（清）曾仰東譯　清光緒二十九年(1903)湖北洋務譯書局刻本一冊

320000－1607－0004428　13456
新刑律修正案匯錄一卷　勞乃宣輯　清宣統三年(1911)鉛印本　一冊

320000－1607－0004429　13457
新刑律修正案匯錄一卷　勞乃宣輯　清宣統三年(1911)鉛印本　一冊

320000－1607－0004430　13458
日本法規解字不分卷　（清）錢恂等編　清光緒三十三年(1907)上海商務印書館鉛印本一冊

320000－1607－0004431　13460
槐廬叢書三編八種四十五卷　（清）朱記榮編　清光緒吳縣朱氏槐廬家塾刻本　十六冊

320000－1607－0004432　13476
槐廬叢書四編九種四十二卷　（清）朱記榮編　清光緒吳縣朱氏槐廬家塾刻本　十六冊

320000－1607－0004433　13496
勾股六術一卷附勾股附表一卷　（清）項名達撰　清光緒三年(1877)江南機器製造局刻本一冊

320000－1607－0004434　13497
九數外錄一卷　（清）顧觀光撰　清光緒三年(1877)江南機器製造局刻本　一冊

320000－1607－0004435　13498
九數外錄一卷　（清）顧觀光撰　清光緒三年(1877)江南機器製造局刻本　一冊

320000－1607－0004436　13499
漸西邨人詩十六卷　（清）袁昶撰　清光緒十六年(1890)鉛印本　四冊

320000－1607－0004437　13507
兵船礮法六卷　（美國）美國水師書院編（美國）金楷理口譯　（清）朱恩錫筆述（清）李鳳苞刪潤　清光緒刻本　二冊

320000－1607－0004438　13509
兵船礮法六卷　（美國）美國水師書院編（美國）金楷理口譯　（清）朱恩錫筆述（清）李鳳苞刪潤　清光緒刻本　三冊

320000－1607－0004439　13512
礮乘新法三卷首一卷圖一卷　（英國）製造官局撰　舒高第口譯　（清）鄭昌棪筆述　清石印本　六冊

320000－1607－0004440　13518
九數外錄一卷　（清）顧觀光撰　清光緒三年(1877)江南機器製造局刻本　一冊

320000－1607－0004441　13520
北齊書五十卷　（唐）李百藥撰　清同治十三年(1874)金陵書局刻本　四冊

320000－1607－0004442　13524
南齊書五十九卷　（南朝梁）蕭子顯撰　清同治十三年(1874)金陵書局刻本　六冊

320000－1607－0004443　13530
周書五十卷　（唐）令狐德棻等撰　清同治十三年(1874)金陵書局刻本　四冊

320000－1607－0004444　13534
歷代史表五十九卷　（清）萬斯同撰　清光緒十五年(1889)廣雅書局刻本　六冊

320000－1607－0004445　13540

梁書五十六卷 （唐）姚思廉撰 清同治十三年（1874）金陵書局刻本 六冊

320000－1607－0004446 13546

陳書三十六卷 （唐）姚思廉撰 清同治十一年（1872）金陵書局刻本 八冊

320000－1607－0004447 13576

三國志六十五卷 （晉）陳壽撰 （南朝宋）裴松之注 清光緒十三年（1887）江南書局刻本 八冊

320000－1607－0004448 13584

三國志六十五卷 （晉）陳壽撰 （南朝宋）裴松之注 清光緒二十年（1894）嶺南培遠書局刻本 十六冊

320000－1607－0004449 13612

三國志辨疑三卷 （清）錢大昭撰 清光緒十五年（1889）廣雅書局刻本 一冊

320000－1607－0004450 13613

三國志補注續一卷 （清）侯康撰 清光緒十七年（1891）廣雅書局刻本 一冊

320000－1607－0004451 13614

稽古錄二十卷 （宋）司馬光撰 清同治十一年（1872）湖北崇文書局刻本 四冊

320000－1607－0004452 13618

元史二百十卷 （明）宋濂等撰 清同治十三年（1874）江蘇書局刻本 四十冊

320000－1607－0004453 13658

三國志六十五卷 （晉）陳壽撰 （南朝宋）裴松之注 清同治六年（1867）金陵書局活字印本 二十冊

320000－1607－0004454 13678

三國志注證遺四卷 （清）周壽昌撰 清光緒十七年（1891）廣雅書局刻本 一冊

320000－1607－0004455 13679

南齊書五十九卷 （南朝梁）蕭子顯撰 清同治十三年（1874）金陵書局刻本 八冊

320000－1607－0004456 13687

舊五代史一百五十卷 （宋）薛居正等撰 清

同治十一年（1872）湖北崇文書局刻本 六冊 存五十六卷（一至十七、一百十二至一百五十）

320000－1607－0004457 13693

史記志疑三十六卷 （清）梁玉繩撰 清光緒十三年（1887）廣雅書局刻本 七冊

320000－1607－0004458 13700

三國志六十五卷 （晉）陳壽撰 （南朝宋）裴松之注 清光緒十三年（1887）金陵書局刻本 八冊

320000－1607－0004459 13708

晉史乘一卷 （清）汪士漢輯 清刻本 一冊

320000－1607－0004460 13709

晉畧六十五卷 （清）周濟撰 清刻本 九冊

320000－1607－0004461 13718

兩漢書注考證二卷 （清）何若瑤撰 清光緒二十年（1894）廣雅書局刻本 一冊

320000－1607－0004462 13719

春秋紀傳五十一卷 （清）李鳳雛撰 清光緒二十一年（1895）刻本 十二冊

320000－1607－0004463 13731

史記一百三十卷 （漢）司馬遷撰 清光緒二十年（1894）嶺南培遠書局刻本 二十冊

320000－1607－0004464 13760

元史藝文志四卷 （清）錢大昕撰 清嘉慶十一年（1806）江蘇書局刻本 一冊

320000－1607－0004465 13762

五代史七十四卷 （宋）歐陽修撰 （宋）徐無黨注 清光緒十八年（1892）武林竹簡齋石印二十史本 二冊

320000－1607－0004466 13764

續資治通鑑二百二十卷 （清）畢沅撰 清刻本 六十冊

320000－1607－0004467 13824

舊五代史一百五十卷 （宋）薛居正等撰 清同治十一年（1872）湖北崇文書局刻本 十六冊

320000－1607－0004468　13840

**宋史四百九十六卷**　（元）脱脱等撰　清光緒
元年(1875)浙江書局刻本　六十八冊

320000－1607－0004469　13908

**諸史考異十八卷**　（清）洪頤煊撰　清光緒十
五年(1889)廣雅書局刻本　二冊

320000－1607－0004470　13996

**水師保身法一卷**　（法國）勒羅阿撰　（清）伯
克雷譯　（清）程鑾　（清）趙元益重譯　清光
緒刻本　一冊

320000－1607－0004471　13997

**水師保身法一卷**　（法國）勒羅阿撰　（清）伯
克雷譯　（清）程鑾　（清）趙元益重譯　清光
緒刻本　一冊

320000－1607－0004472　13998

**攻守礮法一卷**　（德國）軍政局撰　（美國）金楷
理口譯　（清）李鳳苞筆述　清光緒刻本　一冊

320000－1607－0004473　13999

**海軍調度要言三卷**　（英國）翠核甫撰　舒高
第譯　（清）鄭昌棪筆述　清光緒鉛印本
三冊

320000－1607－0004474　14002

**克虜伯礮說四卷附表一卷**　（德國）軍政局撰
（美國）金楷理口譯　（清）李鳳苞筆述　清
光緒刻本　三冊

320000－1607－0004475　14005

**臨陣管見九卷**　（德國）斯拉弗司撰　（美國）
金楷理口譯　（清）趙元益筆述　清光緒刻本
四冊

320000－1607－0004476　14009

**臨陣管見九卷**　（德國）斯拉弗司撰　（美國）
金楷理口譯　（清）趙元益筆述　清光緒刻本
四冊

320000－1607－0004477　14013

**前漢書一百卷**　（漢）班固撰　（唐）顏師古注
清光緒二十年(1894)嶺南培遠書局刻本
二十八冊

320000－1607－0004478　14156

**舊唐書二百卷**　（五代）劉昫撰　清同治十一
年(1872)浙江書局刻本　三十六冊　存一百
八十六卷(一至十二、十七至一百九十上)

320000－1607－0004479　14218

**荆駝逸史五十一種九十七卷**　題（清）陳湖逸
士編　清道光古槐山房活字印本　三十冊
存三十九種六十三卷(三朝野紀一至三、啟禎
兩朝剝復錄三卷、聖安本紀六卷、所知錄三
卷、熹朝忠節死臣列傳一卷、東林事略三卷、
念陽徐公定蜀記一卷、平蜀記事一卷、航海遺
聞一卷、定蜀紀一卷、被逮紀略一卷、攻渝紀
事一卷、遇變紀略一卷、四王合傳一卷、江變
紀略一卷、袁督師計斬毛文龍始末一卷、汴圍
濕襟錄一卷、甲申忠佞記事一卷、甲申紀變實
錄一卷、滄洲紀事一卷、僞官據城記一卷、殉
忠實錄一卷、北使紀略一卷、東塘日剳二卷、
江陰城守紀二卷、平吳事略一卷、甲行日注八
卷、倣指南錄一卷、劉公旦先生死義記一卷、
風倒梧桐記二卷、兩粵夢遊記一卷、粵中偶記
一卷、入長沙記一卷、平定耿逆記一卷、明亡
述略二卷、甲申紀事一卷、江陵紀事一卷、永
曆紀事一卷、平臺紀略一卷)

320000－1607－0004480　14249

**遼史一百十五卷**　（元）脱脱等撰　清同治八
年(1869)嶺南菉古堂刻本　十一冊　存七十
六卷(一至四、四十四至一百十五)

320000－1607－0004481　14260

**元史氏族表三卷**　（清）錢大昕撰　清嘉慶十
一年(1806)江蘇書局刻本　二冊

320000－1607－0004482　14262

**欽定金史語解十二卷**　清同治八年(1869)嶺
南菉古堂刻本　一冊　存一卷(八)

320000－1607－0004483　14263

**欽定元史語解二十四卷**　清同治八年(1869)
嶺南菉古堂刻本　一冊　存一卷(二十)

320000－1607－0004484　14264

**元史紀事本末二十七卷**　（明）陳邦瞻撰　清
光緒十四年(1888)廣雅書局刻本　四冊

320000－1607－0004485　14268

金史一百三十五卷　（元）脫脫等撰　清同治
八年（1869）嶺南葄古堂刻本　二十冊　存八
十五卷（三十七至一百〇六、一百二十一至一
百三十五）

320000－1607－0004486　14288

元史二百十卷　（明）宋濂等撰　清同治八年
（1869）嶺南葄古堂刻本　五十四冊

320000－1607－0004487　14342

棣氏代數學十二卷　（英國）棣麽甘撰　（英
國）偉烈亞力口譯　（清）李善蘭筆受　清光
緒三十一年（1905）石印本　六冊

320000－1607－0004488　14348

古事比五十二卷　（清）方中德輯　清光緒三
十年（1904）上海點石齋石印本　六冊

320000－1607－0004489　14354

御製數理精蘊下編四十卷表八卷　（清）聖祖
玄燁撰　（清）梅毅成等彙編　清石印本　十
九冊　存四十四卷（下編一至七、十二至四
十,表八卷）

320000－1607－0004490　14373

御批歷代通鑑輯覽一百二十卷　（清）傅恆等
編　清同治十三年（1874）湖南書局刻本　六
十四冊

320000－1607－0004491　14437

御製數理精蘊下編四十卷　（清）聖祖玄燁撰
　（清）梅毅成等彙編　清光緒八年（1882）刻
本　二十六冊

320000－1607－0004492　14475

圖註脈訣四卷　（晉）王叔和撰　清刻本
三冊

320000－1607－0004493　14478

温熱經緯五卷　（清）王士雄撰　清同治十三
年（1874）湖北崇文書局刻本　四冊

320000－1607－0004494　14482

東西漢全傳十八卷　（明）謝詔　（明）甄偉撰
　清經綸堂刻本　八冊

320000－1607－0004495　14490

東漢演義評十卷　（明）謝詔撰　（明）鍾惺評
　清經綸堂刻本　四冊

320000－1607－0004496　14496

風俗通義十卷　（漢）應劭撰　清光緒元年
（1875）湖北崇文書局刻本　二冊

320000－1607－0004497　14498

家塾準繩不分卷　（清）莊毓鋐撰　清同治十
三年（1874）刻本　一冊

320000－1607－0004498　14499

述學內篇三卷外篇一卷補遺一卷別錄一卷
（清）汪中撰　清同治八年（1869）揚州書局刻
本　二冊

320000－1607－0004499　14502

韓集點勘四卷　（清）陳景雲撰　清同治九年
（1870）江蘇書局刻本　一冊

320000－1607－0004500　14503

朱子語類日鈔五卷　（清）陳澧輯　清咸豐十
一年（1861）廣州富文齋刻本　一冊

320000－1607－0004501　14506

達生篇二卷　題（清）亟齋居士撰　清同治十
一年（1872）保赤堂刻本　一冊

320000－1607－0004502　14509

圖註難經四卷　（明）張世賢註　清刻本
一冊

320000－1607－0004503　14510

瀕湖脈學一卷　（明）李時珍撰　清刻本
一冊

320000－1607－0004504　14511

醫林改錯二卷　（清）王清任撰　清光緒十七
年（1891）刻本　二冊

320000－1607－0004505　14513

神異經一卷　題（漢）東方朔撰　清光緒元年
（1875）湖北崇文書局刻本　一冊

320000－1607－0004506　14515

問秋館菊錄一卷霜圃識餘二卷　（清）臧穀撰
　清光緒十四年（1888）刻本　一冊

320000－1607－0004507　14518

**美國陸軍制不分卷**　（清）葛勝芳譯　清光緒
南洋公學譯書院鉛印本　一冊

320000－1607－0004508　14519

**學算筆談十二卷**　（清）華蘅芳撰　清光緒十
一年(1885)刻本　四冊

320000－1607－0004509　14523

**浙東籌防錄四卷**　（清）薛福成輯　清光緒十
四年(1888)刻本　四冊

320000－1607－0004510　14527

**晉王右軍集二卷**　（晉）王羲之撰　清光緒十
八年(1892)善化章經濟堂刻漢魏六朝百三名
家集本　二冊

320000－1607－0004511　14529

**博物學教科書不分卷**　（清）虞和寅譯　清光
緒二十八年(1902)文明學社鉛印本　一冊

320000－1607－0004512　14530

**博物學教科書不分卷**　（日本）飯塚啓撰
（清）益智學社譯　清光緒二十八年(1902)益
智學社鉛印本　一冊

320000－1607－0004513　14531

**海防錄要二卷**　（清）蔣德鈞撰　清光緒湘鄉
蔣氏龍安郡署刻求實齋叢書本　二冊

320000－1607－0004514　14533

**作戰糧食給養法一卷**　（清）楊志洵譯述　清
光緒南洋公學譯書院鉛印本　一冊

320000－1607－0004515　14534

**長江礮臺芻議一卷**　（清）姚錫光撰　清光緒
二十三年(1897)活字印本　一冊

320000－1607－0004516　14535

**軍隊內務書不分卷**　（日本）陸軍省撰　楊志
洵譯述　清光緒南譯公學譯書院鉛印本
一冊

320000－1607－0004517　14536

**法國礮臺課書摘要初編不分卷**　（清）曾仰東
彙譯　清光緒二十八年(1902)武昌洋務譯書
局刻朱印本　一冊

320000－1607－0004518　14537

**尉繚子二卷**　清光緒元年(1875)湖北崇文書
局刻子書百家本　一冊

320000－1607－0004519　14538

**史記菁華錄六卷**　（清）姚苧田輯　清道光四
年(1824)吳興姚氏扶荔山房刻本　六冊

320000－1607－0004520　14544

**南齊書五十九卷**　（南朝梁）蕭子顯撰　清光
緒十八年(1892)武林竹簡齋石印二十四史本
二冊

320000－1607－0004521　14547

**梁書五十六卷**　（唐）姚思廉撰　清光緒十八
年(1892)武林竹簡齋石印二十四史本　二冊

320000－1607－0004522　14548

**陳書三十六卷**　（唐）姚思廉撰　清光緒十八
年(1892)武林竹簡齋石印二十四史本　一冊

320000－1607－0004523　14549

**槐廬叢書第五編八種四十七卷**　（清）朱記榮
編　清光緒吳縣朱氏槐廬家塾刻本　十六冊

320000－1607－0004524　14565

**遊藝錄三卷**　（清）李沺撰　清光緒二十年
(1894)刻本　九冊

320000－1607－0004525　14580

**梁書五十六卷**　（唐）姚思廉撰　清刻本　三
冊　存二十九卷(十八至四十、五十一至五十
六)

320000－1607－0004526　14583

**禮記二十卷**　（漢）鄭玄注　清刻本　四冊
存十二卷(四至十四、十七)

320000－1607－0004527　14587

**北齊書五十卷**　（唐）李百藥撰　清刻本　三
冊　存三十七卷(一至八、二十二至五十)

320000－1607－0004528　14590

**三洲日記八卷**　（清）張蔭桓撰　清光緒二十
二年(1896)刻本　八冊

320000－1607－0004529　14608

**環遊地球新錄四卷**　（清）李圭撰　清光緒四

年(1878)刻本　四册

320000－1607－0004530　14612

大清律例增修統纂集成四十卷　（清）姚潤輯
　（清）胡璋增輯　清同治七年(1868)刊本
十一册　存二十二卷(一至二十二)

320000－1607－0004531　14623

荒政輯要九卷首一卷　（清）汪志伊撰　清嘉
慶十一年(1806)刻本　四册

320000－1607－0004532　14631

天演論二卷　（英國）赫胥黎撰　嚴復譯　清
文明書局鉛印本　一册

320000－1607－0004533　14632

梁武帝集一卷　（南朝梁）蕭衍撰　清光緒十
八年(1892)善化章經濟堂刻漢魏六朝百三名
家集本　一册

320000－1607－0004534　14633

鮑參軍集二卷　（南朝宋）鮑照撰　清光緒十
八年(1892)經濟堂刻本　二册

320000－1607－0004535　14635

謝康樂集二卷　（南朝宋）謝靈運撰　清光緒
十八年(1892)善化章經濟堂刻漢魏六朝百三
名家集本　一册　存一卷(一)

320000－1607－0004536　14636

晉王大令集一卷　（晉）王獻之撰　清光緒十
八年(1892)善化章經濟堂刻漢魏六朝百三名
家集本　一册

320000－1607－0004537　14637

梁昭明太子集一卷　（南朝梁）蕭統撰　清光
緒十八年(1892)善化章經濟堂刻漢魏六朝百
三名家集本　二册

320000－1607－0004538　14638

揚侍郎集一卷　（漢）揚雄撰　清光緒十八年
(1892)善化章經濟堂刻漢魏六朝百三名家集
本　一册

320000－1607－0004539　14639

新政真詮不分卷六編　（清）何啓　（清）胡禮
垣撰　清光緒二十七年(1901)上海格致新報

館鉛印本　五册

320000－1607－0004540　14644

症因脈治四卷　（明）秦昌遇撰　清攸寧堂刻
本　六册

320000－1607－0004541　14650

大鶴山房全書十種二十六卷　（清）鄭文焯撰
　清光緒三十年(1904)刻本　八册

320000－1607－0004542　14658

南史八十卷　（唐）李延壽撰　清光緒十八年
(1892)武林竹簡齋石印二十四史本　六册

320000－1607－0004543　14664

前漢書一百卷　（漢）班固撰　（唐）顏師古注
　清光緒十八年(1892)武林竹簡齋石印二十
四史本　七册

320000－1607－0004544　14671

北史一百卷　（唐）李延壽撰　清光緒十八年
(1892)武林竹簡齋石印二十四史本　八册

320000－1607－0004545　14679

中復堂全集九十八卷　（清）姚瑩撰　清同治
六年(1867)刻本　四册　存七十五卷(一至
七十五)

320000－1607－0004546　14703

項城袁氏家集六十五卷　（清）丁振鐸輯　清
宣統三年(1911)清芬閣鉛印本　三十六册

320000－1607－0004547　14739

項城袁氏家集六十五卷　（清）丁振鐸輯　清
宣統三年(1911)清芬閣鉛印本　五十六册

320000－1607－0004548　14803

列國政要一百三十二卷　（清）端方等輯　清
光緒三十三年(1907)商務印書館石印本　三
十二册

320000－1607－0004549　14837

讀漁洋詩隨筆二卷　（清）梁章鉅撰　清刻本
　一册

320000－1607－0004550　14838

百鳥圖說一卷　（清）韋門道氏撰　清光緒八
年(1882)刻本　一册

320000 - 1607 - 0004551    14841

文廟通考六卷首一卷　(清)牛樹梅撰　清同治十一年(1872)浙江書局刻本　一冊

320000 - 1607 - 0004552    14843

瑞芝室家傳二卷　(清)楊琪光撰　清光緒十一年(1885)刻本　四冊

320000 - 1607 - 0004553    14847

陰騭文圖說四卷　(清)黃正元輯　清刻本　四冊

320000 - 1607 - 0004554    14851

八識論義一卷　(清)性起論釋　清光緒三年(1877)刻本　一冊

320000 - 1607 - 0004555    14852

論草一卷　(明)于鏴撰　清光緒四年(1878)刻本　一冊

320000 - 1607 - 0004556    14853

于氏中說二卷　(明)于鏴撰　清光緒四年(1878)刻本　二冊

320000 - 1607 - 0004557    14855

文美齋詩箋譜不分卷　題(清)文美齋主人輯　清光緒二十年(1894)刻本　二冊

320000 - 1607 - 0004558    14857

舒藝室隨筆六卷　(清)張文虎撰　清同治十三年(1874)金陵冶城賓館刻本　二冊

320000 - 1607 - 0004559    14859

日知錄集釋三十二卷刊誤二卷續刊誤二卷　(清)顧炎武撰　(清)黃汝成集釋　清同治十一年(1872)湖北崇文書局刻本　十六冊

320000 - 1607 - 0004560    14875

咫進齋叢書　(清)姚覲元編　清光緒九年(1883)歸安姚氏刻本　五冊　存七種十八卷(春秋公羊禮疏十一卷、公羊問答二卷、孝經疑問一卷、瘞鶴銘圖考一卷、蘇齋唐碑選一卷、姚氏藥言一卷、咽喉脈證通論一卷)

320000 - 1607 - 0004561    14880

唐詩別裁集十卷　(清)沈德潛輯　清刻本　八冊

320000 - 1607 - 0004562    14890

歷朝文學史一卷　(清)竇士鏞撰　清光緒三十二年(1906)鉛印本　一冊

320000 - 1607 - 0004563    14892

陽春白雪八卷外集一卷　(宋)趙聞禮輯　清道光十年(1830)錢塘崔氏清吟閣刻本　三冊

320000 - 1607 - 0004564    14903

杜甫詩集十卷　(唐)杜甫撰　清刻全唐詩本　一冊

320000 - 1607 - 0004565    14904

智囊補二十四卷　(明)馮夢龍輯　清刻本　八冊

320000 - 1607 - 0004566    14912

捧月樓綺語八卷　(清)袁通撰　清抄本　二冊

320000 - 1607 - 0004567    14914

詩法度鍼三十三卷　(清)徐文弼輯　清刻本　七冊

320000 - 1607 - 0004568    14924

鶡冠子三卷　(宋)陸佃注　清刻本　一冊

320000 - 1607 - 0004569    14926

少甫遺詩一卷　(清)蔣本璋撰　清道光二十七年(1847)刻本　一冊

320000 - 1607 - 0004570    14930

曲線新說一卷隄積術辨一卷　(清)蔣維鐘撰　清光緒二十五年(1899)刻本　一冊

320000 - 1607 - 0004571    14931

曲線新說一卷隄積術辨一卷　(清)蔣維鐘撰　清光緒二十五年(1899)刻本　一冊

320000 - 1607 - 0004572    14932

中星表一卷　(清)馮桂芬編　(清)葉寬甫等推算　清咸豐六年(1856)馮桂芬校邠廬刻本　一冊

320000 - 1607 - 0004573    14933

象數難題細草一卷　(清)薛光錡撰　清光緒二十九年(1903)刻本　一冊

320000－1607－0004574　15094

易經備旨七卷　（清）鄒聖脈撰　清嘉慶三年(1798)刻本　四冊

320000－1607－0004575　15098

昌黎文集四十卷　（唐）韓愈撰　清刻本　十六冊

320000－1607－0004576　15114

倚梅閣詩集四卷詞一卷　（清）沈韻蘭撰　清刻本　一冊

320000－1607－0004577　15115

洪範五行傳三卷　（漢）劉向撰　（清）陳壽祺輯　清道光刻本　二冊

320000－1607－0004578　15117

東越儒林後傳一卷　（清）陳壽祺撰　清道光刻本　一冊

320000－1607－0004579　15118

東越文苑後傳一卷　（清）陳壽祺撰　清道光刻本　一冊

320000－1607－0004580　15119

東觀存稿一卷　（清）陳壽祺撰　清道光刻本　一冊

320000－1607－0004581　15122

尚書大傳五卷　（漢）鄭玄注　（清）陳壽祺輯　清道光十年(1830)廣州刻本　二冊

320000－1607－0004582　15124

五經異義疏證三卷　（清）陳壽祺撰　清嘉慶十八年(1813)刻本　三冊

320000－1607－0004583　15161

測繪學一卷　（清）傅在田　（清）景尚雄撰　清北洋武備研究所鉛印本　一冊

320000－1607－0004584　15162

鑄錢述略一卷　（清）韓國鈞撰　清光緒二十五年(1899)刻本　一冊

320000－1607－0004585　15163

更漏中星表不分卷　（清）張作楠撰　清刻本　二冊

320000－1607－0004586　15165

恆河沙館算草二卷　（清）華世芳撰　清光緒十一年(1885)金匱華氏刻本　一冊

320000－1607－0004587　15166

農政全書六十卷　（明）徐光啓撰　清刻本　二十冊

320000－1607－0004588　15186

左海經辨二卷　（清）陳壽祺撰　清道光三年(1823)刻本　二冊

320000－1607－0004589　15190

湖北叢書三十種二百九十一卷　（清）趙尚輔編　清光緒十七年(1891)三餘草堂刻本　二冊

320000－1607－0004590　15290

古韻溯原八卷　（清）安念祖等輯　清道光十九年(1839)親仁堂刻本　二冊

320000－1607－0004591　15292

許氏說文解字雙聲疊韻譜一卷　（清）鄧廷楨撰　清道光十九年(1839)知足齋刻本　一冊

320000－1607－0004592　15293

朱子年譜四卷考異四卷年譜附錄一卷校勘記二卷　（清）王懋竑撰　清光緒武昌書局刻本　四冊

320000－1607－0004593　15297

紅雪樓九種曲十三卷　（清）蔣士銓撰　清乾隆蔣氏紅雪樓刻本　六冊

320000－1607－0004594　15303

劍南詩鈔六卷　（宋）陸游撰　清刻本　六冊

320000－1607－0004595　15309

子書百家一百〇一種四百八十二卷　（清）崇文書局編　清光緒元年(1875)湖北崇文書局刻本　四十三冊　存三十三種二百〇五卷(新書十卷、鶡子一卷補一卷、計倪子一卷、於陵子一卷、子華子二卷、墨子十六卷附篇目考一卷、尹文子一卷、慎子一卷、公孫龍子一卷、鬼谷子一卷、呂氏春秋二十六卷、淮南鴻烈解二十一卷、金樓子六卷、劉子二卷、顏氏家訓二卷、論衡三十卷、白虎通德論四卷、牟子一卷、古今注三卷、叔苴子八卷、郁離子一卷、空洞子一卷、海沂子五卷、搜神記二十卷、搜神後記十卷、續博物志十卷、列子二卷、抱朴子内篇四卷外篇四卷、天隱子一卷、无能子三卷、胎息經疏一卷、胎息經一卷、至遊子二卷）

320000 - 1607 - 0004596    15352
重訂廣輿記二十四卷    （明）陸應陽撰    （清）蔡方炳增輯    清光緒四年(1878)刻本    十二冊

320000 - 1607 - 0004597    15368
浙江全省總圖不分卷    （清）宗源瀚輯    清光緒二十年(1894)浙江輿圖總局石印本    二十冊

320000 - 1607 - 0004598    15388
戰國策三十三卷    （漢）高誘注    重刻剡川姚氏本戰國策札記三卷    （清）黃丕烈撰    清同治八年(1869)湖北崇文書局刻本    五冊

320000 - 1607 - 0004599    15393
文廟祀典考五十卷首一卷    （清）龐鐘璐輯    清光緒四年(1878)刻本    十冊

320000 - 1607 - 0004600    15415
通鑑釋文辯誤十二卷    （元）胡三省撰    清刻本    四冊

320000 - 1607 - 0004601    15419
讀通鑑綱目劄記二十卷    （清）章邦元撰    清光緒十六年(1890)銅陵章氏刻本    八冊

320000 - 1607 - 0004602    15429
述庵詩鈔十二卷    （清）王昶撰    清刻本    四冊

320000 - 1607 - 0004603    15433
唐詩繹三十卷    （清）楊逢春輯    清刻本    八冊

320000 - 1607 - 0004604    15441
鬱華閣遺集四卷    （清）盛昱撰    清光緒二十八年(1902)刻本    一冊

320000 - 1607 - 0004605    15442

嶺南遺書六集五十九種三百四十六卷    （清）伍元薇    （清）伍崇曜編    清道光、同治南海伍氏粵雅堂文字歡娛室刻本    七十冊    缺一卷(八十六)

320000 - 1607 - 0004606    15512
嶺南遺書六集五十九種三百四十六卷    （清）伍元薇輯    清道光、同治南海伍氏粵雅堂文字歡娛室刻本    七十一冊

320000 - 1607 - 0004607    15601
千字文釋義一卷    （清）汪嘯尹輯    （清）孫謙益注    清同治九年(1870)亦園刻本    一冊

320000 - 1607 - 0004608    15602
海道圖說十五卷附長江圖說一卷    （英國）金約翰輯    （英國）傅蘭雅口譯    （清）王德均筆述    清光緒刻本    十冊

320000 - 1607 - 0004609    15612
說嵩三十二卷    （清）景日昣撰    清刻本    十冊

320000 - 1607 - 0004610    15622
明詩別裁集十二卷    （清）沈德潛輯    清刻本    三冊    存六卷(四至九)

320000 - 1607 - 0004611    15654
楊椒山先生集四卷年譜一卷    （明）楊繼盛撰    清刻本    四冊

320000 - 1607 - 0004612    15663
三角數理十二卷    （英國）海麻士輯    （英國）傅蘭雅口譯    （清）華蘅芳筆述    清光緒刻本    六冊

320000 - 1607 - 0004613    15701
十三經舊學加商二卷    （清）吳修祜撰    清光緒活字印本    一冊

320000 - 1607 - 0004614    15702
芳蘭軒詩鈔一卷    （宋）徐照撰    清刻本    一冊

320000 - 1607 - 0004615    15703
六經天文編二卷附注一卷    （宋）王應麟撰    清光緒九年(1883)浙江書局刻本    一冊

320000 - 1607 - 0004616    15704

歸震川全集三十卷 （明）歸有光撰 清刻本
　八冊

320000－1607－0004617　15712
航海簡法四卷 （英國）那麗撰 （美國）金楷
理口譯 （清）王德均筆述 清刻本 二冊

320000－1607－0004618　15714
春秋三傳十六卷首一卷釋文音義十六卷
（唐）陸德明音義 清嘉慶十年(1805)刻本
十四冊 存九卷(一至七、十一、十六)

320000－1607－0004619　15728
二十一史彈詞注十卷 （明）楊慎撰 清刻本
　二冊

320000－1607－0004620　15730
元詩選六卷補遺一卷 （清）顧奎光輯 清刻
本 一冊 存二卷(六、補遺一卷)

320000－1607－0004621　15731
金詩選四卷 （清）顧奎光輯 清刻本 一冊

320000－1607－0004622　15732
金詩選四卷 （清）顧奎光輯 清刻本 二冊

320000－1607－0004623　15734
寫韻軒小稿二卷 （清）曹貞秀撰 清嘉慶刻
本 一冊

320000－1607－0004624　15735
山滿樓箋註唐詩七言律六卷 （清）趙臣瑗輯
　清刻本 一冊 存一卷(一)

320000－1607－0004625　15736
暗室燈二卷 題(清)深山居士輯 清嘉慶二
十四年(1819)南州植因堂刻本 一冊

320000－1607－0004626　15749
唐書二百二十五卷 （宋）歐陽修 （宋）宋祁
撰 清同治十二年(1873)浙江書局刻本 四
十冊

320000－1607－0004627　15789
海國圖志一百卷 （清）魏源撰 清道光二十
二年(1842)刻本 三十二冊

320000－1607－0004628　15845

春秋傳說彙纂三十八卷 （清）王掞等撰 清
尊經閣刻本 十三冊

320000－1607－0004629　15858
史記一百三十卷 （漢）司馬遷撰 清刻本
十五冊 缺一卷(一)

320000－1607－0004630　15873
史記三書正譌三卷 （清）王元啓撰 清光緒
十四年(1888)廣雅書局刻十六年(1890)重印
本 一冊

320000－1607－0004631　15874
史記注補正一卷 （清）方苞等撰 清光緒二
十年(1894)廣雅書局刻本 一冊

320000－1607－0004632　15875
史記月表正譌一卷 （清）王元啓撰 清光緒
二十年(1894)廣雅書局刻本 一冊

320000－1607－0004633　15876
史記集解索隱正義一百三十卷 （漢）司馬遷
撰 （南朝宋）裴駰集解 （唐）司馬貞索隱
（唐）張守節正義 札記五卷 （清）張文虎撰
　清同治五年至九年(1866－1870)金陵書局
刻本 二十二冊

320000－1607－0004634　15898
五代史七十四卷 （宋）歐陽修撰 （宋）徐無
黨注 清同治十一年(1872)湖北崇文書局刻
本 九冊 存五十九卷(一至五十九)

320000－1607－0004635　15907
七家後漢書二十一卷 （清）汪文臺輯 清光
緒八年(1882)刻本 六冊

320000－1607－0004636　15913
仿刊王本史記一百三十卷 （漢）司馬遷撰
（南朝宋）裴駰集解 （唐）司馬貞索隱
（唐）張守節正義 清同治九年(1870)刻本
二十四冊

320000－1607－0004637　15937
湘軍志十六卷 王闓運撰 清刻本 三冊
存十三卷(一至三、七至十六)

320000－1607－0004638　15940

207

**唐書二百二十五卷** （宋）歐陽修 （宋）宋祁等撰 清光緒十八年(1892)武林竹簡齋石印二十四史本 十六冊

320000 – 1607 – 0004639　15956
**資治通鑑二百九十四卷** （宋）司馬光撰 清刻本 五十二冊

320000 – 1607 – 0004640　16008
**北史一百卷** （唐）李延壽撰 清同治十一年(1872)金陵書局刻本 二十冊

320000 – 1607 – 0004641　16028
**北齊書五十卷** （唐）李百藥撰 清光緒十八年(1892)武林竹簡齋石印二十四史本 二冊

320000 – 1607 – 0004642　16030
**周書五十卷** （唐）令狐德棻等撰 清光緒十八年(1892)武林竹簡齋石印二十四史本 二冊

320000 – 1607 – 0004643　16032
**舊唐書二百卷** （五代）劉昫撰 清光緒十八年(1892)武林竹簡齋石印二十四史本 六冊

320000 – 1607 – 0004644　16048
**國朝詩人徵略六十卷** （清）張維屏輯 清道光十年(1830)刻本 十二冊

320000 – 1607 – 0004645　16060
**國朝先正事略六十卷** （清）李元度撰 清同治五年(1866)循陔草堂刻本 十六冊

320000 – 1607 – 0004646　16076
**三國志六十五卷** （晉）陳壽撰 （南朝宋）裴松之注 清光緒十八年(1892)武林竹簡齋石印二十四史本 四冊

320000 – 1607 – 0004647　16080
**舊五代史一百五十卷** （宋）薛居正等撰 清光緒十八年(1892)武林竹簡齋石印二十四史本 六冊

320000 – 1607 – 0004648　16086
**金史一百三十五卷** （元）脫脫等撰 清光緒十八年(1892)武林竹簡齋石印二十四史本 八冊

320000 – 1607 – 0004649　16094
**後漢書一百二十卷** （南朝宋）范曄撰 （唐）李賢等注 （晉）司馬彪續撰 （南朝梁）劉昭補注 清光緒十八年(1892)武林竹簡齋石印二十四史本 八冊

320000 – 1607 – 0004650　16102
**隋書八十五卷** （唐）魏徵等撰 清光緒十八年(1892)武林竹簡齋石印二十四史本 六冊

320000 – 1607 – 0004651　16108
**遼史一百十六卷** （元）脫脫等撰 清光緒十八年(1892)武林竹簡齋石印二十四史本 三冊

320000 – 1607 – 0004652　16111
**晉書一百三十卷** （唐）房玄齡等撰 音義三卷 （唐）何超撰 清光緒十八年(1892)武林竹簡齋石印二十四史本 八冊

320000 – 1607 – 0004653　16119
**十駕齋養新餘錄三卷** （清）錢大昕撰 清咸豐十年(1860)刻本 一冊

320000 – 1607 – 0004654　16120
**史漢駢枝一卷** （清）成孺撰 清光緒十四年(1888)廣雅書局刻本 一冊

320000 – 1607 – 0004655　16121
**積古齋鐘鼎彝器款識十卷** （清）阮元 （清）朱爲弼撰 清光緒五年(1879)刻本 一冊 存一卷(一)

320000 – 1607 – 0004656　16122
**娛園叢刻十一種十五卷** （清）許增輯 清光緒十五年(1889)刻本 一冊 存四種五卷(藏書記要一卷附流通古書約一卷、閑者軒帖考一卷、漫堂墨品一卷、雪堂墨品一卷)

320000 – 1607 – 0004657　16128
**資治通鑑二百九十四卷** （宋）司馬光撰 釋文辯誤十二卷 （元）胡三省撰 清同治十年(1871)湖北崇文書局刻本 四冊

320000 – 1607 – 0004658　16232
**爾雅郭注義疏二十卷** （清）郝懿行撰 清光

緒十四年(1888)湖北官書處刻本　八冊

320000 – 1607 – 0004659　16270

**路史四十六卷**　(宋)羅泌撰　清刻本　一冊
存六卷(發揮六卷)

320000 – 1607 – 0004660　16271

**契丹國志二十七卷**　(宋)葉隆禮撰　清嘉慶
二年(1797)掃葉山房刻本　一冊

320000 – 1607 – 0004661　16272

**大金國志四十卷**　(宋)宇文懋昭撰　清掃葉
山房刻本　一冊

320000 – 1607 – 0004662　16274

**呂氏四禮翼四卷**　(明)呂坤撰　清刻本
一冊

320000 – 1607 – 0004663　16275

**篁韻盦詩鈔六卷**　(清)顧森書撰　清光緒三
十二年(1906)刻本　一冊　存三卷(一至三)

320000 – 1607 – 0004664　16278

**山東黃河南岸十三州縣遷民總圖一卷**　(清)
黃璣編　清光緒二十年(1894)石印本　一冊

320000 – 1607 – 0004665　16279

**漢西域圖考七卷首一卷**　(清)李光廷撰　清
光緒八年(1882)趙登詒壽謖草堂木活字印本
四冊

320000 – 1607 – 0004666　16283

**續後漢書四十二卷**　(宋)蕭常撰　清同治八
年(1869)師古山房刻本　六冊

320000 – 1607 – 0004667　16289

**書古微十二卷**　(清)魏源撰　清光緒四年
(1878)淮南書局刻本　四冊

320000 – 1607 – 0004668　16293

**病榻夢痕錄二卷附錄餘一卷**　(清)汪輝祖撰
清同治十一年(1872)刻本　三冊

320000 – 1607 – 0004669　16297

**南省公餘錄八卷**　(清)梁章鉅撰　清道光刻
本　一冊　存四卷(一至四)

320000 – 1607 – 0004670　16307

**易經精華六卷末一卷**　(清)薛嘉穎輯　清同
治七年(1868)光讎堂刻本　三冊

320000 – 1607 – 0004671　16310

**誠齋易傳二十卷**　(宋)楊萬里撰　清光緒二
十一年(1895)湖北官書處刻本　八冊

320000 – 1607 – 0004672　16318

**誠齋易傳二十卷**　(宋)楊萬里撰　清光緒二
十一年(1895)湖北官書處刻本　八冊

320000 – 1607 – 0004673　16326

**相臺五經九十五卷**　(宋)岳珂輯　清光緒二
年(1876)江南書局刻本　三十八冊

320000 – 1607 – 0004674　16364

**省吾堂四種二十五卷**　(清)蔣光弼輯　清常
熟蔣氏省吾堂刻本　九冊

320000 – 1607 – 0004675　16373

**古經解彙函三十一種二百五十一卷**　(清)鍾
謙鈞等輯　清同治十二年(1873)粵東書局刻
本　三十六冊

320000 – 1607 – 0004676　16410

**說文辨疑一卷**　(清)顧廣圻撰　清光緒三年
(1877)湖北崇文書局刻本　一冊

320000 – 1607 – 0004677　16411

**說文辨疑一卷**　(清)顧廣圻撰　清光緒三年
(1877)湖北崇文書局刻本　一冊

320000 – 1607 – 0004678　16412

**說文通檢十四卷首一卷末一卷**　(清)黎永椿
編　清光緒二年(1876)湖北崇文書局刻本
二冊

320000 – 1607 – 0004679　16414

**說文通檢十四卷首一卷末一卷**　(清)黎永椿
編　清光緒二年(1876)湖北崇文書局刻本
二冊

320000 – 1607 – 0004680　16416

**說文通檢十四卷首一卷末一卷**　(清)黎永椿
編　清光緒二年(1876)湖北崇文書局刻本
二冊

320000 – 1607 – 0004681　16418

字說一卷　（清）吳大澂撰　清光緒十九年（1893）思賢講舍刻本　一冊

320000－1607－0004682　16421
四書經注集證十九卷　（清）吳昌宗輯　清嘉慶三年（1798）江都汪氏刻本　十二冊

320000－1607－0004683　16433
六經圖六卷　（清）王皜撰　清刻本　六冊

320000－1607－0004684　16439
巢經巢詩鈔九卷後集四卷　（清）鄭珍撰　清光緒二十三年（1897）黎庶昌刻本　三冊

320000－1607－0004685　16442
周易解故一卷　（清）丁晏撰　清光緒十九年（1893）廣雅書局刻本　一冊

320000－1607－0004686　16443
易林釋文二卷　（清）丁晏撰　清光緒十六年（1890）廣雅書局刻本　一冊

320000－1607－0004687　16445
誠齋易傳二十卷　（宋）楊萬里撰　清道光張日晟刻本　五冊

320000－1607－0004688　D1451
[康熙]常州府志三十八卷首一卷　（清）于琨修　（清）陳玉璂纂　清光緒十二年（1886）活字印本　二十冊

320000－1607－0004689　18100
明史三百二十二卷　（清）張廷玉等撰　清光緒十八年（1892）武林竹簡齋石印二十四史本　二十三冊　存三百〇四卷（一至一百四十四、一百六十三至三百二十二）

320000－1607－0004690　18123
周益國文忠公集二百卷　（宋）周必大撰　清道光二十八年（1848）歐陽棨瀛塘別墅刻本　四十冊

320000－1607－0004691　18163
宋史四百九十六卷　（元）脫脫等撰　清光緒十八年（1892）武林竹簡齋石印二十四史本　三十一冊　存四百七十六卷（一至三百一十七、三百三十三至四百九十一）

320000－1607－0004692　18194
雅雨堂藏書十三種　（清）盧見曾編　清乾隆二十一年（1756）德州盧氏刻本　二十三冊

320000－1607－0004693　18225
杜工部詩集二十卷　（清）朱鶴齡輯注　清金陵葉永茹刻本　二十冊

320000－1607－0004694　18268
蘇文忠公詩集五十卷　（宋）蘇軾撰　（清）紀昀評點　清道光十四年（1834）兩廣節署刻本　十二冊

320000－1607－0004695　18280
潛研堂全書二十四種三百六十五卷　（清）錢大昕撰　清光緒十年（1884）長沙龍氏家塾刻本　六十一冊

320000－1607－0004696　18344
淵鑑類函四百五十卷　（清）張英等輯　清刻本　二百冊

320000－1607－0004697　18682
子書百家一百〇一種四百八十二卷　（清）崇文書局編　清光緒元年（1875）湖北崇文書局刻本　六十冊

320000－1607－0004698　18743
聚學軒叢書第五集六十種二百七十三卷　劉世珩編　清光緒貴池劉氏刻本　一百冊

320000－1607－0004699　18763
聚學軒叢書第二集九種四十三卷　劉世珩編　清光緒貴池劉氏刻本　十二冊

320000－1607－0004700　18775
聚學軒叢書第三集十五種四十八卷　劉世珩編　清光緒貴池劉氏刻本　十八冊

320000－1607－0004701　18793
聚學軒叢書第四集十三種六十二卷　劉世珩編　清光緒貴池劉氏刻本　二十一冊

320000－1607－0004702　18814
玉函山房輯佚書三十二種七百五十五卷　（清）馬國翰輯　清光緒九年（1883）長沙娜嬛館刻本　一百冊

320000－1607－0004703　19019

**太平寰宇記二百卷**　（宋）樂史撰　清光緒八年(1882)金陵書局刻本　三十六冊

320000－1607－0004704　19190

**聚學軒叢書第五集十五種五十七卷**　劉世珩編　清光緒貴池劉氏刻本　二十八冊

320000－1607－0004705　19218

**讀史兵略四十六卷**　（清）胡林翼撰　清咸豐十一年(1861)刻本　十二冊　存三十六卷(一至三十六)

320000－1607－0004706　19230

**松花庵全集十二卷**　（清）吳鎮撰　清宣統二年(1910)狄道刻本　十二冊

320000－1607－0004707　19242

**駱文忠公奏議二十八卷附錄一卷**　（清）駱秉章撰　清光緒四年(1878)刻本　十九冊　缺一卷(七)

320000－1607－0004708　19329

**子書百家一百○一種四百八十二卷**　（清）崇文書局編　清光緒元年(1875)湖北崇文書局刻本　三十九冊　存二十七種一百二十九卷(孔子集語二卷、荀子三卷、孔叢子二卷、新書十卷、鹽鐵論二卷、說苑二十卷、揚子法言一卷、方言十三卷、潛夫論十卷、申鑒五卷、中論二卷、傅子一卷、文中子中說一卷、續孟子二卷、伸蒙子三卷、素履子三卷、胡子知言六卷附錄一卷疑義一卷、薛子道論三卷、海樵子一卷、孫子三卷、吳子二卷、司馬法一卷、太玄經五至六、淮南鴻烈解二十一卷、獨斷一卷、聲隅子歔欷瑣微論二卷、嬾真子五卷)

320000－1607－0004709　19368

**五經讀本二十八卷**　（清）劉曾騄撰　清同治十年(1871)刻本　十六冊

320000－1607－0004710　19384

**杜工部草堂詩箋二十二卷**　（唐）杜甫撰　（宋）魯訔輯　（宋）蔡夢弼箋　**詩話二卷**　（宋）蔡夢弼輯　**年譜二卷**　（宋）趙子櫟撰　（宋）魯訔撰　清光緒元年(1875)碧琳琅館刻

本　四冊

320000－1607－0004711　19405

**六書說一卷**　（清）江聲撰　清光緒十五年(1889)刻求實齋叢書本　一冊

320000－1607－0004712　19406

**公車見聞錄不分卷**　（清）林伯桐撰　清道光十九年(1839)刻修本堂叢書本　一冊

320000－1607－0004713　19407

**重刊救荒補遺書二卷**　（宋）董煟撰　（元）張光大增補　（明）朱熊補遺　（明）王崇慶釋斷　清同治八年(1869)崇文書局刻本　二冊

320000－1607－0004714　19409

**鳳求凰傳奇二卷**　（清）李漁撰　清康熙世德堂刻本　二冊

320000－1607－0004715　19411

**增訂古文析義合編十六卷**　（清）林雲銘評注　清刻本　十六冊

320000－1607－0004716　19451

**咫進齋叢書**　（清）姚覲元編　清光緒九年(1883)歸安姚氏刻本　五冊　存三十三種八十八卷(春秋公羊禮疏十一卷、公羊問答二卷、孝經疑問一卷、說文答問疏證六卷、瘞鶴銘圖考一卷、蘇齋唐碑選一卷、姚氏藥言一卷、咽喉脈證通論一卷、務民義齋算學十一卷、大雲山房十二章圖說二卷、大雲山房雜記二卷、棠湖詩稿一卷、春草堂遺稿一卷、小爾雅疏證五卷、說文引經考二卷補遺一卷、說文檢字二卷補遺一卷、古今韻考四卷、前徽錄一卷、中州金石目四卷補遺一卷、寒秀草堂筆記四卷、禮記天算釋一卷、孝經鄭注一卷、爾雅補郭二卷、說文新附考六卷、汲古閣說文訂一卷、說文校定本二卷、四聲等子一卷、銷燬抽燬書目一卷、禁書總目一卷、違礙書目一卷、慎疾芻言一卷、陽宅闢謬一卷、清閟齋詩三卷)

320000－1607－0004717　19456

**朱子集一百○四卷**　（宋）朱熹撰　清咸豐十年(1860)刻本　四十冊

211

320000－1607－0004718　19496

春秋公羊傳十一卷　（漢）何休注　清光緒十二年(1886)湖北官書處刻本　四冊

320000－1607－0004719　19500

春秋穀梁傳十二卷　（晉）范寧集解　清光緒十二年(1886)湖北官書處刻本　四冊

320000－1607－0004720　19504

增訂四書人物考十二卷　（明）薛應旂撰　（明）陳仁錫增訂　清古吳三樂齋刻本　六冊

320000－1607－0004721　19510

苔岑集二十四卷二集十二卷附四卷　（清）王鳴盛輯　清刻本　八冊

320000－1607－0004722　19518

皇清經解續編二百〇九種　王先謙輯　清光緒十四年(1888)南菁書院刻本　三百二十冊

320000－1607－0004723　20025

周易本義四卷　（宋）朱熹撰　清同治十三年(1874)湖南書局刻本　二冊

320000－1607－0004724　20027

周易程傳八卷　（宋）程頤撰　清光緒九年(1883)江南書局刻本　三冊

320000－1607－0004725　20030

紫桃軒又綴四卷　（明）李日華撰　清刻本　二冊

320000－1607－0004726　20032

時事問答不分卷　（清）陳鈺輯　清光緒二十九年(1903)愛廬刻本　一冊

320000－1607－0004727　20033

時事問答不分卷　（清）陳鈺輯　清光緒二十九年(1903)愛廬刻本　一冊

320000－1607－0004728　20038

盛世危言十四卷　（清）鄭觀應撰　清光緒二十一年(1895)鉛印本　八冊

320000－1607－0004729　20046

二如亭群芳譜三十卷　（明）王象晉撰　清刻本　七冊　存十卷(元部一至十)

320000－1607－0004730　20053

東萊博議四卷　（宋）呂祖謙撰　清光緒二十九年(1903)拾古山房刻本　四冊

320000－1607－0004731　20057

東萊先生左氏博議二十五卷　（宋）呂祖謙撰　清光緒十四年(1888)雲陽義秀書屋刻本　六冊

320000－1607－0004732　20063

東萊先生左氏博議二十五卷　（宋）呂祖謙撰　清道光十九年(1839)錢塘瞿氏清吟閣刻本　四冊

320000－1607－0004733　20073

說文引經例辨三卷　（清）雷浚撰　清光緒九年(1883)刻本　七冊

320000－1607－0004734　20082

古籀餘論三卷　（清）孫詒讓撰　清光緒二十九年(1903)籀經樓刻本　二冊

320000－1607－0004735　20084

說文解字三十卷　（漢）許慎撰　清同治十三年(1874)蘇城陶氏刻本　二冊

320000－1607－0004736　20086

周易本義四卷　（宋）朱熹撰　清光緒十二年(1886)湖北官書處刻本　二冊

320000－1607－0004737　20088

尚書集傳六卷　（宋）蔡沈集傳　清光緒十一年(1885)湖北官書處刻本　四冊

320000－1607－0004738　20092

經典釋文三十卷　（唐）陸德明撰　清同治十年(1871)刻本　十二冊

320000－1607－0004739　20166

海鹽張氏涉園叢刻十六種三十三卷　（清）張元濟編　清宣統三年(1911)海鹽張氏鉛印本　八冊　存十一種十九卷(帶經堂詩話一卷、詞林紀事一卷、初自庵詩評一卷、入告編三卷遺編一卷、退思軒詩集一卷、賦閒樓詩集一卷、箕裘詩選一卷、捫腹齋詩鈔四卷詩餘二卷、藕村詞存一卷、涉園題詠一卷、竺巖詩一卷)

320000 – 1607 – 0004740　20194

南華經解三十三卷　（清）宣穎撰　清同治五年(1866)吳坤修皖城藩署刻本　六冊

320000 – 1607 – 0004741　20200

續資治通鑑長編五百二十卷　（宋）李燾撰　清光緒七年(1881)浙江書局刻本　一百二十冊

320000 – 1607 – 0004742　20320

六經補疏二十卷　（清）焦循撰　清道光六年(1826)半九書塾刻本　十八冊

320000 – 1607 – 0004743　20338

春秋經傳集解三十卷　（晉）杜預撰　清同治八年(1869)崇文書局刻本　十二冊

320000 – 1607 – 0004744　20350

春秋公羊注疏質疑二卷　（清）何若瑤撰　清光緒二十年(1894)廣雅書局刻本　一冊

320000 – 1607 – 0004745　20351

春秋集古傳注二十六卷　（清）郤坦撰　清光緒二年(1876)淮南書局刻本　四冊

320000 – 1607 – 0004746　20381

知足齋詩集二十卷文集六卷進呈文稿二卷詩續集四卷　（清）朱珪撰　清嘉慶十年(1805)刻本　十四冊

320000 – 1607 – 0004747　20395

劉注七家詩十二卷　（清）張熙宇評　（清）劉培棠　（清）劉鍾英輯注　清光緒十五年(1889)刻本　十一冊

320000 – 1607 – 0004748　20406

樹滋堂詩集（粵遊詩鈔）四卷　（清）蒯嘉珍撰　清嘉慶十五年(1810)刻本　四冊

320000 – 1607 – 0004749　20410

四書恆解十一卷　（清）劉沅撰　清光緒十年(1884)豫誠堂刻本　十冊

320000 – 1607 – 0004750　20420

四書集注十九卷　（宋）朱熹集注　清同治十三年(1874)漵浦培根書屋刻本　十冊

320000 – 1607 – 0004751　20430

泰雲堂駢體文集二卷詞集三卷　（清）孫爾準撰　清道光十三年(1833)刻本　一冊

320000 – 1607 – 0004752　20432

書經音訓不分卷　（清）楊國楨撰　清道光十年(1830)大梁書院刻十一經音訓本　一冊

320000 – 1607 – 0004753　20433

書經體注六卷　（清）錢希祥輯　清刻本　四冊

320000 – 1607 – 0004754　20437

四書集注十九卷　（宋）朱熹集注　清同治九年(1870)順德黎教忠堂刻本　十六冊

320000 – 1607 – 0004755　20443

先聖生卒年月考二卷　（清）孔廣牧撰　清光緒十五年(1889)廣雅書局刻本　一冊

320000 – 1607 – 0004756　20444

趙忠節公遺墨一卷　（清）趙景賢撰　清光緒八年(1882)刻本　一冊

320000 – 1607 – 0004757　20445

薦菫思報感蓼廢吟雨圖題辭不分卷　（清）嚴濚撰　清光緒二十一年(1895)刻本　二冊

320000 – 1607 – 0004758　20447

吳氏遺著五卷　（清）吳夌雲撰　附錄一卷　（清）王宗湅撰　清光緒十七年(1891)廣雅書局刻本　二冊

320000 – 1607 – 0004759　20449

春秋述義拾遺八卷　（清）陳熙晉撰　清光緒十七年(1891)廣雅書局刻本　二冊

320000 – 1607 – 0004760　20451

崇文書局彙刻書三十三種二百七十二卷　（清）崇文書局編　清光緒元年(1875)強恕堂刻本　八冊

320000 – 1607 – 0004761　20529

經典釋文三十卷　（唐）陸德明撰　清同治八年(1869)湖北崇文書局刻本　十二冊

320000 – 1607 – 0004762　20541

緯攗十四卷　（清）喬松年輯　清光緒三年(1877)強恕堂刻本　八冊

320000 – 1607 – 0004763　20549

**湖海樓叢書十三種一百十卷**　(清)陳春輯
清嘉慶蕭山陳氏刻本　三十冊　存十三種一
百十卷(周易鄭注十二卷附敘錄一卷、論語類
考二十卷、孟子雜記四卷、列子八卷附列子沖
虛至德真經釋文二卷、尸子二卷疑一卷、尹文
子一卷、潛夫論十卷、學林十卷、厄林十卷補
遺一卷、訂訛雜錄十卷、龍筋鳳髓判四卷、永
嘉先生八面鋒十三卷、會稽三賦一卷)

320000 – 1607 – 0004764　20579

**說文解字十五卷**　(漢)許慎撰　清同治十年
(1871)刻本　八冊

320000 – 1607 – 0004765　20602

**尚書集傳六卷末一卷**　(宋)蔡沈集傳　清光
緒七年(1881)金陵書局刻本　四冊

320000 – 1607 – 0004766　20606

**周易本義十二卷首一卷末一卷**　(宋)朱熹撰
　音訓一卷　(宋)呂祖謙撰　清同治四年
(1865)金陵書局刻本　二冊

320000 – 1607 – 0004767　20616

**春秋左傳四十三卷**　(晉)杜預注　清光緒二
十一年(1895)澹雅書局刻本　十四冊

320000 – 1607 – 0004768　20630

**春秋左傳音訓八卷**　(清)楊國楨撰　清道光
十年(1830)刻十一經音訓本　八冊

320000 – 1607 – 0004769　20638

**鄭氏佚書七十六卷**　(漢)鄭玄撰　(清)袁鈞
輯　清光緒十四年(1888)浙江書局刻本
十冊

320000 – 1607 – 0004770　20648

**尚志居集八卷補遺一卷讀書記四卷**　(清)楊
德亨撰　清光緒八年(1882)刻本　四冊

320000 – 1607 – 0004771　20666

**河洛理數七卷**　(宋)陳摶撰　清刻本　八冊

320000 – 1607 – 0004772　20674

**詩經八卷**　(宋)朱熹集傳　清光緒鎮江文成
堂刻本　四冊

320000 – 1607 – 0004773　20678

**詩經八卷**　(宋)朱熹集傳　清光緒七年
(1881)金陵書局刻本　四冊

320000 – 1607 – 0004774　20688

**尚書集傳六卷**　(宋)蔡沈集傳　清光緒五年
(1879)二酉堂刻本　四冊

320000 – 1607 – 0004775　20698

**苗氏說文四種四十六卷**　(清)苗夔撰　清道
光、咸豐壽陽祁氏漢專亭刻本　六冊

320000 – 1607 – 0004776　20704

**詩經傳說彙纂二十一卷首二卷**　(清)王鴻緒
等輯　清刻本　二十三冊

320000 – 1607 – 0004777　20727

**欽定詩經傳說彙纂二十一卷首二卷詩序二卷**
　(清)王鴻緒等撰　清同治十年(1871)湖北
崇文書局刻本　十八冊

320000 – 1607 – 0004778　20745

**急就章考異一卷**　(清)莊世驥撰　清光緒十
七年(1891)廣雅書局刻本　一冊

320000 – 1607 – 0004779　20746

**急就章考異一卷**　(清)莊世驥撰　清光緒十
七年(1891)廣雅書局刻本　一冊

320000 – 1607 – 0004780　20747

**說文建首字讀一卷**　(清)苗夔撰　清咸豐元
年(1851)刻本　一冊

320000 – 1607 – 0004781　20748

**尚書古文考實一卷**　(清)皮錫瑞撰　清光緒
二十三年(1897)思賢講舍刻本　一冊

320000 – 1607 – 0004782　20749

**尚書古文疏證辨正一卷**　(清)皮錫瑞撰　清
光緒二十三年(1897)思賢講舍刻本　一冊

320000 – 1607 – 0004783　20750

**禹貢班義述二卷**　(清)成蓉鏡撰　清光緒十
三年(1887)廣雅書局刻本　一冊

320000 – 1607 – 0004784　20751

**毛詩古音考四卷屈宋古音義一卷**　(明)陳第
撰　清光緒六年(1880)武昌張氏刻本　四冊

320000－1607－0004785　20755

**五經不二字音韻釋文五卷**　（清）莊繢澍撰
清光緒四年(1878)常州宏文堂刻本　五冊

320000－1607－0004786　20764

**寫定尚書一卷**　（清）吳汝綸校訂　清光緒十
八年(1892)桐城吳氏家塾刻本　一冊

320000－1607－0004787　20765

**字學舉隅一卷**　（清）黃本驥輯　清同治十年
(1871)刻本　一冊

320000－1607－0004788　20770

**壽梅山房詩存一卷**　（清）李謨撰　清光緒十
年(1884)長沙王氏刻本　一冊

320000－1607－0004789　20771

**詞林正韻三卷**　（清）戈載撰　清光緒十七年
(1891)刻本　二冊

320000－1607－0004790　20779

**論泉絕句二百首二卷**　（清）劉喜海撰　清道
光十八年(1838)刻本　一冊

320000－1607－0004791　20780

**古微堂内集三卷外集七卷**　（清）魏源撰　清
光緒四年(1878)淮南書局刻本　四冊

320000－1607－0004792　20784

**唐詩別裁集二十卷**　（清）沈德潛輯　清資善
堂刻本　十二冊

320000－1607－0004793　20798

**義門讀書記五十八卷**　（清）何焯撰　（清）蔣
維鈞輯　清光緒六年(1880)刻本　十二冊

320000－1607－0004794　20810

**郝氏遺書三十四種**　（清）郝懿行撰　清刻本
五十二冊　存二十三種

320000－1607－0004795　20862

**漢魏六朝百三名家集**　（明）張溥輯　清光緒
十八年(1892)善化章經濟堂刻本　三十九冊
存二十七種三十一卷(漢褚先生集一卷、王
諫議集一卷、漢劉中壘集一卷、東漢崔亭伯集
一卷、張河間集二卷、漢蘭臺令李伯仁集一
卷、東漢馬季長集一卷、東漢荀侍中集一卷、

陳思王集二卷、陳記室集一卷、王侍中集一
卷、魏阮元瑜集二卷、魏應德璉集一卷、嵇中
散集一卷、晉杜征南集一卷、魏荀公曾集一
卷、傅鶉觚集一卷、晉張司空集一卷、潘黃門
集一卷、陸清河集二卷、晉張孟陽集一卷、晉
張景陽集一卷、晉劉越石集一卷、賈長沙集一
卷、司馬文園集一卷、董膠西集一卷、東方大
中集一卷)

320000－1607－0004796　20901

**黃帝内經素問靈樞合編九卷**　（明）馬蒔撰
清嘉慶十年(1805)刻本　十一冊

320000－1607－0004797　20917

**第五才子書水滸傳不分卷七十回**　（元）施耐
庵撰　清光緒申報館鉛印本　二十冊

320000－1607－0004798　20944

**字林考逸八卷**　（清）任大椿撰　附錄一卷補
本一卷　（清）陶方琦撰　補附錄一卷　（清）
諸可寶撰　清光緒十六年(1890)江蘇書局刻
本　四冊

320000－1607－0004799　20948

**歷代名臣言行錄二十四卷**　（清）朱桓輯　清
嘉慶二年(1797)刻本　三十五冊

320000－1607－0004800　20983

**女四書四卷**　（清）王相箋注　清光緒三十四
年(1908)江陰源德堂刻本　二冊

320000－1607－0004801　20985

**唐宋八大家類選十四卷**　（清）儲欣輯評　清
光緒九年(1883)刻本　十二冊

320000－1607－0004802　20997

**論語點睛一卷**　（明）釋智旭撰　清光緒刻本
一冊

320000－1607－0004803　21001

**蓮漪詞二卷**　（清）鄭由熙撰　清光緒十六年
(1890)江右書局刻本　一冊

320000－1607－0004804　21003

**百末詞五卷詞餘一卷**　（清）尤侗撰　清刻本
一冊

320000－1607－0004805　21006
書經三卷　（宋）蔡沈集傳　清同治十年
（1871）刻本　三冊

320000－1607－0004806　21009
藤香館詞刪存四卷　（清）薛時雨撰　清光緒
五年（1879）刻本　四冊

320000－1607－0004807　21018
經苑二十五種二百五十四卷　（清）錢儀吉輯
　清道光至咸豐大梁書院刻同治七年（1868）
王儒行等重印本　七十四冊

320000－1607－0004808　21092
顨軒孔氏所著書七種六十卷　（清）孔廣森撰
　清嘉慶二十二年（1817）曲阜孔氏儀鄭堂刻
本　十冊

320000－1607－0004809　21108
尚書伸孔篇一卷　（清）焦廷琥撰　清光緒十
四年（1888）廣雅書局刻本　一冊

320000－1607－0004810　21109
漢碑徵經一卷　（清）朱百度撰　清光緒十五
年（1889）廣雅書局刻本　一冊

320000－1607－0004811　21110
佩弦齋駢文一卷詩存一卷試帖一卷律賦一卷
　（清）朱一新撰　清光緒二十二年（1896）順
德龍氏葆真堂刻本　一冊

320000－1607－0004812　21113
詩緝三十六卷　（宋）嚴粲撰　清光緒三年
（1877）嶺南述古堂刻本　十四冊

320000－1607－0004813　21127
左傳經世鈔二十三卷　（清）魏禧評點　清乾
隆十三年（1748）彭家屏刻本　十二冊

320000－1607－0004814　21139
讀左補義五十卷　（清）姜炳璋撰　清乾隆三
十四年（1769）刻本　十四冊

320000－1607－0004815　21153
練兵實紀九卷雜集六卷　（明）戚繼光撰　清
嘉慶二十四年（1819）刻本　六冊

320000－1607－0004816　21159

320000－1607－0004817　21165
楹聯叢話十二卷續話四卷　（清）梁章鉅撰
清道光二十六年（1846）郁松年宜稼堂刻宜稼
堂叢書本　六冊

320000－1607－0004817　21165
續資治通鑑二百二十卷　（清）畢沅撰　清乾
隆、嘉慶刻同治八年（1869）江蘇書局遞修本
　六十冊

320000－1607－0004818　21226
明詞綜十二卷　（清）王昶輯　清嘉慶七年
（1802）刻本　二冊

320000－1607－0004819　21228
宋元明詩約鈔三百首二卷　（清）朱梓　（清）
冷昌言輯　清道光二十一年（1841）刻本
二冊

320000－1607－0004820　21230
富春山館遺集詩鈔一卷賦鈔一卷　（清）嚴京
治撰　清光緒二十四年（1898）刻本　一冊

320000－1607－0004821　21231
偕園吟草五卷雜詠一卷　（清）許禧身撰　清
宣統元年（1909）鉛印本　一冊

320000－1607－0004822　21232
藤香館詩鈔四卷　（清）薛時雨撰　清同治七
年（1868）刻本　四冊

320000－1607－0004823　21236
操觚齋遺書四卷　（清）管禮耕撰　清光緒十
四年（1888）江陰南菁書院刻南菁書院叢書本
　一冊

320000－1607－0004824　21239
南雷餘集不分卷　（清）黃宗羲撰　（清）蕭穆
輯　清宣統三年（1911）石印本　一冊

320000－1607－0004825　21240
東莊吟稿七卷　（清）呂留良撰　清宣統三年
（1911）石印本　一冊

320000－1607－0004826　21244
詞辨二卷附介存齋論詞雜著一卷　（清）周濟
撰　清刻本　一冊

320000－1607－0004827　21245

籟笯館詩鈔四卷　（清）蕭曇撰　清嘉慶十六年(1811)刻本　一冊

320000－1607－0004828　21246
醉月居詩詞鈔不分卷　（清）葉世熊撰　清光緒三十一年(1905)刻本　一冊

320000－1607－0004829　21247
邵亭詩鈔六卷　（清）莫友芝撰　清咸豐二年(1852)遵義湘川講舍刻同治五年(1866)江寧三山客舍重修本　一冊

320000－1607－0004830　21248
白沙子古詩教解二卷　（明）陳獻章撰　清刻本　一冊

320000－1607－0004831　21255
七十家賦鈔六卷　（清）張惠言輯　清光緒八年(1882)廣東載文堂刻本　二冊

320000－1607－0004832　21347
大學章句一卷中庸章句一卷　（宋）朱熹撰　清光緒二十一年(1895)湖北官書處刻本　一冊

320000－1607－0004833　21350
中庸章句質疑二卷　（清）郭嵩燾撰　清光緒十六年(1890)思賢講舍刻本　二冊

320000－1607－0004834　21352
中庸章句一卷　（宋）朱熹撰　清同文書屋刻本　一冊

320000－1607－0004835　21353
中庸章句一卷　（宋）朱熹撰　清光緒九年(1883)麟玉山房刻本　一冊

320000－1607－0004836　21358
孟子趙注補正六卷　（清）宋翔鳳撰　清光緒十七年(1891)廣雅書局刻本　一冊

320000－1607－0004837　21359
孟子七卷　（宋）朱熹集注　清光緒二十一年(1895)湖北官書處刻本　三冊

320000－1607－0004838　21362
孟子要略五卷　（宋）朱熹撰　（清）劉傳瑩輯佚　清道光二十九年(1849)漢陽劉氏刻本　一冊

320000－1607－0004839　21363
增補蘇批孟子二卷　（宋）蘇洵撰　（清）趙大浣增補　清同治十二年(1873)兩儀堂刻本　二冊

320000－1607－0004840　21365
增補蘇批孟子二卷　（宋）蘇洵撰　（清）趙大浣增補　清同治十二年(1873)兩儀堂刻本　二冊

320000－1607－0004841　21367
春秋辨疑四卷　（宋）蕭楚撰　清咸豐五年(1855)刻本　二冊

320000－1607－0004842　21369
孝經一卷　（唐）李隆基注　（唐）陸德明音義　清光緒十二年(1886)湖北官書處刻本　一冊

320000－1607－0004843　21370
小蝸廬文存二卷　（清）吳其泰撰　清咸豐五年(1855)刻本　一冊

320000－1607－0004844　21371
禁吸鴉片煙芻議不分卷　（清）蔣履曾撰　清光緒三十二年(1906)鉛印本　一冊

320000－1607－0004845　21372
草堂詩餘續集二卷　題（明）長湖外史輯　清刻本　一冊

320000－1607－0004846　21376
桐溪耆隱集一卷補錄一卷　（清）袁炯輯　榆園雜興詩一卷　（清）袁振業撰　清光緒十六年(1890)春藻堂刻本　一冊

320000－1607－0004847　21378
繡餘小草不分卷　（清）黃蕙臣撰　清光緒二十一年(1895)刻本　一冊

320000－1607－0004848　21382
曝書亭刪餘詞一卷曝書亭詞手稿原目一卷　（清）朱彝尊撰　校勘記一卷　葉德輝撰　清光緒二十九年(1903)長沙葉氏刻本　一冊

320000－1607－0004849　21383
碭東詩鈔二卷　（清）歐陽輅撰　清光緒十五

年(1889)長沙王氏刻本　一冊

320000－1607－0004850　21384
文獻通考序一卷　（元）馬端臨撰　清光緒十
七年(1891)刻本　一冊

320000－1607－0004851　21385
緗芸館詩鈔一卷　（清）許之霡撰　清光緒二
十五年(1899)刻本　一冊

320000－1607－0004852　21386
孟塗先生遺詩二卷　（清）劉開撰　清光緒十
二年(1886)刻本　一冊

320000－1607－0004853　21388
南海百詠一卷續編四卷　（宋）方信孺撰　清
光緒八年(1882)學海堂刻本　三冊

320000－1607－0004854　21392
六書約言二卷　（清）吳善述撰　清光緒刻本
　一冊

320000－1607－0004855　21393
醉芸館詩集一卷　（清）李經世撰　清光緒二
十九年(1903)皖城刻本　一冊

320000－1607－0004856　21395
三才略三卷　（清）蔣德鈞輯　清光緒十四年
(1888)蔣氏求實齋刻本　一冊

320000－1607－0004857　21396
執中蘊義五卷　（清）湯壽銘等撰　清同治三
年(1864)崇善堂刻本　二冊

320000－1607－0004858　21400
韻詁六卷　（清）方濬頤輯　清光緒四年
(1878)淮南書局刻本　六冊

320000－1607－0004859　21406
尚書集傳六卷　（宋）蔡沈集傳　清光緒十六
年(1890)常郡宛委山莊刻本　十六冊

320000－1607－0004860　21410
春秋左繡三十卷　（清）馮李驊　（清）陸浩評
輯　清李光明莊刻本　四冊

320000－1607－0004861　21426
尚書集傳六卷　（宋）蔡沈集傳　清文光堂刻

本　四冊

320000－1607－0004862　21430
大戴禮記補注十三卷　（清）孔廣森撰　清同
治十三年(1874)淮南書局刻本　四冊

320000－1607－0004863　21434
欽定書經傳說彙纂二十一卷首二卷書序一卷
　（清）王頊齡等撰　清雍正八年(1730)武英
殿刻本　八冊

320000－1607－0004864　21442
大戴禮記解詁十三卷　（清）王聘珍撰　清光
緒十三年(1887)廣雅書局刻本　三冊

320000－1607－0004865　21445
方言箋疏十三卷　（清）錢繹撰　清光緒十六
年(1890)廣雅書局刻本　四冊

320000－1607－0004866　21449
爾雅補注殘本一卷　（清）劉玉麐撰　清光緒
十六年(1890)廣雅書局刻本　一冊

320000－1607－0004867　21454
金剛經注解四卷　（明）釋洪蓮撰　清刻本
三冊　存三卷(一、三至四)

320000－1607－0004868　21461
春秋直解十二卷　（清）傅恆等撰　清嘉慶十
六年(1811)揚州十笏堂刻本　四冊

320000－1607－0004869　21465
春秋或問六卷　（清）郜坦撰　清光緒二年
(1876)淮南書局刻本　一冊

320000－1607－0004870　21466
春秋穀梁傳音訓不分卷　（清）楊國楨撰　清
道光十年(1830)刻本　一冊

320000－1607－0004871　21473
相宗史傳略錄一卷　梅光羲輯　清光緒刻本
　一冊

320000－1607－0004872　21474
淨土聖賢錄續編四卷　（清）胡珽述　清光緒
刻本　一冊　存二卷(一至二)

320000－1607－0004873　21475

徑中徑又徑徵義三卷　（清）張師誠輯　（清）徐槐廷徵義　清光緒二十五年(1899)刻本　一冊

320000 – 1607 – 0004874　21476
爾雅注疏十一卷　（晉）郭璞注　（宋）邢昺疏　清大文堂刻本　二冊

320000 – 1607 – 0004875　21483
古文觀止十二卷　（清）吳乘權輯　清光緒十四年(1888)毗陵李氏麟玉山房刻本　六冊

320000 – 1607 – 0004876　21490
吉林紀事詩四卷首一卷　（清）沈兆禔撰　清宣統三年(1911)湯明林聚珍書局鉛印本　二冊

320000 – 1607 – 0004877　21492
岱游集一卷　（清）陳文述撰　清宣統元年(1909)江浦陳氏上海刻本　一冊

320000 – 1607 – 0004878　21494
李咸齋文鈔一卷　（清）李騰蛟撰　清刻本　一冊

320000 – 1607 – 0004879　21496
幽光錄二卷　（清）吳溶等輯　清刻本　一冊　存一卷(上)

320000 – 1607 – 0004880　21500
蒿目集六卷　（清）許瑤光撰　清刻本　二冊

320000 – 1607 – 0004881　21504
蘦蒔山莊駢散芟存一卷　（清）吳修祐撰　清刻本　一冊

320000 – 1607 – 0004882　21505
轅下吟編一卷吳趨詞鈔一卷　（清）吳繡虎撰　清光緒活字印本　一冊

320000 – 1607 – 0004883　21507
日本維新三十年史不分卷　（日本）東京博文館輯　上海廣智書局譯　清光緒三十一年(1905)上海廣智書局鉛印本　六冊

320000 – 1607 – 0004884　21515
性天真境一卷　（清）黃正元輯注　清刻本　一冊

320000 – 1607 – 0004885　21516
欲海慈航一卷　（清）黃正元輯　清刻本　一冊

320000 – 1607 – 0004886　21519
紉餘小草一卷　（清）鄒佩蘭撰　清光緒元年(1875)刻本　一冊

320000 – 1607 – 0004887　21522
陳秋坪遺墨題詠補錄一卷　（清）甘澍輯　清道光刻本　二冊

320000 – 1607 – 0004888　21524
畹蘭齋文集四卷　（清）李楨撰　清光緒十八年(1892)刻本　二冊

320000 – 1607 – 0004889　21530
藤花吟館詩鈔十卷　（清）梁章鉅撰　清道光五年(1825)刻本　二冊

320000 – 1607 – 0004890　21535
春秋左氏傳賈服註輯述二十卷　（清）李貽德撰　清光緒八年(1882)江蘇書局刻本　六冊

320000 – 1607 – 0004891　21541
白芙堂算學叢書二十一種八十八卷　（清）吳嘉善　（清）丁取忠編　清同治至光緒長沙古荷花池精舍刻本　十六冊

320000 – 1607 – 0004892　21557
春秋左傳五十卷　（晉）杜預注　清光緒七年(1881)刻本　十五冊　存四十六卷(一至十一、十六至五十)

320000 – 1607 – 0004893　21572
詩經八卷　（宋）朱熹集傳　清光緒六年(1880)毗陵李氏麟玉山房刻本　六冊

320000 – 1607 – 0004894　21578
詩經朱傳八卷　（清）孫慶甲校述　清宣統三年(1911)常州晉升山房刻本　六冊

320000 – 1607 – 0004895　21582
詩經八卷　（宋）朱熹集傳　清光緒十年(1884)湖南經濟書局刻本　四冊

320000 – 1607 – 0004896　21586
春秋左傳杜注三十卷　（晉）杜預注　（清）姚

培謙撰　清光緒九年（1883）江南書局刻本
十冊

320000－1607－0004897　21628
春暉堂叢書十三種三十八卷　（清）徐渭仁編
　清道光、咸豐上海徐氏刻同治補刻本
十冊

320000－1607－0004898　21638
來瞿唐先生易注十五卷首一卷末一卷　（明）
來知德撰　清寧遠堂刻本　十二冊

320000－1607－0004899　21660
春秋三傳揭要六卷　（清）周蕙山輯　清刻本
　一冊

320000－1607－0004900　21661
默齋詩存八卷　（清）桂山撰　清咸豐刻本
二冊

320000－1607－0004901　21663
禮記集說十卷　（元）陳澔撰　清光緒十二年
（1886）湖北官書處刻本　十冊

320000－1607－0004902　21673
來瞿唐先生易注十五卷首一卷末一卷　（明）
來知德撰　清道光二十六年（1846）蕭山來氏
刻本　十冊

320000－1607－0004903　21683
公羊臆三卷　（清）張憲和撰　清光緒刻本
四冊

320000－1607－0004904　21687
左傳選十四卷　（清）儲欣評　清尺木堂刻本
　四冊

320000－1607－0004905　21691
尚書集傳六卷　（宋）蔡沈集傳　清光緒五年
（1879）文德堂刻本　六冊

320000－1607－0004906　21697
清容居士集五十卷　（元）袁桷撰　劄記一卷
　（清）郁松年撰　清道光二十年（1840）上海
郁氏刻宜稼堂叢書本　十六冊

320000－1607－0004907　21713
伏敔堂詩錄十五卷續錄四卷　（清）江湜撰

清同治刻本　四冊

320000－1607－0004908　21718
夢奈詩稿一卷　（清）馮桂芬撰　清光緒二年
（1876）馮氏刻本　一冊

320000－1607－0004909　21726
謫仙樓題詠新鈔二卷　（清）曹笙南輯　清光
緒八年（1882）集文堂活字印本　一冊

320000－1607－0004910　21728
依舊草堂遺稿不分卷　（清）費丹旭撰　清同
治十年（1871）退補齋刻本　一冊

320000－1607－0004911　21729
微尚齋詩二卷雨屋深鐙詞一卷　（清）汪兆鏞
撰　清宣統三年（1911）刻本　一冊

320000－1607－0004912　21730
伏敔堂詩錄十五卷續錄四卷　（清）江湜撰
清同治刻本　四冊

320000－1607－0004913　21734
錫山秦氏詩鈔前集八卷首一卷今集十卷
（清）秦彬輯　清道光十九年（1839）刻本
六冊

320000－1607－0004914　21740
詩經精華十一卷　（清）薛嘉穎輯　清光緒十
一年（1885）魏氏古香閣刻本　六冊

320000－1607－0004915　21746
毛詩通考三十卷　（清）林伯桐撰　清道光二
十四年（1844）番禺林氏刻本　二冊

320000－1607－0004916　21748
毛詩識小三十卷　（清）林伯桐撰　清光緒十
二年（1886）刻本　二冊

320000－1607－0004917　21750
周禮注疏小箋五卷　（清）曾釗撰　清光緒十
二年（1886）刻學海堂叢刻本　二冊

320000－1607－0004918　21752
周禮節訓六卷　（清）黃叔琳撰　清光緒十二
年（1886）蘇州集古山房刻本　二冊

320000－1607－0004919　21754

王會篇箋釋三卷　（清）何秋濤撰　清光緒十七年（1891）江蘇書局刻本　二冊　存二卷（上至中）

320000－1607－0004920　21769

庸庵文編四卷　（清）薛福成撰　清光緒十四年（1888）刻本　四冊

320000－1607－0004921　21783

莊子因六卷　（清）林雲銘撰　清光緒六年（1880）常州培本堂善書局刻本　四冊

320000－1607－0004922　21787

莊子因六卷　（清）林雲銘撰　清光緒六年（1880）常州培本堂善書局刻本　四冊

320000－1607－0004923　21791

庸庵文外編四卷　（清）薛福成撰　清光緒十九年（1893）刻本　八冊

320000－1607－0004924　21799

庸庵文編四卷　（清）薛福成撰　清光緒十四年（1888）刻本　四冊

320000－1607－0004925　21803

課子隨筆節鈔六卷　（清）張師載輯　（清）夏錫疇摘抄　（清）徐桐節抄　續編一卷　（清）徐桐輯　清同治十二年（1873）刻本　四冊

320000－1607－0004926　21807

曝書雜記三卷　（清）錢泰吉撰　清同治七年（1868）刻本　四冊

320000－1607－0004927　21808

檀弓論文二卷　（清）孫濩孫評訂　清光緒七年（1881）常州狀元第莊刻本　一冊

320000－1607－0004928　21811

十種古逸書三十卷　（清）茆泮林輯　清道光十四年（1834）梅瑞軒刻本　十冊

320000－1607－0004929　21821

窺生鐵齋詞一卷　（清）宗山撰　劍虹盦詞一卷　（清）邊保樞撰　橫山草堂詞一卷　（清）吳唐林撰．清光緒十一年（1885）刻侯鯖詞本　一冊

320000－1607－0004930　21822

知悔齋詩稿八卷續一卷　（清）張士寬撰　清同治五年（1866）刻本　一冊

320000－1607－0004931　21823

南車草一卷　（清）朱彝尊撰　清嘉慶二十三年（1818）蔣楷刻本　一冊

320000－1607－0004932　21825

曲表一卷　（清）支豐宜撰　清道光二十三年（1843）刻本　一冊

320000－1607－0004933　21826

劉左史文集四卷　（宋）劉安節撰　清同治十二年（1873）孫衣言刻永嘉叢書本　一冊

320000－1607－0004934　21827

彈指詞三卷補遺一卷　（清）顧貞觀撰　清光緒四年（1878）枕經葄史齋刻本　二冊

320000－1607－0004935　21830

論語說二卷　（清）畢梅撰　清光緒二年（1876）一笑山房刻本　二冊

320000－1607－0004936　21833

訓俗遺規四卷　（清）陳弘謀輯　清同治七年（1868）湖北崇文書局刻本　二冊

320000－1607－0004937　21837

家塾準繩不分卷　（清）莊毓鋐撰　清同治十三年（1874）刻本　一冊

320000－1607－0004938　21838

草堂詩餘三卷　（宋）何士信輯　清刻本　二冊

320000－1607－0004939　22008

藝海珠塵一百六十四種三百十三卷　（清）吳省蘭輯　清嘉慶南匯吳氏聽彝堂刻本　六十冊

320000－1607－0004940　22082

文獻徵存錄十卷　（清）錢林撰　清咸豐八年（1858）有嘉樹軒刻本　九冊　存九卷（一至八、十）

320000－1607－0004941　22091

儀禮音訓不分卷　（清）楊國楨撰　清道光十年（1830）大梁書院刻十一經音訓本　二冊

320000－1607－0004942　22093

**梁溪全集一百八十卷附錄六卷**　（宋）李綱撰
　　清道光十四年(1834)刻本　三十二冊

320000－1607－0004943　22125

**四書經注集證十九卷**　（清）吳昌宗撰　清咸
豐三年(1853)刻本　十六冊

320000－1607－0004944　22141

**新訂四書補註備旨十卷**　（清）鄧林撰　清光
緒十三年(1887)刻本　六冊

320000－1607－0004945　22147

**韻字略二卷**　（清）毛謨撰　清光緒元年
(1875)湖北崇文書局刻本　二冊

320000－1607－0004946　22149

**佩文詩韻釋要五卷**　（清）周兆基輯　（清）朱
蘭重輯　清光緒元年(1875)湖北崇文書局刻
本　一冊

320000－1607－0004947　22150

**王薑齋四書文一卷**　（清）王夫之撰　清光緒
十九年(1893)湖南崇德書局刻本　一冊

320000－1607－0004948　22151

**儀禮義疏四十八卷首二卷**　（清）鄂爾泰等撰
　　清刻本　二十

320000－1607－0004949　22171

**春秋左傳地名補注十二卷**　（清）沈欽韓撰
清同治丁志偉重修本　四冊

320000－1607－0004950　22173

**春秋規過考信三卷**　（清）陳熙晉撰　清光緒
十五年(1889)廣雅書局刻本　三冊

320000－1607－0004951　22176

**儀禮私箋八卷**　（清）鄭珍撰　清光緒十七年
(1891)廣雅書局刻本　二冊

320000－1607－0004952　22178

**儀禮鄭注句讀十七卷**　（清）張爾岐撰　清同
治十三年(1874)湖南書局刻本　四冊

320000－1607－0004953　22182

**儀禮古今文異同疏證五卷**　（清）徐養原撰
清光緒十七年(1891)廣雅書局刻本　一冊

320000－1607－0004954　22183

**春秋直解九卷**　（明）郝敬撰　清刻本　四冊

320000－1607－0004955　22187

**爾雅三卷**　（晉）郭璞注　（唐）陸德明音義
清光緒十二年(1886)湖北官書處刻本　三冊

320000－1607－0004956　22196

**梅村詩集箋注十八卷**　（清）吳偉業撰　（清）
吳翌鳳箋注　清嘉慶十九年(1814)滄浪吟榭
刻本　八冊

320000－1607－0004957　22212

**說文通訓定聲十八卷**　（清）朱駿聲撰　清咸
豐元年(1851)臨嘯閣刻本　二十六冊

320000－1607－0004958　22238

**桐城吳先生文集四卷詩集一卷**　（清）吳汝綸
撰　清光緒三十年(1904)刻本　五冊

320000－1607－0004959　22247

**壺盦類稿二十六卷**　（清）胡念修撰　清光緒
二十七年(1901)胡念修刻鵠齋刻本　十冊

320000－1607－0004960　22257

**呂子節錄四卷補遺二卷**　（明）呂坤撰　（清）
陳弘謀評輯　清光緒十三年(1887)江西書局
刻本　四冊

320000－1607－0004961　22261

**唐語林八卷**　（宋）王讜撰　**校勘記一卷**
(清)錢熙祚撰　清光緒十九年(1893)湖北官
書處刻本　四冊

320000－1607－0004962　22277

**五種遺規十七卷**　（清）陳弘謀輯　清同治七
年(1868)崇文書局刻本　十冊

320000－1607－0004963　22287

**孔子家語十卷**　（三國魏）王肅注　清季氏狀
元閣刻本　十冊

320000－1607－0004964　22300

**孟子七卷**　（宋）朱熹集注　清武進陳氏亦園
刻四書集注本　七冊

320000－1607－0004965　22307

**十三經劄記二十二卷**　（清）朱亦棟撰　清光

緒四年(1878)杭州竹簡齋刻本　六冊

320000－1607－0004966　22313

**左傳選十四卷**　（清）儲欣評　清刻本　五冊

320000－1607－0004967　22319

**楊忠愍公傳家寶訓一卷**　（明）楊繼盛撰　清道光十八年(1838)上海晚桂堂刻本　一冊

320000－1607－0004968　22320

**楊忠愍公遺書不分卷**　（明）楊繼盛撰　清咸豐十年(1860)刻本　一冊

320000－1607－0004969　22322

**四書左國輯要二卷**　（清）周龍官輯　清刻本　二冊

320000－1607－0004970　22324

**爾雅正文直表二卷**　（清）孫偏輯　清同治九年(1870)鎮江文成堂刻本　二冊

320000－1607－0004971　22326

**禮記質疑四十九卷**　（清）郭嵩燾撰　清光緒十六年(1890)思賢講舍刻本　一冊

320000－1607－0004972　22327

**論語古訓十卷**　（清）陳鱣撰　清光緒九年(1883)浙江書局刻本　二冊

320000－1607－0004973　22329

**論語十卷**　（宋）朱熹集注　清丹陽振益書局刻本　四冊

320000－1607－0004974　22333

**四書典故辨正二十卷**　（清）周柄中撰　清光緒十二年(1886)善化許氏刻本　六冊

320000－1607－0004975　22345

**禮記集說十卷**　（元）陳澔撰　清同治五年(1866)金陵書局刻本　十冊

320000－1607－0004976　22355

**正字略一卷**　（清）鍾文撰　清道光五年(1825)刻本　一冊

320000－1607－0004977　22356

**說文新附考六卷續考一卷**　（清）鈕樹玉撰　清同治十三年(1874)湖北崇文書局刻本　二冊

320000－1607－0004978　22358

**段氏說文注訂八卷**　（清）鈕樹玉撰　清同治十三年(1874)崇文書局刻本　二冊

320000－1607－0004979　22360

**段氏說文注訂八卷**　（清）鈕樹玉撰　清同治十三年(1874)崇文書局刻本　二冊

320000－1607－0004980　22362

**論語筆解二卷**　（唐）韓愈　（唐）李翶撰　（明）鄭鄖評　清嘉慶吳省蘭聽彝堂刻藝海珠塵本　一冊

320000－1607－0004981　22363

**論語孔注辨偽二卷**　（清）沈濤撰　清道光元年(1821)刻本　一冊

320000－1607－0004982　22364

**論語古注集箋十卷論語考一卷**　（清）潘維城撰　清光緒七年(1881)江蘇書局刻本　六冊

320000－1607－0004983　22376

**說文解字三十二卷**　（漢）許慎撰　（清）段玉裁注　清同治十一年(1872)湖北崇文書局刻本　十五冊

320000－1607－0004984　22391

**小題正鵠不分卷**　（清）李元度輯　清光緒十三年(1887)丹陽何氏存慎堂刻本　八冊

320000－1607－0004985　22399

**十四層啟蒙捷訣二卷**　（清）曹原亮撰　清咸豐四年(1854)小酉山房刻本　二冊

320000－1607－0004986　22401

**登瀛社稿續刻四卷**　（清）曾之撰等撰　清同治九年(1870)刻本　四冊

320000－1607－0004987　22405

**宣南登瀛社稿初集二卷**　（清）曾之撰等撰　清同治九年(1870)刻本　一冊

320000－1607－0004988　22406

**呻吟語六卷**　（明）呂坤撰　清同治七年(1868)刻本　六冊

320000－1607－0004989　22412

**日本維新三十年史不分卷**　（日本）東京博文

館輯　上海廣智書局譯　清光緒二十八年(1902)上海廣智書局鉛印本　六冊

320000－1607－0004990　22418
**林和靖詩集四卷拾遺一卷**　(宋)林逋撰　清同治十二年(1873)長洲朱氏刻本　二冊

320000－1607－0004991　22421
**駢雅七卷**　(明)朱謀㙔撰　清嘉慶十三年(1808)張海鵬刻本　一冊

320000－1607－0004992　22422
**乾坤正氣集五百七十四卷**　(清)姚瑩　(清)顧沅　(清)潘錫恩輯　清道光二十八年(1848)潘氏袁江節署刻同治五年(1866)吳坤修皖江印本　一百六十冊　存五百四十九卷(一至一百十九、一百三十四至二百八十、二百九十二至五百七十四)

320000－1607－0004993　22582
**國朝先正事略六十卷**　(清)李元度撰　清同治五年(1866)循陔草堂刻本　二十四冊

320000－1607－0004994　22606
**說文經字正誼四卷**　(清)郭慶藩撰　清光緒二十年(1894)湘陰郭氏刻本　二冊

320000－1607－0004995　22608
**穎濱先生詩集傳六卷**　(宋)蘇轍撰　清刻本　一冊

320000－1607－0004996　22609
**汲古閣說文訂一卷**　(清)段玉裁撰　清同治十一年(1872)湖北崇文書局刻本　一冊

320000－1607－0004997　22610
**汗簡七卷**　(宋)郭忠恕撰　(清)鄭珍箋正　清光緒十五年(1889)廣雅書局刻本　四冊

320000－1607－0004998　22614
**群經音辨七卷**　(宋)賈昌朝撰　清光緒九年(1883)長州鐵華館刻鐵華館叢書本　一冊

320000－1607－0004999　22615
**十經文字通正書十四卷**　(清)錢坫撰　清嘉慶五年(1800)安陽縣署刻本　二冊

320000－1607－0005000　22617

陶齋藏石記四十四卷藏磚記二卷　(清)端方撰　清宣統元年(1909)上海商務印書館石印本　十二冊

320000－1607－0005001　22629
**國朝先正事略六十卷**　(清)李元度撰　清同治五年(1866)循陔草堂刻本　二十四冊

320000－1607－0005002　22653
**硯林詩集四卷**　(清)丁敬撰　清嘉慶十二年(1807)刻本　二冊

320000－1607－0005003　22655
**說文逸字二卷**　(清)鄭珍撰　**附錄一卷**(清)鄭知同撰　清湖南經濟書堂刻本　二冊

320000－1607－0005004　22657
**論語十五卷**　(宋)朱熹集注　清武進陳氏亦園刻四書集注本　四冊

320000－1607－0005005　22741
**御批歷代通鑑輯覽一百二十卷**　(清)傅恆等編　清光緒二十年(1894)湖南澹雅書局刻本　五十五冊

320000－1607－0005006　22796
**通志堂經解一百四十種一千八百卷**　(清)納蘭成德輯　清同治十二年(1873)粵東書局刻本　四百八十冊

320000－1607－0005007　23276
**皇清經解一百九十種**　(清)阮元輯　清道光九年(1829)廣東學海堂刻本　三百六十冊

320000－1607－0005008　23636
**皇清經解檢目八卷**　(清)蔡啟盛撰　清光緒十二年(1886)刻本　二冊

320000－1607－0005009　23638
**皇清經解續編二百〇九種**　王先謙輯　清光緒十四年(1888)南菁書院刻本　三百二十冊

320000－1607－0005010　23958
**皇清經解一百九十種**　(清)阮元輯　清道光九年(1829)廣東學海堂刻本　二百五十四冊　存一千三百五十五卷(一至三百五十七、四百十一至一千四百〇八)

320000－1607－0005011　24212

**正誼堂全書六十三種四百八十卷**　（清）張伯
行編　清同治五年（1866）福州正誼書院刻本
九十六冊　存四百六十一卷（十四至二百
九十四、二百九十九至三百、三百〇三至四百
八十）

320000－1607－0005012　24432

**淵鑑類函四百五十卷**　（清）張英等輯　清同
治、光緒南海孔氏刻左香齋袖珍十種本　一
百四十冊

320000－1607－0005013　24624

**古文未曾有集八卷**　（清）王甫白評選　清嘉
慶十九年（1814）刻本　四冊

320000－1607－0005014　24628

**讀史大略六十卷首一卷**　（清）沙張白撰　**附**
**小沙子史略一卷**　（清）沙晉撰　清光緒二十
七年（1901）上海祥記書莊石印本　三冊

320000－1607－0005015　24631

**女才子十三卷**　題（清）煙水散人撰　清刻本
四冊

320000－1607－0005016　24635

**日本國志四十一卷**　（清）黃遵憲撰　清光緒
二十四年（1898）上海圖書集成印書局鉛印本
十冊

320000－1607－0005017　24645

**海國圖志續集二十五卷首一卷**　（英國）麥高
爾輯　（美國）林樂知　（清）瞿昂來譯　清光
緒二十四年（1898）文賢閣石印本　二冊

320000－1607－0005018　24647

**海國圖志一百卷**　（清）魏源撰　清光緒二十
四年（1898）文華閣石印本　十四冊

320000－1607－0005019　24661

**金石萃編一百六十卷續編二十卷**　（清）王昶
撰　清光緒十九年（1893）上海鴻寶齋石印本
二十四冊

320000－1607－0005020　24685

**皇朝經世文編一百二十卷**　（清）賀長齡輯

清同治十二年（1873）周氏師古堂刻本　二十
四冊

320000－1607－0005021　24717

**皇朝經世文新編二十一卷**　（清）麥仲華輯
清光緒二十四年（1898）上海譯書局刻本　二
十四冊

320000－1607－0005022　24741

**畜德錄二十卷**　（清）席啟圖撰　清掃葉山房
石印本　六冊

320000－1607－0005023　24747

**西藝知新二十二卷**　（英國）諾格德撰　（英
國）傅蘭雅譯　（清）徐壽筆述　清光緒二十
二年（1896）上海璣衡堂石印本　六冊

320000－1607－0005024　24753

**舊五代史一百五十卷**　（宋）薛居正等撰　清
光緒三十四年（1908）上海集成圖書局鉛印二
十四史本　十二冊

320000－1607－0005025　24765

**魏書一百十四卷**　（北齊）魏收撰　清光緒三
十四年（1908）上海集成圖書局鉛印二十四史
本　十六冊

320000－1607－0005026　24809

**名家詞集四種四卷**　（清）侯文燦編　清光緒
十三年（1887）江陰金氏刻本　二冊

320000－1607－0005027　24811

**粟香四筆八卷**　金武祥撰　清光緒十六年
（1890）刻本　一冊

320000－1607－0005028　24812

**篤慎堂爐餘詩稿二卷文稿一卷**　（清）金諤撰
清光緒十一年（1885）刻本　一冊

320000－1607－0005029　24813

**篤慎堂爐餘詩稿二卷文稿二卷**　（清）金諤撰
清光緒十一年（1885）刻本　一冊

320000－1607－0005030　24815

**春秋求故四卷**　（清）余煌撰　清道光十年
（1830）刻本　一冊

320000－1607－0005031　24816

未來戰國志不分卷十九回　題（日本）東洋奇人撰　（清）老驥輯譯　清光緒二十九年（1903）廣智書局石印本　一冊

320000－1607－0005032　24817

五代史七十四卷　（宋）歐陽修撰　（宋）徐無黨注　清光緒三十四年（1908）上海集成圖書局鉛印二十四史本　六冊

320000－1607－0005033　24823

格致書院課藝不分卷　（清）王韜輯　清光緒十五年（1889）弢園鉛印本　十三冊

320000－1607－0005034　24836

冰泉唱和集一卷續和一卷再續和一卷附錄一卷　金武祥輯　清光緒二十七年（1901）刻本　一冊

320000－1607－0005035　24837

鷗堂日記三卷　（清）周星譽撰　清光緒十二年（1886）江陰金氏刻粟香室叢書本　一冊

320000－1607－0005036　24838

宜齋野乘一卷　（宋）吳枋撰　清光緒十四年（1888）刻本　一冊

320000－1607－0005037　24843

灘江雜記一卷　金武祥撰　清光緒二十三年（1897）刻本　一冊

320000－1607－0005038　24844

篤慎堂爐餘詩稿二卷文稿一卷　（清）金諤撰　清光緒十一年（1885）刻本　一冊

320000－1607－0005039　24858

宋稗類鈔三十六卷　（清）潘永因輯　清宣統三年（1911）上海藜光社石印本　十二冊

320000－1607－0005040　24870

歷代名人畫譜不分卷　（明）顧炳摹　清光緒十四年（1888）上海受古書店石印本　四冊

320000－1607－0005041　24898

文獻通考輯要二十四卷　湯壽潛輯　清光緒二十五年（1899）上海圖書集成印書局鉛印三通考輯要本　十冊

320000－1607－0005042　24921

皇朝文獻通考輯要二十六卷　湯壽潛輯　清光緒二十五年（1899）圖書集成局鉛印三通考輯要本　十冊

320000－1607－0005043　24931

萬國史記二十卷　（日本）岡本監輔撰　清光緒二十三年（1897）慎記書莊石印本　四冊

320000－1607－0005044　24935

新學偽經考十四卷　康有為撰　清光緒十七年（1891）武林望雲樓石印本　八冊

320000－1607－0005045　24943

皇朝文獻通考輯要二十六卷　湯壽潛輯　清光緒二十六年（1900）刻本　十冊

320000－1607－0005046　24953

日本維新三十年史不分卷　（日本）東京博文館輯　上海廣智書局譯　清光緒二十八年（1902）上海廣智書局鉛印本　六冊

320000－1607－0005047　24959

皇朝通典一百卷　（清）嵇璜等纂修　清光緒二十七年（1901）上海圖書集成局鉛印　十二冊

320000－1607－0005048　24971

正覺樓叢刻二十九種八十卷　（清）崇文書局編　清光緒崇文書局刻本　三十六冊　存七十八卷（三至八十）

320000－1607－0005049　25027

海山仙館叢書五十六種四百七十七卷　（清）潘仕成編　清道光、咸豐番禺潘氏刻光緒補刻本　一百二十冊

320000－1607－0005050　25159

歷代畫史彙傳七十二卷附錄二卷　（清）彭蘊璨輯　清光緒八年（1882）掃葉山房刻本　二十四冊

320000－1607－0005051　25183

西國近事彙編三十六卷　（美國）金楷理口譯　（清）蔡錫齡等筆述　清光緒二十三年（1897）慎記書莊石印本　十八冊

320000－1607－0005052　25225

香豔叢書二十集　題（清）蟲天子編　清宣統國學扶輪社鉛印本　二十八冊　存二十八卷（三集一至四、四集一至四、五集一至四、六集一至四、八集一至四、九集一至四、十集一至四）

320000－1607－0005053　25253

守山閣叢書一百十種六百五十二卷　（清）錢熙祚編　清光緒十五年（1889）鴻文書局石印本　一百冊

320000－1607－0005054　25353

武英殿聚珍版書三十五種二百五十九卷　清光緒二十五年（1899）廣雅書局刻本　九十二冊

320000－1607－0005055　25542

皇朝通志一百二十六卷　（清）嵇璜等纂修　清光緒二十七年（1901）上海圖書集成局鉛印九通本　十二冊

320000－1607－0005056　25554

皇朝通志一百二十六卷　（清）嵇璜等纂修　清光緒二十七年（1901）上海圖書集成局鉛印九通本　十二冊

320000－1607－0005057　25566

御纂醫宗金鑑外科十六卷　（清）吳謙等撰　清光緒十八年（1892）上海集成書局鉛印本　六冊

320000－1607－0005058　25588

國朝閨閣詩鈔一百卷　（清）蔡殿齊輯　清道光二十四年（1844）嬢嬛別館刻本　十冊

320000－1607－0005059　25598

國朝閨閣詩鈔一百卷　（清）蔡殿齊輯　清道光二十四年（1844）嬢嬛別館刻本　十冊

320000－1607－0005060　25608

讀史方輿紀要一百三十卷　（清）顧祖禹撰　清光緒二十五年（1899）上海二林齋石印本　二十八冊

320000－1607－0005061　25636

東華錄三十二卷　（清）蔣良騏撰　清刻本　十一冊

320000－1607－0005062　25647

皇朝蓄艾文編八十卷　（清）于寶軒輯　清光緒二十九年（1903）上海官書局鉛印本　四十冊

320000－1607－0005063　25735

御纂醫宗金鑑七十四卷　（清）吳謙等撰　清光緒十八年（1892）上海圖書集成印書局鉛印本　十八冊

320000－1607－0005064　25793

欽定續文獻通考二百五十卷　（清）嵇璜等撰　清光緒二十七年（1901）上海圖書集成局鉛印九通本　三十六冊

320000－1607－0005065　25875

淵鑑類函四百五十卷　（清）張英等輯　清光緒二十年（1894）上海點石齋石印本　十冊

320000－1607－0005066　25885

隨園三十種　（清）袁枚撰　清同治五年（1866）三讓睦記刻本　五十三冊　存十種一百五十六卷（隨園圖一卷，小倉山房文集十六至三十五，小倉山房外集八卷，小倉山房詩集三十七卷補遺二卷，袁太史時文一卷，小倉山房尺牘一至七，隨園詩話十六卷補遺十卷，隨園隨筆二十八卷，子不語一至二、九至二十四、續集一至三，續同人集一至七）

320000－1607－0005067　26049

欽定續通典一百五十卷　（清）嵇璜等撰　清光緒二十七年（1901）上海圖書集成局鉛印九通本　十二冊

320000－1607－0005068　26061

元史二百十卷　（明）宋濂等撰　清光緒三十三年（1907）上海集成圖書公司鉛印本　二十三冊

320000－1607－0005069　26143

宦鄉應酬備覽二卷　題（清）亦安樂窩主人輯　清光緒元年（1875）刻本　二冊

320000－1607－0005070　26145

曾文正公大事記四卷　（清）王定安撰　清光緒刻本　二冊

227

320000 – 1607 – 0005071　26147

**國朝掌故不分卷**　（清）陳鴻緒輯　清光緒二十八年（1902）北洋武備研究所鉛印本　一冊

320000 – 1607 – 0005072　26148

**茶餘客話十二卷**　（清）阮葵生撰　清光緒五年（1879）上海千頃堂刻本　一冊　存三卷（一至三）

320000 – 1607 – 0005073　26149

**松筠閣貞孝錄不分卷附錄一卷**　金武祥輯　清光緒十八年（1892）刻本　一冊

320000 – 1607 – 0005074　26150

**冰泉唱和集一卷續和一卷再續和一卷附錄一卷聞集一卷**　金武祥輯　清光緒二十七年（1901）刻本　一冊

320000 – 1607 – 0005075　26151

**嶺南逸史不分卷二十八回**　（清）黃耐庵撰　清嘉慶十四年（1809）刻本　一冊　存二回（十二至十三）

320000 – 1607 – 0005076　26152

**靈棋經二卷**　（漢）東方朔撰　清道光三年（1823）刻本　一冊

320000 – 1607 – 0005077　26153

**鷗堂賸稿一卷補遺一卷**　（清）周星譽撰　清光緒十二年（1886）江陰金氏刻粟香室叢書本　一冊

320000 – 1607 – 0005078　26159

**全唐詩話六卷**　（宋）尤袤撰　清宣統三年（1911）上海三樂堂石印本　六冊

320000 – 1607 – 0005079　26171

**龍威秘書一百六十九種三百二十六卷**　（清）馬俊良編　清乾隆五十九年（1794）石門馬氏大酉山房刻本　七十九冊

320000 – 1607 – 0005080　26250

**妙復軒評石頭記不分卷一百二十回**　（清）曹霑　（清）高鶚撰　（清）張新之評　清光緒二年（1876）刻本　八冊

320000 – 1607 – 0005081　26258

**景岳全書六十四卷**　（明）張介賓撰　清道光十年（1830）刻本　三十一冊　存六十三卷（一至五、七至六十四）

320000 – 1607 – 0005082　26384

**大象賦一卷**　（隋）李播撰　清咸豐六年（1856）刻本　四冊

320000 – 1607 – 0005083　26388

**袁文箋正七卷**　（清）袁枚撰　（清）石韞玉箋　清嘉慶二十五年（1820）岑南叢雅居刻本　六冊

320000 – 1607 – 0005084　26394

**赤溪雜志二卷附一卷**　金武祥撰　清光緒十七年（1891）刻本　一冊

320000 – 1607 – 0005085　26395

**灕江雜記一卷灕江游草一卷**　金武祥撰　清光緒二十三年（1897）刻粟香室叢書本　一冊

320000 – 1607 – 0005086　26396

**傳忠堂學古文一卷**　（清）周星譽撰　清光緒十二年（1886）刻本　一冊

320000 – 1607 – 0005087　26397

**微積溯源八卷**　（英國）華里斯輯　（英國）傅蘭雅口譯　（清）華蘅芳筆述　清光緒二十二年（1896）上海璣衡堂石印測海山房中西算學叢刻初編本　四冊

320000 – 1607 – 0005088　26401

**微積溯源八卷**　（英國）華里斯輯　（英國）傅蘭雅口譯　（清）華蘅芳筆述　清光緒二十二年（1896）上海璣衡堂石印測海山房中西算學叢刻初編本　四冊

320000 – 1607 – 0005089　26405

**筆算便覽五卷**　（清）紀大奎撰　清光緒二十二年（1896）上海著易堂石印本　二冊

320000 – 1607 – 0005090　26407

**天演論二卷**　（英國）赫胥黎撰　嚴復譯　清光緒二十九年（1903）上海通雅書局石印本　二冊

320000 – 1607 – 0005091　26409

讀史兵略十二卷 （清）胡林翼撰　清光緒三十一年(1905)上海富文書局石印本　十冊

320000 – 1607 – 0005092　26422

讀史方輿紀要一百三十卷 （清）顧祖禹撰　清光緒二十五年(1899)上海二林齋石印本　二十七冊

320000 – 1607 – 0005093　26449

皇朝駢文類苑十四卷首一卷 （清）姚燮輯　清光緒七年(1881)刻本　四冊

320000 – 1607 – 0005094　26455

匋雅二卷 （清）陳瀏撰　清宣統二年(1910)上海朝記書莊石印本　四冊

320000 – 1607 – 0005095　26463

小方壺齋輿地叢鈔十二帙　王錫祺編　清光緒十七年(1891)上海著易堂鉛印本　六十四冊

320000 – 1607 – 0005096　26527

小方壺齋輿地叢鈔十二帙　王錫祺編　清光緒十七年(1891)上海著易堂鉛印本　八十四冊

320000 – 1607 – 0005097　26591

小方壺齋輿地叢鈔十二帙補編十二帙再補編十二帙　王錫祺編　清光緒上海著易堂鉛印本　八十四冊

320000 – 1607 – 0005098　26675

小方壺齋輿地叢鈔再補編十二帙　王錫祺編　清光緒二十三年(1897)上海著易堂鉛印本　十一冊

320000 – 1607 – 0005099　26686

小方壺齋輿地叢鈔補編十二帙　王錫祺編　清光緒二十年(1894)上海著易堂鉛印本　四冊

320000 – 1607 – 0005100　26690

古玉圖攷不分卷 （清）吳大澂撰　清光緒十五年(1889)上海同文書局石印本　二冊

320000 – 1607 – 0005101　26694

曾文正公奏識十卷補編四卷 （清）曾國藩撰

清光緒二十二年(1896)上海圖書集成印書局鉛印本　四冊

320000 – 1607 – 0005102　26698

日本國志四十卷首一卷 （清）黃遵憲撰　清光緒二十四年(1898)上海圖書集成印書局鉛印本　十冊

320000 – 1607 – 0005103　26708

三國演義十六卷一百二十回 （明）羅貫中撰　清光緒二十九年(1903)上海錦章書店石印本　十四冊

320000 – 1607 – 0005104　26722

直齋書錄解題二十二卷 （宋）陳振孫撰　清刻本　十二冊

320000 – 1607 – 0005105　26734

讀畫齋叢書四十六種一百〇三卷 （清）顧修編　清嘉慶四年(1799)桐川顧氏刻本　五十四冊

320000 – 1607 – 0005106　26798

粟香隨筆八卷二筆八卷三筆八卷四筆八卷五筆八卷　金武祥撰　清光緒羊城刻本　二十冊

320000 – 1607 – 0005107　26818

欽定續文獻通考輯要二十六卷　湯壽潛輯　清光緒二十五年(1899)上海圖書集成印書局鉛印三通考輯要本　十冊

320000 – 1607 – 0005108　26828

文獻通考輯要二十四卷　湯壽潛輯　清光緒二十五年(1899)上海圖書集成印書局鉛印三通考輯要本　十冊

320000 – 1607 – 0005109　26838

欽定續文獻通考輯要二十六卷　湯壽潛輯　清光緒二十五年(1899)上海圖書集成印書局鉛印三通考輯要本　十冊

320000 – 1607 – 0005110　26848

王右丞集箋注二十八卷首一卷末一卷 （唐）王維撰　清光緒二十四年(1898)石印本　六冊

320000 – 1607 – 0005111　26854

粟香隨筆八卷二筆八卷三筆八卷四筆八卷五筆八卷　金武祥撰　清光緒羊城刻本　十六冊

320000－1607－0005112　26874

方輿全圖總說五卷　（清）顧祖禹輯　（清）浦錫齡增補校訂　清光緒二十七年（1901）二林齋石印本　四冊

320000－1607－0005113　26878

嘯亭雜錄十卷續錄三卷　（清）昭槤撰　清光緒六年（1880）文瑞樓石印本　六冊

320000－1607－0005114　26884

痛史三十一種五十二卷　題（清）樂天居士編　清宣統三年（1911）商務印書館鉛印本　二十四冊

320000－1607－0005115　26908

萬國近政考略十六卷　（清）鄒弢輯　清光緒二十二年（1896）三借廬鉛印本　四冊

320000－1607－0005116　26912

新譯列國歲計政要不分卷　（清）傅運森等譯　清光緒二十七年（1901）海上譯社鉛印本　十二冊

320000－1607－0005117　26924

欽定續通志六百四十卷　（清）嵇璜等撰　清光緒二十八年（1902）上海鴻寶書局石印九通本　六十冊

320000－1607－0005118　26984

皇朝通典一百卷　（清）嵇璜等纂修　清光緒二十七年（1901）上海圖書集成局鉛印九通本　十一冊　存九十一卷（一至四十、五十至一百）

320000－1607－0005119　26995

杭氏七種十八卷　（清）杭世駿撰　清咸豐元年（1851）長沙小嫏嬛山館刻本　五冊

320000－1607－0005120　27000

皇清經解依經分訂一千四百〇八卷　（清）阮元輯　清學海堂刻本　二百冊

320000－1607－0005121　27178

皇朝文獻通考三百卷　（清）嵇璜等撰　清光緒二十七年（1901）上海圖書集成局鉛印九通本　二冊

320000－1607－0005122　27220

晉書一百三十卷　（唐）房玄齡等撰　音義三卷　（唐）何超撰　清光緒三十四年（1908）上海集成圖書公司鉛印二十四史本　十六冊

320000－1607－0005123　27236

歷代名臣言行錄二十四卷　（清）朱桓輯　清光緒二十六年（1900）文瀾堂書局石印本　七冊

320000－1607－0005124　27243

遼史一百十六卷　（元）脫脫等撰　清光緒三十四年（1908）上海集成圖書局鉛印二十四史本　八冊

320000－1607－0005125　27251

北史一百卷　（唐）李延壽撰　清光緒三十四年（1908）上海集成圖書公司鉛印二十四史本　十六冊

320000－1607－0005126　27267

北齊書五十卷　（唐）李百藥撰　清光緒三十四年（1908）上海集成圖書公司鉛印二十四史本　六冊

320000－1607－0005127　27283

左文襄公奏疏初編三十八卷　（清）左宗棠撰　（清）羅大春輯　清光緒十六年（1890）上海圖書集成局石印本　六冊

320000－1607－0005128　27289

左文襄公奏疏續編七十六卷　（清）左宗棠撰　清光緒十六年（1890）上海圖書集成局石印本　十三冊

320000－1607－0005129　27302

文獻通考三百四十八卷　（元）馬端臨撰　清光緒二十七年（1901）上海集成圖書公司鉛印九通本　四十四冊

320000－1607－0005130　27346

皇朝五經彙解二百七十卷　題（清）抉經心室

主人輯　清光緒十九年(1893)耕餘書屋石印本　三十二冊

320000－1607－0005131　27642

文獻通考三百四十八卷　（元）馬端臨撰　清光緒二十八年(1902)上海鴻寶書局石印九通本　三十二冊

320000－1607－0005132　27674

皇朝文獻通考三百卷　（清）嵇璜等撰　清光緒二十八年(1902)上海鴻寶書局石印九通本　三十冊

320000－1607－0005133　27729

樊山政書二十卷　樊增祥撰　清宣統二年(1910)上海政學社鉛印本　十冊

320000－1607－0005134　27870

方輿全圖總說五卷　（清）顧祖禹輯　（清）浦錫齡增補　清光緒二十七年(1901)二林齋石印本　四冊

320000－1607－0005135　28040

大清刑事訴訟律不分卷七編附一編　（清）沈家本修訂　清宣統二年(1910)上海政學社鉛印本　六冊

320000－1607－0005136　28116

大清光緒新法令不分卷　（清）商務印書館編譯所輯　清宣統二年(1910)上海商務印書館鉛印本　二十冊

320000－1607－0005137　28136

宋本十三經注疏四百十六卷附校勘記　（清）阮元撰　（清）盧宣旬摘錄　清光緒十三年(1887)上海脈望仙館石印本　三十二冊

320000－1607－0005138　28174

皇朝通志一百二十六卷皇朝通典一百卷　（清）嵇璜等纂修　清光緒二十八年(1902)鴻寶書局石印九通本　十六冊

320000－1607－0005139　28190

通典二百卷　（唐）杜佑撰　清光緒二十八年(1902)上海鴻寶書局石印九通本　十二冊

320000－1607－0005140　28202

春秋左繡三十卷首一卷　（清）馮李驊　（清）陸浩評輯　清宣統三年(1911)掃葉山房石印本　十六冊

320000－1607－0005141　28218

牧齋全集一百六十卷　（清）錢謙益撰　清宣統二年(1910)吳江薛氏邃漢齋鉛印本　十四冊　存五十卷(有學集一至五十)

320000－1607－0005142　28257

三國志六十五卷　（晉）陳壽撰　（南朝宋）裴松之注　清光緒三十四年(1908)上海集成圖書公司石印二十四史本　八冊

320000－1607－0005143　28265

綱鑑易知錄九十二卷　（清）吳乘權等輯　清光緒三十年(1904)上海商務印書館鉛印本　十四冊

320000－1607－0005144　28279

三國志演義六十卷一百二十回　（明）羅貫中撰　清咸豐三年(1853)刻本　十三冊　存五十卷(一至二十四、三十五至六十)

320000－1607－0005145　28305

國朝書人輯略十一卷首一卷　（清）震鈞輯　清光緒三十四年(1908)金陵刻本　八冊　存八卷(二至九)

320000－1607－0005146　28313

重訂法國志略二十四卷　（清）王韜撰　清光緒十六年(1890)長洲王氏淞隱廬石印本　十冊

320000－1607－0005147　28383

日本維新三十年史十二編不分卷　（日本）東京博文館輯　上海廣智書局譯　清光緒二十八年(1902)上海廣智書局鉛印本　六冊

320000－1607－0005148　28389

日本維新三十年史十二編不分卷　（日本）東京博文館輯　上海廣智書局譯　清光緒二十八年(1902)上海廣智書局鉛印本　六冊

320000－1607－0005149　28405

梁氏筆記三種二十七卷　（清）梁章鉅撰　清

231

宣統三年(1911)上海掃葉山房石印本　八冊

320000－1607－0005150　28413

增補類腋六十七卷　（清）姚培謙輯　（清）趙克宜增輯　清咸豐刻本　二十四冊

320000－1607－0005151　28437

演算法須知一卷　（清）華蘅芳撰　清光緒十三年(1887)刻本　九冊

320000－1607－0005152　28452

東萊博議四卷　（宋）呂祖謙撰　清光緒二十四年(1898)上海文富樓石印本　二冊

320000－1607－0005153　28456

板橋全集不分卷　（清）鄭燮撰　清光緒十八年(1892)積山書局石印本　四冊

320000－1607－0005154　28460

合肥相國[李鴻章]七十賜壽圖不分卷　（清）楊宗濂　盛宣懷輯　清光緒十八年(1892)石印本　四冊

320000－1607－0005155　28464

代數難題解法十六卷　（英國）倫德輯　（英國）傅蘭雅口譯　（清）華蘅芳筆述　清光緒二十二年(1896)上海璣衡堂石印測海山房中西算學叢刻初編本　二冊

320000－1607－0005156　28466

長生殿傳奇四卷　（清）洪昇撰　清宣統二年(1910)上海文瑞樓鉛印本　二冊

320000－1607－0005157　28468

長生殿傳奇四卷　（清）洪昇撰　清宣統二年(1910)上海文瑞樓鉛印本　二冊

320000－1607－0005158　28475

天元一釋二卷　（清）焦循撰　清光緒石印本　一冊

320000－1607－0005159　28476

明治政黨小史不分卷　（日本）井上毅原撰　（清）出洋學生編輯所譯　清光緒二十八年(1902)商務印書館鉛印本　一冊

320000－1607－0005160　28480

隨園三十八種　（清）袁枚撰　清光緒十八年

(1892)勤裕堂交著易堂鉛印本　四十冊

320000－1607－0005161　28520

中外輿圖說集成一百三十卷首一卷　（清）同康廬主人輯　清光緒二十年(1894)上海積山書局石印本　二十四冊

320000－1607－0005162　28546

於越先賢傳不分卷　（清）任熊繪　（清）王齡撰　清光緒十二年(1886)同文書局石印任渭長先生畫傳四種本　一冊

320000－1607－0005163　28549

國朝文匯甲集六十卷　（清）沈粹芬等輯　清宣統元年(1909)上海國學扶輪社石印本　三十冊

320000－1607－0005164　28579

皇朝五經彙解二百七十卷　題（清）抉經心室主人輯　清光緒十四年(1888)鴻文書局石印本　三十二冊

320000－1607－0005165　28610

礦務五種不分卷　（英國）士密德輯　清光緒二十三年(1897)上海宜今室石印本　四冊

320000－1607－0005166　28614

七巧八分圖十六卷　（清）錢芸吉輯　清咸豐十一年(1861)刻本　八冊

320000－1607－0005167　28622

重訂文選集評十六卷　（清）于光華輯　清刻本　十六冊

320000－1607－0005168　28637

粟香隨筆八卷二筆八卷三筆八卷四筆八卷五筆八卷　金武祥撰　清光緒羊城刻本　十二冊　存二十四卷(隨筆八卷、二筆八卷、三筆八卷)

320000－1607－0005169　28649

皇朝五經彙解二百七十卷　題（清）抉經心室主人輯　清光緒十九年(1893)耕餘書屋石印本　三十一冊　存二百六十二卷(一至二百四十一、二百五十至二百七十)

320000－1607－0005170　28768

金史紀事本末五十二卷首一卷　（清）李有棠撰　清光緒十九年(1893)同文書局石印本　六冊

320000－1607－0005171　28774

遼史紀事本末四十卷　（清）李有棠撰　清光緒十九年(1893)同文書局石印本　四冊

320000－1607－0005172　28791

隨園三十八種　（清）袁枚撰　清光緒十八年(1892)勤裕堂交著易堂鉛印本　四十冊

320000－1607－0005173　28831

明季稗史彙編十六種二十七卷　題（清）留雲居士輯　清光緒二十二年(1896)上海圖書集成印書局石印本　六冊

320000－1607－0005174　28860

戰國策十卷　（宋）鮑彪注　清光緒刻本　六冊　存七卷(四至十)

320000－1607－0005175　28869

御批通鑑輯覽一百二十卷　（清）傅恆等編　清光緒二十六年(1900)上海煉石齋印本　一冊

320000－1607－0005176　28889

綱鑑易知錄二十卷　（清）吳承權等輯　清光緒二十一年(1895)上海文盛堂石印本　八冊

320000－1607－0005177　28946

庸書八卷　（清）宋育仁撰　清光緒二十二年(1896)慎記書莊石印本　一冊

320000－1607－0005178　28949

輶軒語二卷　（清）張之洞撰　清光緒二十一年(1895)湖北官書處刻本　一冊

320000－1607－0005179　28951

國民讀本二卷　（清）朱樹人撰　清光緒二十九年(1903)上海文明書局鉛印本　二冊

320000－1607－0005180　28954

有正味齋駢文箋注合纂二十四卷首一卷　（清）吳錫麒撰　清光緒十九年(1893)上海蜚英館石印本　四冊

320000－1607－0005181　28966

新文牘四卷　（□）□□撰　清光緒三十四年(1908)石印本　四冊

320000－1607－0005182　28970

小倉山房文集三十五卷尺牘十卷　（清）袁枚撰　清光緒十八年(1892)上海圖書集成印書局石印本　八冊

320000－1607－0005183　28978

粟香室叢書四十一種一百十六卷　金武祥編　清光緒三十一年(1905)江陰金氏刻本　十五冊

320000－1607－0005184　28993

國朝先正事略六十卷　（清）李元度撰　清光緒二十五年(1899)上海圖書集成局鉛印本　十冊

320000－1607－0005185　29031

皇朝經世文新編二十一卷　（清）麥仲華輯　清光緒二十四年(1898)上海譯書局石印本　二十四冊

320000－1607－0005186　29055

皇朝經濟文新編六十一卷　題（清）宜今室主人輯　清光緒二十七年(1901)上海宜今室石印本　二十四冊

320000－1607－0005187　29079

皇朝經世文新編二十一卷　（清）麥仲華輯　清光緒二十四年(1898)上海譯書局石印本　二十四冊

320000－1607－0005188　29121

皇朝經世文續編一百二十卷　（清）葛士濬輯　清光緒十四年(1888)圖書集成局石印本　三十二冊

320000－1607－0005189　29153

格致書院課藝不分卷　（清）王韜輯　清光緒十三年(1887)石印本　十一冊

320000－1607－0005190　29164

昌黎全集五十四卷　（唐）韓愈撰　清宣統三年(1911)石印本　十冊

320000－1607－0005191　29186

北齊書五十卷 （唐）李百藥撰 清光緒三十四年（1908）上海集成圖書公司鉛印二十四史本 六冊

320000－1607－0005192 29192

南齊書五十九卷 （南朝梁）蕭子顯撰 清光緒三十四年（1908）上海集成圖書公司石印本 四冊 存四十六卷（一至九、二十三至五十九）

320000－1607－0005193 29196

陳書三十六卷 （唐）姚思廉撰 清光緒三十三年（1907）上海集成圖書公司石印本 三冊 存二十九卷（八至三十六）

320000－1607－0005194 29199

梁書五十六卷 （唐）姚思廉撰 清光緒三十三年（1907）上海集成圖書公司石印本 四冊

320000－1607－0005195 29203

梁書五十六卷 （唐）姚思廉撰 清光緒三十四年（1908）上海集成圖書公司石印本 四冊

320000－1607－0005196 29207

隋書八十五卷 （唐）魏徵等撰 清光緒三十四年（1908）上海集成圖書公司石印本 十二冊

320000－1607－0005197 29219

詩韻合璧五卷 （清）湯文潞輯 清咸豐九年（1859）刻本 五冊

320000－1607－0005198 29228

牧齋全集一百六十卷 （清）錢謙益撰 清宣統二年（1910）吳江薛氏遂漢齋鉛印本 二十四冊 存一百十卷（初學集一至一百十）

320000－1607－0005199 29288

五經體注四卷 （清）朱錫旂撰 清同治九年（1870）刻本 十五冊

320000－1607－0005200 29303

士禮居黃氏叢書二十種 （清）黃丕烈編 清光緒十三年（1887）上海蜚英館影印清嘉慶、道光黃氏士禮居刻本 十五冊 存六種九十六卷（周禮十二卷劄記一卷、儀禮十七卷校錄

一卷續校一卷、夏小正戴氏傳四卷校錄一卷、國語二十一卷劄記一卷、戰國策三十三卷劄記三卷、梁公九諫一卷）

320000－1607－0005201 29556

粵雅堂叢書一百八十五種一千三百四十七卷 （清）伍崇曜編 清道光至光緒南海伍氏刻本 四百冊

320000－1607－0005202 29956

續古文辭類纂三十四卷 王先謙輯 清商務印書館鉛印本 四冊

320000－1607－0005203 29964

湘綺樓文集八卷詩集十四卷箋啟八卷 王闓運撰 清宣統二年（1910）上海國學扶輪社石印本 十二冊

320000－1607－0005204 30122

增訂漢魏叢書九十六種 （清）王謨編 清宣統三年（1911）上海大通書局石印本 三十二冊

320000－1607－0005205 30242

七家詩七卷 （清）張熙宇輯 清光緒六年（1880）刻本 四冊

320000－1607－0005206 30246

國朝先正事略六十卷 （清）李元度撰 清刻本 二十二冊 存四十五卷（十一至十二、十四至五十六）

320000－1607－0005207 30310

欽定續文獻通考二百五十卷 （清）嵇璜等纂 清刻本 二十三冊 存二百四十二卷（九至二百五十）

320000－1607－0005208 30397

粟香室叢書五十九種 金武祥編 清光緒二十八年（1902）江陰金氏刻本 三十二冊

320000－1607－0005209 30429

粟香室叢書二十九種 金武祥編 清光緒至民國江陰金氏刊本 二十二冊

320000－1607－0005210 30937

白香山詩集四十卷 （唐）白居易撰 清宣統

三年(1911)石印本　十二冊

320000－1607－0005211　30991

鷗堂賸稿一卷補遺一卷東鷗草堂詞二卷補遺一卷附錄一卷鷗堂日記三卷　(清)周星譽撰　清光緒十二年(1886)江陰金氏刻粟香室叢書本　一冊

320000－1607－0005212　31001

雙線記六卷　(英國)厄冷撰　(清)薛紹徽譯　清光緒二十九年(1903)上海中外日報館石印本　一冊

320000－1607－0005213　31003

譚子化書六卷　(五代)譚峭撰　清光緒六年至九年(1880－1883)湖北崇文書局刻正覺樓叢刻本　一冊

320000－1607－0005214　31005

長城遊記一卷　(日本)大鳥圭介撰　清光緒二十八年(1902)上海文明書局鉛印本　一冊

320000－1607－0005215　31006

李傳相歷聘歐美記二卷　(美國)林樂知譯　蔡爾康輯　清光緒二十五年(1899)上海圖書集成局石印本　一冊

320000－1607－0005216　31007

左文襄公奏疏三編六卷　(清)左宗棠撰　清光緒十六年(1890)上海圖書集成局石印本　一冊

320000－1607－0005217　31008

古唐詩合解十二卷　(清)王堯衢輯並注　清宣統元年(1909)錦章圖書局石印本　一冊

320000－1607－0005218　31023

皇清經解縮版編目十六卷　(清)陶治元輯　清光緒十七年(1891)鴻寶齋石印本　二冊

320000－1607－0005219　31027

無聲詩史七卷　(清)姜紹書輯　清宣統二年(1910)上海瑞記書局石印本　六冊　存五卷(一、四至七)

320000－1607－0005220　31033

曾惠敏公全集四種十七卷　(清)曾紀澤撰

清光緒二十年(1894)上海鉛印本　四冊

320000－1607－0005221　31042

古文析義詳解十六卷　(清)林雲銘評注　清光緒二十三年(1897)刻本　十冊　存十卷(一至十)

320000－1607－0005222　31052

江南闈墨不分卷　(清)李曹典輯　清光緒十五年(1889)刻本　一冊

320000－1607－0005223　31053

歸田瑣記八卷　(清)梁章鉅撰　清道光二十五年(1845)北東園刻本　四冊

320000－1607－0005224　31057

燕山外史二卷　(清)陳球撰　清嘉慶十六年(1811)刻本　二冊

320000－1607－0005225　31059

燕山外史二卷　(清)陳球撰　清嘉慶十六年(1811)醇雅堂刻本　二冊

320000－1607－0005226　31061

繡像說唐前傳十卷　題(清)如蓮居士撰　清小酉山房刻本　五冊

320000－1607－0005227　31146

清朝史略十一卷　(日本)佐籐楚材編輯　清光緒二十八年(1902)上海書局石印本　六冊

320000－1607－0005228　31152

金史一百三十五卷　(元)脫脫等撰　清光緒三十四年(1908)上海集成圖書公司鉛印二十四史本　十六冊

320000－1607－0005229　31168

通志二百卷　(宋)鄭樵撰　清光緒二十七年(1901)上海圖書集成局鉛印九通本　六十冊

320000－1607－0005230　31233

實用分析術不分卷　(日本)山下脅人編　虞和欽　虞和寅譯　清光緒二十八年(1902)上海鑄古齋鉛印本　三冊

320000－1607－0005231　31237

開講秘訣不分卷　(清)盛元均輯　清光緒二十五年(1899)無錫玉海山房刻本　一冊

320000－1607－0005232　31238

起講秘訣不分卷　（清）盛元均輯　清光緒十二年(1886)刻本　一冊

320000－1607－0005233　31239

亞洲各國史不分卷　（清）北洋陸軍編譯局編譯　清光緒三十四年(1908)北洋武備研究所鉛印本　一冊

320000－1607－0005234　31240

臣鑑錄二十卷　（清）蔣伊輯　清咸豐九年(1859)退思軒刻本　二十冊

320000－1607－0005235　31260

增補類腋六十七卷　（清）姚培謙輯　（清）趙克宜增輯　清咸豐刻本　二十四冊

320000－1607－0005236　31284

格致須知八種　（英國）傅蘭雅輯　清光緒刻本　八冊

320000－1607－0005237　31300

驗方新編十八卷　（清）鮑相璈輯　清光緒四年(1878)刻本　十六冊

320000－1607－0005238　31316

徐氏醫書十三種　（清）徐大椿撰　清光緒十九年(1893)上海集成書局鉛印本　十二冊

320000－1607－0005239　31328

談徵五卷　題(清)外方山人撰　清嘉慶二十年(1815)刻本　五冊

320000－1607－0005240　31333

御批通鑑輯覽一百二十卷　（清）傅恆等編　清宣統元年(1909)上海公記書局石印本　二十四冊

320000－1607－0005241　31394

日本維新三傑三卷　（日本）北村紫山撰　（清）馬汝賢譯　清光緒十七年(1891)勵學譯社鉛印本　一冊

320000－1607－0005242　31395

日本維新三傑三卷　（日本）北村紫山撰　（清）馬汝賢譯　清光緒十七年(1891)勵學譯社鉛印本　一冊

320000－1607－0005243　31446

御纂醫宗金鑑七十四卷　（清）吳謙等撰　清光緒十八年(1892)上海圖書集成印書局鉛印本　二十四冊

320000－1607－0005244　31470

清史攬要六卷　（日本）增田貢撰　清光緒上海商務印書館鉛印本　二冊

320000－1607－0005245　31472

清史攬要六卷　（日本）增田貢撰　清光緒上海商務印書館鉛印本　二冊

320000－1607－0005246　31490

日本維新慷慨史二卷　（日本）西村三郎輯　趙必振譯　清光緒二十八年(1902)上海廣智書局鉛印本　二十五冊

320000－1607－0005247　31492

日本維新慷慨史二卷　（日本）西村三郎輯　趙必振譯　清光緒二十八年(1902)上海廣智書局鉛印本　二冊

320000－1607－0005248　31496

日本近世豪傑小史四卷　（清）商務印書館編譯所編輯　清光緒二十九年(1903)上海商務印書館鉛印本　一冊

320000－1607－0005249　31499

讀書瑣記一卷　（清）鳳應韶撰　清光緒十二年(1886)刻本　一冊

320000－1607－0005250　31500

讀雪山房雜著一卷　（清）管世銘撰　清光緒十二年(1886)江陰金氏刻本　一冊

320000－1607－0005251　31501

藏說小萃七種七卷　（明）李鶚翀輯　清光緒十四年(1888)刻本　一冊

320000－1607－0005252　31507

聖武記十四卷　（清）魏源撰　清光緒和記書莊石印本　八冊

320000－1607－0005253　31523

江南春詞集一卷　（明）朱之蕃輯　清光緒十七年(1891)刻粟香室叢書本　一冊

320000 – 1607 – 0005254　31524

鬘天影事譜四卷　易順鼎撰　清光緒三年
(1877)刻本　一冊

320000 – 1607 – 0005255　31527

算草叢存八卷　(清)華蘅芳撰　清光緒十四
年(1888)刻本　四冊

320000 – 1607 – 0005256　31547

算術教科書不分卷十編　(日本)藤澤編　清
光緒三十二年(1906)上海商務印書館鉛印本
二冊

320000 – 1607 – 0005257　31552

李鴻章不分卷　梁啟超撰　清光緒二十七年
(1901)石印本　一冊

320000 – 1607 – 0005258　31553

李鴻章不分卷　梁啟超撰　清光緒二十七年
(1901)石印本　一冊

320000 – 1607 – 0005259　31554

行素軒算學五種十九卷　(清)華蘅芳撰　清
光緒二十二年(1896)上海文瑞樓石印本
六冊

320000 – 1607 – 0005260　31560

青湖文集不分卷　(明)汪應軫撰　清光緒刻
本　一冊

320000 – 1607 – 0005261　31561

博物示教不分卷　(清)杜就田編譯　清光緒
三十二年(1906)上海商務印書館鉛印本
一冊

320000 – 1607 – 0005262　31562

原本演算法統宗大全十二卷　(清)程大位輯
清同治三年(1864)寶芸堂刻本　五冊　存
十卷(一至二、五至十二)

320000 – 1607 – 0005263　31567

新編易學演算法統宗大全二卷　(清)徐晉然
輯　清光緒十年(1884)刻本　二冊

320000 – 1607 – 0005264　31569

西政叢書三十二種　題(清)求自强齋主人編
清光緒二十三年(1897)上海慎記書莊石印

本　三十二冊

320000 – 1607 – 0005265　31603

希臘志略七卷　(清)□□撰　清光緒二十二
年(1896)上海著易堂書局石印本　一冊

320000 – 1607 – 0005266　31605

能一編二卷　(清)金安清撰　清光緒二年
(1876)鉛印本　一冊

320000 – 1607 – 0005267　31607

尺雲軒詩集四卷　(清)朱實發撰　清光緒十
三年(1887)陽湖學署活字印本　二冊

320000 – 1607 – 0005268　31609

仰視千七百二十九鶴齋叢書五十七種七十三
卷　(清)趙之謙編　清光緒趙氏刻本　三
十冊

320000 – 1607 – 0005269　31639

小方壺齋輿地叢鈔十二帙　王錫祺編　清光
緒十七年(1891)上海著易堂鉛印本　五十
八冊

320000 – 1607 – 0005270　31697

小方壺齋輿地叢鈔補編十二帙　王錫祺編
清光緒二十年(1894)上海著易堂鉛印本
四冊

320000 – 1607 – 0005271　31701

小方壺齋輿地叢鈔再補編十二帙　王錫祺編
清光緒二十三年(1897)上海著易堂鉛印本
十六冊

320000 – 1607 – 0005272　31717

武經七書匯解七卷末一卷　(清)朱墉撰　清
刻本　十冊

320000 – 1607 – 0005273　31727

東亞三國地志二卷　(日本)辻武雄撰　清光
緒二十五年(1899)鉛印本　二冊

320000 – 1607 – 0005274　31733

蛾術堂集十六卷　(清)沈豫撰　清道光十八
年(1838)蕭山沈氏漢讀齋刻本　三冊

320000 – 1607 – 0005275　31736

大英國志八卷　(英國)慕維廉譯　清光緒二

十九年(1903)刻本　三冊

320000－1607－0005276　31739
致富全書四卷　(清)□□撰　清道光二年
(1822)刻本　二冊

320000－1607－0005277　31742
求闕齋讀書錄十卷　(清)曾國藩撰　(清)王
啓原輯　清光緒二年(1876)傳忠書局刻本
四冊

320000－1607－0005278　31746
目耕齋小題偶編不分卷　(清)沈叔眉輯　清
光緒十七年(1891)鎮江文成堂刻本　二冊

320000－1607－0005279　31748
續後漢書四十二卷義例一卷音義四卷劄記一
卷　(宋)蕭常撰　清道光二十一年(1841)刻
宜稼堂叢書本　十冊

320000－1607－0005280　31758
楊輝演算法六卷　(宋)楊輝輯　清道光二十
二年(1842)上海郁氏刻宜稼堂叢書本　六冊

320000－1607－0005281　31764
錢牧齋箋注杜詩二十卷　(唐)杜甫撰　(清)
錢謙益箋注　清宣統三年(1911)時中書局石
印本　八冊

320000－1607－0005282　31818
江蘇諮議局第二年度報告第二冊　(清)江蘇
諮議局編　清宣統三年(1911)鉛印本　一冊

320000－1607－0005283　31833
聰山集十四卷　(清)申涵光撰　清刻本　一
冊　存一卷(五)

320000－1607－0005284　31834
曾文正公六十壽言二卷　(清)□□輯　清同
治十二年(1873)湖南省凌雲書屋刻本　二冊

320000－1607－0005285　31836
算草叢存四卷　(清)華蘅芳撰　清光緒十九
年(1893)刻本　一冊　存二卷(一至二)

320000－1607－0005286　31837
積較術三卷　(清)華蘅芳撰　清光緒十九年
(1893)刻本　一冊

320000－1607－0005287　31838
黑龍江述略六卷　(清)徐宗亮撰　清光緒十
七年(1891)石埭徐氏自得齋刻本　二冊

320000－1607－0005288　31840
黑龍江外記八卷　(清)西清撰　清光緒二十
年(1894)袁昶漸西村舍刻本　二冊

320000－1607－0005289　31842
黑龍江外記八卷　(清)西清撰　清光緒二十
年(1894)袁昶漸西村舍刻本　二冊

320000－1607－0005290　31848
美國提煉煤油法一卷　(清)孫士頤　(清)蘇
銳釗編譯　清光緒三十一年(1905)江南製造
局石印本　一冊

320000－1607－0005291　31850
新增願體集四卷　(清)李仲麟輯　清同治十
三年(1874)刻本　一冊

320000－1607－0005292　31851
周書五十卷　(唐)令狐德棻等撰　清刻本
一冊　存八卷(一至八)

320000－1607－0005293　31853
法華經七卷　(後秦)釋鳩摩羅什譯　清光緒
二十三年(1897)墨畊齋刻本　三冊

320000－1607－0005294　31856
船塢論略一卷　(英國)傅蘭雅輯譯　(清)鍾
天緯筆述　清刻本　一冊

320000－1607－0005295　31857
船塢論略一卷　(英國)傅蘭雅輯譯　(清)鍾
天緯筆述　清刻本　一冊

320000－1607－0005296　31858
輶軒使者絕代語釋別國方言十三卷首一卷
(漢)揚雄撰　(晉)郭璞注　(清)戴震疏
續方言二卷　(清)杭世駿撰　續補一卷
(清)程際盛撰　清光緒十七年(1891)思賢講
舍刻本　三冊

320000－1607－0005297　31862
說文提要一卷　(清)陳建侯撰　清同治十二
年(1873)湖北崇文書局刻本　一冊

320000 – 1607 – 0005298　31863

說文提要一卷　（清）陳建侯撰　清同治十二年(1873)湖北崇文書局刻本　一冊

320000 – 1607 – 0005299　31864

士材三書六卷　（明）李中梓撰　清康熙六年(1667)三餘堂刻本　六冊

320000 – 1607 – 0005300　31870

庸庵全集六種二十一卷　（清）薛福成撰　清光緒二十三年(1897)上海醉六堂石印本　十冊

320000 – 1607 – 0005301　31880

國朝三十五科同館詩賦解題七卷首一卷（清）魏茂林輯　清道光有不爲齋刻本　六冊

320000 – 1607 – 0005302　31886

國朝十二科同館詩賦解題五卷首一卷　（清）魏茂林輯　清道光有不爲齋刻本　四冊

320000 – 1607 – 0005303　31890

史餘萃覽四卷　（清）楊家麟輯　清光緒四年(1878)上海申報館鉛印本　一冊　存二卷（一至二）

320000 – 1607 – 0005304　31891

容齋隨筆七十四卷　（宋）洪邁撰　清光緒石印本　二冊　存二卷(三至四)

320000 – 1607 – 0005305　31893

藝林伐山二十卷　（明）楊慎撰　清光緒申報館鉛印本　二冊

320000 – 1607 – 0005306　31898

大清搢紳全書四卷　（清）寶名堂輯　清宣統三年(1911)榮華堂刻本　四冊

320000 – 1607 – 0005307　31903

俄游彙編八卷　（清）繆祐孫撰　清光緒二十四年(1898)上海書局石印本　六冊

320000 – 1607 – 0005308　31909

隨園詩話十六卷　（清）袁枚撰　清刻本　六冊　存十二卷(五至十六)

320000 – 1607 – 0005309　31915

周禮政要二卷　（清）孫詒讓撰　清光緒二十

九年(1903)上海書局石印本　二冊

320000 – 1607 – 0005310　31917

赤溪雜志二卷附一卷　金武祥撰　清光緒十七年(1891)刻本　一冊

320000 – 1607 – 0005311　31918

表忠錄一卷附一卷　金武祥輯　清光緒二十八年(1902)江陰金氏刻粟香室叢書本　一冊

320000 – 1607 – 0005312　31919

新月樓四種二十五卷　（清）吳旋清撰　清光緒九年(1883)刻本　八冊

320000 – 1607 – 0005313　31927

漁磯漫鈔十卷　（清）雷琳　（清）汪琇瑩（清）莫劍光輯　清刻本　五冊

320000 – 1607 – 0005314　31932

四書古人典林十二卷　（清）江永輯　清光緒小酉山房刻本　四冊

320000 – 1607 – 0005315　31944

秋笳集八卷附錄一卷　（清）吳兆騫撰　清咸豐二年(1852)南海伍氏刻粵雅堂叢書本　四冊

320000 – 1607 – 0005316　31950

曾文正公集四種十七卷　（清）曾國藩撰　清光緒十三年(1887)鴻文書局石印本　八冊

320000 – 1607 – 0005317　31958

重編留青新集二十四卷　（清）馮善長輯　清光緒十六年(1890)上海石印本　十六冊

320000 – 1607 – 0005318　31974

形學備旨習題詳草八卷　（清）徐樹勳輯　清光緒三十一年(1905)石印本　四冊

320000 – 1607 – 0005319　31978

唐陸宣公集二十二卷　（唐）陸贄撰　清光緒二十年(1894)上海書局石印本　四冊

320000 – 1607 – 0005320　31982

西學大成不分卷十二編　（清）王西清編　清光緒二十一年(1895)上海醉六堂書坊石印本　十二冊

320000－1607－0005321　31994

算書二十一種八十八卷　（清）吳嘉善撰
（清）丁取忠輯　清光緒二十三年（1897）上海
文瀾書局石印本　四冊

320000－1607－0005322　31998

草書集成五卷　（清）莊門熙輯　清光緒十二
年（1886）上海書局石印本　四冊

320000－1607－0005323　32002

經解入門八卷　（清）江藩撰　清光緒十四年
（1888）鴻寶齋石印本　二冊

320000－1607－0005324　32004

文海披沙八卷　（明）謝肇淛撰　清光緒三年
（1877）申報館鉛印本　二冊

320000－1607－0005325　32030

湖北江南闈墨不分卷　（清）圖書集成局編
清光緒二十八年（1902）圖書集成局鉛印本
二冊

320000－1607－0005326　32032

諧鐸十二卷　（清）沈起鳳撰　清刻本　一冊
　　存三卷（一至三）

320000－1607－0005327　32033

揚州畫舫錄十八卷　（清）李斗撰　清光緒元
年（1875）申報館鉛印申報館叢書本　八冊

320000－1607－0005328　32041

大紅袍五十八卷　（清）李春芳編　清道光二
十年（1840）聚星堂刻本　十二冊

320000－1607－0005329　32053

學詩津逮不分卷　（清）朱琰輯　清乾隆二十
五年（1760）刻本　二冊

320000－1607－0005330　32055

女才子十二卷　題（清）煙水散人撰　清光緒
三年（1877）上海申報館鉛印本　四冊

320000－1607－0005331　32059

臺灣雜詠一卷　（清）王凱泰撰　清光緒七年
（1881）刻本　一冊

320000－1607－0005332　32060

曠觀樓詩存八卷　（清）朱霖撰　清光緒六年

（1880）刻本　四冊

320000－1607－0005333　32064

火珠林一卷　題（宋）麻一道者撰　清道光四
年（1824）程氏刻百二漢鏡齋秘書本　一冊

320000－1607－0005334　32065

鑄史駢言十二卷　（清）孫玉田撰　清光緒十
八年（1892）上海石印本　二冊

320000－1607－0005335　32072

批選續四書新義六卷　（清）張騫撰　清光緒
二十九年（1903）上海書店石印本　十冊

320000－1607－0005336　32082

宦鄉要則七卷　（清）張鑒瀛輯　清光緒二十
年（1894）上海凌雲閣石印本　二冊

320000－1607－0005337　32084

新增宦鄉要則七卷　（清）張鑒瀛輯　清光緒
二十一年（1895）煥文書局石印本　二冊

320000－1607－0005338　32086

四書味根錄三十七卷　（清）金澂輯　清光緒
二十年（1894）鴻寶齋石印本　六冊

320000－1607－0005339　32092

紅樓夢傳奇□卷　（清）仲振奎撰　清光緒鉛
印本　三冊　存三卷（上二至三、下一）

320000－1607－0005340　32095

詩韻集成十卷附詞林典腋一卷　（清）余照輯
　　清石印本　四冊　缺五卷（六至十）

320000－1607－0005341　32099

詩韻合璧五卷　（清）湯文璐輯　清光緒八年
（1882）東京樂善堂刻本　五冊

320000－1607－0005342　32104

分類尺牘備覽三十卷　（清）王虎榜輯　清光
緒十四年（1888）上海鴻寶齋石印本　八冊

320000－1607－0005343　32112

分類尺牘備覽三十卷　（清）王虎榜輯　清光
緒十四年（1888）上海鴻寶齋石印本　八冊

320000－1607－0005344　32120

卜筮正宗二卷　（清）王維德撰　清光緒二十

六年(1900)上海書局石印本　二冊

320000－1607－0005345　32122

五經文苑捃華八卷　（清）朱逈綬輯　清光緒
十五年(1889)上海鴻文書局石印本　二冊

320000－1607－0005346　32124

分經集句儷典不分卷　（清）朱逈綬輯　清光
緒十五年(1889)上海鴻文書局石印本　二冊

320000－1607－0005347　32126

五經體註大全四十卷　（清）□□輯　清光緒
五年(1879)慈水古草堂刻本　二十四冊

320000－1607－0005348　32149

壘字編一卷　（清）汪汲撰　清乾隆五十九年
(1794)刻古愚山房消夏錄本　一冊

320000－1607－0005349　32151

政治泛論後編二卷　（美國）威爾遜撰　（清）
麥鼎華譯　清光緒二十九年(1903)廣智書局
鉛印本　一冊

320000－1607－0005350　32152

壘雅十三卷　（清）史夢蘭撰　清同治六年
(1867)止園刻本　三冊

320000－1607－0005351　32156

十九世紀歐洲文明進化論一卷二章　（日本）
民友社撰　（清）陳國鏞譯　清光緒二十八年
(1902)廣智書局鉛印本　一冊

320000－1607－0005352　32157

亭林詩集五卷　（清）顧炎武撰　清光緒二年
(1876)湖南書局刻本　二冊

320000－1607－0005353　32162

絳守居園池記一卷　（唐）樊宗師撰　（清）張
子特輯注　清同治三年(1864)刻本　一冊

320000－1607－0005354　32163

小學韻語不分卷　（清）羅澤南撰　清光緒十
二年(1886)合肥李氏刻本　二冊

320000－1607－0005355　32165

四書集注十九卷　（宋）朱熹集注　清同治十
三年(1874)漵浦培根書屋刻本　六冊

320000－1607－0005356　32171

漢書西域傳補注二卷　（清）徐松撰　清光緒
六年(1880)會稽章氏式訓堂刻式訓堂叢書本
　一冊

320000－1607－0005357　32172

金陵後湖志一卷　（清）王作棫撰　清宣統二
年(1910)鉛印本　一冊

320000－1607－0005358　32177

滄浪小志二卷　（清）宋犖撰　清刻本　一冊

320000－1607－0005359　32184

陶廬雜憶一卷　金武祥撰　清光緒十三年
(1887)刻本　一冊

320000－1607－0005360　32185

中國文明小史（支那開化小史）一卷　（日本）
田口卯吉撰　（清）劉陶譯　清光緒二十八年
(1902)上海廣智書局鉛印本　一冊

320000－1607－0005361　32215

爛柯山志十三卷　鄭永禧輯　清光緒三十三
年(1907)刻本　四冊

320000－1607－0005362　32219

爛柯山志十三卷　鄭永禧輯　清光緒三十三
年(1907)刻本　四冊

320000－1607－0005363　32224

二希堂文集十二卷　（清）蔡世遠撰　緝齋詩
稿八卷緝齋文集八卷附錄二卷　（清）蔡新撰
　清光緒二十五年(1899)閩漳多藝齋刻本
十四冊

320000－1607－0005364　32241

俄國政俗通考三卷　（美國）林樂知譯　任廷
旭譯　清光緒二十六年(1900)鉛印本　二冊

320000－1607－0005365　32243

俄羅斯大風潮不分卷　（英國）克喀伯撰
（清）馬君武譯　清光緒二十八年(1902)鉛印
本　一冊　存附注少年中國新叢書之二

320000－1607－0005366　32248

子史精華一百六十卷　（清）吳士玉　（清）吳
襄輯　清光緒十二年(1886)上海同文書局石

印本　八冊

320000－1607－0005367　32256
**子史精華一百六十卷**　(清)允祿等撰　清光緒十二年(1886)上海同文書局石印本　八冊

320000－1607－0005368　32272
**天下才子文萃不分卷**　康有爲等撰　清刻本　二冊

320000－1607－0005369　32274
**決疑數學十卷首一卷**　(英國)傅蘭雅口譯(清)華蘅芳撰　清光緒二十三年(1897)上海飛鴻閣石印本　二冊

320000－1607－0005370　32288
**耳食錄前編十二卷二編八卷**　(清)樂鈞撰　清道光元年(1821)青芝山館刻本　十冊

320000－1607－0005371　32306
**明鑑易知錄十五卷**　(清)吳乘權等輯　清刻本　二冊

320000－1607－0005372　32311
**後漢書九十卷**　(南朝宋)范曄撰　(唐)李賢等注　**續漢志三十卷**　(晉)司馬彪撰　(南朝梁)劉昭補注　清光緒二十四年(1898)上海點石齋石印本　六冊

320000－1607－0005373　32317
**前漢書一百卷**　(漢)班固撰　(唐)顏師古注　清光緒二十四年(1898)上海點石齋石印本　八冊

320000－1607－0005374　32325
**廣雁蕩山志二十八卷首一卷末一卷**　(清)曾唯撰　清刻本　五冊

320000－1607－0005375　32331
**經書言學指要一卷**　(清)楊名時撰　清光緒三十二年(1906)刻本　一冊

320000－1607－0005376　32332
**外科全生(外科證治全生)六卷**　(清)王維德撰　清道光二十七年(1847)刻本　二冊

320000－1607－0005377　32332
**外科全生(外科證治全生)不分卷**　(清)王維

德撰　清道光二十七年(1847)刻本　二冊

320000－1607－0005378　32334
**劫灰錄不分卷**　題(清)珠江寓舫撰　清光緒三十二年(1906)上海國學保存會鉛印國粹叢書本　一冊

320000－1607－0005379　32335
**粟香四筆八卷**　金武祥撰　清光緒十六年(1890)刻本　三冊

320000－1607－0005380　32338
**文選六十卷**　(南朝梁)蕭統輯　(唐)李善注　**考異十卷**　(清)胡克家撰　清嘉慶十四年(1809)胡克家刻本　六冊

320000－1607－0005381　32356
**綱鑑通俗衍義二十六卷首一卷四十四回**　(清)呂撫撰　清光緒十五年(1889)上海廣百宋齋石印本　六冊

320000－1607－0005382　32367
**自強兵法通考十一種不分卷**　(清)張之洞編　清光緒二十六年(1900)隴西譯學公會刻本　十六冊

320000－1607－0005383　32383
**赤溪雜志二卷**　金武祥撰　清光緒十七年(1891)刻本　一冊

320000－1607－0005384　32418
**漢書一百二十卷**　(漢)班固撰　(唐)顏師古注　清同治十二年(1873)刻本　十六冊

320000－1607－0005385　32434
**明史三百三十二卷**　(清)張廷玉等撰　清光緒三年(1877)湖北崇文書局刻本　八十冊

320000－1607－0005386　32515
**鷗館閑吟一卷**　(清)任道鎔撰　清光緒刻本　一冊

320000－1607－0005387　32516
**小兒語不分卷**　(清)呂得勝撰　清刻本　一冊

320000－1607－0005388　32517
**述學內篇三卷外篇一卷補遺一卷別錄一卷**

（清）汪中撰　清同治八年(1869)揚州書局刻本　二冊

320000－1607－0005389　32519
武夷山志二十四卷　（清）董天工撰　清道光二十六年(1846)刻本　八冊

320000－1607－0005390　32527
武夷山志二十四卷　（清）董天工撰　清道光二十六年(1846)刻本　八冊

320000－1607－0005391　32536
止堂集十八卷　（宋）彭龜年撰　清刻本四冊

320000－1607－0005392　32541
鹽鐵論十卷　（漢）桓寬撰　校勘小識一卷王先謙校　清光緒十七年(1891)思賢講舍刻本　二冊

320000－1607－0005393　32544
張文襄幕府紀聞二卷　（清）辜鴻銘撰　清宣統二年(1910)鉛印本　二冊

320000－1607－0005394　32549
兩江勸辦徵兵章程一卷　（清）□□輯　清光緒三十一年(1905)活字印本　一冊

320000－1607－0005395　32550
江南闈墨不分卷　（清）汪昌甝等撰　清同治十二年(1873)衡鑑堂刻本　一冊

320000－1607－0005396　32551
曝書亭集詞注七卷　（清）朱彝尊撰　（清）李富孫注　清嘉慶十九年(1814 年)校經廎刻本四冊

320000－1607－0005397　32557
中國歷史戰爭形勢圖說附論二卷　（清）盧彤撰　清宣統二年(1910)同倫學社鉛印本一冊

320000－1607－0005398　32558
群學肄言十六卷　（英國）斯賓塞爾撰　嚴復譯　清光緒二十九年(1903)上海文明書局鉛印本　四冊

320000－1607－0005399　32562
讀東華錄一卷　（清）竇士鏞撰　清宣統元年(1909)鉛印本　一冊

320000－1607－0005400　32564
仙佛合宗一卷　（明）伍守陽撰　清刻本一冊

320000－1607－0005401　32565
傳書樓詩稿一卷　（清）汪金順撰　清刻本一冊

320000－1607－0005402　32567
鄉黨圖考十卷　（清）江永撰　清乾隆三十八年(1773)潛德堂刻本　四冊

320000－1607－0005403　32579
世界地理志不分卷　（日本）中村五六編（日本）楠田保熙譯　清光緒二十八年(1902)上海金粟齋譯書社鉛印本　三冊

320000－1607－0005404　32583
茅山志十四卷　（清）笪蟾光撰　清光緒元年(1875)刻本　七冊　存十二卷(一至十二)

320000－1607－0005405　32592
清涼山志十卷　（明）釋鎮澄撰　清刻本四冊

320000－1607－0005406　32596
衛藏通志十六卷　（清）松筠纂修　清光緒二十二年(1896)漸西村舍刻本　八冊

320000－1607－0005407　32631
清秘史二卷附錄一卷　陳去病撰　清光緒三十年(1904)陸沈叢書社鉛印本　一冊

320000－1607－0005408　32632
病榻述舊錄一卷　（清）陳莚撰　清光緒五年(1879)願聞吾過之軒刻本　一冊

320000－1607－0005409　32633
兩江徵兵入伍歡迎祝詞一卷　（清）茅謙撰清光緒三十一年(1905)刻本　一冊

320000－1607－0005410　32634
平脈法經文二卷　（漢）張機撰　清刻本一冊

320000 – 1607 – 0005411　32638

訂補明醫指掌十卷　（明）皇甫中撰　清刻本
　　五冊

320000 – 1607 – 0005412　32643

大昭慶律寺志十卷　（清）吳樹虛撰　清光緒
八年(1882)丁丙刻武林掌故叢書本　三冊

320000 – 1607 – 0005413　32652

查河定亂平糶記略一卷　（清）袁大化輯　清
光緒二十五年(1899)活字印本　一冊

320000 – 1607 – 0005414　32653

九華山志十卷　（清）謝維喈修　（清）周贇纂
清光緒二十六年(1900)刻本　六冊

320000 – 1607 – 0005415　32661

莫愁湖志六卷　（清）馬士圖撰　清光緒八年
(1882)刻本　二冊

320000 – 1607 – 0005416　32677

中國江海險要圖志二卷　（英國）海軍海圖官
局撰　（清）陳壽彭譯　清光緒二十六年
(1900)石印本　一冊

320000 – 1607 – 0005417　32687

產後編二卷　（清）傅山撰　清道光二十七年
(1847)刻本　一冊

320000 – 1607 – 0005418　32688

西學考略二卷　（美國）丁韙良撰　（清）貴榮
　（清）時雨化譯　清光緒九年(1883)同文館
鉛印本　二冊

320000 – 1607 – 0005419　32690

御纂周易折中二十二卷首一卷　（清）李光地
等撰　清同治十年(1871)湖北崇文書局刻本
　　十二冊

320000 – 1607 – 0005420　32702

欽定書經傳說彙纂二十一卷　（清）王頊齡等
撰　清同治十年(1871)湖北崇文書局刻本
十二冊

320000 – 1607 – 0005421　32714

詩經蒙讀二十卷　（□）□□撰　清活字印本
　　四冊

320000 – 1607 – 0005422　32718

兩淮戡亂記不分卷　（清）張華墀撰　清同治
十年(1871)刻振綺堂叢書本　一冊

320000 – 1607 – 0005423　32727

檀弓論文二卷　（清）孫濩孫評訂　清光緒七
年(1881)常州狀元第莊刻本　二冊

320000 – 1607 – 0005424　32729

在官法戒錄摘鈔四卷　（清）陳弘謀輯　清同
治七年(1868)湖北崇文書局刻本　二冊

320000 – 1607 – 0005425　32731

史忠正公集四卷　（明）史可法撰　清同治七
年(1868)刻本　二冊

320000 – 1607 – 0005426　32734

千字文不分卷　（清）何桂珍撰　（清）陳榮昌
書　清光緒二十三年(1897)影印本　一冊

320000 – 1607 – 0005427　32735

九經古義十六卷　（清）惠棟撰　清常熟蔣氏
省吾堂刻本　二冊　存十卷(一至十)

320000 – 1607 – 0005428　32739

佛說盂蘭盆經一卷　（晉）釋竺法護譯　清刻
本　一冊

320000 – 1607 – 0005429　32740

龍文鞭影四卷　（明）蕭良有撰　清光緒十二
年(1886)刻本　二冊

320000 – 1607 – 0005430　32743

胡慶餘堂丸散膏丹全集不分卷　（清）胡光墉
輯　清光緒三年(1877)胡慶餘堂刻本　一冊

320000 – 1607 – 0005431　32755

端溪硯史三卷　（清）吳蘭修輯　清道光十四
年(1834)刻本　一冊

320000 – 1607 – 0005432　32756

緱雅堂駢體文八卷　（清）王詒壽撰　清光緒
六年(1880)娛園刻本　二冊

320000 – 1607 – 0005433　32781

春秋董氏學八卷附傳一卷　康有爲撰　清光
緒二十三年(1897)上海譯書局刻本　六冊

320000 – 1607 – 0005434　32822
**西天目祖山志八卷**　（明）釋廣賓纂輯　清嘉
慶十一年(1806)刻本　八冊

320000 – 1607 – 0005435　32830
**詩經八卷**　（宋）朱熹集傳　清刻本　四冊

320000 – 1607 – 0005436　32834
**格致彙編第一至七年**　（英國）傅蘭雅輯　清
光緒上海格致書室鉛印本　二十八冊

320000 – 1607 – 0005437　32914
**史記一百三十卷**　（漢）司馬遷撰　清同治九
年(1870)湖北崇文書局刻本　二十四冊

320000 – 1607 – 0005438　32950
**笙月詞四卷花影詞一卷**　（清）王詒壽撰　清
同治十一年(1872)杭州刻本　一冊

320000 – 1607 – 0005439　32951
**誦戒法儀不分卷**　（明）釋袾宏輯　清杭州昭
慶寺慧空經房刻本　一冊

320000 – 1607 – 0005440　33001
**周易象義集成不分卷**　（清）陳洪冠撰　清咸
豐八年(1858)群玉書屋刻本　八冊

320000 – 1607 – 0005441　33009
**西湖志四十八卷**　（清）李衛修　（清）傅王露
等纂　清光緒四年(1878)浙江書局刻本　二
十冊

320000 – 1607 – 0005442　33029
**續後漢書九十卷**　（元）郝經撰　**札記四卷**
（清）郁松年撰　清道光二十一年(1841)刻宜
稼堂叢書本　二十二冊

320000 – 1607 – 0005443　33051
**康熙字典四十二卷**　（清）張玉書等纂修　清
道光七年(1827)刻本　四十冊

320000 – 1607 – 0005444　33091
**元史二百十卷**　（明）宋濂等撰　清嘉慶五年
(1800)刻本　四十一冊

320000 – 1607 – 0005445　33132
**天元一釋二卷**　（清）焦循撰　清嘉慶四年
(1799)刻本　一冊

320000 – 1607 – 0005446　33133
**易話二卷**　（清）焦循撰　清道光六年(1826)
半九書塾刻本　一冊

320000 – 1607 – 0005447　33134
**李翁醫記二卷**　（清）焦循撰　**先府君事略一
卷**　（清）焦□撰　**詩品一卷**　（唐）司空圖撰
清道光六年(1826)刻本　一冊

320000 – 1607 – 0005448　33135
**儀禮十二卷**　（漢）鄭玄注　清光緒十二年
(1886)湖北官書處刻本　一冊　存二卷(一
至二)

320000 – 1607 – 0005449　33136
**禮書通故五十卷**　（清）黃以周撰　清光緒十
九年(1893)黃氏試館刻本　三十冊

320000 – 1607 – 0005450　33166
**定國志二十卷**　題（清）學海主人撰　清刻本
三十二冊

320000 – 1607 – 0005451　33198
**時務通考續編三十一卷**　題（清）杞廬主人輯
清光緒二十七年(1901)點石齋石印本　十
六冊

320000 – 1607 – 0005452　33214
**廣事類賦四十卷**　（清）華希閔輯　清刻本
八冊

320000 – 1607 – 0005453　33222
**國朝長律同音四卷**　（清）陳彭齡輯　清刻本
二冊

320000 – 1607 – 0005454　33224
**甲申傳信錄十卷**　（明）錢軹撰　清光緒三年
(1877)申報館鉛印本　四冊

320000 – 1607 – 0005455　33228
**榕城詩話三卷**　（清）杭世駿撰　清刻本
一冊

320000 – 1607 – 0005456　33229
**皇朝紀略不分卷**　（清）紹興北鄉義塾輯　清
光緒二十七年(1901)上海普通學書室鉛印本
一冊

320000 - 1607 - 0005457　33230

東槎紀略五卷　（清）姚瑩撰　清光緒四年
(1878)申報館鉛印本　二冊

320000 - 1607 - 0005458　33232

新政應試必讀六卷　（清）金燾輯　清光緒二
十八年(1902)石印本　九冊

320000 - 1607 - 0005459　33242

評選直省闈藝大全八卷　題（清）紅杏華館主
輯　清光緒三十一年(1905)上海書局石印本
四冊

320000 - 1607 - 0005460　33246

牙齒養生法不分卷　（日本）四方文吉撰　清
光緒二十八年(1902)鉛印本　一冊

320000 - 1607 - 0005461　33247

米利堅志四卷　（日本）崗千仞　（日本）河野
通之撰　清光緒二十二年(1896)新學書局刻
本　二冊

320000 - 1607 - 0005462　33249

說鈴後集十七種二十二卷　（清）吳震方編
清刻本　十五冊

320000 - 1607 - 0005463　33264

名賢手劄不分卷　（清）郭慶藩輯　清光緒十
一年(1885)上海同文書局石印本　四冊

320000 - 1607 - 0005464　33268

教育界之風潮十二卷　題(清)愛國青年撰
清光緒二十九年(1903)石印本　六冊

320000 - 1607 - 0005465　33302

唐書二百二十五卷　（宋）歐陽修　（宋）宋祁
撰　清光緒三十三年(1907)上海集成圖書公
司鉛印本　三十二冊

320000 - 1607 - 0005466　33472

字類標韻六卷　（清）華綱編　清光緒八年
(1882)刻本　二冊

320000 - 1607 - 0005467　33474

海外文編四卷　（清）薛福成撰　清光緒二十
三年(1897)上海醉六堂石印本　二冊

320000 - 1607 - 0005468　33476

宗室王公表傳十二卷首二卷　清刻本　十冊

320000 - 1607 - 0005469　33486

出使英法義比四國日記四卷　（清）薛福成撰
清光緒十八年(1892)石印本　二冊

320000 - 1607 - 0005470　33488

小題文府續集不分卷　（清）同文書局輯　清
光緒十五年(1889)滬上石印本　四冊

320000 - 1607 - 0005471　33492

小題文府二十四卷　（清）同文書局輯　清光
緒十五年(1889)滬上石印本　六冊

320000 - 1607 - 0005472　33498

直省新闈墨一卷　（清）同文書社輯　清光緒
十九年(1893)上海同文書社石印本　一冊

320000 - 1607 - 0005473　33499

還魂記二卷　（明）湯顯祖撰　清石印本
二冊

320000 - 1607 - 0005474　33501

直省闈墨五卷　（清）京師大學堂評選　清光
緒三十年(1904)上海煥文書局石印本　五冊

320000 - 1607 - 0005475　33530

俄史輯譯四卷　（英國）闞斐迪譯　（清）徐景
羅輯譯　清光緒二十三年(1897)湖南新學書
局石印本　六冊

320000 - 1607 - 0005476　33536

俄史輯譯四卷　（英國）闞斐迪譯　（清）徐景
羅輯譯　清光緒二十三年(1897)湖南新學書
局石印本　六冊

320000 - 1607 - 0005477　33542

八家四六文鈔八卷補遺一卷　（清）吳鼒輯
清光緒十七年(1891)刻本　九冊

320000 - 1607 - 0005478　33551

朔方備乘六十八卷　（清）何秋濤撰　清光緒
七年(1881)刻本　八冊

320000 - 1607 - 0005479　35841

宋詩百一鈔八卷　（清）張景星　（清）姚培謙
等輯　清雪祿軒刻本　四冊

320000－1607－0005480　35845

**增廣詩句題解彙編五卷**　（清）寶文書局輯
清光緒二十二年(1896)石印本　三冊

320000－1607－0005481　35848

**山海經十八卷附二卷**　（清）郝懿行箋疏　清
光緒二十二年(1896)石印本　六冊

320000－1607－0005482　35854

**琵琶記六卷**　（元）高明撰　（清）毛宗崗評
清文宜書局石印本　四冊

320000－1607－0005483　35858

**聯珠集二卷**　（清）管斯駿　題（清）江藕山莊
主人輯　清光緒十年(1884)管可壽齋刻本
二冊

320000－1607－0005484　35860

**加批三蘇策論十二卷**　（宋）蘇洵等撰　（清）
張紹齡編次　清光緒二十七年(1901)上海書
局石印本　六冊

320000－1607－0005485　35866

**劍俠傳一卷附續集一卷**　（清）任熊繪　清光
緒十二年(1886)上海同文書局石印任渭長先
生畫傳四種本　二冊

320000－1607－0005486　35868

**越言釋二卷**　（清）茹敦和撰　清道光二十九
年(1849)刻本　一冊

320000－1607－0005487　35869

**後漢記三十卷**　（晉）袁宏撰　清光緒二年
(1876)嶺南述古堂刻本　六冊

320000－1607－0005488　35875

**怪疾奇方一卷彙集經驗方一卷**　（清）□□撰
清嘉慶六年(1801)刻本　一冊

320000－1607－0005489　35876

**長恩書室叢書甲集十種四十卷乙集九種二十**
**四卷**　（清）莊肇麟輯　清咸豐四年(1854)新
昌莊氏過客軒刻本　十二冊　存甲集七種三十
三卷(神機制敵太白陰經十卷、何博士備論一
卷、守城錄四卷、歷代兵制八卷、陣紀四卷、救荒
活民書三卷拾遺一卷、農桑衣食撮要二卷)

320000－1607－0005490　35888

**元史二百十卷**　（明）宋濂等撰　清光緒十八
年(1892)武林竹簡齋石印二十四史本　十
四冊

320000－1607－0005491　35904

**渚宮舊事五卷補遺一卷**　（唐）余知古撰　清
刻本　二冊

320000－1607－0005492　35906

**蘿藦亭遺詩四卷**　（清）喬松年撰　清光緒七
年(1881)刻本　四冊

320000－1607－0005493　35910

**奧籔朝鮮三種四卷**　（清）周家祿撰　清光緒
刻本　一冊

320000－1607－0005494　35911

**芸窗易草五卷**　（清）閻斌撰　清同治十二年
(1873)刻本　四冊

320000－1607－0005495　35915

**二思齋詩鈔六卷**　（清）何文明撰　清咸豐二
年(1852)刻本　二冊

320000－1607－0005496　35918

**西垣詩鈔二卷黔苗竹枝詞一卷**　（清）毛貴銘
撰　清光緒十年(1884)長沙王氏刻本　一冊

320000－1607－0005497　Y3

**明三十家詩選初集八卷二集八卷**　（清）汪端
輯　清同治十二年(1873)蘊蘭吟館刻本
八冊

320000－1607－0005498　Y5

**樊南文集詳注八卷**　（唐）李商隱撰　（清）馮
浩注　清刻本　四冊

320000－1607－0005499　Y7

**湯頭歌訣一卷**　（清）汪昂撰　清宣統二年
(1910)刻本　一冊

320000－1607－0005500　Y8

**文心雕龍十卷**　（南朝梁）劉勰撰　清道光十
三年(1833)刻本　四冊

320000－1607－0005501　Y9

**國朝漢學師承記八卷附經師經義一卷**　（清）

江藩撰　清光緒二十二年(1896)成都志古堂刻本　四冊

320000－1607－0005502　Y10

浣玉軒集四卷　（清）夏敬渠撰　清光緒十六年(1890)刻本　二冊

320000－1607－0005503　Y11

三國志六十五卷　（晉）陳壽撰　（南朝宋）裴松之注　清同治九年(1870)金陵書局刻本　八冊

320000－1607－0005504　Y14

後漢書九十卷　（南朝宋）范曄撰　（唐）李賢等注　續漢志三十卷　（晉）司馬彪撰　（南朝梁）劉昭補注　清同治八年(1869)金陵書局刻本　十六冊

320000－1607－0005505　Y16

路史四十七卷　（宋）羅泌撰　清刻本　八冊　存二十二卷(前紀一至九、後紀一至十三)

320000－1607－0005506　Y17

世說新語六卷　（南朝宋）劉義慶撰　（南朝梁）劉孝標注　清光緒三年(1877)湖北崇文書局刻本　四冊

320000－1607－0005507　Y18

增訂古文析義合編十六卷　（清）林雲銘評注　清光緒二十七年(1901)刻本　十六冊

320000－1607－0005508　Y20

顧亭林先生詩箋注十七卷詩譜一卷　（清）顧炎武撰　（清）徐嘉注　校補一卷　李詳　段朝瑞撰　清光緒山陽徐氏味靜齋刻本　六冊

320000－1607－0005509　Y21

水經注四十卷　（北魏）酈道元撰　清乾隆張氏勵志書屋刻本　十二冊

320000－1607－0005510　Y25

呂氏春秋二十六卷　（漢）高誘注　（清）畢沅輯　清光緒元年(1875)浙江書局刻本　六冊

320000－1607－0005511　Y26

姜白石集六卷　（宋）姜夔撰　清刻本　二冊

320000－1607－0005512　Y27

楚辭集注十六卷　（宋）朱熹撰　清光緒八年(1882)江蘇書局刻本　四冊

320000－1607－0005513　Y28

劍南詩鈔六卷　（宋）陸游撰　清光緒八年(1882)文苑山房刻本　八冊

320000－1607－0005514　Y29

樂府雅詞三卷拾遺二卷　（宋）曾慥輯　清嘉慶二十一年(1816)江都秦氏享帚精舍刻詞學叢書本　二冊

320000－1607－0005515　Y30

說苑二十卷　（漢）劉向撰　清刻本　五冊

320000－1607－0005516　Y34

史記集解索隱正義一百三十卷　（漢）司馬遷撰　（南朝宋）裴駰集解　（唐）司馬貞索隱　（唐）張守節正義　清同治五年至九年(1866－1870)金陵書局刻本　十冊　存三十九卷(一至三十九)

320000－1607－0005517　Y35

白雨齋詞話八卷　（清）陳廷焯撰　清光緒二十年(1894)刻本　一冊　存三卷(一至三)

320000－1607－0005518　Y36

佩文齋詠物詩選四百八十六卷　（清）張玉書（清）汪霦等輯　清刻本　十八冊

320000－1607－0005519　Y37

望溪先生文集十八卷集外文十卷補遺二卷（清）方苞撰　（清）戴鈞衡輯　清刻本　十六冊

320000－1607－0005520　Y38

欽定四庫全書總目二百卷四庫未收書目提要五卷　（清）紀昀等撰　清刻本　九冊

320000－1607－0005521　Y39

水雲樓詞二卷續一卷　（清）蔣春霖撰　清光緒二十五年(1899)湖南思賢書局刻本　一冊

320000－1607－0005522　Y40

鐘鼎字源五卷附錄一卷　（清）汪立名輯　清光緒二年(1876)洞庭秦氏麟慶堂刻本　三冊

320000－1607－0005523　Y42

**六朝文絜箋注十二卷** （清）許槤評選 （清）黎
經誥箋注 清光緒十五年(1889)刻本 二冊

320000 – 1607 – 0005524 Y43

**養一齋詩話十卷附李杜詩話三卷** （清）潘德
興撰 清道光刻本 二冊

320000 – 1607 – 0005525 Y44

**船山詩草選六卷** （清）張問陶撰 清嘉慶二
十二年(1817)吳門學耕堂刻本 一冊

320000 – 1607 – 0005526 Y45

**煙霞萬古樓詩選二卷附錄二卷** （清）王曇撰
清道光刻本 一冊

320000 – 1607 – 0005527 Y46

**西垣詩鈔二卷黔苗竹枝詞一卷** （清）毛貴銘
撰 清光緒十年(1884)長沙王氏刻本 一冊

320000 – 1607 – 0005528 Y49

**聖武記十四卷** （清）魏源撰 清道光刻本
十冊

320000 – 1607 – 0005529 Y52

**詩經三卷** （宋）朱熹集注 清光緒刻本
六冊

320000 – 1607 – 0005530 Y53

**樂府詩集一百卷目錄二卷** （宋）郭茂倩輯
清同治十三年(1874)湖北崇文書局刻本 十
六冊

320000 – 1607 – 0005531 Y54

**廿二史劄記三十六卷** （清）趙翼撰 清刻本
六冊

320000 – 1607 – 0005532 Y55

**韋蘇州集十卷** （唐）韋應物撰 清刻本
二冊

320000 – 1607 – 0005533 Y56

**柳柳州集四卷** （唐）柳宗元撰 清刻本
一冊

320000 – 1607 – 0005534 Y57

**孟襄陽集二卷** （唐）孟浩然撰 清刻本
一冊

**山海經十八卷** （晉）郭璞注 清刻本 一冊

320000 – 1607 – 0005535 Y58

320000 – 1607 – 0005536 Y59

**王臨川全集一百卷** （宋）王安石撰 清光緒
九年(1883)刻本 十九冊

320000 – 1607 – 0005537 Y60

**御批歷代通鑑輯覽一百二十卷** （清）傅恆等
編 清光緒三十一年(1905)上海商務印書館
鉛印本 十二冊

320000 – 1607 – 0005538 Y73

**陔餘叢考四十三卷** （清）趙翼撰 清鴻章書
局鉛印本 八冊 存二十四卷(一至二十四)

320000 – 1607 – 0005539 Y74

**欽定淵鑑類函四百五十卷** （清）張英等纂
清光緒九年(1883)上海點石齋石印本 十冊

320000 – 1607 – 0005540 Y78

**昌黎先生全集四卷** （唐）韓愈撰 清宣統三
年(1911)石印本 十冊

320000 – 1607 – 0005541 Y79

**漢魏叢書八十一種四百四十一卷** （明）程榮
輯 明萬曆刻本 二十三冊 存二十種一百二
十一卷(吳越春秋六卷、十六國春秋十六卷、三
輔黃圖六卷、洛陽伽藍記五卷、群輔錄一卷、英
雄記鈔一卷、易傳略例三卷、大戴禮記十三卷、
博雅十卷、三墳書一卷、周書十卷、方言十三卷、
春秋繁露十七卷、白虎通四卷、易林四卷、釋名
四卷、獨斷一卷、忠經一卷、孝傳一卷、小爾雅一
卷)

320000 – 1607 – 0005542 Y80

**吳詩集覽二十卷補注二十卷** （清）吳偉業撰
（清）靳榮藩輯 清刻本 十四冊

320000 – 1607 – 0005543 Y81

**路史四十七卷** （宋）羅泌撰 清刻本 八冊
存十八卷(路史國名紀巳一卷、路史國名紀
信一卷、路史發揮六卷、路史餘論十卷)

320000 – 1607 – 0005544 Y85

**穆天子傳六卷** （晉）郭璞注 **雜事秘辛一卷**

249

（漢）□□撰　清刻廣漢魏叢書本　一冊

320000－1607－0005545　Y86

**越絕書十五卷**　（漢）袁康撰　清刻本　一冊

320000－1607－0005546　Y87

**金石文字記六卷附昌平山水記一卷**　（清）顧炎武撰　清刻本　一冊　存二卷(六、附)

320000－1607－0005547　Y88

**近思錄集注十四卷**　（清）江永撰　清光緒十五年(1889)金陵書局刻本　四冊

320000－1607－0005548　Y89

**山海經十八卷**　（晉）郭璞注　清光緒三年(1877)浙江書局刻本　三冊

320000－1607－0005549　Y90

**增訂漢魏叢書**　（清）王謨編　清刻本　一冊　存四種七卷(還冤記一卷、海內十洲記一卷、神異經一卷、別國洞冥記四卷)

320000－1607－0005550　Y91

**淮南鴻烈解二十一卷**　（漢）劉安撰　清刻本　七冊

320000－1607－0005551　Y92

**靖節先生集十二卷**　（晉）陶潛撰　（清）陶澍輯　清刻本　四冊

320000－1607－0005552　Y93

**楚辭十七卷**　（漢）王逸章句　（宋）洪興祖補注　清同治十一年(1872)金陵書局刻本　四冊

320000－1607－0005553　Y94

**十三經注疏四百十六卷附校勘記**　（清）阮元撰　清光緒三十年(1904)石印本　十二冊

320000－1607－0005554　Y95

**李太白文集三十六卷**　（唐）李白撰　清乾隆刻本　十二冊

320000－1607－0005555　Y96

**樊川詩集四卷**　（唐）杜牧撰　（清）馮集梧注　清光緒十六年(1890)湘南書局刻本　二冊

320000－1607－0005556　Y97

**蘇文忠公詩編注集成一百〇四卷**　（宋）蘇軾撰　（清）王文誥輯注　清刻本　二十四冊

320000－1607－0005557　Y98

**三通考輯要七十六卷**　湯壽潛輯　清光緒二十五年(1899)上海圖書集成印書局鉛印本　二十冊

320000－1607－0005558　Y99

**易經集注十卷**　（宋）朱熹正義　清刻本　二冊

320000－1607－0005559　Y100

**後漢書一百二十卷**　（南朝宋）范曄撰　（唐）李賢等注　（晉）司馬彪續撰　（南朝梁）劉昭補注　清光緒十四年(1888)上海圖書集成印書局鉛印欽定二十四史本　二十三冊　存一百二十四卷(一至四十七、五十四至一百三十)

320000－1607－0005560　Y101

**留青新集二十四卷**　（清）馮善長編　清光緒鉛印本　六冊

320000－1607－0005561　Y102

**竹書紀年一卷**　（南朝梁）沈約注　清刻本　一冊

320000－1607－0005562　Y103

**玉臺新詠箋注十卷**　（南朝陳）徐陵輯　（清）吳兆宜注　清光緒刻本　四冊

320000－1607－0005563　Y105

**天祿閣外史十一卷**　題(漢)黃憲撰　清刻本　三冊

320000－1607－0005564　Y106

**華陽國志十二卷**　（晉）常璩撰　（清）廖寅補　清刻本　四冊

320000－1607－0005565　Y107

**鶴林玉露十六卷**　（宋）羅大經撰　清刻本　三冊

320000－1607－0005566　Y110

**陳檢討四六二十卷**　（清）陳維崧撰　清乾隆刻本　六冊

320000－1607－0005567　Y111

**元和郡縣圖志四十卷**　（唐）李吉甫撰　清光緒六年(1880)金陵書局刻本　八冊　存三十六卷(一至二十二、二十五至二十九、三十至三十四、三十七至四十)

320000－1607－0005568　Y112

**元和郡縣補志九卷**　（清）嚴觀輯　清光緒八年(1882)金陵書局刻本　二冊

320000－1607－0005569　Y113

**二論引端四卷**　（清）劉忠輯　清光緒二十六年(1900)刻本　一冊

320000－1607－0005570　Y114

**板橋集六卷**　（清）鄭燮撰　清同治七年(1868)刻本　二冊

320000－1607－0005571　Y115

**莊子集釋十卷**　（清）郭慶藩輯　清光緒二十年(1894)思賢講舍刻本　六冊

320000－1607－0005572　Y116

**甌北詩鈔不分卷**　（清）趙翼撰　清刻本　十一冊

320000－1607－0005573　Y117

**前漢書一百卷**　（漢）班固撰　（唐）顏師古注　清金陵書局刻本　十一冊

320000－1607－0005574　Y118

**六朝文絜四卷**　（清）許槤評選　清光緒刻本　二冊

320000－1607－0005575　Y119

**御纂詩義折中二十卷**　（清）傅恆等撰　清光緒刻本　六冊

# 書名筆畫字頭索引

254

## 十畫

# 十一畫

## 十二畫

266

# 書名筆畫索引

# 三畫

# 四畫

273

# 五畫

278

## 七畫

# 八畫

## 十一畫

# 十二畫

316

# 十四畫

## 十五畫

# 十六畫

# 十七畫

## 十八畫

# 二十二畫

## 二十三畫